普通高等教育经济学管理学重点规划教材

经济法 第三版

ECONOMIC LAW

周艳军 ◎ 主　编
于　彤　秦宝燕 ◎ 副主编

上海财经大学出版社

图书在版编目(CIP)数据

经济法/周艳军主编．—3版．—上海:上海财经大学出版社,2023.6
(普通高等教育经济学管理学重点规划教材)
ISBN 978-7-5642-4157-5/F・4157

Ⅰ.①经…　Ⅱ.①周…Ⅲ.①经济法-中国-高等学校-教材
Ⅳ.①D922.29

中国国家版本馆CIP数据核字(2023)第093952号

□ 责任编辑　施春杰
□ 封面设计　贺加贝

经 济 法
(第三版)
周艳军　主　编
于　彤　秦宝燕　副主编

上海财经大学出版社出版发行
(上海市中山北一路369号　邮编200083)
网　　址:http://www.sufep.com
电子邮箱:webmaster@sufep.com
全国新华书店经销
江苏省启东市人民印刷有限公司印刷装订
2023年6月第3版　2023年6月第1次印刷

787mm×1092mm　1/16　21.75印张　557千字
印数:34 001—37 000　定价:56.00元

第三版前言

作为高等院校各经济管理类专业必修课的经济法课程，不同于法学专业的经济法课程。本书是以高等教育本科经济管理类各专业师生作为主要对象的一本教材，按照教育部颁布的高等教育教学基本要求编写。本书第一版出版于2011年，第二版出版于2016年。自2017年以来，我国有关经济立法发生了很大变化，特别是2020年5月28日第十三届全国人民代表大会第三次会议通过的《中华人民共和国民法典》（以下简称《民法典》），是中国法制史上的一件大事。《民法典》是对原来民法总则、物权法、合同法、担保法、婚姻家庭法、继承法、侵权责任法等内容进行系统整合、编订纂修而成的。《民法典》的颁布，体现了我们国家坚持和完善中国特色社会主义制度的现实需要，是坚持和完善社会主义基本经济制度、推动经济高质量发展的客观要求，具有重大的现实意义和深远的历史意义。同时，自2017年以来，我国反不正当竞争法、产品质量法、广告法等也做了重大内容修订。二十大精神也明确提出，我们要坚持走中国特色社会主义法治道路，建设中国特色社会主义法治体系、建设社会主义法治国家，围绕保障和促进社会公平正义，坚持依法治国、依法执政、依法行政共同推进，坚持法治国家、法治政府、法治社会一体建设，全面推进科学立法、严格执法、公正司法、全民守法，全面推进国家各方面工作法治化。因此，本书亟需修订，我们自2021年1月决定修订本书以来，编者们进行了一系列的修订工作，现终于面世。

《经济法》（第三版）的修订，与第二版相比有以下几个变化：

1. 本次修订的法律依据是我国自2017年以来全国人大、国务院新修订的重要经济法律、法规、条例及其实施细则等。修订后，本书的体例、结构、内容更加科学、规范、完整并协调一致。

2. 本次修订是基于我们对社会主义市场经济体制的理解而对经济法的体系做了较新的安排。本书确立的经济法体系包括七个部分：经济法概述（第一章）、民商事主体法律制度（第二至四章）、民事法律制度（第五至八章）、商事法律制度（第九至十二章）、市场规制与经济监督法律制度（第十三至十四章）、知识产权法律制度（第十五至十七章）、经济程序法律制度（第十八至二十章）。这种安排融合了我国现行的民法、商法、行政法、程序法的各个与市场经济体制紧密联系的部分。

3. 补充了第二版不甚全面的部分内容。如根据《民法典》,增加了专门的“民事主体法律制度”一章。同时,鉴于实际教学中,很少学校教师会选择讲解“劳动法律制度”一章,故对该章进行了删除。

4. 针对经济大环境的变化和反不正当竞争形势的发展和电子商务的发展,我国对产品质量法、反不正当竞争法、广告法等法规内容也做了大量的修订,本版教材对这部分内容也做了大量的修改甚至是重写。

本书的第三版修订人员和分工如下:于彤(上海第二工业大学,修订第一、十八、十九、二十章),周艳军(上海第二工业大学,撰写第二章,修订第三、四、五、六、七、八、十三、十四章),秦宝燕(上海第二工业大学,修订第九、十、十一、十二、十五、十六、十七章)。全书最终由周艳军负责统稿和整体修改。

在编写过程中,编者参阅了许多国内同类教材和论著,在此向有关专家学者致以深深的谢意。限于编者的水平和能力,加之时间仓促,书中难免有不少疏漏和不当之处,期待广大读者批评指正,我们不胜感激!

周艳军

2023 年 3 月

目　录

第三编　民事法律制度

第六编 知识产权法律制度

第七编 经济程序法律制度

第一编

经济法概述

第一章

经济法导论

学习目标

通过本章学习,你应能够:

掌握经济法的概念和调整对象;

了解经济法与其他部门法的关系;

了解经济法的基本特征、基本原则和渊源;

全面认识和理解经济法律关系;

掌握经济法律关系的构成要素;

了解经济法律事实。

思政目标

能够正确理解全面依法治国的重大意义;认识到法治是治国理政的基本方式,是国家治理体系和治理能力的重要依托。通过经济法学基本原理准确定义经济法的概念,解释经济法反映市场经济的要求,是市场经济的法律保障;深刻体会全面依法治国是国家治理的一场深刻革命,关系党执政兴国,关系人民幸福安康,关系党和国家长治久安。通过完整梳理经济法律关系主客体的权利义务关系,弘扬社会主义法治精神,做社会主义法治的忠实崇尚者、自觉遵守者、坚定捍卫者,在法治轨道上全面建设社会主义现代化国家。

第一节　经济法概述

一、经济法的概念

"经济法"一词,首见于法国空想社会主义者摩莱里 1755 年出版的《自然法典》一书中。但摩莱里对经济法这一概念的使用,仅限于分配领域,与现代经济法的概念相去甚远。1865 年,法国经济学家和政治家蒲鲁东在其《论工人阶级的政治能力》一书中提出,经济法是"政治法和民法的补充和必然结果",这一概念已较为接近现代经济法。1906 年,德国学者怀特在《世界经济年鉴》中,以"经济法"一词来概括与世界经济有关的各种法规。第一次世界大战之后,德国出现了直接以经济法命名的立法,如《煤炭经济法》《钾盐经济法》《防止滥用经济权力法令》等。20 世纪以来,随着世界各国经济制度的发展成熟、各国经济法规的大量颁行,现代经济法的概念逐渐形成,经济法也开始成为法律体系中一个独立的法律部门。

一般认为,现代意义的经济法,肇始于资本主义从自由竞争进入垄断阶段。西方国家于此时陆续出现经济领域和社会领域的矛盾及冲突,并于 20 世纪 20 年代末发展为世界经济危机。为削弱和消除垄断经济的负面作用,一些新的立法开始认可国家直接干预私人经济活动,用政府的有形之手涉入市场,以挽救崩溃了的经济,缓和社会矛盾。第二次世界大战后,西方主要资本主义国家进入经济高速发展时期,经济立法以宏观调控手段,促进产业结构的合理化,使国民经济稳步协调发展。

虽然在近代才出现"经济法"一词,但作为国家干预经济生活的重要手段,调整经济关系的法律在古代社会就已出现。奴隶制国家和封建国家的土地国有制都在国家立法中有所反映;《汉谟拉比法典》中规定了买卖、租赁、借贷、委托、合伙等契约关系;《罗马法》提出了"法人"的概念;《大明律》十二篇设有与经济活动有关的《田宅》《钱债》《营造》等诸篇。

现代意义上的经济法通常是指调整国家在协调本国经济运行过程中发生的经济关系的法律规范的总称。经济法是产生于市场经济基础之上的,体现国家干预经济意志的新兴法律部门,是综合运用国家权力或宏观调控手段以不断解决个体营利性与社会公益性矛盾,兼顾效率与公平,促进经济稳定增长和社会良性发展的法律规范系统。

市场经济是经济法产生发展的物质条件。在商品经济初级阶段,人本主义和人权思想相应的经济上的平等自由,要求加强民商立法。在商品经济的高级阶段,高度的社会化、现代化带来的种种问题,使个人本位思想向社会本位思想转移,为经济法和社会法的兴起提供了条件。

现代市场经济是商品经济的高级阶段,国家运用经济法协调经济,促进经济发展,更是世界各国经济运行的普遍经验。

社会主义市场经济既具有自己的特点,也具有市场经济的一般属性,市场失灵的存在,要求法律对市场竞争规则做出有效规范。同时,在政府对国民经济进行协调时也需要法律对政府行为进行约束。经济法是市场经济的法律保障。市场经济要求有经济法的规制和调控,经济法必须反映市场经济的要求。在我国社会主义市场经济的建设和完善中,处理好政府行为与市场机制的关系,把握政府干预经济的"度"并用法律的方式确定下来,是经济法的重要内容。

二、经济法的特征

经济法与其他法律部门相比,具有自己的特征。

(一)经济性

经济法在制定、实施的过程中,充分体现市场经济条件下经济规律的要求。经济法的内容往往是把经济制度、经济活动的内容、要求直接规定为法律,甚至直接赋予经济规则、经济技术性规范以法律效力。

(二)综合性

经济法在规范内容上融合了公法因素和私法因素,在调整手段上运用了公法手段、私法手段甚至其他手段(如奖励),在法律原则上注重了经济民主与经济集中、宏观与微观、经济多重目标的结合。

(三)政策性

经济法的制定、实施和目标必须与一定历史时期基于国家的社会、政治、经济等形势的发展做出的政治决策和对策相一致。经济法的制定、实施往往以政策先行,并赋予政策以法的效力。

三、经济法的基本原则

经济法的基本原则是贯穿经济法立法、执法、司法始终的根本准则,是国家履行现代经济管理职能所发生的经济关系的本质和规律,是国家干预、调控社会经济生活的指导思想。

(一)国家适度干预原则

国家适度干预原则,体现了经济法的本质属性。经济法是国家干预社会经济生活的法律,同时国家干预社会经济生活必须适度,而非任意。国家干预经济生活的适度性,既包括干预范围的适度性,也包括干预手段的适度性。国家适度干预原则体现在:国家以各种手段干预,应以法治、科学、民主为指导原则,既应有效避免干预的随意性、过分性,又应避免干预的僵化性、欠缺性。

(二)效率优先、兼顾公平原则

建立和完善宏观调控法,规范政府的宏观调控行为,使之正确地运用计划、产业政策、财政、税收、金融等手段调控国民经济整体,实现产业、区域、阶层的利益与发展的平衡、协调。通过引导人们的社会经济行为趋于理性,直接使国民经济整体效益得以最大限度实现。建立和完善市场规制法,规范和发展市场体系,创造公平竞争的市场环境,消弭影响整体社会经济效益实现的垄断、不正当竞争等市场缺陷,为企业、行业、地区创造一个统一、开放和有序的和谐市场。通过整体秩序的建立,间接使国民经济整体效益得以最大限度实现。

(三)经济公正原则

在国家与市场主体之间的关系中,应排除政府行为的任意性,严格依法行政,对行政行为指向的市场主体一视同仁。司法机关在履行裁判职能时,应将实体法中的制度观念贯彻到审判结果中,体现出经济审判的特殊性。

四、经济法的调整对象

经济法调整的是国家在对市场主体及其活动进行组织、管理和监督,以及在对整个市场活动进行宏观调控过程中所发生的经济关系。国家制定国民经济长期发展规划和产业政策,调整经济结构,提供公共服务,发展国际经济贸易技术合作,管理、监督和维护市场秩序,制定收入政策、调节收入分配。在我国社会主义市场经济条件下,经济法保护、巩固社会主义公有制,保护多种所有制形式的合法权益,促进生产力的发展;引导、促进和保障社会主义市场经济体制的建立和完善;促进我国发展对外经济技术交流与合作。经济法是保障我国发展社会主义市场经济的有力工具。

(一)市场经济主体调控关系

市场经济主体调控关系是指国家对市场经济主体进行组织、管理和监督过程中所发生的经济关系。市场经济主体是指市场活动的参加者(或参与市场的交易者),即商品的生产者、经营者和消费者,具体包括企业、个人、政府或国家等。规范经济组织的法律,是为了防止垄断组织的出现,从组织上保证市场经济顺利发展。这方面的法律有公司法、合伙企业法、独资企业法等。

(二)市场经济秩序调控关系

市场经济秩序调控关系是指在国家对市场运行进行组织、管理和监督过程中所发生的经济关系。市场运行可以根据参加市场运行的经济主体之间的关系划分为经济联合关系、经济协作关系和经济竞争关系。国家干预市场经济运行过程主要以反垄断和不正当竞争为核心。此外,还有产品质量法、计量法、许可证法、资源法等。

(三)宏观调控关系

宏观调控关系是指国家对市场经济进行宏观调控过程中所发生的经济关系。此种经济关系的特点是国家对市场经济运行实行宏观调控,使经济各部门运行协调,使整个国家经济运行平稳。这方面的法律有预算法、计划法、产业政策法、金融法、价格法、税法等。

五、经济法的地位

(一)经济法是独立的部门法

经济法具有特定的调整对象。经济法的调整对象有特定的范围,同其他部门法的调整对象有本质区别,是可以区分的。经济法是一个重要的法律部门,它在保障和促进以经济建设为中心的社会主义现代化建设中发挥巨大的作用。经济法促进我国建立社会主义市场经济新秩序,保证国民经济持续、稳定、健康地发展,保障和促进以公有制为主体的多种所有制经济的发展,有利于扩大对外开放,加强对外经济技术合作。

(二)经济法与其他部门法的关系

(1)经济法与行政法的关系。经济法在调整经济关系时,必要时也采取行政手段,但经济法与行政法又有所不同。经济法所调整的经济关系不同于行政法所调整的行政管理关系。经济法律关系主体的地位以及它们之间权利、义务的联结状态也不同于行政法律关系。经济法律关系追求的是一定经济目的与经济效益,遵循的是市场经济的客观规律,不贯彻和体现行政机关和行政首长的意识。

(2)经济法与民法的关系。经济法与民法都调整经济关系,两者的一些概念、原则、制度、手段可以通用。区别在于民法与经济法调整的内容不同。民法调整平等主体间的财产关系和人身关系。经济法调整国民经济管理关系,与国家计划、管理关联的涉及全局的一类横向经济关系以及内部经济关系。民法是以个体权利为本位的,主要是在微观经济领域内,保护社会个体的权益。经济法是以社会责任为本位的,主要是在宏观经济领域内理顺整体与个体之间的责权利关系以及基于全局利益需要协调个体间的经济关系,以促进社会主义市场经济的发展。

六、经济法的渊源

经济法的渊源,主要指经济法的形式渊源,是指经济法来源于何种法的形式,即经济法律规范的表现形式。

(1)宪法。由全国人民代表大会制定,是国家的根本大法,具有最高的法律效力。

(2)法律。法律包括全国人民代表大会制定的法律即基本法律和全国人民代表大会常务委员会制定的其他法律。经济法律在规范性文件体系中处于仅次于宪法的地位,是经济法的重要渊源。

(3)行政法规。国务院是最高国家权力机关的执行机关,是最高国家行政机关。国务院制定的行政法规的数量远大于法律,是经济法的重要渊源。

(4)地方性法规。省、自治区、直辖市以及省级人民政府所在地的市和国务院批准的较大的市的人民代表大会及其常委会可以制定地方性法规,效力不超出本行政区域范围。

(5)规章。规章包括国务院部门规章和地方政府规章。部门规章,由国务院各部、委员会、中国人民银行、审计署和具有行政管理职能的直属机构制定。地方政府规章,由省、自治区、直辖市以及省级人民政府所在地的市和国务院批准的较大的市的人民政府制定。

(6)自治条例和单行条例。民族自治地方的人民代表大会根据当地特点制定的协调经济运行过程中发生的经济关系的自治条例和单行条例。

(7)特别行政区基本法和有关规范性文件。我国特别行政区实行其特有的法律制度。特区协调其经济运行过程中发生的经济关系的基本法、依法予以保留的特别行政区原有法律和特别行政区立法机关依法制定的法律,都属于经济法的渊源。

(8)司法解释。最高人民法院在总结审判经验的基础上发布的指导性文件和法律解释。

(9)国际条约、协定。属于国际法的范畴,国际条约或协定是指我国作为国际法主体同外国或地区缔结的双边、多边协议和其他具有条约、协定性质的文件。

第二节 经济法律关系

一、经济法律关系的概念和特征

经济法律关系是指特定经济关系为经济法律规范调整所形成的经济权利和经济义务关系。它具有以下特征:

(1)它是一种意志关系,属上层建筑范畴;

(2)它是由法律规定和调整的关系,法律关系的产生、变更和消灭是以得到法律认可为前提的,因而法律规范是经济法律关系存废的前提条件;

(3)它是以权利和义务为内容的关系;

(4)它是受国家强制力保证实施的关系。

二、经济法律关系的构成要素

经济法律关系由主体、客体和内容三要素构成,这三要素是经济法律关系的三个相互联系、密不可分、不可缺少的有机组成部分。

(一)经济法律关系主体

经济法律关系主体,也称经济法主体,是指参加经济法律关系,依法享有经济权利、承担经济义务的当事人。在经济法律关系中,经济法律关系主体是最积极、最活跃的因素,是经济法律关系的参加者、构成者,是经济权利的享有者、经济义务的承受者,是经济法律关系客体中的物的所有者、经营者,是客体中行为的实施者、实现者。

1. 自然人

自然人是指按照自然规律出生的人。自然人包括本国公民、外国人和无国籍人。

自然人的民事权利能力,是指自然人依法享有民事权利、承担民事义务的资格。换言之,自然人的民事权利能力就是法律赋予自然人一种法律上的人格。只有具备这种人格,自然人才能作为主体参与民事活动,并取得民事权利、承担民事义务。根据我国《民法典》第 13 条的规定,自然人的民事权利能力开始于出生终止于死亡。

自然人的民事行为能力，是指自然人能够以自己的行为独立地取得民事权利、承担民事义务的资格。我国《民法典》根据自然人的年龄与精神状态正常与否，将自然人的民事行为能力分为三种情形，即完全民事行为能力、限制民事行为能力、无民事行为能力。

完全民事行为能力，是指自然人能以自己独立的行为取得民事权利、承担民事义务的资格。根据我国《民法典》第 18 条的规定，完全民事行为能力人有两种：一是一般完全民事行为能力人，年满 18 周岁且无精神性疾病的自然人即属一般完全民事行为能力人；二是视为完全民事行为能力人，年满 16 周岁不满 18 周岁并能以自己的劳动收入作为主要生活来源的自然人即被视为完全民事行为能力人。

限制民事行为能力又称不完全民事行为能力，是指自然人只具有一定范围内从事民事活动的资格。根据我国《民法典》第 19 条和第 22 条的规定，限制民事行为能力人也有两种：一是 8 周岁以上的未成年人；二是不能完全辨认自己行为的精神病人。限制民事行为能力人可以进行与其年龄、智力、精神状况相适应的民事活动，其他民事活动则由其法定代理人代理或征得其法定代理人的同意、追认；但是，可以独立实施纯获利益的民事法律行为或者与其智力、精神健康状况相适应的民事法律行为。

无民事行为能力，是指自然人不具有以自己的行为进行民事活动，取得民事权利、承担民事义务的资格。根据我国《民法典》第 20 条和第 21 条的规定，无民事行为能力人也有两种：一是不满 8 周岁的未成年人；二是不能辨认自己行为的精神病人。无民事行为能力人的民事活动由其法定代理人代理进行。

2. 法人

根据我国《民法典》第 57 条的规定，法人是指具有民事权利能力和民事行为能力，依法独立享有民事权利和承担民事义务的组织。

根据我国法律规定，法人应具备以下四个条件：①法人是依法成立的一种社会组织。法人首先表现为一种人的组织体，这是法人与自然人最大的区别。但并非任何社会组织都能取得法人资格，只有那些依法成立获得法律认可的组织才能取得法人资格。②法人拥有独立的财产或经费。拥有独立的财产或经费，是法人作为一个独立民事主体的前提和条件，也是法人独立享有民事权利和承担民事义务的基础。③法人具有自己的名称、组织机构和活动场所。法人的名称是其拥有独立于其成员的人格的标志，也是将其特定化，以区别于其他法人的标志。法人的名称还是其商誉的载体。因此，法人的名称权是财产性的权利，可以转让、出卖。法人的名称应包括其所在地、责任形式、经营范围等内容，以便于交易相对人联系和识别。法人组织机构的健全是法人开展正常活动的必要条件，具有完备的组织机构才可成为法人。如在股份有限公司中，应设股东大会、董事会、董事会三个机关。法人的住所是法人的主要办事机构所在地。④法人独立承担民事责任。法人独立承担民事责任，是指法人仅以自身的财产对外承担债务或其他民事责任。由于法人的财产是独立的，故其民事责任也由其独立承担。

我国《民法典》依法人的性质不同，将法人分为营利法人、非营利法人与特别法人。

营利法人是以取得利润并分配给股东等出资人为目的的营利性社会经济组织。在一国的经济生活中，营利法人有着特殊重要的地位。在我国《民法典》中，营利法人分为有限责任公司、股份有限公司和其他企业法人等。

非营利法人是指为公益目的或者其他非营利目的的成立，不向出资人、设立人或者会员分配所取得利润的法人。非营利法人包括事业单位、社会团体、基金会、社会服务机构等。事业单位法人是指为适应经济社会发展需要，提供公益服务设立的事业单位。社会团体法人是指基于会员共同意愿，为公益目的或者会员共同利益等非营利目的设立的社会团体。捐助法人是指为公益日的以捐助财产设立的基金会、社会服务机构等。

特别法人包括机关法人、农村集体经济组织法人、城镇农村的合作经济组织法人、基层群众性自治组织法人。机关法人是指有独立经费的机关和承担行政职能的法定机构。农村集体经济组织、城镇农村的合作经济组织依法取得法人资格的是农村集体经济组织和城镇农村的合作经济组织。具有基层群众性自治组织法人资格的居民委员会、村民委员会。

法人是经济法律关系主体的主要部分。随着国际经济、区域经济及国内经济活动的广泛开展，法人在经济法律关系中占有越来越重要的地位。

3. 非法人组织

非法人组织是指不具有法人资格，但是能够依法以自己的名义从事民事活动的组织。非法人组织作为民事主体，在我国《民法典》中已得到明确的认可，从而为其成为经济法律关系的主体奠定了基本的条件。根据我国《民法典》第 102 条的规定，非法人组织包括个人独资企业、合伙企业、不具有法人资格的专业服务机构等。

4. 国家机关

经济法律关系中的主体国家机关主要为对从事经济业务的企业、其他组织进行监督管理的国家行政机关及授权的事业单位，如工商行政管理部门、交通运输部、商品检验检疫局、海关等。

(二)经济法律关系内容

经济法律关系的内容是指经济法律关系主体享有的经济权利和承担的经济义务。经济法律关系的内容是联系主体与主体之间、主体与客体之间的纽带。它们的实质就是经济法律关系本身。

1. 经济权利与权力

经济权利是指权利主体依法按照自己的意志为某种行为，或要求义务主体为或者不为某种行为，以实现或保护自身利益的资格。享有经济权利的主体在经济法律、法规规定的范围内，根据自己的意志，从事一定的经济活动，支配一定的财产。经济权利主体依照经济法律、法规或约定，可以要求特定的义务主体做出或不做一定的行为，以实现自己的利益和要求。在经济义务主体不依法或不依约履行义务时，经济权利主体可以请求有关机关强制其履行，以保护和实现自己的利益。如财产权，是具有直接的经济内容并为经济利益所决定的权益。财产权在经济生活中主要包括所有权、经营权、承包权和债权等几种具体权利。

经济权力是指国家和国家的经济管理机关为了实现国家的经济目的，依法对市场经济进行调节的权力。经济权力的主体必须为一定行为，经济权力不能放弃。从这个意义上讲，经济权力既是权力也是义务(职责)，经济权力不仅与经济权利具有复合性，与经济义务也具有复合性。如经济管理权，是指国家经济管理机关依法对经济活动进行计划、组织、调节和监督的权力，包括计划权、决策权、组织权、命令权、许可权、审核权、调节权和监督权。

2. 经济义务

经济义务是指经济法律关系主体依经济法律、法规的规定或约定而承担的为一定行为或不为一定行为的义务。经济义务可分为法定义务和约定义务。承担经济义务的主体必须依照法律、法规或合同的规定，为一定行为以实现经济权利主体的利益和要求。经济义务主体应自觉履行其义务，如果不履行或不全面履行，将受到国家强制力的制裁。

经济义务包括正确行使所有权的义务，承担经营责任、经济职责、经济债务的义务，以及正确行使工业产权的义务。

(三)经济法律关系客体

经济法律关系客体,是指经济法律关系主体之间的经济权利和经济义务所指向的对象。经济法律关系客体是经济法律关系主体通过经济法律关系所追求的和所要达到的物质利益载体和经济目的;经济权利和经济义务也只有通过客体才能具体地得到落实、实现。没有客体的经济法律关系,是无目的的和无意义的。

1. 物

物,即有形财物,是指具有一定形态,能够为人们所控制的并且有经济价值的物质财富。有形财物根据不同的法律意义可以分为:生产资料和生活资料,固定资产和流动资金,限制流通物和非限制流通物,种类物和特定物,可分物和不可分物,动产和不动产,原物和孳息,主物和从物等。

2. 行为

行为,即经济行为,是经济法律关系主体为实现一定的经济目的而进行的经济活动,包括提供劳务和完成工作,以及经济管理行为。

3. 智力成果

智力成果是人们脑力劳动所创造的非物质财富,智力成果可以转化为生产力,因而也是经济法律关系的客体。智力成果的种类很多,包括专利技术、专有技术、商标、经济信息等。

三、法律事实

法律事实是指能够引起经济法律关系产生、变更和消灭的客观事实。根据经济法律事实是否以人的意志为转移,可将经济法律事实分为行为和事件两大类。

(一)行为

行为是以人们的意志为转移的客观事实。行为包括合法的行为和违法的行为,其中合法的行为又可分为经济法律行为、经济司法行为和经济行政行为;而违法的行为又可分为一般违法行为和严重违法行为。

(二)事件

事件是不以人们意志为转移的客观事实。事件包括自然事件和社会事件,前者是指由于自然现象所引起的客观事实,如发生地震、水灾等;后者是指由于社会上发生了不以个人意志为转移的、难以预料的重大事变所形成的客观事实,如战争、社会动乱、武装冲突等。

练习题

一、复习思考题

1. 经济法的调整对象是什么?
2. 经济法的基本原则有哪些?
3. 经济法有何特征?
4. 经济法与民法、行政法的关系是什么?
5. 经济法的渊源有哪些?
6. 经济法律关系的概念是什么?

7. 经济法律关系的特征有哪些?

8. 经济法律关系的构成要素是什么?

9. 经济法律关系主体有哪些?

10. 经济权利与经济义务有哪些?

二、案例分析题

某国有企业将某项生产任务承包给其内部的某车间,双方为此签订了承包责任书,约定某车间可以使用企业的机器设备及原材料,但必须在规定期限内完成该项生产任务等事宜。

问题:

(1)请问在某国有企业与某车间之间是否形成了经济法律关系?

(2)如果该案例中形成了经济法律关系,请指出该经济法律关系的主体、内容和客体。

第二编

民商事主体法律制度

第二章

民事主体法律制度

学习目标

通过本章学习，你应能够：

了解自然人概念、自然人的户籍和住所；

理解自然人民事权利能力的概念、特征和开始与终止；

掌握自然人民事法律行为能力的概念和类型；

了解法人的概念和特征；

理解法人的类型、成立条件和成立程序；

理解非法人组织的概念、特征和类型。

思政目标

能够正确理解我国社会主义制度具有以人为本的制度特征，以人为本是我国社会主义的本质，也是民法的本质；认识到人是民法的目的，也是我们社会主义国家的最终目的。

第一节　自然人

一、自然人的概念

自然人是指依自然规律出生而取得民事主体资格的人。为了更好地理解自然人的概念，我们需要厘清自然人与法人、自然人与公民两组概念。

(一)自然人与法人

本来民法上只有人的概念，亦即指自然人，后来团体组织的法律地位被民法确认，产生了法律拟制的“人”，即法人[①]。为了区别人与法律拟制的“人”，遂出现了“自然人”这一称谓。所

① 《民法典》第57条规定：“法人是具有民事权利能力和民事行为能力，依法独立享有民事权利和承担民事义务的组织。”

以，自然人是与法人相对应的概念。

(二)自然人与公民

自然人即生物学意义上的人，是基于出生而取得民事主体资格的人，其外延包括本国公民、外国公民和无国籍人。自然人为私法概念，使用在私法领域，体现一个人拥有的民事权利。而公民是宪法上的概念，仅指具有一国国籍的人。公民为公法概念，多用于公法领域，表明一个人所享有的宪法和政治权利。此外，自然人的身份会伴随一个人的始终而不会丧失或改变，但公民身份是可以改变或者丧失的(如脱离一国国籍而加入另一国国籍)。此前的《民法通则》第二章章名用的是“公民(自然人)”，现《民法典》均将其改为“自然人”，凸显了自然人的私法属性。

二、自然人的民事权利能力

(一)自然人民事权利能力的概念和特征

民事权利能力是自然人享有民事权利和承担民事义务的资格。自然人只有具备了民事权利能力，才能参与民事活动。所以，民事权利能力是自然人法律上的人格或主体资格，也是自然人其他民事能力的前提和基础。自然人的民事权利能力具有以下特征：

1. 平等性

我国《民法典》第 14 条规定：“自然人的民事权利能力一律平等。”平等性是自然人民事权利能力的首要特征。

2. 不可转让性

民事权利能力是法律所赋予的，是自然人生存和发展的必要条件，转让民事权利能力，无异于抛弃自己的生存权。因此，民事权利能力与自然人不可分离，故不得转让、抛弃。即使当事人自愿转让、抛弃的，在法律上也是无效的。

3. 广泛性

自然人享有广泛的民事权利能力，其内容涉及自然人生存和发展的一切方面。例如，自然人可以依法取得物权和债权等财产权，也可以依法直接享有生命权、健康权、肖像权等人格权，还可以依据一定法律关系享有配偶权、亲权、亲属权等身份权。

(二)自然人民事权利能力的开始

我国《民法典》第 13 条规定：“自然人从出生时起到死亡时止，具有民事权利能力，依法享有民事权利，承担民事义务。”可见，自然人的民事权利能力始于出生。因此，自然人的出生时间对于自然人的民事权利能力的取得具有重要意义。

《民法典》第 15 条规定：“自然人的出生时间，以出生证明记载的时间为准；没有出生证明的，以户籍登记或者其他有效身份登记记载的时间为准。有其他证据足以推翻以上记载时间的，以该证据证明的时间为准。”同时，为保护胎儿利益，我国《民法典》第 16 条规定：“涉及遗产继承、接受赠与等胎儿利益保护的，胎儿视为具有民事权利能力。但是，胎儿娩出时为死体的，其民事权利能力自始不存在。”

(三)自然人民事权利能力的终止

自然人的民事权利能力于死亡时消灭，民法上的自然人的死亡有生理死亡与宣告死亡之分。对于确定自然人生理死亡的标准，法学上和医学上存有多种学说。在我国，因死亡证明多由医院出具，故法律上对死亡的认定采取医学上的死亡标准。根据《民法典》第 15 条规定，自然人的死亡时间，以死亡证明记载的时间为准；没有死亡证明的，以户籍登记或者其他有效身份登记记载的时间为准。有其他证据足以推翻以上记载时间的，以该证据证明的时间为准。自然人的民事权利能力，自死亡时终止，其民事主体资格即告消灭。

三、自然人的民事行为能力

（一）自然人民事行为能力的概念

自然人的民事行为能力是指自然人能够以自己的独立行为实施民事法律行为，取得民事权利和承担民事义务的资格。具有民事权利能力，是自然人获得参与民事活动的资格。

自然人民事权利能力与民事行为能力都是由法律赋予的一种资格，非依法律规定，任何人都不得对其加以限制或剥夺，但二者又是有区别的。民事权利能力是每一个自然人都具备的享有权利和承担义务的资格，而民事行为能力则是自然人通过自己独立的行为取得权利和承担义务的资格，这种资格并非每个自然人都能具备。能不能运用民事行为能力这一资格，还受自然人的年龄、智力能力等主观条件的制约。对于年龄不够、心智不健全的权利能力人，如果任其独立参与民事活动，可能会损害自己，也可能会损害别人。所以，有民事权利能力者，不一定就有民事行为能力，两者确认的标准不同，自然人民事权利能力始于出生、终于死亡，而自然人的行为能力取决于年龄和智力。

（二）自然人的民事行为能力的类型

我国《民法典》根据自然人的年龄、智力，将自然人的民事行为能力划分为完全民事行为能力、限制民事行为能力和无民事行为能力三种。

1. 完全民事行为能力

完全民事行为能力是指自然人能够通过自己独立的行为行使民事权利、履行民事义务的能力。

《民法典》第 17 条规定："十八周岁以上的自然人为成年人。不满十八周岁的自然人为未成年人。"第 18 条规定："成年人为完全民事行为能力人，可以独立实施民事法律行为。十六周岁以上的未成年人，以自己的劳动收入为主要生活来源的，视为完全民事行为能力人。"

2. 限制民事行为能力

限制民事行为能力是指只能独立实施与年龄、智力相适应的民事法律行为的能力。即限制民事行为能力自然人在一定范围内具有民事行为能力，超出一定范围，便不具有相应的民事行为能力。

《民法典》第 19 条规定："八周岁以上的未成年人为限制民事行为能力人，实施民事法律行为由其法定代理人代理或者经其法定代理人同意、追认；但是，可以独立实施纯获利益的民事法律行为或者与其年龄、智力相适应的民事法律行为。"

《民法典》第 22 条规定："不能完全辨认自己行为的成年人为限制民事行为能力人，实施民事法律行为由其法定代理人代理或者经其法定代理人同意、追认；但是，可以独立实施纯获利益的民事法律行为或者与其智力、精神健康状况相适应的民事法律行为。"

因此，我国《民法典》对限制民事行为能力人的规定分两类：对年满八周岁以上的未成年人，即认定其为限制民事行为能力人，采取年龄主义；对成年人，是指不能完全辨认自己行为的精神病人，采取个案审查制。

3. 无民事行为能力

无民事行为能力是不能独立实施民事法律行为的能力。

《民法典》第 20 条规定："不满八周岁的未成年人为无民事行为能力人，由其法定代理人代理实施民事法律行为。”《民法典》第 21 条规定:“不能辨认自己行为的成年人为无民事行为能力人,由其法定代理人代理实施民事法律行为。八周岁以上的未成年人不能辨认自己行为的,适用前款规定。”

4. 对成年人限制民事行为能力与无民事行为能力的认定

对于精神病人的认定,如是未成年人,根据年龄就可确定他们为限制民事行为能力或无民事行为能力,无须其他认定程序。但对成年人如何认定,《民法典》第 24 条作出了相应的规定,不能辨认或者不能完全辨认自己行为的成年人,其利害关系人或者有关组织,可以向人民法院申请认定该成年人为无民事行为能力人或者限制民事行为能力人。被人民法院认定为无民事行为能力人或者限制民事行为能力人的,经本人、利害关系人或者有关组织申请,人民法院可以根据其智力、精神健康恢复的状况,认定该成年人恢复为限制民事行为能力人或者完全民事行为能力人。本条规定的有关组织包括:居民委员会、村民委员会、学校、医疗机构、妇女联合会、残疾人联合会、依法设立的老年人组织、民政部门等。

四、自然人的户籍和住所

(一)自然人的户籍

户籍是以户为单位记载自然人的姓名、性别、出生时间、出生地点、民族、籍贯、住所、亲属关系、婚姻状况、职业、失踪和死亡等事项的法律文件。在我国,户籍是确定自然人作为民事主体的法律地位的基本法律依据,它对于确定自然人何时开始和终止民事权利能力和民事行为能力、明确自然人家庭状况和财产继承关系、确定自然人姓名权、确定监护责任的承担者、确定住所等都有重要的法律意义。按照《中华人民共和国户口登记条例》的规定,公民出生后,应当向户籍管理机关进行户籍登记。

我国自 1984 年起开始实行居民身份证制度。2004 年 1 月 1 日起实施的《居民身份证法》第 2 条规定:“居住在中华人民共和国境内的年满 16 周岁的中国公民应当依照本法的规定申请领取居民身份证;未满 16 周岁的中国公民,可以依照本法的规定申请领取居民身份证。”居民身份证登记项目包括姓名、性别、民族、出生日期、住址等信息,它是证明自然人个人身份的法律凭证。

(二)自然人的住所

自然人的住所,是指法律认可的自然人民事生活的中心处所和经常居住所在的地方。《民法典》第 25 条规定:“自然人以户籍登记或者其他有效身份登记记载的居所为住所;经常居所与住所不一致的,经常居所视为住所。”

住所具有重要的法律意义,主要体现为:①住所是确定自然人失踪的前提之一。自然人离开住所,下落不明达到法定期限的,可申请宣告其失踪或者死亡。②住所是确定诉讼管辖和司法文书送达的依据之一。在民事诉讼案件中,一般案件实行的是“原告就被告原则”,即原告到被告住所地法院起诉。③住所是决定婚姻登记管辖的依据。根据《婚姻登记条例》的规定. 自然人办理结婚或离婚登记手续. 必须到双方或一方住所地,即户籍所在地的婚姻登记机关进行登记。④户籍是确定债务履行地的依据。《民法典》第 511 条规定:“履行地点不明确,给付货币的,在接受货币一方所在地履行;交付不动产的,在不动产所在地履行;其他标的,在履行义务一方所在地履行。”⑤住所是确定单位监护人或监护指定单位的依据。《民法典》第 32 条规定:“没有依法具有监护资格的人的,监护人由民政部门担任,也可以由具备履行监护职责条件的被监护人住所地的居民委员会、村民委员会担任。”

第二节　法　人

一、法人的概念和特征

(一)法人的概念

我国《民法典》第 57 条规定:“法人是具有民事权利能力和民事行为能力,依法独立享有民事权利和承担民事义务的组织。”法人被称为法律上的“拟制的人”。

(二)法人的特征

1. 法人是一种社会组织

法人与自然人的根本区别在于,法人是一种组织体。法人作为社会组织体,是为了实现特定的目标而有意识地结合起来的社会群体。法人作为一种社会组织,具有明确的目的,内部具有完备的组织机构和明确的职能和权限。作为法人,必须依法成立,取得法人资格。

2. 法人具有独立的民事权利能力和民事行为能力

法人作为与自然人相对应的一类民事主体,依法取得独立的法律地位,具有独立的民事主体资格,无须依附其他组织而独立存在。法人具有民事权利能力和民事行为能力,对外能够以自己的名义参加民事活动,取得各种民事权利,承担各种民事义务。法人的民事权利能力和民事行为能力,从法人成立时开始,至法人终止时消灭。

3. 法人具有独立的财产

法人的独立财产,是指法人享有所有权或经营管理权的全部财产。法人的财产和权益不能直接归属于作为法人成员的自然人个人,而是归属于法人这个社会组织体。法人的独立财产应当与其创立人的其他财产、与法人成员的财产、与其他组织和自然人的财产相分离,并完全独立地由法人支配。非依法律规定,任何组成法人的个人、集体或者创立法人的国家都无权占有、使用、处分属于法人的独立财产。

4. 法人独立承担民事责任

法人是能够独立承担民事责任的社会组织,这是法人与非法人组织的根本区别。《民法典》第 60 条规定:“法人以其全部财产独立承担民事责任。”也就是说,法人应以其拥有的全部财产,独立地对外承担债务或其他民事责任。除法律另有规定外,法人的成员个人对法人的债务不承担责任。同样,法人也不对法人的成员个人的债务承担责任。

二、法人的类型

我国《民法典》依据法人的经济属性将法人分为营利法人、非营利法人和特别法人。

(一)营利法人

营利法人是指依法成立,以取得利润并分配给股东等出资人为目的的成立的法人。《民法典》第 76 条规定:“以取得利润并分配给股东等出资人为目的成立的法人,为营利法人。营利法人包括有限责任公司、股份有限公司和其他企业法人等。”

(二)非营利法人

非营利法人是指为公益目的或者其他非营利目的成立,不向出资人、设立人或者会员分配所取得利润的法人,为非营利法人。非营利法人包括事业单位、社会团体、基金会、社会服务机构等。

(三)特别法人

特别法人是指既不属于营利法人也不属于非营利法人,具有民事权利能力和民事行为能力,依法独立享有民事权利和承担民事义务的社会组织。机关法人、农村集体经济组织法人、城镇农村的合作经济组织法人、基层群众性自治组织法人,为特别法人。

三、法人的成立

法人是一种社会组织,但社会组织并非都是法人。一个社会组织要成为法人,必须具备一定的条件。依照《民法典》第58条的规定,法人应当依法成立。法人应当有自己的名称、组织机构、住所、财产或者经费。法人成立的具体条件和程序,依照法律、行政法规的规定。设立法人,法律、行政法规规定须经有关机关批准的,依照其规定。

(一)法人成立条件

1. 依法成立

所谓依法成立,是指法人必须依照法律的规定成立。它包括以下几个方面的要求:①法人必须是法律允许设立的组织。也就是说,法人设立的目的、宗旨、组织形式、活动范围等都必须符合国家法律、政策及社会公共利益的要求。②法人必须依照法律规定的程序成立。非依法定程序成立的组织,不能成为法人。③设立法人,法律、行政法规规定须经有关机关批准的,依照其规定。

2. 法人应当有自己的名称、组织机构和住所

法人的名称是法人之间相互区别的标志,是独立于其成员的人格标志。法人只有具有自己的名称,才能以自己的名义进行民事活动.并以自己的名义享有民事权利和承担民事义务。法人的名称必须依法经过核准登记,在规定的范围内享有专用权和专有权。法人的名称应当由字号(或商号)、行业或者经营特点、组织形式组成,并在企业名称前冠以企业所在地省或市或县行政区的名称。

法人的组织机构是对内管理法人事务、对外代表法人从事民事活动的机构总称。由于法人是社会组织,所以法人的意思表示必须由法人的组织机构来完成。法人的组织机构代表法人进行相应的民事活动,完成法人的职能。所以,如果没有组织机构,就不能构成法人。

法人应该有自己的住所。法人要从事生产经营活动,就必须有自己固定的场所。法人的场所既可以是一处,也可以是多处,但法人的住所只有一处。《民法典》第63条规定:"法人以其主要办事机构所在地为住所。依法需要办理法人登记的,应当将主要办事机构所在地登记为住所。"

3. 法人应当有自己的财产或经费

法人的财产或者经费,是法人作为民事主体享有民事权利和承担民事义务的物质基础,也是法人独立承担民事责任的财产保障。法人的财产或者经费,是指法人独自享有的,独立于其他社会组织、法人内部成员的财产。法人因其经营性质和范围不同,其财产或经费数额的要求会有不同。法人的财产或经费须与其设立宗旨、生产经营及服务规模或者活动范围相适应,足以支持其进行相应活动。

(二)法人成立程序

法人的成立除应当具备以上实质条件外,还须符合法律规定的程序条件。法人的类型不同,其成立的程序条件也不同。

1. 营利法人的成立程序

营利法人具备法律规定的成立条件,应依法向登记机关申请登记,符合法律规定的设立条件的,由登记机关发给营利法人营业执照。营业执照的签发日期为营利法人的成立日期。

有限责任公司、股份有限公司的设立以准则主义为原则,以许可主义为例外。只要符合法定的设立条件,直接向登记机关申请登记,登记机关认为符合条件,予以登记即告成立,但法律、行政法规规定其必须报经批准的,则应当依法办理审批手续,取得行政许可,才能申请登记设立公司。

其他企业法人原则上采取许可主义,如全民所有制企业、集体所有制企业、外商投资企业、商业银行等须经主管部门或有关审批机关批准后才能申请登记。

2. 非营利法人的成立程序

非营利法人的成立采取特许主义和许可主义相结合的原则。原则上,所有事业单位法人、社会团体法人都需要依法登记,但法律、法规另有规定的除外。具备法人条件的事业单位、社会团体法人,经依法登记成立,取得事业单位法人资格;依法不需要办理法人登记的,从成立之日起,具有事业单位、社会团体法人资格。

四、法人的民事权利能力和民事行为能力

(一)法人的民事权利能力

法人的民事权利能力,是指法律赋予法人作为民事主体参与民事活动,享有民事权利并承担民事义务的资格。《民法典》第 57 条规定:“法人是具有民事权利能力和民事行为能力,依法独立享有民事权利和承担民事义务的组织。”第 59 条规定:“法人的民事权利能力和民事行为能力,从法人成立时产生,到法人终止时消灭。”

(二)法人的民事行为能力

法人的民事行为能力是指法人以自己的意思进行民事活动,取得民事权利、承担民事义务的资格。法人的民事行为能力也是法律赋予法人的一种资格,是法人成为独立民事主体的必要条件。

第三节　非法人组织

一、非法人组织的概念和特征

(一)非法人组织的概念

非法人组织,是指不具有法人资格但能以自己的名义进行民事活动,依法享有民事权利和承担民事义务的社会组织。其特征表现为较为稳定的社会组织体,具有相应的民事权利能力和民事行为能力,但又不具备法人资格,在责任能力方面也不同于法人。《民法典》第 102 条规定:“非法人组织是不具有法人资格,但是能够依法以自己的名义从事民事活动的组织。非法人组织包括个人独资企业、合伙企业、不具有法人资格的专业服务机构等。”

(二)非法人组织的特征

1. 应当依法设立

非法人组织必须依法设立,设立时既要符合实体法的规定,又要在程序上履行法定的核准登记手续,经有关机关核准登记并领取营业执照或社会团体登记证。这是非法人组织的合法性要件。它既区别于非法成立的组织,也区别于依法人的内部规章制度成立的内部职能部门,

如车间、科室。《民法典》第 103 条规定："非法人组织应当依照法律的规定登记。设立非法人组织，法律、行政法规规定须经有关机关批准的，依照其规定。"

2. 具有稳定性、组织性，能以自己的名义从事民事活动

这是非法人组织与法人的相同之处。非法人组织也是人和资产集合而成的组织体，为了一定目的而长期存在，其有相应的组织机构和代表人，能够形成独立于成员的组织体的意思；能够以自己的名义从事民事活动，享有民事权利，承担民事义务。

3. 有一定的财产或经费，有自己的场所

非法人组织以自己的名义对外从事民事活动，必须拥有与其经营活动和经营规模相适应的财产或经费以及场所，作为其参与民事活动，享有民事权利、承担民事义务的物质基础和财产保障。但是，非法人组织的财产或经费与法人的财产或经费有严格的区别。非法人组织对其财产不享有独立的所有权或独立的经营管理权，这些财产或经费仍属于创设人所有，非法人组织只能相对独立地占有、使用或处分该财产或经费。

4. 不具有独立承担民事责任的能力

非法人组织不具有法人资格，其与法人的最大区别在于：非法人组织不能独立承担民事责任，非法人组织的民事责任最终是由设立人或出资人承担无限责任。《民法典》第 104 条规定："非法人组织的财产不足以清偿债务的，其出资人或者设立人承担无限责任。法律另有规定的，依照其规定。"

二、非法人组织的类型

根据《民法典》第 102 条的规定，非法人组织包括以下类型：

(一)个人独资企业

个人独资企业，是指依照《个人独资企业法》在中国境内设立，由一个自然人投资，财产为投资人个人所有，投资人以其个人财产对企业债务承担无限责任的经营实体。

(二)合伙企业

合伙企业，是指自然人、法人和其他组织依照《合伙企业法》在中国境内设立的普通合伙企业和有限合伙企业。

(三)不具有法人资格的专业服务机构

不具有法人资格的专业服务机构，是指专门提供专业服务的非法人组织。如不具有法人资格的律师事务所、会计师事务所等。如《律师法》第 15 条规定："设立合伙律师事务所，除应当符合本法第十四条规定的条件外，还应当有三名以上合伙人，设立人应当是具有三年以上执业经历的律师。合伙律师事务所可以采用普通合伙或者特殊的普通合伙形式设立。合伙律师事务所的合伙人按照合伙形式对该律师事务所的债务依法承担责任。"

三、非法人组织的设立和解散

(一)非法人组织的设立

《民法典》第 103 条第 1 款规定："非法人组织应当依照法律的规定登记。"依据该规定，非法人组织必须依法登记，否则不能设立非法人组织。通过登记主要起到公示的作用，从而降低交易相对人的识别成本，维护交易安全。如《合伙企业法》第 9 条第 1 款规定："申请设立合伙企业。应当向企业登记机关提交登记申请书、合伙协议书、合伙人身份证明等文件。"

《民法典》第 103 条第 2 款规定："设立非法人组织，法律、行政法规规定须经有关机关批准

的，依照其规定。”根据该条法律规定，非法人组织不仅应当依法登记，对某些特殊类型的非法人组织设立还规定须经有关机关批准，即符合法定条件的非法人组织应在登记之前向相关主管部门申办审批手续。如《律师法》第 18 条规定：“设立律师事务所，应当向设区的市级或者直辖市的区人民政府司法行政部门提出申请。准予设立的，向申请人颁发律师事务所执业证书；不准予设立的，向申请人书面说明理由。”

(二)非法人组织的解散

《民法典》第 106 条、第 107 条规定，有下列情形之一的，非法人组织解散：①章程规定的存续期间届满或者章程规定的其他解散事由出现；②出资人或者设立人决定解散；③法律规定的其他情形。非法人组织解散的，应当依法进行清算。

练习题

一、复习思考题

1. 什么是自然人民事权利能力，自然人民事权利能力有哪些特征？
2. 对自然人民事权利能力的开始和终止有哪些规定？
3. 什么是自然人的民事行为能力，自然人的民事行为能力有哪些类型？
4. 什么是法人，法人的特征有哪些？
5. 法人类型有哪些？
6. 什么是非法人组织，非法人组织的特征有哪些？
7. 非法人组织的类型有哪些？

二、案例分析题

15 岁的少年甲向邻居乙借钱 1 500 元购买自行车，在购车时不慎将钱丢失。乙要求甲还钱，甲不得已将事情告诉父母。甲的父母一方面对儿子进行批评教育，另一方面则认为乙不应该借钱给其未成年的儿子，而且钱已经丢失，因而拒绝还钱。

问题：按照法律的规定，甲的父母是否应该向乙偿还 1 500 元钱，为什么？

第三章

企业法

学习目标

通过本章学习，你应能够：

掌握企业法的基本概念、调整对象；
掌握全民所有制企业的设立、变更和终止；
了解合伙企业的设立和合伙协议；
掌握个人独资企业的法律特征与设立；
了解外商投资企业法的设立、变更和终止；
掌握外商投资企业的种类。

思政目标

能够理解马克思主义法学观和习近平法治思想在社会主义市场经济治理方面的具体运用，清楚企业的社会责任；作为企业投资者、企业管理者在经营管理企业时应该诚信经营、具有社会责任感，从而将企业锻造成为一个诚信守法、公平竞争的实体，在改善社会主义市场营商环境和实现民族伟大复兴方面具有历史使命感和责任担当。

第一节　企业法概述

一、企业的概念

（一）企业的定义

企业是指依法成立并具备一定的组织形式，以营利为目的的独立从事商品生产经营活动和商业服务的经济组织。

（二）企业的特征

1. 企业是独立从事生产经营或服务性生产的经济组织

企业作为经济组织，其从事的是经济活动，包括物质资料生产、经营、销售，也包括为满足人们生产和生活需要的各方面的服务活动。这一特征区别于国家机关、社会团体、事业单位、军队等部门的职能。所谓独立性，是指企业对外的活动是以企业名义发生的，企业内部的分支机构已获得独立的营业资格。另外，独立性还体现在企业享有经营管理的自主权和对外独立承担民事责任等方面。作为法人企业，企业的决策权集中在法人机关，而非法人企业的决策权则掌握在投资者手中。在企业的民事责任方面，法人企业以其经营管理的财产或所有的财产对外承担民事责任，具有完全的独立性；而非法人企业的债务则要由投资者以其共有的企业财产和所有的个人财产承担无限或连带的责任，表现为相对的独立性。

2. 企业是营利性的经济组织

企业是营利性的经济组织，企业生存和发展的目的就是通过其具体的经营活动，以较少的投入取得较大的收益，并以利润的最大化为目标。投资者在把消费资金转入生产资金时，一般都期望资金的增值，这种期望通过企业去实现，这就是企业活动的营利性。

3. 企业是经依法成立，并具备一定主体资格的经济组织

这是从企业存在的法律条件和法律地位来说的，企业只有具备了法律规定的要件，并履行了法定的必需程序，才可以取得相应类型的企业资格，才能进行营业活动，并得到法律的确认和保护。经依法成立的企业均在法律上有一定的主体资格。一般来说，具有法人资格的合伙企业和独资企业有相对独立的法律上的主体资格。具有法人资格的企业是独立的经济组织，其独立性主要表现在企业的财产独立、生产经营独立、利益独立、责任独立等方面。

二、企业法的定义

企业法是规范企业在设立、存续和终止过程中所发生的各类社会关系的法律制度。企业法要对企业在设立、存续和终止过程中所发生的财产关系、经济行政关系，以及内部的有关主体的权利和义务、职权和责任等内容通过立法的形式加以确认、规范，从而把企业的全部活动和有关行为纳入法制轨道。企业法是国家管理企业的基本行为规范，也是国家对企业进行管理的基本法律依据。

三、企业法的调整对象

企业作为以营利为目的的经济组织，在国民经济活动中存续的全过程主要包括组织上的设立、变更和终止三个基本环节，而在这三个环节中所发生的由企业法所规范的社会关系主要反映在三个方面：第一个方面是企业以及企业与投资者之间所发生的财产关系；第二个方面就是企业在存续过程中的国家与企业的宏观调控关系；第三个方面是企业作为一个社会组织其内部的经验管理关系以及企业在存续过程中所发生的经济行政关系。

四、企业法的特征

(一)企业法是一种组织法与行为法相结合、以组织法为主体的法律规范

企业法特定的规范对象就是企业这种经济组织。各国企业法无一例外都对本国企业的种类、组织形式、组成的条件、各类企业必须设置的法定机构、负责人及其职权作出规定，同时企业法通过对企业名称、住所、章程、权利能力与行为能力的规定来确定不同企业的法律地位。因此，企业法是一种组织法或者是主体法。与此同时，企业法还对组建企业以及企业设立后生产经营活动的基本行为应遵循的原则、行为的内容以及行为的法律后果作出基本规定，以保证企业依法顺利地组建，正常地开展生产经营活动。如公司法中的公司募股集资的方式、股份的

发行与转让、债券的发行等规定均属于行为法的内容。所以,企业法是一种组织法与行为法相结合的法律规范。同时,企业法是以规范、确认企业这种社会组织的组成、法律地位、内部机构组成等以组织法为主的法律规范。

(二)企业法是一种实体法与程序法相结合、以实体法为主的法律规范

企业法是实体法,企业法在内容的规定上,如企业的种类、企业设立须具备的条件、企业的注册资本数额以及资本构成、投资者的权利和义务、内部机构的设置及职权等,均属实体法性质的规定。与此同时,企业法还规定了为实现这些实体上的权利和义务所必须履行的法定程序。这些法定程序是多方面的,从企业的设立、变更、终止,到企业有关组织机构的组成、会议的召集和决策程序等,乃至股份和债券的募集与发行等都有明确的程序上的规定。从这一点来讲,企业法又有程序法性质。整个的企业法把实体上的权利和义务与相关的程序上的规定有机地结合在一起,是以实体法为主的法律规范。

(三)企业法是一种强制性规范与任意性规范相结合、以强制性规范为主的法律规范

企业法的具体内容既有为数众多的强制性条款,又有相当数量的任意性条款,它是两者相结合的一种法律规范形式。如公司法规定公司要标明公司的种类,股份有限公司开办的发起人不得少于法定人数,公司注册资本的最低数额,公司董事和其他主要负责人的任职资格,有关组织机构的职责,公司董事长、经理等不得为监事会成员等,均不得任意变更和伸缩,是典型的强制性规范。同时,企业在商品生产和商品流通中进行竞争,企业及其投资者要谋取盈利、要承担投资和经营风险,这就决定了企业有权选择有利于自己的投资方式、经营方式,也决定了企业要尊重投资者的意愿,因此企业法在具体规定上有许多任意性的条款,供投资者选择。如股份有限公司募股集资的方式是发起设立还是募股设立,股息和红利的分配方式,扩股增资的途径等均有大量的任意性条款。企业法是强制性规范与任意性规范相结合,并以强制性规范为主要内容的法律规范。

(四)企业法是一种管理法与财产法相结合的法律规范

国家制定企业法的目的就是根据国家国民经济和社会发展总目标的要求,来调整国家与企业间的关系,从而把企业的全部活动纳入法制轨道,并通过企业法对企业及其活动进行管理和监督,保证企业的合法经营和维护社会正常的经济秩序。如企业设立的审核与批准和企业登记制度,法律对企业的组织机构及其行为的各方面要求,均反映了企业法重要的管理属性。同时,企业法不仅仅是一种管理法,企业法所调整的社会关系中,相当一部分是财产关系,如企业财产的归属、企业盈利的分配、各类基金的计提、企业债权债务的享有与承担、企业终止后财产的分配等,均是企业法的重要内容,所以,企业法又是管理法与财产法相结合的一种法律规范。

第二节　全民所有制企业法

全民所有制企业,即国有企业,是指国家投资兴办的,依法自主经营、自负盈亏、独立核算的企业法人。调整全民所有制工业企业在其设立、经营、变更和终止过程中所发生的经济关系的法律规范的总称为全民所有制企业法。它有广义和狭义两种理解。

从狭义上讲,仅指第七届全国人民代表大会第一次会议于 1988 年 4 月 13 日通过并于同年 8 月 1 日起施行、后于 2009 年 8 月 7 日修订的《中华人民共和国全民所有制工业企业法》(以下简称《企业法》)。这部重要的所有制企业的基本法律,对其他所有现行的关于全民所有制工业企业的法规起着统帅作用，同时，它又是制定关于全民所有制工业企业法规的根据。

从广义上讲，我国全民所有制企业法是指以《企业法》为基础法，包括《企业破产法》《全民所有制工业企业承包经营合作制暂行条例》《全民所有制小型工业企业租赁经营暂行条例》《全民所有制工业企业转换经营机制条例》（以下简称《转机条例》）等有关调整全民所有制工业企业关系的法律规范的综合。本章是从广义上来阐述全民所有制工业企业法律制度的。

一、全民所有制企业的设立

（一）设立全民所有制企业必须具备条件的条件

根据《企业法》第 17 条的规定，申请设立全民所有制工业企业必须具备以下各项条件：①产品为社会所需要；②有能源、原材料、交通运输的必要条件；③有自己的名称和生产经营场所；④有符合国家规定的资金；⑤有自己的组织机构；⑥有明确的经营范围；⑦法律、法规规定的其他条件。

以上规定表明，《企业法》注重的是企业设立的资源配置效应。但上述规定弹性大，还需要在今后的配套立法和有关部门产业政策中于企业设立环节为实现全社会范围内资源优化配置创造出更好的法律环境。

（二）设立企业的程序

设立企业必须经过申请、审批和登记三个法定程序。首先由准备设立者提出申请；然后，依照法律和国务院规定的审批权限，报请政府或政府主管部门审核批准；最后，到工商行政管理部门核准登记、领取营业执照，便正式取得法人资格。

企业登记注册的内容主要包括下列事项：企业法人名称、住所、经营场所、法定代表人、经济性质、经营范围、经营方式、注册资金、从业人数、经营期限、分支机构等。

办理企业开业登记，应该在审批机关批准后 30 日内，向登记主管机关提出申请。申请企业开业登记，应当提交下列文件、证件：组建负责人签署的登记申请书，审批机关的批准文件，组织章程，资金信用证明、验资证明或者资金担保，企业主要负责人的身份证明，住所和经营场所使用证明，其他有关部门文件、证件。

申请企业开业登记，经登记主管机关核准登记注册的，领取《企业法人营业执照》，取得法人资格，企业即告成立。企业法人凭借其营业执照可以刻制公章、开立银行账户、签订合同，可以在核准登记的经营范围内从事生产经营活动，其合法权益受法律保护。

二、全民所有制企业的变更和终止

（一）企业变更

企业变更，是指企业在组织上分立、合并，以及企业在名称、地址、生产工具经营范围、注册资金等方面的变化。企业变化的主要情形有以下四种。

1. 企业的合并

这是指两个或两个以上的企业联合组成一个企业或者一个企业兼并一个或一个以上的企业。政府可以决定或者批准企业的合并。政府决定或者批准合并在全民所有制企业的范围内，可以采取资产无偿划转方式进行。合并方案由政府主管部门或者企业提出。在政府主管部门主持下，合并各方经充分协商后，订立合并协议。

企业可以自主决定兼并其他企业。企业兼并是一种有偿的合并形式。企业被兼并必须经政府主管部门批准。

2. 企业的分立

这是指一个企业分成两个或两个以上的企业。经政府批准，企业可以分立。企业分立时，应当由分立各方签订分立协议，明确划分分立各方的财产和债权、债务等。

3 企业其他重要事项的变更

其他重要事项，是指企业法人改变名称、住所、经营场所、法定代表人、经济性质、经营范围、经营方式、注册资金，经营期限，以及增设或撤销分支机构。

4. 企业变更的程序和有关部门权利、义务的承受

企业的变更，要依照法律、法规的规定，由政府或者政府主管部门批准。企业合并、分立，应当在审批机关批准后 30 日内向登记主管机关申请办理变更登记、开业登记或者注销登记。与此相衔接，企业应及时向国有资产管理部门申请变动产权登记、注销产权登记。企业其他重要事项的变更，应当在审批机关批准后 30 天内向登记主管机关申请办理变更登记。

企业的权利、义务不能因企业的变更而消失。在企业变更的情况下，原企业的权利和义务由变更后的企业享有和承担。企业合并、分立时，必须依法清理债权、债务。合并、分立前的企业的债权、债务，由合并、分立后的企业享有和承担。

(二)全民所有制工业企业的终止

1. 企业终止的原因

根据《企业法》第 19 条的规定，企业由于下列原因之一终止：①违反法律、法规被责令撤销；②政府主管部门依照法律、法规的规定决定解散；③依法被宣告破产；④其他原因。

2. 企业终止的清算

企业解散或者被撤销，应由政府主管部门主导成立的清算组进行清算。企业被宣告破产的，由人民法院组织有关部门机关和有关人员成立清算组织，进行清算。

清算的内容包括两个方面：一是查清企业财产，核实债权、债务，并登记造册；二是受偿权，清偿债务，依法处理剩余财产。

关于债务的清偿，在企业财产不足以偿还企业的全部债务时，一般应当在支付必要的清算费用后，按照下列顺序清偿：一是职工工资，二是国家税收，三是银行贷款和其他债权。

3. 企业终止的登记

企业终止，应当向登记主管机关申请办理注销登记，应当提交法定代表人签署的申请注销登记报告、审批机关的批准文件、清理债务完结的证明或者清算组织负责清理债权和债务的文件。经登记主管机关核准后，收缴“企业法人营业执照”及其副本，收缴公章，并将注销登记情况告知企业的开户银行。

三、企业经营权

(一)企业经营权的定义

经营权是指全民所有制企业对国家授予其经营管理的财产依法进行占有、使用、收益和处分的权利。

(二)企业经营权的内容

经营权的内容由法律直接规定，包括企业对其经营管理的国有资产依法享有的权利和依法承担的义务。全民所有制企业对其经营管理的国有资产的占有权、使用权、收益权和处分权又直接表现为法律赋予企业的各种经营自主权。

1. 生产经营决策权

《转机条例》第 8 条规定，企业享有生产工具经营决策权。企业的生产经营决策是企业对其占有的国有资产如何使用和处分的决策，因此生产经营决策权同时也是企业对其经营管理的国有资产如何进行占有、使用和处分的决定权。

2. 购销自主权

企业在组织购销方面，享有以下权利：物资采购权，产品销售权，产品、劳务定价权，进出口权。

企业组织购销的上述权利，与企业处分其流动资产密切相关，因此企业享有购销自主权意味着企业享有处分流动资产的自主权。

3. 固定资产处置权

企业根据生产经营的需要，对一般固定资产，可以自主决定出租、抵押或者有偿转让；对关键设备、成套设备或重要建筑，可以出租，经政府主管部门批准也可以抵押或者有偿转让。

4. 留用资金支配权与工资、奖金分配权

企业有权按规定比例留用税后利润，并对依法留用的资金享有支配权。企业在保证实现企业财产保值、增值的前提下，有权自主确定留用资金中各项基金的比例和用途。

企业享有工资、奖金分配权。企业有权按政府规定的工资总额与经济效益挂钩的办法提取工资总额。对依法提取的工资总额，企业有权自主分配。企业有权依据本企业情况确定工资形式和奖金分配办法。

5. 进行投资、联营、兼并的权利

企业享有投资决策权，可以按照法律和国务院有关部门的规定，以留用资金、实物、土地使用权、工业产权和非专利技术等向国内各地区各行业的企业、事业单位投资，购买和持有其他企业。企业可以遵照国家产业政策和行业、地区的发展规划，以留用资金和自筹资金自主决定立项，从事生产性建设。

企业享有联营或兼并的权利。经监督机构和有关部门批准，企业有权与其他企业、事业单位建立法人型、合伙型或合同型联营关系，有权按自愿、有偿的原则兼并其他企业。

企业进行投资、联营或兼并，都要调动企业资产，引起企业资产的重新组合，因此企业享有投资权、联营权与兼并权，这也意味着企业享有以投资、联营或兼并为目的的资产调动权与支配权。

第三节 合伙企业法

一、合伙企业的概念和种类

合伙企业，是指自然人、法人和其他组织依照《合伙企业法》在中国境内设立的普通合伙企业和有限合伙企业。

普通合伙企业由普通合伙人组成，合伙人对合伙企业债务承担无限连带责任。有限合伙企业由普通合伙人和有限合伙人组成，普通合伙人对合伙企业债务承担无限连带责任，有限合伙人以其认缴的出资额为限对合伙企业债务承担责任。国有独资公司、国有企业、上市公司以及公益性的事业单位、社会团体不得成为普通合伙人。

二、普通合伙企业

(一)合伙企业的设立

设立合伙企业,应当具备下列条件:

(1)有两个以上合伙人,合伙人为自然人的,应当具有完全民事行为能力;

(2)有书面合伙协议;

(3)有合伙人认缴或者实际缴付的出资;

(4)有合伙企业的名称和生产经营场所;

(5)法律、行政法规规定的其他条件。

合伙企业名称中应当标明"普通合伙"字样。

申请设立合伙企业,应当向企业登记机关提交登记申请书、合伙协议书、合伙人身份证明等文件。合伙企业的经营范围中有属于法律、行政法规规定在登记前须经批准的项目的,该项经营业务应当依法经过批准,并在登记时提交批准文件。申请人提交的登记申请材料齐全、符合法定形式,企业登记机关能够当场登记的,应予当场登记,发给营业执照。否则企业登记机关应当自受理申请之日起 20 日内,作出是否登记的决定。予以登记的,发给营业执照;不予登记的,应当给予书面答复,并说明理由。

合伙企业的营业执照签发日期,为合伙企业成立日期。合伙企业领取营业执照前,合伙人不得以合伙企业名义从事合伙业务。

合伙企业设立分支机构,应当向分支机构所在地的企业登记机关申请登记,领取营业执照。合伙企业登记事项发生变更的,执行合伙事务的合伙人应当自作出变更决定或者发生变更事由之日起 15 日内,向企业登记机关申请办理变更登记。

(二)合伙人的出资

合伙人可以用货币、实物、知识产权、土地使用权或者其他财产权利出资,也可以用劳务出资。

合伙人以实物、知识产权、土地使用权或者其他财产权利出资,需要评估作价的,可以由全体合伙人协商确定,也可以由全体合伙人委托法定评估机构评估。

合伙人以劳务出资的,其评估办法由全体合伙人协商确定,并在合伙协议中载明。合伙人应当按照合伙协议约定的出资方式、数额和缴付期限,履行出资义务。以非货币财产出资的,依照法律、行政法规的规定,需要办理财产权转移手续的,应当依法办理。

(三)合伙协议

合伙协议是合伙企业成立的基础,它是指合伙人为了共同的事业目的,通过意思表示,达成共同出资、共同经营、共负盈亏的协议。合伙协议依法由全体合伙人协商一致、以书面形式订立。合伙协议应当载明下列事项:

(1)合伙企业的名称和主要经营场所的地点;

(2)合伙目的和合伙经营范围;

(3)合伙人的姓名或者名称、住所;

(4)合伙人的出资方式、数额和缴付期限;

(5)利润分配、亏损分担方式;

(6)合伙事务的执行;

(7)入伙与退伙;

(8)争议解决办法;

(9)合伙企业的解散与清算;

(10)违约责任。

合伙协议经全体合伙人签名、盖章后生效。合伙人按照合伙协议享有权利、履行义务。修改或者补充合伙协议,应当经全体合伙人一致同意;但是,合伙协议另有约定的除外。合伙协议未约定或者约定不明确的事项,由合伙人协商决定;协商不成的,依照《合伙企业法》和其他有关法律、行政法规的规定处理。

(四)合伙企业财产

合伙人的出资、以合伙企业名义取得的收益和依法取得的其他财产,均为合伙企业的财产。合伙人按照合伙协议的约定或者经全体合伙人决定,可以增加或者减少对合伙企业的出资。

合伙人在合伙企业清算前,不得请求分割合伙企业的财产;但是,法律另有规定的除外。合伙人在合伙企业清算前私自转移或者处分合伙企业财产的,合伙企业不得以此对抗善意第三人。除合伙协议另有约定外,合伙人向合伙人以外的人转让其在合伙企业中的全部或者部分财产份额时,须经其他合伙人一致同意。合伙人之间转让在合伙企业中的全部或者部分财产份额时,应当通知其他合伙人。

合伙人向合伙人以外的人转让其在合伙企业中的财产份额的,在同等条件下,其他合伙人有优先购买权;但是,合伙协议另有约定的除外。合伙人以外的人依法受让合伙人在合伙企业中的财产份额的,经修改合伙协议即成为合伙企业的合伙人,依照《合伙企业法》和修改后的合伙协议享有权利、履行义务。

合伙人以其在合伙企业中的财产份额出质的,须经其他合伙人一致同意;未经其他合伙人一致同意,其行为无效,由此给善意第三人造成损失的,由行为人依法承担赔偿责任。

(五)合伙事务执行

合伙人对执行合伙事务享有同等的权利。按照合伙协议的约定或者经全体合伙人决定,可以委托一个或者数个合伙人对外代表合伙企业,执行合伙事务。作为合伙人的法人、其他组织执行合伙事务的,由其委派的代表执行。委托一个或者数个合伙人执行合伙事务的,其他合伙人不再执行合伙事务。不执行合伙事务的合伙人有权监督执行事务合伙人执行合伙事务的情况。

被聘任的合伙企业的经营管理人员应当在合伙企业授权范围内履行职务。被聘任的合伙企业的经营管理人员超越合伙企业授权范围履行职务,或者在履行职务过程中因故意或者重大过失给合伙企业造成损失的,依法承担赔偿责任。

由一个或者数个合伙人执行合伙事务的,执行事务合伙人应当定期向其他合伙人报告事务执行情况以及合伙企业的经营和财务状况,其执行合伙事务所产生的收益归合伙企业,所产生的费用和亏损由合伙企业承担。合伙人为了解合伙企业的经营状况和财务状况,有权查阅合伙企业会计账簿等财务资料。

合伙人分别执行合伙事务的,执行事务合伙人可以对其他合伙人执行的事务提出异议。提出异议时,应当暂停该项事务的执行。如果发生争议,依照《合伙企业法》第 30 条规定作出决定。受委托执行合伙事务的合伙人不按照合伙协议或者全体合伙人的决定执行事务的,其他合伙人可以决定撤销该委托。

合伙人对合伙企业有关事项作出决议,按照合伙协议约定的表决办法办理。合伙协议未约定或者约定不明确的，实行合伙人一人一票并经全体合伙人过半数通过的表决办法。

除合伙协议另有约定外，合伙企业的下列事项应当经全体合伙人一致同意：

(1)改变合伙企业的名称；

(2)改变合伙企业的经营范围、主要经营场所的地点；

(3)处分合伙企业的不动产；

(4)转让或者处分合伙企业的知识产权和其他财产权利；

(5)以合伙企业名义为他人提供担保；

(6)聘任合伙人以外的人担任合伙企业的经营管理人员。

合伙人不得自营或者同他人合作经营与本合伙企业相竞争的业务。除合伙协议另有约定或者经全体合伙人一致同意外，合伙人不得同本合伙企业进行交易。合伙人不得从事损害本合伙企业利益的活动。

(六)合伙企业利润分配、亏损分担

合伙企业的利润分配、亏损分担，按照合伙协议的约定办理；合伙协议未约定或者约定不明确的，由合伙人协商决定；协商不成的，由合伙人按照实缴出资比例分配、分担；无法确定出资比例的，由合伙人平均分配、分担。

合伙协议不得约定将全部利润分配给部分合伙人或者由部分合伙人承担全部亏损。

(七)合伙企业与第三人关系

合伙企业对合伙人执行合伙事务以及对外代表合伙企业权利的限制，不得对抗善意第三人。

合伙企业对其债务，应先以其全部财产进行清偿。合伙企业不能清偿到期债务的，合伙人承担无限连带责任。合伙人由于承担无限连带责任，清偿数额超过规定的其亏损分担比例的，有权向其他合伙人追偿。

合伙人发生与合伙企业无关的债务，相关债权人不得以其债权抵销其对合伙企业的债务；也不得代位行使合伙人在合伙企业中的权利。

合伙人的自有财产不足清偿其与合伙企业无关的债务的，该合伙人可以以其从合伙企业中分取的收益用于清偿；债权人也可以依法请求人民法院强制执行该合伙人在合伙企业中的财产份额用于清偿。人民法院强制执行合伙人的财产份额时，应当通知全体合伙人，其他合伙人有优先购买权；其他合伙人未购买，又不同意将该财产份额转让给他人的，依照规定为该合伙人办理退伙结算，或者办理削减该合伙人相应财产份额的结算。

(八)入伙、退伙

新合伙人入伙，除合伙协议另有约定外，应当经全体合伙人一致同意，并依法订立书面入伙协议。订立入伙协议时，原合伙人应当向新合伙人如实告知原合伙企业的经营状况和财务状况。

入伙的新合伙人与原合伙人享有同等权利、承担同等责任。入伙协议另有约定的，从其约定。新合伙人对入伙前合伙企业的债务承担无限连带责任。

合伙协议约定合伙期限的，在合伙企业存续期间，有下列情形之一的，合伙人可以退伙：①合伙协议约定的退伙事由出现；②经全体合伙人一致同意；③发生合伙人难以继续参加合伙的事由；④其他合伙人严重违反合伙协议约定的义务。

合伙协议未约定合伙期限的，合伙人在不给合伙企业事务执行造成不利影响的情况下，可以退伙，但应当提前 30 日通知其他合伙人。合伙人违反规定退伙的，应当赔偿由此给合伙企业造成的损失。

合伙人有下列情形之一的，当然退伙：①作为合伙人的自然人死亡或者被依法宣告死亡；②个人丧失偿债能力；③作为合伙人的法人或者其他组织依法被吊销营业执照、责令关闭、撤销，或者被宣告破产；④法律规定或者合伙协议约定合伙人必须具有相关资格而丧失该资格；⑤合伙人在合伙企业中的全部财产份额被人民法院强制执行。

合伙人被依法认定为无民事行为能力人或者限制民事行为能力人的，经其他合伙人一致同意，可以依法转为有限合伙人，普通合伙企业依法转为有限合伙企业。其他合伙人未能一致同意的，该无民事行为能力或者限制民事行为能力的合伙人退伙。

退伙事由实际发生之日为退伙生效日。

合伙人有下列情形之一的，经其他合伙人一致同意，可以决议将其除名：①未履行出资义务；②因故意或者重大过失给合伙企业造成损失；③执行合伙事务时有不正当行为；④发生合伙协议约定的事由。

对合伙人的除名决议应当书面通知被除名人。被除名人接到除名通知之日，除名生效，被除名人退伙。被除名人对除名决议有异议的，可以自接到除名通知之日起 30 日内，向人民法院起诉。

合伙人死亡或者被依法宣告死亡的，对该合伙人在合伙企业中的财产份额享有合法继承权的继承人，按照合伙协议的约定或者经全体合伙人一致同意，从继承开始之日起，取得该合伙企业的合伙人资格。

有下列情形之一的，合伙企业应当向合伙人的继承人退还被继承合伙人的财产份额：①继承人不愿意成为合伙人；②法律规定或者合伙协议约定合伙人必须具有相关资格，而该继承人未取得该资格；③合伙协议约定不能成为合伙人的其他情形。

合伙人的继承人为无民事行为能力人或者限制民事行为能力人的，经全体合伙人一致同意，可以依法成为有限合伙人，普通合伙企业依法转为有限合伙企业。全体合伙人未能一致同意的，合伙企业应当将被继承合伙人的财产份额退还该继承人。

合伙人退伙，其他合伙人应当与该退伙人按照退伙时的合伙企业财产状况进行结算，退还退伙人的财产份额。退伙人对给合伙企业造成的损失负有赔偿责任的，相应扣减其应当赔偿的数额。退伙时有未了结的合伙企业事务的，待该事务了结后进行结算。

退伙人在合伙企业中财产份额的退还办法，由合伙协议约定或者由全体合伙人决定，可以退还货币，也可以退还实物。退伙人对基于其退伙前的原因发生的合伙企业债务，承担无限连带责任。合伙人退伙时，合伙企业财产少于合伙企业债务的，退伙人应当依照《合伙企业法》第 33 条第一款的规定分担亏损。

（九）特殊的普通合伙企业

以专业知识和专门技能为客户提供有偿服务的专业服务机构，可以设立为特殊的普通合伙企业。在特殊的普通合伙企业中，一个合伙人或者数个合伙人在执业活动中因故意或者重大过失造成合伙企业债务的，应当承担无限责任或者无限连带责任，其他合伙人以其在合伙企业中的财产份额为限承担责任。合伙人在执业活动中非因故意或者重大过失造成的合伙企业债务以及合伙企业的其他债务，由全体合伙人承担无限连带责任。

特殊的普通合伙企业名称中应当标明“特殊普通合伙”字样。

合伙人执业活动中因故意或者重大过失造成的合伙企业债务，以合伙企业财产对外承担责任后，该合伙人应当按照合伙协议的约定对给合伙企业造成的损失承担赔偿责任。

特殊的普通合伙企业应当建立执业风险基金、办理职业保险。执业风险基金用于偿付合伙人执业活动造成的债务。执业风险基金应当单独立户管理。具体管理办法由国务院规定。

三、有限合伙企业

有限合伙企业由2个以上50个以下合伙人设立;但是,法律另有规定的除外。有限合伙企业至少应当有一个普通合伙人。有限合伙企业名称中应当标明"有限合伙"字样。

有限合伙企业的合伙协议除载明普通合伙协议中的事项外,还应当载明下列事项:

(1)普通合伙人和有限合伙人的姓名或者名称、住所;

(2)执行事务合伙人应具备的条件和选择程序;

(3)执行事务合伙人的权限与违约处理办法;

(4)执行事务合伙人的除名条件和更换程序;

(5)有限合伙人入伙、退伙的条件、程序以及相关责任;

(6)有限合伙人与普通合伙人相互转变程序。

有限合伙人可以用货币、实物、知识产权、土地使用权或者其他财产权利作价出资。有限合伙人不得以劳务出资。

有限合伙人应当按照合伙协议的约定按期足额缴纳出资;未按期足额缴纳的,应当承担补缴义务,并对其他合伙人承担违约责任。有限合伙企业登记事项中应当载明有限合伙人的姓名或者名称及认缴的出资数额。有限合伙企业由普通合伙人执行合伙事务。执行事务合伙人可以要求在合伙协议中确定执行事务的报酬及报酬提取方式。

有限合伙人不执行合伙事务,不得对外代表有限合伙企业。

有限合伙企业不得将全部利润分配给部分合伙人;但是,合伙协议另有约定的除外。有限合伙人可以同本有限合伙企业进行交易;但是,合伙协议另有约定的除外。有限合伙人可以自营或者同他人合作经营与本有限合伙企业相竞争的业务;但是,合伙协议另有约定的除外。有限合伙人可以将其在有限合伙企业中的财产份额出质;但是,合伙协议另有约定的除外。

有限合伙人可以按照合伙协议的约定向合伙人以外的人转让其在有限合伙企业中的财产份额,但应当提前30日通知其他合伙人。有限合伙人的自有财产不足清偿其与合伙企业无关的债务的,该合伙人可以以其从有限合伙企业中分取的收益用于清偿;债权人也可以依法请求人民法院强制执行该合伙人在有限合伙企业中的财产份额用于清偿。人民法院强制执行有限合伙人的财产份额时,应当通知全体合伙人。在同等条件下,其他合伙人有优先购买权。

有限合伙企业仅剩有限合伙人的,应当解散;有限合伙企业仅剩普通合伙人的,转为普通合伙企业。

第三人有理由相信有限合伙人为普通合伙人并与其交易的,该有限合伙人对该笔交易承担与普通合伙人同样的责任。有限合伙人未经授权以有限合伙企业名义与他人进行交易,给有限合伙企业或者其他合伙人造成损失的,该有限合伙人应当承担赔偿责任。

新入伙的有限合伙人对入伙前有限合伙企业的债务,以其认缴的出资额为限承担责任。

作为有限合伙人的自然人在有限合伙企业存续期间丧失民事行为能力的,其他合伙人不得因此要求其退伙。作为有限合伙人的自然人死亡、被依法宣告死亡或者作为有限合伙人的法人及其他组织终止时,其继承人或者权利承受人可以依法取得该有限合伙人在有限合伙企业中的资格。有限合伙人退伙后,对基于其退伙前的原因发生的有限合伙企业债务,以其退伙时从有限合伙企业中取回的财产承担责任。除合伙协议另有约定外,普通合伙人转变为有限合伙人，或者有限合伙人转变为普通合伙人，应当经全体合伙人一致同意。

有限合伙人转变为普通合伙人的，对其作为有限合伙人期间有限合伙企业发生的债务承担无限连带责任。普通合伙人转变为有限合伙人的，对其作为普通合伙人期间合伙企业发生的债务承担无限连带责任。

四、合伙企业解散、清算

合伙企业有下列情形之一的，应当解散：

(1)合伙期限届满，合伙人决定不再经营；

(2)合伙协议约定的解散事由出现；

(3)全体合伙人决定解散；

(4)合伙人已不具备法定人数满 30 天；

(5)合伙协议约定的合伙目的已经实现或者无法实现；

(6)依法被吊销营业执照、责令关闭或者被撤销；

(7)法律、行政法规规定的其他原因。

合伙企业解散，应当由清算人进行清算。清算人由全体合伙人担任；经全体合伙人过半数同意，可以自合伙企业解散事由出现后 15 日内指定一个或者数个合伙人，或者委托第三人，担任清算人。自合伙企业解散事由出现之日起 15 日内未确定清算人的，合伙人或者其他利害关系人可以申请人民法院指定清算人。

清算人在清算期间执行下列事务：

(1)清理合伙企业财产，分别编制资产负债表和财产清单；

(2)处理与清算有关的合伙企业未了结事务；

(3)清缴所欠税款；

(4)清理债权、债务；

(5)处理合伙企业清偿债务后的剩余财产；

(6)代表合伙企业参加诉讼或者仲裁活动。

清算人自被确定之日起 10 日内将合伙企业解散事项通知债权人，并于 60 日内在报纸上公告。债权人应当自接到通知书之日起 30 日内，未接到通知书的自公告之日起 45 日内，向清算人申报债权。

债权人申报债权，应当说明债权的有关事项，并提供证明材料。清算人应当对债权进行登记。

清算期间，合伙企业存续，但不得开展与清算无关的经营活动。合伙企业财产在支付清算费用和职工工资、社会保险费用、法定补偿金以及缴纳所欠税款、清偿债务后的剩余财产，依照规定进行分配。

清算结束，清算人应当编制清算报告，经全体合伙人签名、盖章后，在 15 日内向企业登记机关报送清算报告，申请办理合伙企业注销登记。

合伙企业注销后，原普通合伙人对合伙企业存续期间的债务仍应承担无限连带责任。

合伙企业不能清偿到期债务的，债权人可以依法向人民法院提出破产清算申请，也可以要求普通合伙人清偿。

合伙企业依法被宣告破产的，普通合伙人对合伙企业债务仍应承担无限连带责任。

第四节 个人独资企业法

一、个人独资企业的概念

依《中华人民共和国个人独资企业法》(以下简称《个人独资企业法》)第2条规定,独资企业是指依照本法在中国境内设立,由一个自然人投资,财产为投资人个人所有,投资人以其个人财产对企业债务承担无限责任的经营实体。独资企业也称为独资所有制,或独资商号,简言之,是由一个自然人单独投资并经营的企业。

二、独资企业设立的条件

个人独资企业的设立,同样要按照市场经济的一般要求,具备一般商事主体的最基本条件。我国《个人独资企业法》第8条对此作了相关规定。规定个人独资企业的设立条件和程序,有利于保障个人独资企业的合法权益,便于国家对个人独资企业的管理和监督。

(一)投资者为一个自然人

《个人独资企业法》第8条第1款规定,个人独资企业的投资者必须是自然人,法人和其他经济组织不得设立个人独资企业。自然人即依法享有民事权利能力的人。而对于投资人是否具有民事行为能力问题,我国《个人独资企业法》对此未明确规定,但根据《民法典》等规定的精神看,个人独资企业的投资人应该同时具有民事权利能力和民事行为能力。但是,并非所有的自然人都可以成为设立个人独资企业的投资者。《个人独资企业法》第16条规定:"法律、行政法规禁止从事营利性活动的人,不得作为投资人申请设立个人投资企业。"目前,我国法律禁止从事营利性活动的人主要包括以下几类:①不具有完全民事行为能力的人;②国家公务员;③政党机关有关领导干部;④警官、法官、检察官;⑤商业银行工作人员等。

(二)须有合法的企业名称

企业名称作为企业的识别符号,是企业从事生产、经营、服务等营业活动时所用的名称。《个人独资企业法》第11条规定:"个人独资企业的名称应当与其责任形式及从事的营业相符合。"由于独资企业的投资人对独资企业的债务承担无限责任,所以在独资企业的名称中不可以有"有限"或"有限责任"的字样。依《企业名称登记管理规定》的规定,个人独资企业的名称,应当包括字号、行业或经营特点和组织形式,不得使用法律禁止以及与自身实际情况不符的名称。个人独资企业名称应当经工商行政管理机关核准登记,经登记在规定的范围内享有专用权。

(三)投资人要申报其必要的与其申办企业规模相当的经营资金

个人独资企业的投资人必须有与其生产经营规模相适应的营运资本,以确保企业成立后的经营活动的顺利进行和保障第三人的合法权益。但该经营资金不是注册资本,因为法律并没有规定法定的最低注册资本金,即无论出资多少都可以设立个人独资企业。个人独资企业与合伙企业一样,并不是法人企业,企业承担责任的财产是投资人的全部个人财产而非企业注册资本。因此,法律没有必要规定个人独资企业注册资本金的最低限额。此外,不规定注册资本金的最低限额也有利于增加民间投资,增加就业机会,符合我国当前的经济发展情况,与国际通行做法也是一致的。

(四)有固定的生产经营场所和必要的生产经营条件

生产经营场所是个人独资企业从事生产经营活动的所在地，其法律意义除了在于它是从事生产经营活动的空间范围外，还在于它往往是企业的债务履行地，是确定工商登记管辖、决定诉讼管辖，以及确定涉外民事关系准据法的依据等。因此，生产经营场所在一定期限内应当固定不变，并且已经由投资者依法取得合法使用权。必要的生产经营条件，是设立个人独资企业的物质基础，它要根据其所从事行业的特点和要求来安排。所以，不同的独资企业，由于其所从事的行业不同，所需要的必要生产经营条件也各不相同。

(五)有相对满足其经营业务开展需要的从业人员

对独资企业而言，从业人员人数并不是主要衡量标准，关键在于资本的来源和责任方式。所以，我国《个人独资企业法》对个人独资企业从业人数的规定作了相应的淡化，即未加任何规定，只是原则地规定须有必要的从业人员，即有与独资企业的生产经营活动相应的营业人员。人数则任由投资者根据需要自主确定。

三、个人独资企业的权利和义务

由于个人独资企业是自然人企业，不具有独立的法人资格，因此个人独资企业的权利和义务与企业主的权利和义务是融为一体的。但个人独资企业由于是一种商事组织，还享有和承担着某些不为一般自然人所享有和承担的权利义务。

(一)个人独资企业的权利

依《个人独资企业法》规定，个人独资企业的投资人对其企业的权利主要有以下几方面：

(1)个人独资企业对企业财产及经营收益享有所有权，即可以依法占有、使用、收益、处分。

(2)个人独资企业对其经核准登记的名称，在规定范围内享有专有使用权。

(3)个人独资企业在核准登记范围内有权自主营销，享有经营自主权即决策权、指挥权和管理权。

(4)个人独资企业可以通过缴纳使用费，有偿取得国有土地的使用权。

(5)个人独资企业有权向商业银行申请贷款，用于企业的生产经营。

(6)个人独资企业有权拒绝各种违法的强制摊派。

(7)个人独资企业可依法将其企业及有关权力转让、赠送和以遗嘱方式处分。

(8)法律、法规规定的其他权利。

(二)个人独资企业的义务

为了规范个人独资企业的组织和行为，同时也便于国家对个人独资企业进行宏观调控和监督管理，我国《个人独资企业法》规定了个人独资企业在生产经营中必须履行以下义务：

(1)个人独资企业必须遵守国家法律、行政法规，依法经营，遵守诚实信用的原则，不得损害社会公共利益。

(2)个人独资企业虽不具有法人资格，但仍具有纳税人的主体资格，因此它应尽依法纳税义务。

(3)个人独资企业必须依法建立财务、会计制度，配备会计人员，建立会计账簿，进行会计核算。

(4)个人独资企业应保障和维护职工的合法权益。招用职工的，应当依法与职工签订劳动合同，保障职工的劳动安全，并且按时、足额发放职工工资。同时，依国家有关规定参加社会保险，为职工缴纳社会保险费。

(5)法律、法规规定的其他义务。

个人独资企业投资人违反《个人独资企业法》的强行性和禁止性的规定,依法应当承担行政责任和民事赔偿责任,构成犯罪的,还应依法追究其刑事责任。

第五节 外商投资企业法

一、外商投资企业法概述

外商投资企业,是指依照外商投资企业的法律制度,外国投资者经中国政府批准,在中国境内投资举办的企业。

(一)外商投资企业的特征

(1)外商投资企业是外商直接投资举办的企业。直接投资是指投资者将资金投入企业,并不同程度地参与企业的经营决策,通过企业盈利分配获取投资收益的投资方法。相对于间接投资而言,其具有更大的稳定性。

(2)外商投资企业是吸引外国私人投资举办的企业。私人投资是指以公司、企业和其他经济组织或者个人的名义进行的投资。它与政府的对外援助不同,具有民间经济技术合作的色彩。

(3)外商投资企业是依照中国的法律和行政法规,经中国政府批准,在中国境内设立的企业。外商投资企业设立后,必须遵守中国的法律,同时,也受到中国法律的保护。

(二)我国外商投资企业立法的基本情况

1979 年 7 月 1 日第五届全国人民代表大会第二次会议通过,并于 1990 年 4 月 4 日第七届全国人民代表大会第三次会议和 2001 年 3 月 15 日第九届全国人民代表大会第四次会议修改的《中华人民共和国中外合资经营企业法》及其实施条例,是中外合资经营企业的主要法律依据。《中华人民共和国公司法》(以下简称《公司法》)第 18 条规定:“外商投资的有限责任公司适用本法,有关中外合资经营企业、中外合作经营企业、外资企业的法律另有规定的,适用其规定。”可见,《公司法》的相关规定也可适用于中外合资经营企业。

1988 年 4 月 13 日第七届全国人民代表大会第一次会议通过,并于 2000 年 10 月 31 日第九届全国人民代表大会第一次会议修改的《中华人民共和国中外合作经营企业法》(以下简称《中外合作经营企业法》)及其实施细则,是中外合作经营企业适用的主要的法律依据。

1986 年 4 月 12 日第六届全国人民代表大会第四次会议通过,2000 年 10 月 31 日第九届全国人民代表大会常务委员会第十八次会议修改的《外资企业法》及其实施细则,是外资企业适用的主要法律依据。

2016 年 9 月 3 日第十二届全国人民代表大会常务委员会第二十二次会议通过,对《中华人民共和国外资企业法》《中外合资经营企业法》《中外合作经营企业法》进行了修订。

二、外商投资企业的种类

根据我国有关法律和行政法规的规定,我国目前的外商投资企业主要有三种类型,即中外合资经营企业、中外合作资经营企业、外商独资企业。这三种企业通常被称为“三资企业”,是中国实行改革开放政策以来外商投资企业最初的三种主要形式。

三、外商投资企业的投资项目

为了使外商投资企业的投资项目与我国国民经济和社会发展规划相适应，并有利于保护投资者的合法权益，2002 年 2 月 21 日国务院发布了《指导外商投资方向规定》，并自 2002 年 4 月 1 日起施行。

根据《指导外商投资方向规定》，外商投资企业的投资项目分为鼓励、允许、限制和禁止四类。

（一）鼓励类外商投资项目

属于下列情形之一的，列为鼓励类外商投资项目：①属于农业新技术、农业综合开发和能源、交通、重要原材料工业的；②属于高新技术、先进适用技术，能够改进产品性能、提高企业技术经济效益或者生产国内生产能力不足的新设备、新材料的；③适应市场要求，能够提高产品档次、开拓新兴市场或者增加产品国际竞争能力的；④属于新技术、新设备，能够节约能源和材料、综合利用资源和再生资源以及防治环境污染的；⑤能够发挥中西部地区的人力和资源优势，并符合国家产业政策的；⑥法律、行政法规规定的其他情形。

（二）限制类外商投资项目

属于下列情形之一的，列为限制类外商投资项目：①技术水平落后的；②不利于节约资源和改善生态环境的；③从事国家规定实行保护性开采的特定矿物勘探、开采的；④属于国家逐步开放的产业的；⑤法律、行政法规规定的其他情形。

（三）禁止类外商投资项目

属于下列情形之一的，列为禁止类外商投资项目：①危害国家安全或者损害社会公众利益的；②对环境造成污染损害，破坏自然资源或者损害人体健康的；③占用大量耕地，不利于保护、开发土地资源的；④危害军事设施安全和使用效能的；⑤运用我国特有工艺或者技术生产产品的；⑥法律、行政法规规定的其他情形。

（四）允许类外商投资项目

不属于鼓励类、限制类和禁止类的外商投资项目，为允许类外商投资项目。

四、外商投资企业的出资比例及期限

（一）外商投资企业的出资比例

外商投资企业的出资比例关系到企业的经营管理权控制在谁手中，一般是出资比例越大，经营管理控制权也越大，同时也涉及国家允许外资参与本国经济的程度。因此，许多国家对外国投资者的出资比例加以限制。

我国外商投资企业法对外国投资者的出资比例也作了明确的规定。例如：在中外合资经营企业中，外国合营者的投资比例一般不得低于合营企业注册资本的 25％。在中外合作经营企业中，对取得法人资格的合作企业，外国合作者的投资比例一般不得低于注册资本的 25％；对不具备法人资格的合作企业，合作各方的投资比例或合作条件，由国务院对外经济贸易主管部门规定。在外资企业中，外资企业的注册资本全部由外国投资者投入。在中外合资股份有限公司中，外国股东购买并持有的股份应不低于公司注册资本的 25％。

建立外商投资企业的主要目的是吸收外国资本，引进先进技术，学习其科学的管理经验，因此，如果外国投资者的投资比例太小，少于 25％，则起不到吸收外国投资者直接投资所要达到的目的。国际货币基金组织调查报告声称，25％的投资比例较能满足东道国利用外资的目的。

(二)外商投资企业的出资期限

根据我国法律和行政法规的规定,外商投资企业的投资应按照项目进度,在合同、章程中明确规定出资期限。未作规定的,审批机关不予批准,登记机关不予登记注册。

外商投资企业合同中规定一次缴付出资的,投资各方应当自营业执照签发之日起 6 个月内缴清;合同中规定分期缴付出资的,投资各方第一期出资不得低于各自认缴出资的 15%,并且应当自营业执照签发之日起 3 个月内缴清。

五、外资企业的经营管理

(一)外资企业的经营管理

外资企业自行决定其生产经营管理计划。外资企业自行决定购买本企业自用的机器设备、原材料、燃料、零部件、配套件、运输工具和办公用品等。上述物资可以在中国市场上购买,也可以在外国市场上购买。外资企业有权在中国市场上销售其产品,国家鼓励外资企业将其产品销往境外,以实现其外汇的收支平衡,并为国家创汇。外资企业作为出资的机器设备,依照中国规定需要领取进口许可证的,外资企业凭批准的该企业进口设备和物资的清单直接或委托代理机构向发证机关申请领取进口许可证。外资企业在批准的经营范围内进口本企业自用并为生产所需的物资,依照中国规定须领取进口许可证的,应当编制年度进口计划,每半年向发证机关申请一次。

(二)外资企业的外汇管理

外资企业应当遵循国家外汇管理法律制度。外资企业应在中国银行或国家外汇管理机关指定的银行开户。外资企业的一切外汇收入,必须存入开户银行的外汇账户;一切外汇支出,从其外汇存款账户中支付。外资企业不能解决外汇收支平衡的,外国投资者应在申请书中写明并提出解决外汇收支平衡的具体方案,审批机关与有关部门商定作出答复。外资企业因生产和经营需要在中国境外的银行开立外汇账户,须经中国外汇管理机关批准,并依照中国外汇管理机关的规定,定期报告外汇收付情况和提供银行对账单。外资企业生产的产品为中国急需并且可以替代进口,经批准在中国销售的,经中国外汇管理机关批准,可以收取外汇。因此造成企业外汇收支不平衡的,由批准其在中国市场销售的机关负责解决。外国投资者从外资企业获得合法利润、其他合法收入,可以汇往国外。外资企业的外籍职工和港澳台职工的工资和其他正当的外汇收益,依中国税法纳税后,可自由汇出。

(三)外资企业的劳动管理

外资企业雇用中国职工应依法签订劳动合同,明确双方的权利和义务、雇用、解雇、报酬、福利、劳动保护、劳动保险等事项,并报劳动管理部门备案。外资企业不得雇用童工,不得歧视女性工作者。外资企业的职工有权依《中华人民共和国工会法》和《中华人民共和国工会章程》的规定组织工会,以维护职工合法权益,代表职工签订集体劳动合同等,组织各类文化、体育生活,协助企业合理安排奖励基金和福利的使用,教育职工遵守劳动纪律,完成企业各项经济任务。外资企业研究决定有关职工奖惩、工资制度,以及社会福利、劳动保护和保险问题时,工会代表有权列席会议,资方应该听取工会意见,取得工会的合作。外资企业应当积极支持工会的活动,为其开展活动创造可能的条件,按每月本企业职工工资总额的 2%拨付工会经费。

(四)外资企业的财务管理

根据《外资企业法实施细则》的规定,外资企业应当依照中国法律、法规和财政机关的规定，建立财务会计制度并报其所在地财政、税务机关备案。外资企业的会计年度自公历的1月1日起至12月31日止。

外资企业依照中国税法规定缴纳所得税后的利润，应当提取储备基金和职工奖励及福利基金。储备基金的提取比例不得低于税后利润的10%，当累计提取金额达到注册资本的50%时，可以不再提取。职工奖励及福利基金的提取比例由外资企业自行确定。外资企业以往会计年度的亏损未弥补前，不得分配利润；以往会计年度未分配的利润，可与本会计年度可供分配的利润一并分配。外资企业的自制会计凭证、会计账簿和会计报表，应当用中文书写；用外文书写的，应当加注中文。外资企业应当独立核算。

外资企业的年度会计报表和清算会计报表，应当依照中国财政、税务机关的规定编制。以外币编报会计报表的，应当同时编报外币折合为人民币的会计报表。外资企业的年度会计报表和清算会计报表，应当聘请中国的注册会计师进行验证并出具报告。外资企业的年度会计报表和清算会计报表，连同中国的注册会计师出具的报告，应当在规定的时间内报送财政、税务机关，并报审批机关和工商行政管理机关备案。外资企业应当向财政、税务机关报送年度资产负债表和损益表，并报审批机关和工商行政管理机关备案。外资企业应当在企业所在地设置会计账簿，并接受财政、税务机关的监督；违反该规定的，财政、税务机关可以处以罚款，工商行政管理机关可以责令停止营业或者吊销营业执照。

(五)对外资企业的税务管理

外资企业应当依照中国法律、法规的规定，缴纳税款并接受中国税务机关的监督和稽核。

外商投资企业作为出资的机器设备、零部件、建设用建筑材料以及安装、加固机器所需的材料，以投资总额内的资金进口本企业生产所需的自用机器设备、零部件、生产用交通运输工具以及生产管理设备，为生产出口产品而进口的原材料、辅料、元器件、零部件以及包装物料，免征关税和进口环节税。外资企业进口自用的设备、物资，经批准在中国境内转卖或转用于生产在中国境内销售产品的，则要补交关税和进口环节税。外资企业生产的出口产品，除中国限制出口外，依有关规定免征关税和出口环节税并享受出口退税。

练习题

一、复习思考题

1. 什么是企业，它有哪些特征？
2. 什么是全民所有制企业，它的设立条件和设立程序有哪些？
3. 全民所有制企业的经营权有哪些内容？
4. 什么是合伙企业，它的设立条件有哪些？
5. 合伙协议的主要条款有哪些？
6. 什么是个人独资企业，它的法律特征有哪些？
7. 什么是外商投资企业，它有哪些种类？
8. 我国法律对外商投资企业的投资项目、投资期限有哪些规定？

二、案例分析题

2022年1月，甲、乙、丙、丁4人决定设立一家普通合伙企业，并签订了书面合伙协议。合伙协议的部分内容如下:①甲以货币出资2万元,乙以实物折价出资3万元,丙以劳务出资,经其他三人同意,折价3万元,丁以货币出资4万元;②甲、乙、丙、丁按照3∶2∶3∶2的比例分配利润和承担风险;③合伙协议约定由甲作为合伙企业的事务执行人,但是对外签订合同的标的额不得超过10万元,超过10万元的合同应当经过其他合伙人的同意。该合伙协议中未约定合伙企业的经营期限。

合伙企业存续期间,发生以下事实:

(1)甲因给父亲治病向张某借款10万元,借款已经到期,张某多次向甲索要,但甲每次都称自己除了在合伙企业中的财产份额之外,没有其他财产可供清偿,于是在甲的同意下,张某以自己对甲的债权抵销张某对合伙企业的债务。

(2)2022年5月,甲擅自以合伙企业的名义与飞达公司签订了一份买卖合同,合同的标的额为30万元,飞达公司不知道合伙企业对甲的权限限制。其他合伙人认为该合同不符合合伙企业的利益,决定对此合同的效力不予承认。

(3)2022年6月,乙提出退伙,其退伙并不给合伙企业带来不利影响,2022年7月,乙与其他合伙人结算后,撤资退伙。同时,合伙企业又接纳戊入伙,戊出资5万元。2022年8月,合伙企业的债权人A银行就合伙人乙退伙前发生的债务20万元要求合伙企业的合伙人甲、丙、丁、戊和退伙人乙承担连带赔偿责任。乙以自己已经退伙为由,拒绝承担清偿责任,戊以自己是新入伙人为由拒绝承担清偿责任。

问题:

(1)合伙人的出资是否合法?为什么?

(2)合伙人约定的利润分配比例和出资比例不一致,是否合法?

(3)张某是否可以以自己对甲的债权抵销张某对合伙企业的债务?为什么?

(4)甲与飞达公司签订的买卖合同效力如何?

(5)乙是否应当对A银行的债务负清偿责任?为什么?

(6)戊的主张是否成立?为什么?

第四章

公司法

学习目标

通过本章学习，你应能够：

掌握公司的概念、特征和分类，了解公司法的概念、公司名称和住所、公司的权利和义务、公司股东的权利和义务；

掌握有限责任公司的概念和特征、有限责任公司的设立条件和设立程序、有限责任公司的组织机构、一人有限责任公司的特别规定，了解国有独资公司的特别规定和有限责任公司的股权转让；

掌握股份有限公司的概念和特征、股份有限公司的设立条件、股份有限公司的组织机构，了解上市公司组织机构的特别规定及股份有限公司的股份发行和转让；

了解公司董事、监事、高级管理人员的资格和义务；

了解公司债券的概念及特征、公司债券的发行、公司债券的转让；

了解公司财务和会计；

了解公司合并、分立、增资、减资、解散与清算、外国公司的分支机构。

思政目标

能够理解马克思主义法学观和习近平依法治国思想，并以此审视我国现行公司法律制度；理解我国公司及其股东、董事、监事和高管的社会责任和历史使命；要坚持社会主义核心价值观，并将之融入公司法的学习和应用中去；树立法治意识，合规管理和经营公司。

第一节　公司和公司法概述

一、公司的概念和特征

公司是指一人或数人以上共同经营、以营利为目的的企业法人。它是依法成立，从事生产经营或服务性的业务，有独立的财产，自主经营、自负盈亏，依法承担经济责任的经济实体。

《中华人民共和国公司法》(以下简称《公司法》)第2条规定:"本法所称公司是指依照本法在中国境内设立的有限责任公司和股份有限公司。"公司具有以下三个基本特征:

(一)法定性

公司的法定性是指公司的种类、设立、资本、组织机构、经营活动等必须按照公司法规定进行。如公司必须按照法律允许的程序、形式、内容、经营范围和经营方式成立公司,超出法律规定的范围,或者不属于法定的公司组织形式都是非法公司。公司必须有与生产经营或服务规模相适应的资金和设施,以弄虚作假等手法虚报自有资金来源者,取消其登记资格。公司必须有自己健全的组织管理机构以及与生产经营或服务规模相适应的从业人员,并有健全的财务制度等。

(二)营利性

所谓营利,是指通过生产、经营或服务谋求某种利益,这种利益一般是指货币增值。依法设立的公司都具有营利性,这是因为公司是独立核算、自主经营、自负盈亏的经济实体。但公司的营利必须合法,其经营者必须严格遵守国家法律、行政法规,自觉接受工商、税务等部门的监督、管理。

(三)法人性

公司的法人性是指公司一旦成立,就意味着国家承认其法人资格,它就能像自然人一样拥有自己独立的财产,有权以独立民事主体资格进行一切合法的经济活动。我国《公司法》第3条规定:"公司是企业法人,有独立的法人财产,享有法人财产权。公司以其全部财产对公司的债务承担责任。有限责任公司的股东以其认缴的出资额为限对公司承担责任;股份有限公司的股东以其认购的股份为限对公司承担责任。"因此,公司享有由股东投资形成的全部法人财产权,依法享有民事权利、承担民事责任。公司对自己的法律行为所产生的法律后果承担全部法律责任。公司对它的法定代表人和其他工作人员的经营活动承担民事责任。

二、公司法的概念

公司法概念具有广义和狭义之分。广义的公司法是指规定公司的设立、变更、经营、解散、清算、组织机构以及调整公司对内对外关系的法律规范的总称。狭义的公司法是指1993年12月29日第八届全国人民代表大会常务委员会第五次会议通过,2005年10月27日第十届全国人民代表大会常务委员会第十八次会议修订的《公司法》。公司法的规范具有强制性、严格性,可以规范公司的组织和行为,保护公司、股东和债权人的合法权益,维护社会经济秩序,促进社会主义市场经济的发展。

三、公司名称和住所

公司名称是公司的标志,具有人格意义和财产意义。我国《公司法》规定,公司营业执照应当载明公司的名称。依法设立的有限责任公司,必须在公司名称中标明"有限责任公司"或者"有限公司"字样。依法设立的股份有限公司,必须在公司名称中标明"股份有限公司"或者"股份公司"字样。

公司住所赋予公司以空间上的确定意义,据此可以确定公司的诉讼管辖地、文书受送达地,在一般情况下,还可以确定公司的登记地等。我国《公司法》第10条规定:"公司以其主要办事机构所在地为住所。"

四、公司的分类

(一)无限公司、两合公司、股份有限公司和有限责任公司

根据公司股东的责任不同,可以将公司划分为无限公司、有限责任公司、两合公司和股份有限公司。无限公司是指股东不以出资额为限,而是用自己的全部资产对公司的债务承担责任,即无限连带责任。有限责任公司是指股东仅以其出资额为限对公司承担责任、公司以其全部资产对公司债务承担责任的公司,股东与公司的债权人之间不发生任何关系。两合公司是指由无限责任股东和有限责任股东共同组成的公司。股份有限公司是指股份有限公司的资本必须进行等额划分,股东以所持股份为限对公司承担责任,公司以其全部资产对公司债务承担责任的企业法人。

我国《公司法》规定的公司只有两种,即有限责任公司和股份有限公司。

(二)总公司和分公司

根据公司的隶属关系,可以将公司分为总公司和分公司。依法设立并管辖公司全部组织机构并具有独立法人资格的公司即为总公司。分公司是总公司的分支机构,它是总公司的组成部分,分公司没有自己独立的名称,没有自己的章程,没有健全的组织机构,没有自己独立的财产,也不能独立对外承担民事责任,所以分公司没有独立法人资格,而总公司都具有法人资格。我国《公司法》第 14 条第 1 款规定:"公司可以设立分公司。设立分公司,应当向公司登记机关申请登记,领取营业执照。分公司不具有法人资格,其民事责任由公司承担。"

(三)母公司和子公司

根据公司的控制与被控制关系,可以将公司分为母公司和子公司。母公司是指一个公司持有另一个公司一定比例以上的股份并足以对该公司进行控制的公司;而子公司是指该公司一定比例以上的股份被其他公司所持有并受其控制的公司。母子公司之间都是各自独立的法人,子公司不隶属于母公司,它只是自己一部分股份控制在母公司的手里,原则上讲,母公司可以通过控股来影响子公司,可是不能直接来管理子公司,不直接决定和更换子公司的管理人员,也不能随便调拨子公司的资金。子公司是具有独立法人资格的企业,它能够以自己独立支配的财产独立对外承担民事责任。我国《公司法》第 14 条第 2 款规定:"公司可以设立子公司,子公司具有法人资格,依法独立承担民事责任。"

(四)本国公司和外国公司

根据公司的国籍,可以将公司划分为本国公司和外国公司。本国公司是指具有本国国籍的公司,外国公司是指具有外国国籍的公司。各国公司法关于公司国籍的确定主要有三种标准:第一种是以公司的主要股东所具有的国籍为公司的国籍,第二种是以公司的主要营业所在地来确定公司的国籍,第三种是以公司设立所依据的法律来确定公司的国籍。我国关于公司国籍的确定主要采取第三种标准。

五、公司的权利和义务

(一)公司的权利

(1)法人财产权。公司是企业法人,有独立的法人财产,享有法人财产权。公司的合法权益受法律保护,不受侵犯。

(2)自主经营权。公司是独立核算、自主经营、自负盈亏的经济实体,依法享有自主经营权。

(3)投资权。公司可以向其他企业投资;但是,除法律另有规定外,不得成为对所投资企业的债务承担连带责任的出资人。

(二)公司的义务

(1)合法经营的义务。公司从事经营活动,必须遵守法律、行政法规,遵守社会公德、商业道德,诚实守信,接受政府和社会公众的监督,承担社会责任。

(2)保护职工的合法权益的义务。公司必须保护职工的合法权益,依法与职工签订劳动合同,参加社会保险,加强劳动保护,实现安全生产。公司应当采用多种形式,加强公司职工的职业教育和岗位培训,提高职工素质。

(3)组织工会的义务。公司职工依照《中华人民共和国工会法》组织工会,开展工会活动,维护职工合法权益。公司应当为本公司工会提供必要的活动条件。公司工会代表职工就职工的劳动报酬、工作时间、福利、保险和劳动安全卫生等事项依法与公司签订集体合同。公司依照宪法和有关法律的规定,通过职工代表大会或者其他形式,实行民主管理。公司研究决定改制以及经营方面的重大问题、制定重要的规章制度时,应当听取公司工会的意见,并通过职工代表大会或者其他形式听取职工的意见和建议。

(4)设立中国共产党的组织的义务。在公司中,根据中国共产党章程的规定,设立中国共产党的组织,开展党的活动。公司应当为党组织的活动提供必要条件。

六、公司股东的权利和义务

(一)公司股东的权利

(1)股东决议权。公司股东依法享有资产收益、参与重大决策和选择管理者等权利。

(2)分取红利权。股东按照实缴的出资比例分取红利。

(3)优先认缴出资权。公司新增资本时,股东有权优先按照实缴的出资比例认缴出资。但是,全体股东约定不按照出资比例分取红利或者不按照出资比例优先认缴出资的除外。

(4)查阅、复制权。股东有权查阅、复制公司章程、股东会会议记录、董事会会议决议、监事会会议决议和财务会计报告。股东可以要求查阅公司会计账簿。股东要求查阅公司会计账簿的,应当向公司提出书面请求,说明目的。公司有合理依据认为股东查阅会计账簿有不正当目的,可能损害公司合法利益的,可以拒绝提供查阅,并应当自股东提出书面请求之日起 15 日内书面答复股东并说明理由。公司拒绝提供查阅的,股东可以请求人民法院要求公司提供查阅。

(5)提起诉讼权。股东会或者股东大会、董事会的会议召集程序、表决方式违反法律、行政法规或者公司章程,或者决议内容违反公司章程的,股东可以自决议作出之日起 60 日内,请求人民法院撤销。股东依该规定提起诉讼的,人民法院可以应公司的请求,要求股东提供相应担保。

另外,公司股东还享有股东会出席权、选举和被选举权、出资转让权等。

(二)公司股东的义务

(1)依法行使股东权利的义务。公司股东应当遵守法律、行政法规和公司章程,依法行使股东权利,不得滥用股东权利损害公司或者其他股东的利益;公司股东不得滥用公司法人独立地位和股东有限责任损害公司债权人的利益。公司股东会或者股东大会、董事会的决议内容违反法律、行政法规的无效。

(2)不得抽逃出资的义务。公司成立后,股东不得抽逃出资。

(3)损失赔偿责任。公司股东滥用股东权利给公司或者其他股东造成损失的,应当依法承担赔偿责任。公司股东滥用公司法人独立地位和股东有限责任，逃避债务，严重损害公司债权人利益的，应当对公司债务承担连带责任。公司的控股股东、实际控制人、董事、监事、高级管理人员不得利用其关联关系损害公司利益。[①] 违反该规定，给公司造成损失的，应当承担赔偿责任。

第二节　有限责任公司

一、有限责任公司的概念和特征

有限责任公司，是指依公司法规定，由一定人数的股东所组成，股东以其认购的出资额对公司负责，公司以其全部资产对债务负责的公司。

有限责任公司具有以下几个特征：

(1)有限责任公司的股东，仅就其出资额对公司负责。而公司以其全部资产对债务承担责任。

(2)有限责任公司的资本不分为等额股份，证明股东出资份额的证书称为出资证明书，而不是股票。

(3)有限责任公司的股东人数，一般有最低和最高数额的限制，我国《公司法》规定，有限责任公司的股东人数为 50 人以下。

(4)有限责任公司的经营状况不公开，因为其不涉及社会上其他公众的利益。

(5)有限责任公司股东的出资转让受到较严格的限制。我国《公司法》规定，有限责任公司的股东向股东以外的人转让其出资时，必须经全体股东过半数同意。

二、有限责任公司的设立

(一)公司设立的条件

我国《公司法》规定，设立有限责任公司应当具备下列条件：

(1)股东符合法定人数。

我国《公司法》第 24 条规定："有限责任公司由 50 个以下股东出资设立。"

(2)股东出资达到法定资本最低限额。

有限责任公司注册资本的最低限额为人民币 3 万元。法律、行政法规对有限责任公司注册资本的最低限额有较高规定的，从其规定。

有限责任公司的注册资本为在公司登记机关登记的全体股东认缴的出资额。公司全体股东的首次出资额不得低于注册资本的 20%，也不得低于法定的注册资本最低限额，其余部分由股东自公司成立之日起两年内缴足；其中，投资公司可以在 5 年内缴足。

---

① 高级管理人员，是指公司的经理、副经理、财务负责人，上市公司董事会秘书和公司章程规定的其他人员。

控股股东，是指其出资额占有限责任公司资本总额 50%以上或者其持有的股份占股份有限公司股本总额 50%以上的股东；出资额或者持有股份的比例虽然不足 50%，但依其出资额或者持有的股份所享有的表决权已足以对股东会、股东大会的决议产生重大影响的股东。

实际控制人，是指虽不是公司的股东，但通过投资关系、协议或者其他安排，能够实际支配公司行为的人。

关联关系，是指公司控股股东、实际控制人、董事、监事、高级管理人员与其直接或者间接控制的企业之间的关系，以及可能导致公司利益转移的其他关系。但是，国家控股的企业之间不仅仅因为同受国家控股而具有关联关系。

股东可以用货币出资，也可以用实物、知识产权、土地使用权等可以用货币估价并可以依法转让的非货币财产作价出资；但是，法律、行政法规规定不得作为出资的财产除外。

全体股东的货币出资金额不得低于有限责任公司注册资本的30%。对作为出资的非货币财产应当评估作价，核实财产，不得高估或者低估作价。法律、行政法规对评估作价有规定的，从其规定。

股东应当按期足额缴纳公司章程中规定的各自所认缴的出资额。股东以货币出资的，应当将货币出资足额存入有限责任公司在银行开设的账户；以非货币财产出资的，应当依法办理其财产权的转移手续。股东不按规定缴纳出资的，除应当向公司足额缴纳外，还应当向已按期足额缴纳出资的股东承担违约责任。

股东缴纳出资后，必须经依法设立的验资机构验资并出具证明。股东的首次出资经依法设立的验资机构验资后，由全体股东指定的代表或者共同委托的代理人向公司登记机关报送公司登记申请书、公司章程、验资证明等文件，申请设立登记。

有限责任公司成立后，发现作为设立公司出资的非货币财产的实际价额显著低于公司章程所定价额的，应当由交付该出资的股东补足其差额；公司设立时的其他股东承担连带责任。

有限责任公司成立后，应当向股东签发出资证明书。出资证明书应当载明下列事项：①公司名称；②公司成立日期；③公司注册资本；④股东的姓名或者名称、缴纳的出资额和出资日期；⑤出资证明书的编号和核发日期。出资证明书由公司盖章。

(3)股东共同制定公司章程。

设立有限责任公司，必须按照公司法制定公司章程。有限责任公司章程应当载明下列事项：①公司名称和住所；②公司经营范围；③公司注册资本；④股东的姓名或者名称；⑤股东的出资方式、出资额和出资时间；⑥公司的机构及其产生办法、职权、议事规则；⑦公司法定代表人；⑧股东会会议认为需要规定的其他事项。

股东应当在公司章程上签名、盖章。公司章程对公司、股东、董事、监事、高级管理人员具有约束力。公司的经营范围由公司章程规定，并依法登记。公司可以修改公司章程，改变经营范围，但是应当办理变更登记。公司的经营范围中属于法律、行政法规规定须经批准的项目，应当依法经过批准。

(4)有公司名称，建立符合有限责任公司要求的组织机构。

(5)有公司住所。

(二)公司的设立程序

一般而言，有限责任公司设立程序有以下步骤：①订立股东(发起人)协议；②订立公司章程；③必要的行政审批；④股东缴纳出资并验资；⑤确立公司的组织机构；⑥申请设立登记。

设立公司，应当依法向公司登记机关申请设立登记。符合公司法规定的设立条件的，由公司登记机关分别登记为有限责任公司或者股份有限公司；不符合公司法规定的设立条件的，不得登记为有限责任公司或者股份有限公司。

法律、行政法规规定设立公司必须报经批准的，应当在公司登记前依法办理批准手续。公司应当将股东的姓名或者名称及其出资额向公司登记机关登记；登记事项发生变更的，应当办理变更登记。未经登记或者变更登记的，不得对抗第三人。

公众可以向公司登记机关申请查询公司登记事项，公司登记机关应当提供查询服务。

依法设立的公司，由公司登记机关发给公司营业执照。公司营业执照签发日期为公司成立日期。公司营业执照应当载明公司的名称、住所、注册资本、实收资本、经营范围、法定代表人姓名等事项。公司营业执照记载的事项发生变更的，公司应当依法办理变更登记，由公司登记机关换发营业执照。

三、有限责任公司的组织机构

（一）股东会

有限责任公司股东会由全体股东组成。股东会是公司的权力机构，依法行使下列职权：

(1)决定公司的经营方针和投资计划；

(2)选举和更换非由职工代表担任的董事、监事，决定有关董事、监事的报酬事项；

(3)审议批准董事会的报告；

(4)审议批准监事会或者监事的报告；

(5)审议批准公司的年度财务预算方案、决算方案；

(6)审议批准公司的利润分配方案和弥补亏损方案；

(7)对公司增加或者减少注册资本作出决议；

(8)对发行公司债券作出决议；

(9)对公司合并、分立、解散、清算或者变更公司形式作出决议；

(10)修改公司章程；

(11)公司章程规定的其他职权。

对上述所列事项，股东以书面形式一致表示同意的，可以不召开股东会会议，直接作出决定，并由全体股东在决定文件上签名、盖章。

首次股东会会议由出资最多的股东召集和主持，依法行使职权。

股东会会议分为定期会议和临时会议。定期会议应当依照公司章程的规定按时召开。代表1/10以上表决权的股东、1/3以上的董事、监事会或者不设监事会的公司的监事提议召开临时会议的，应当召开临时会议。

有限责任公司设立董事会的，股东会会议由董事会召集，董事长主持；董事长不能履行职务或者不履行职务的，由副董事长主持；副董事长不能履行职务或者不履行职务的，由半数以上董事共同推举一名董事主持。有限责任公司不设董事会的，股东会会议由执行董事召集和主持。董事会或者执行董事不能履行或者不履行召集股东会会议职责的，由监事会或者不设监事会的公司的监事召集和主持；监事会或者监事不召集和主持的，代表1/10以上表决权的股东可以自行召集和主持。

召开股东会会议，应当于会议召开15日前通知全体股东；但是，公司章程另有规定或者全体股东另有约定的除外。

股东会应当对所议事项的决定做成会议记录，出席会议的股东应当在会议记录上签名。

股东会会议由股东按照出资比例行使表决权；但是，公司章程另有规定的除外。

股东会的议事方式和表决程序，除《公司法》有规定的外，由公司章程规定。

股东会会议作出修改公司章程、增加或者减少注册资本的决议，以及公司合并、分立、解散或者变更公司形式的决议，必须经代表2/3以上表决权的股东通过。

（二）董事会

董事会是公司的执行机关。有限责任公司设董事会，其成员为3～13人；但是，股东人数较少或者规模较小的有限责任公司，可以设一名执行董事，不设董事会。

两个以上的国有企业或者两个以上的其他国有投资主体投资设立的有限责任公司，其董事会成员中应当有公司职工代表；其他有限责任公司董事会成员中可以有公司职工代表。董事会中的职工代表由公司职工通过职工代表大会、职工大会或者其他形式民主选举产生。

董事会设董事长一人，可以设副董事长。董事长、副董事长的产生办法由公司章程规定。

董事任期由公司章程规定，但每届任期不得超过 3 年。董事任期届满，连选可以连任。

董事任期届满未及时改选，或者董事在任期内辞职导致董事会成员低于法定人数的，在改选出的董事就任前，原董事仍应当依照法律、行政法规和公司章程的规定，履行董事职务。

董事会对股东会负责，行使下列职权：

(1)召集股东会会议，并向股东会报告工作；

(2)执行股东会的决议；

(3)决定公司的经营计划和投资方案；

(4)制订公司的年度财务预算方案、决算方案；

(5)制订公司的利润分配方案和弥补亏损方案；

(6)制订公司增加或者减少注册资本以及发行公司债券的方案；

(7)制订公司合并、分立、解散或者变更公司形式的方案；

(8)决定公司内部管理机构的设置；

(9)决定聘任或者解聘公司经理及其报酬事项，并根据经理的提名决定聘任或者解聘公司副经理、财务负责人及其报酬事项；

(10)制定公司的基本管理制度；

(11)公司章程规定的其他职权。

股东人数较少或者规模较小的有限责任公司的执行董事的职权由公司章程规定。

董事会会议由董事长召集和主持；董事长不能履行职务或者不履行职务的，由副董事长召集和主持；副董事长不能履行职务或者不履行职务的，由半数以上董事共同推举一名董事召集和主持。

董事会的议事方式和表决程序，除《公司法》有规定的外，由公司章程规定。董事会应当对所议事项的决定做成会议记录，出席会议的董事应当在会议记录上签名。董事会决议的表决，实行一人一票。

(三)经理

有限责任公司可以设经理，由董事会决定聘任或者解聘。股东人数较少或者规模较小的有限责任公司的执行董事可以兼任公司经理。经理对董事会负责，行使下列职权：

(1)主持公司的生产经营管理工作，组织实施董事会决议；

(2)组织实施公司年度经营计划和投资方案；

(3)拟订公司内部管理机构设置方案；

(4)拟订公司的基本管理制度；

(5)制定公司的具体规章；

(6)提请聘任或者解聘公司副经理、财务负责人；

(7)决定聘任或者解聘除应由董事会决定聘任或者解聘以外的负责管理人员；

(8)董事会授予的其他职权。

公司章程对经理职权另有规定的，从其规定。经理列席董事会会议。

(四)监事会

监事会是公司的监督机关。有限责任公司设监事会，其成员不得少于 3 人。股东人数较少或者规模较小的有限责任公司，可以设1～2名监事，不设监事会。

监事会应当包括股东代表和适当比例的公司职工代表，其中职工代表的比例不得低于1/3，具体比例由公司章程规定。监事会中的职工代表由公司职工通过职工代表大会、职工大会或者其他形式民主选举产生。

监事会设主席一人，由全体监事过半数选举产生。监事会主席召集和主持监事会会议；监事会主席不能履行职务或者不履行职务的，由半数以上监事共同推举一名监事召集和主持监事会会议。

董事、高级管理人员不得兼任监事。

监事的任期每届为3年。监事任期届满，连选可以连任。

监事任期届满未及时改选，或者监事在任期内辞职导致监事会成员低于法定人数的，在改选出的监事就任前，原监事仍应当依照法律、行政法规和公司章程的规定，履行监事职务。

监事会、不设监事会的公司的监事行使下列职权：

(1)检查公司财务；

(2)对董事、高级管理人员执行公司职务的行为进行监督，对违反法律、行政法规、公司章程或者股东会决议的董事、高级管理人员提出罢免的建议；

(3)当董事、高级管理人员的行为损害公司的利益时，要求董事、高级管理人员予以纠正；

(4)提议召开临时股东会会议，在董事会不履行公司法规定的召集和主持股东会会议职责时召集和主持股东会会议；

(5)向股东会会议提出提案；

(6)依照《公司法》第152条的规定，对董事、高级管理人员提起诉讼；

(7)公司章程规定的其他职权。

监事可以列席董事会会议，并对董事会决议事项提出质询或者建议。监事会、不设监事会的公司的监事发现公司经营情况异常，可以进行调查；必要时，可以聘请会计师事务所等协助其工作，费用由公司承担。

监事会每年度至少召开一次会议，监事可以提议召开临时监事会会议。

监事会的议事方式和表决程序，除公司法有规定的外，由公司章程规定。

监事会决议应当经半数以上监事通过。监事会应当对所议事项的决定做成会议记录，出席会议的监事应当在会议记录上签名。

监事会、不设监事会的公司的监事行使职权所必需的费用，由公司承担。

(五)公司法定代表人

公司法定代表人依照公司章程的规定，由董事长、执行董事或者经理担任，并依法登记。公司法定代表人变更，应当办理变更登记。

四、一人有限责任公司的特别规定

一人有限责任公司，是指只有一个自然人股东或者一个法人股东的有限责任公司。

一人有限责任公司的注册资本最低限额为人民币10万元。股东应当一次足额缴纳公司章程规定的出资额。一个自然人只能投资设立一个一人有限责任公司。该一人有限责任公司不能投资设立新的一人有限责任公司。一人有限责任公司应当在公司登记中注明自然人独资或者法人独资，并在公司营业执照中载明。一人有限责任公司章程由股东制定。

一人有限责任公司不设股东会。股东作出公司的经营方针和投资计划决定时，应当采用书面形式，并由股东签名后置备于公司。一人有限责任公司应当在每一会计年度终了时编制财务会计报告，并经会计师事务所审计。一人有限责任公司的股东不能证明公司财产独立于股东自己的财产的，应当对公司债务承担连带责任。

五、国有独资公司的特别规定

国有独资公司，是指国家单独出资、由国务院或者地方人民政府授权本级人民政府国有资产监督管理机构履行出资人职责的有限责任公司。

国有独资公司章程由国有资产监督管理机构制定，或者由董事会制定并报国有资产监督管理机构批准。

国有独资公司不设股东会，由国有资产监督管理机构行使股东会职权。国有资产监督管理机构可以授权公司董事会行使股东会的部分职权，决定公司的重大事项，但公司的合并、分立、解散、增加或者减少注册资本和发行公司债券，必须由国有资产监督管理机构决定；其中，重要的国有独资公司合并、分立、解散、申请破产的，应当由国有资产监督管理机构审核后，报本级人民政府批准。

国有独资公司设董事会，依照《公司法》第 47 条、第 67 条的规定行使职权。董事每届任期不得超过 3 年。董事会成员中应当有公司职工代表。董事会成员由国有资产监督管理机构委派；但是，董事会成员中的职工代表由公司职工代表大会选举产生。董事会设董事长一人，可以设副董事长。董事长、副董事长由国有资产监督管理机构从董事会成员中指定。

国有独资公司设经理，由董事会聘任或者解聘。经理依照《公司法》第 50 条规定行使职权。经国有资产监督管理机构同意，董事会成员可以兼任经理。

国有独资公司的董事长、副董事长、董事、高级管理人员，未经国有资产监督管理机构同意，不得在其他有限责任公司、股份有限公司或者其他经济组织兼职。

国有独资公司监事会成员不得少于 5 人，其中职工代表的比例不得低于 1/3，具体比例由公司章程规定。监事会成员由国有资产监督管理机构委派；但是，监事会成员中的职工代表由公司职工代表大会选举产生。监事会主席由国有资产监督管理机构从监事会成员中指定。监事会行使《公司法》第 54 条第(1)项至第(3)项规定的职权和国务院规定的其他职权。

六、有限责任公司的股权转让

有限责任公司的股东之间可以相互转让其全部或者部分股权。

股东向股东以外的人转让股权，应当经其他股东过半数同意。股东应就其股权转让事项书面通知其他股东征求同意，其他股东自接到书面通知之日起满 30 日未答复的，视为同意转让。其他股东半数以上不同意转让的，不同意的股东应当购买该转让的股权；不购买的，视为同意转让。

经股东同意转让的股权，在同等条件下，其他股东有优先购买权。两个以上股东主张行使优先购买权的，协商确定各自的购买比例；协商不成的，按照转让时各自的出资比例行使优先购买权。公司章程对股权转让另有规定的，从其规定。

人民法院依照法律规定的强制执行程序转让股东的股权时，应当通知公司及全体股东，其他股东在同等条件下有优先购买权。其他股东自人民法院通知之日起满 20 日不行使优先购买权的，视为放弃优先购买权。

依照《公司法》规定转让股权后，公司应当注销原股东的出资证明书，向新股东签发出资证明书,并相应修改公司章程和股东名册中有关股东及其出资额的记载。对公司章程的该项修改不需再由股东会表决。

有下列情形之一的,对股东会该项决议投反对票的股东可以请求公司按照合理的价格收购其股权:

(1)公司连续5年不向股东分配利润,而公司该5年连续盈利,并且符合《公司法》规定的分配利润条件的;

(2)公司合并、分立、转让主要财产的;

(3)公司章程规定的营业期限届满或者章程规定的其他解散事由出现,股东会会议通过决议修改章程使公司存续的。

自股东会会议决议通过之日起60日内,股东与公司不能达成股权收购协议的,股东可以自股东会会议决议通过之日起90日内向人民法院提起诉讼。

自然人股东死亡后,其合法继承人可以继承股东资格;但是,公司章程另有规定的除外。

第三节 股份有限公司

一、股份有限公司的概念和特征

股份有限公司是指将公司全部资本分为等额股份,股东以其所持股份为限对公司承担财产责任,公司以其全部资产对公司债务承担责任的公司。

股份有限公司具有以下几个主要特征:

(1)股份有限公司的全部资本分为等额股份,股份体现为股票形式。这是股份有限公司与有限责任公司最主要的区别。

(2)股份有限公司的股东就其所认购股份对公司负责,也就是股东对公司只负缴清其股份金额的责任,并不对公司的债权人负责,公司以其全部资产对公司的债务承担责任。

(3)股份有限公司的股东必须达到法定的人数。即股份有限公司的股东有最低人数的限制,而没有最高人数的限制。

(4)公司的所有权与经营管理权是分开的。股份有限公司的资本虽为全体股东所有,但具体的经营管理权却不在全体股东手中。负责公司一切日常经营管理活动的是董事会和经理。

二、股份有限公司的设立

(一)股份有限公司的设立条件

我国《公司法》规定,设立股份有限公司,应当具备下列条件:

(1)发起人符合法定人数。

设立股份有限公司,应当有2人以上200人以下为发起人,其中须有半数以上的发起人在中国境内有住所。

(2)发起人认购和募集的股本达到法定资本最低限额。

股份有限公司注册资本的最低限额为人民币500万元。法律、行政法规对股份有限公司注册资本的最低限额有较高规定的,从其规定。

股份有限公司的设立,可以采取发起设立或者募集设立的方式。发起设立,是指由发起人认购公司应发行的全部股份而设立公司。募集设立,是指由发起人认购公司应发行股份的一部分，其余股份向社会公开募集或者向特定对象募集而设立公司。股份有限公司发起人承担公司筹办事务。发起人应当签订发起人协议，明确各自在公司设立过程中的权利和义务。

股份有限公司采取发起设立方式设立的，注册资本为在公司登记机关登记的全体发起人认购的股本总额。公司全体发起人的首次出资额不得低于注册资本的20%，其余部分由发起人自公司成立之日起2年内缴足；其中，投资公司可以在5年内缴足。在缴足前，不得向他人募集股份。

股份有限公司采取募集方式设立的，注册资本为在公司登记机关登记的实收股本总额。

以发起设立方式设立股份有限公司的，发起人应当书面认足公司章程规定其认购的股份；一次缴纳的，应即缴纳全部出资；分期缴纳的，应即缴纳首期出资。以非货币财产出资的，应当依法办理其财产权的转移手续。发起人不依照该项规定缴纳出资的，应当按照发起人协议承担违约责任。

发起人首次缴纳出资后，应当选举董事会和监事会，由董事会向公司登记机关报送公司章程、由依法设定的验资机构出具的验资证明以及法律、行政法规规定的其他文件，申请设立登记。

以募集设立方式设立股份有限公司的，发起人认购的股份不得少于公司股份总数的35%；但是，法律、行政法规另有规定的，从其规定。

(3)股份发行、筹办事项符合法律规定。

发起人向社会公开募集股份，必须公告招股说明书，并制作认股书。认股书应当载明《公司法》第87条所列事项，由认股人填写认购股数、金额、住所，并签名、盖章。认股人按照所认购股数缴纳股款。《公司法》第87条规定："招股说明书应当附有发起人制定的公司章程，并载明下列事项：(一)发起人认购的股份数；(二)每股的票面金额和发行价格；(三)无记名股票的发行总数；(四)募集资金的用途；(五)认股人的权利、义务；(六)本次募股的起止期限及逾期未募足时认股人可以撤回所认股份的说明。"

发起人向社会公开募集股份，应当由依法设立的证券公司承销，签订承销协议。

发起人向社会公开募集股份，应当同银行签订代收股款协议。代收股款的银行应当按照协议代收和保存股款，向缴纳股款的认股人出具收款单据，并负有向有关部门出具收款证明的义务。

发行股份的股款缴足后，必须经依法设立的验资机构验资并出具证明。发起人应当自股款缴足之日起30日内主持召开公司创立大会。创立大会由发起人、认股人组成。

发行的股份超过招股说明书规定的截止期限尚未募足的，或者发行股份的股款缴足后，发起人在30日内未召开创立大会的，认股人可以按照所缴股款并加算银行同期存款利息，要求发起人返还。

发起人应当在创立大会召开15日前将会议日期通知各认股人或者予以公告。创立大会应有代表股份总数过半数的发起人、认股人出席，方可举行。

创立大会行使下列职权：①审议发起人关于公司筹办情况的报告；②通过公司章程；③选举董事会成员；④选举监事会成员；⑤对公司的设立费用进行审核；⑥对发起人用于抵作股款的财产的作价进行审核；⑦发生不可抗力或者经营条件发生重大变化直接影响公司设立的，可以作出不设立公司的决议。

创立大会对前款所列事项作出决议，必须经出席会议的认股人所持表决权过半数通过。

发起人、认股人缴纳股款或者交付抵作股款的出资后，除未按期募足股份、发起人未按期召开创立大会或者创立大会决议不设立公司的情形外，不得抽回其股本。

（4）发起人制定公司章程，采用募集方式设立的应经创立大会通过。

股份有限公司章程应当载明下列事项：①公司名称和住所；②公司经营范围；③公司设立方式；④公司股份总数、每股金额和注册资本；⑤发起人的姓名或者名称、认购的股份数、出资方式和出资时间；⑥董事会的组成、职权和议事规则；⑦公司法定代表人；⑧监事会的组成、职权和议事规则；⑨公司利润分配办法；⑩公司的解散事由与清算办法；⑪公司的通知和公告办法；⑫股东大会会议认为需要规定的其他事项。

（5）有公司名称，建立符合股份有限公司要求的组织机构。

（6）有公司住所。

（二）股份有限公司的设立程序

股份有限公司设立程序分发起设立和募集设立两种情况：

（1）发起设立的股份公司设立程序：①订立发起人协议；②制定公司章程；③办理审批程序；④发起人缴纳出资并验资；⑤召开创立大会；⑥申请设立登记。

（2）募集设立的股份公司设立程序：①订立股东（发起人）协议；②制定公司章程；③报经国务院授权的部门或者省级人民政府审批；④发起人认足部分股份；⑤制作招股说明书；⑥报国务院债券管理部门审批；⑦公告和招募股份；⑧召开创立大会；⑨申请设立登记。

董事会应于创立大会结束后30日内，向公司登记机关报送下列文件，申请设立登记：

（1）公司登记申请书；

（2）创立大会的会议记录；

（3）公司章程；

（4）验资证明；

（5）法定代表人、董事、监事的任职文件及其身份证明；

（6）发起人的法人资格证明或者自然人身份证明；

（7）公司住所证明。

以募集方式设立股份有限公司公开发行股票的，还应当向公司登记机关报送国务院证券监督管理机构的核准文件。

（三）发起人的设立责任

股份有限公司成立后，发起人未按照公司章程的规定缴足出资的，应当补缴；其他发起人承担连带责任。股份有限公司成立后，发现作为设立公司出资的非货币财产的实际价额显著低于公司章程所定价额的，应当由交付该出资的发起人补足其差额；其他发起人承担连带责任。

股份有限公司的发起人应当承担下列责任：

（1）公司不能成立时，对设立行为所产生的债务和费用负连带责任；

（2）公司不能成立时，对认股人已缴纳的股款，负返还股款并加算银行同期存款利息的连带责任；

（3）在公司设立过程中，由于发起人的过失致使公司利益受到损害的，应当对公司承担赔偿责任。

三、股份有限公司的组织机构

（一）股东大会

股份有限公司股东大会由全体股东组成。股东大会是公司的权力机构，依法行使职权。

《公司法》关于有限责任公司股东会职权的规定，适用于股份有限公司股东大会。

股东大会应当每年召开一次年会。有下列情形之一的，应当在两个月内召开临时股东大会：①董事人数不足本法规定人数或者公司章程所定人数的 2/3 时；②公司未弥补的亏损达实收股本总额 1/3 时；③单独或者合计持有公司 10%以上股份的股东请求时；④董事会认为必要时；⑤监事会提议召开时；⑥公司章程规定的其他情形。

股东大会会议由董事会召集，董事长主持；董事长不能履行职务或者不履行职务的，由副董事长主持；副董事长不能履行职务或者不履行职务的，由半数以上董事共同推举一名董事主持。

董事会不能履行或者不履行召集股东大会会议职责的，监事会应当及时召集和主持；监事会不召集和主持的，连续 90 日以上单独或者合计持有公司 10%以上股份的股东可以自行召集和主持。

召开股东大会会议，应当将会议召开的时间、地点和审议的事项于会议召开 20 日前通知各股东；临时股东大会应当于会议召开 15 日前通知各股东；发行无记名股票的，应当于会议召开 30 日前公告会议召开的时间、地点和审议事项。

单独或者合计持有公司 3%以上股份的股东，可以在股东大会召开 10 日前提出临时提案并书面提交董事会；董事会应当在收到提案后 2 日内通知其他股东，并将该临时提案提交股东大会审议。临时提案的内容应当属于股东大会职权范围，并有明确议题和具体决议事项。

股东大会不得对前述通知中未列明的事项作出决议。

无记名股票持有人出席股东大会会议的，应当于会议召开 5 日前至股东大会闭会时将股票交存于公司。

股东出席股东大会会议，所持每一股份有一表决权。但是，公司持有的本公司股份没有表决权。

股东大会作出决议，必须经出席会议的股东所持表决权过半数通过。但是，股东大会作出修改公司章程、增加或者减少注册资本的决议，以及公司合并、分立、解散或者变更公司形式的决议，必须经出席会议的股东所持表决权的 2/3 以上通过。

《公司法》和公司章程规定公司转让、受让重大资产或者对外提供担保等事项必须经股东大会作出决议的，董事会应当及时召集股东大会会议，由股东大会就上述事项进行表决。

股东大会选举董事、监事，可以依照公司章程的规定或者股东大会的决议，实行累积投票制。①

股东可以委托代理人出席股东大会会议，代理人应当向公司提交股东授权委托书，并在授权范围内行使表决权。

股东大会应当对所议事项的决定做成会议记录，主持人、出席会议的董事应当在会议记录上签名。会议记录应当与出席股东的签名册及代理出席的委托书一并保存。

（二）董事会、经理

股份有限公司设董事会，其成员为 5～19 人。董事会成员中可以有公司职工代表。董事会中的职工代表由公司职工通过职工代表大会、职工大会或者其他形式民主选举产生。有限

---

① 公司法所称累积投票制，是指股东大会选举董事或者监事时，每一股份拥有与应选董事或者监事人数相同的表决权，股东拥有的表决权可以集中使用。

责任公司董事任期的规定，适用于股份有限公司董事。有限责任公司董事会职权的规定，适用于股份有限公司董事会。

董事会设董事长一人，可以设副董事长。董事长和副董事长由董事会以全体董事的过半数选举产生。

董事长召集和主持董事会会议，检查董事会决议的实施情况。副董事长协助董事长工作，董事长不能履行职务或者不履行职务的，由副董事长履行职务；副董事长不能履行职务或者不履行职务的，由半数以上董事共同推举一名董事履行职务。

董事会每年度至少召开两次会议，每次会议应当于会议召开10日前通知全体董事和监事。

代表1/10以上表决权的股东、1/3以上董事或者监事会，可以提议召开董事会临时会议。董事长应当自接到提议后10日内，召集和主持董事会会议。

董事会召开临时会议，可以另定召集董事会的通知方式和通知时限。

董事会会议应有过半数的董事出席方可举行。董事会作出决议，必须经全体董事的过半数通过。董事会决议的表决，实行一人一票。

董事会会议，应由董事本人出席；董事因故不能出席，可以书面委托其他董事代为出席，委托书中应载明授权范围。

董事会应当对会议所议事项的决定做成会议记录，出席会议的董事应当在会议记录上签名。

董事应当对董事会的决议承担责任。董事会的决议违反法律、行政法规或者公司章程、股东大会决议，致使公司遭受严重损失的，参与决议的董事对公司负赔偿责任。但经证明在表决时曾表明异议并记载于会议记录的，该董事可以免除责任。

股份有限公司设经理，由董事会决定聘任或者解聘。公司法关于有限责任公司经理职权的规定，适用于股份有限公司经理。公司董事会可以决定由董事会成员兼任经理。

公司不得直接或者通过子公司向董事、监事、高级管理人员提供借款。公司应当定期向股东披露董事、监事、高级管理人员从公司获得报酬的情况。

(三)监事会

股份有限公司设监事会，其成员不得少于3人。监事会应当包括股东代表和适当比例的公司职工代表，其中职工代表的比例不得低于1/3，具体比例由公司章程规定。监事会中的职工代表由公司职工通过职工代表大会、职工大会或者其他形式民主选举产生。

监事会设主席一人，可以设副主席。监事会主席和副主席由全体监事过半数选举产生。监事会主席召集和主持监事会会议；监事会主席不能履行职务或者不履行职务的，由监事会副主席召集和主持监事会会议；监事会副主席不能履行职务或者不履行职务的，由半数以上监事共同推举一名监事召集和主持监事会会议。

董事、高级管理人员不得兼任监事。

《公司法》关于有限责任公司监事任期的规定，适用于股份有限公司监事。《公司法》关于有限责任公司监事会职权的规定，适用于股份有限公司监事会。监事会行使职权所必需的费用，由公司承担。

监事会每6个月至少召开一次会议。监事可以提议召开临时监事会会议。监事会的议事方式和表决程序，除本法有规定的外，由公司章程规定。

监事会决议应当经半数以上监事通过。监事会应当对所议事项的决定做成会议记录，出席会议的监事应当在会议记录上签名。

四、上市公司组织机构的特别规定

上市公司，是指其股票在证券交易所上市交易的股份有限公司。

上市公司在一年内购买、出售重大资产或者担保金额超过公司资产总额 30%的，应当由股东大会作出决议，并经出席会议的股东所持表决权的 2/3 以上通过。

上市公司设立独立董事，具体办法由国务院规定。上市公司设董事会秘书，负责公司股东大会和董事会会议的筹备、文件保管以及公司股东资料的管理，办理信息披露事务等事宜。

上市公司董事与董事会会议决议事项所涉及的企业有关联关系的，不得对该项决议行使表决权，也不得代理其他董事行使表决权。该董事会会议由过半数的无关联关系董事出席即可举行，董事会会议所作决议须经无关联关系董事过半数通过。出席董事会的无关联关系董事人数不足 3 人的，应将该事项提交上市公司股东大会审议。

五、股份有限公司的股份发行和转让

(一)股份发行

股份有限公司的股份是公司资本的组成成分，是计算公司资本最小的均等的构成单位。公司资本总额分成若干相等的单位，以每个股东拥有其单位数的多少来作为行使权利、承担义务以及流通转让的依据。

股份有限公司的资本划分为股份，每一股的金额相等。公司的股份采取股票的形式。股票是公司签发的证明股东所持股份的凭证。

股份的发行，实行公平、公正的原则，同种类的每一股份应当具有同等权利。同次发行的同种类股票，每股的发行条件和价格应当相同；任何单位或者个人所认购的股份，每股应当支付相同价额。

股票发行价格可以按票面金额，也可以超过票面金额，但不得低于票面金额。

股票采用纸面形式或者国务院证券监督管理机构规定的其他形式。股票应当载明下列主要事项：①公司名称；②公司成立日期；③股票种类、票面金额及代表的股份数；④股票的编号。股票由法定代表人签名、公司盖章。发起人的股票，应当标明“发起人股票”字样。

公司发行的股票，可以为记名股票，也可以为无记名股票。公司向发起人、法人发行的股票，应当为记名股票，并应当记载该发起人、法人的名称或者姓名，不得另立户名或者以代表人姓名记名。

公司发行记名股票的，应当置备股东名册，记载下列事项：①股东的姓名或者名称及住所；②各股东所持股份数；③各股东所持股票的编号；④各股东取得股份的日期。

发行无记名股票的，公司应当记载其股票数量、编号及发行日期。

股份有限公司成立后，即向股东正式交付股票。公司成立前不得向股东交付股票。

公司发行新股，股东大会应当对下列事项作出决议：①新股种类及数额；②新股发行价格；③新股发行的起止日期；④向原有股东发行新股的种类及数额。

公司经国务院证券监督管理机构核准公开发行新股时，必须公告新股招股说明书和财务会计报告，并制作认股书。

公司发行新股，可以根据公司经营情况和财务状况，确定其作价方案。公司发行新股募足股款后，必须向公司登记机关办理变更登记，并公告。

（二）股份的转让

股份的转让，是指股份所有人出让股份给受让人，使受让人取得股份而转移其股东权利的法律行为。

股东持有的股份可以依法转让。股东转让其股份，应当在依法设立的证券交易场所进行或者按照国务院规定的其他方式进行。

记名股票，由股东以背书方式或者法律、行政法规规定的其他方式转让；转让后由公司将受让人的姓名或者名称及住所记载于股东名册。股东大会召开前20日内或者公司决定分配股利的基准日前5日内，不得进行该项股东名册的变更登记。但是，法律对上市公司股东名册变更登记另有规定的，从其规定。

无记名股票的转让，由股东将该股票交付给受让人后即发生转让的效力。

发起人持有的本公司股份，自公司成立之日起一年内不得转让。公司公开发行股份前已发行的股份，自公司股票在证券交易所上市交易之日起一年内不得转让。

公司董事、监事、高级管理人员应当向公司申报所持有的本公司的股份及其变动情况，在任职期间每年转让的股份不得超过其所持有本公司股份总数的25%；所持本公司股份自公司股票上市交易之日起一年内不得转让。上述人员离职后半年内，不得转让其所持有的本公司股份。公司章程可以对公司董事、监事、高级管理人员转让其所持有的本公司股份作出其他限制性规定。

公司不得收购本公司股份。但是，有下列情形之一的除外：①减少公司注册资本；②与持有本公司股份的其他公司合并；③将股份用于员工持股计划或者股权激励；④股东因对股东大会作出的公司合并、分立决议持异议，要求公司收购其股份；⑤将股份用于转换上市公司发行的可转换为股票的公司债券；⑥上市公司为维护公司价值及股东权益所必需。

公司因上述第①②项规定的情形收购本公司股份的，应当经股东大会决议；公司因上述第③⑤⑥项规定的情形收购本公司股份的，可以依照公司章程的规定或者股东大会的授权，经2/3以上董事出席的董事会会议决议。

公司依照上述规定收购本公司股份后，属于第①项情形的，应当自收购之日起10日内注销；属于第②④项情形的，应当在6个月内转让或者注销；属于第③⑤⑥项情形的，公司合计持有的本公司股份数不得超过本公司已发行股份总额的10%，并应当在3年内转让或者注销。

上市公司收购本公司股份的，应当依照《中华人民共和国证券法》的规定履行信息披露义务。上市公司因上述第③⑤⑥项规定的情形收购本公司股份的，应当通过公开的集中交易方式进行。

公司不得接受本公司的股票作为质押权的标的。

记名股票被盗、遗失或者灭失，股东可以依照《中华人民共和国民事诉讼法》规定的公示催告程序，请求人民法院宣告该股票失效。人民法院宣告该股票失效后，股东可以向公司申请补发股票。

上市公司的股票，依照有关法律、行政法规及证券交易所交易规则上市交易。

第四节 公司董事、监事、高级管理人员的资格和义务

一、公司董事、监事、高级管理人员的资格

《公司法》第147条规定，有下列情形之一的，不得担任公司的董事、监事、高级管理人员：

(1)无民事行为能力或者限制民事行为能力；

(2)因贪污、贿赂、侵占财产、挪用财产或者破坏社会主义市场经济秩序，被判处刑罚，执行期满未逾5年，或者因犯罪被剥夺政治权利，执行期满未逾5年；

(3)担任破产清算的公司、企业的董事或者厂长、经理，对该公司、企业的破产负有个人责任的，自该公司、企业破产清算完结之日起未逾3年；

(4)担任因违法被吊销营业执照、责令关闭的公司、企业的法定代表人，并负有个人责任的，自该公司、企业被吊销营业执照之日起未逾3年；

(5)个人所负数额较大的债务到期未清偿。

公司违反前述规定选举、委派董事、监事或者聘任高级管理人员的，该选举、委派或者聘任无效。董事、监事、高级管理人员在任职期间出现无民事行为能力或者限制民事行为能力情形的，公司应当解除其职务。

二、公司董事、监事、高级管理人员的义务

董事、监事、高级管理人员应当遵守法律、行政法规和公司章程，对公司负有忠实义务和勤勉义务。董事、监事、高级管理人员不得利用职权收受贿赂或者其他非法收入，不得侵占公司的财产。

董事、高级管理人员不得有下列行为：①挪用公司资金；②将公司资金以其个人名义或者以其他个人名义开立账户存储；③违反公司章程的规定，未经股东会、股东大会或者董事会同意，将公司资金借贷给他人或者以公司财产为他人提供担保；④违反公司章程的规定或者未经股东会、股东大会同意，与本公司订立合同或者进行交易；⑤未经股东会或者股东大会同意，利用职务便利为自己或者他人谋取属于公司的商业机会，自营或者为他人经营与所任职公司同类的业务；⑥接受他人与公司交易的佣金归为己有；⑦擅自披露公司秘密；⑧违反对公司忠实义务的其他行为。董事、高级管理人员违反这些规定所得的收入应当归公司所有。

董事、监事、高级管理人员执行公司职务时违反法律、行政法规或者公司章程的规定，给公司造成损失的，应当承担赔偿责任。

股东会或者股东大会要求董事、监事、高级管理人员列席会议的，董事、监事、高级管理人员应当列席并接受股东的质询。董事、高级管理人员应当如实向监事会或者不设监事会的有限责任公司的监事提供有关情况和资料，不得妨碍监事会或者监事行使职权。

董事、高级管理人员执行公司职务时违反法律、行政法规或者公司章程的规定，给公司造成损失的，有限责任公司的股东、股份有限公司连续180日以上单独或者合计持有公司1%以上股份的股东，可以书面请求监事会或者不设监事会的有限责任公司的监事向人民法院提起诉讼；监事执行公司职务时违反法律、行政法规或者公司章程的规定，给公司造成损失的，前述股东可以书面请求董事会或者不设董事会的有限责任公司的执行董事向人民法院提起诉讼。

监事会、不设监事会的有限责任公司的监事，或者董事会、执行董事收到前述规定的股东

书面请求后拒绝提起诉讼，或者自收到请求之日起30日内未提起诉讼，或者情况紧急、不立即提起诉讼将会使公司利益受到难以弥补的损害的，前述规定的股东有权为了公司的利益以自己的名义直接向人民法院提起诉讼。

董事、高级管理人员违反法律、行政法规或者公司章程的规定，损害股东利益的，股东可以向人民法院提起诉讼。

第五节 公司债券

一、公司债券的概念及特征

公司债券是公司依照法定程序发行的，约定在一定期限还本付息的有价证券。它表示发行债券的公司与债券投资者之间的债权债务关系。

公司债券具有以下几个方面的特征：

(1)公司债券是一种有价证券。

(2)公司债券是债权证券。持有公司债券的人为公司的债权人。

(3)公司债券是公司依公司法规定的程序发行的有价证券。

(4)公司债券是到期由公司还本付息的有价证券。

二、公司债券的发行

公司发行公司债券应当符合《中华人民共和国证券法》规定的发行条件。

发行公司债券的申请经国务院授权的部门核准后，应当公告公司债券募集办法。公司债券募集办法中应当载明下列主要事项：①公司名称；②债券募集资金的用途；③债券总额和债券的票面金额；④债券利率的确定方式；⑤还本付息的期限和方式；⑥债券担保情况；⑦债券的发行价格、发行的起止日期；⑧公司净资产额；⑨已发行的尚未到期的公司债券总额；⑩公司债券的承销机构。

公司以实物券方式发行公司债券的，必须在债券上载明公司名称、债券票面金额、利率、偿还期限等事项，并由法定代表人签名、公司盖章。

公司债券，可以为记名债券，也可以为无记名债券。公司发行公司债券应当置备公司债券存根簿。

发行记名公司债券的，应当在公司债券存根簿上载明下列事项：①债券持有人的姓名或者名称及住所；②债券持有人取得债券的日期及债券的编号；③债券总额，债券的票面金额、利率，还本付息的期限和方式；④债券的发行日期。

发行无记名公司债券的，应当在公司债券存根簿上载明债券总额、利率、偿还期限和方式、发行日期及债券的编号。

记名公司债券的登记结算机构应当建立债券登记、存管、付息、兑付等相关制度。

三、公司债券的转让

公司债券可以转让，转让价格由转让人与受让人约定。公司债券在证券交易所上市交易的，按照证券交易所的交易规则转让。

记名公司债券，由债券持有人以背书方式或者法律、行政法规规定的其他方式转让；转让后由公司将受让人的姓名或者名称及住所记载于公司债券存根簿。

无记名公司债券的转让，由债券持有人将该债券交付给受让人后即发生转让的效力。

上市公司经股东大会决议可以发行可转换为股票的公司债券，并在公司债券募集办法中规定具体的转换办法。上市公司发行可转换为股票的公司债券，应当报国务院证券监督管理机构核准。

发行可转换为股票的公司债券，应当在债券上标明“可转换公司债券”字样，并在公司债券存根簿上载明可转换公司债券的数额。同时，公司应当按照其转换办法向债券持有人换发股票，但债券持有人对转换股票或者不转换股票有选择权。

第六节　公司财务、会计

一、公司的财务会计报告

公司应当依照法律、行政法规和国务院财政部门的规定建立本公司的财务、会计制度。

公司应当在每一会计年度终了时编制财务会计报告，并依法经会计师事务所审计。财务会计报告应当依照法律、行政法规和国务院财政部门的规定制作。

有限责任公司应当依照公司章程规定的期限将财务会计报告送交各股东。

股份有限公司的财务会计报告应当在召开股东大会年会的 20 日前置备于本公司，供股东查阅；公开发行股票的股份有限公司必须公告其财务会计报告。

二、公司的利润分配和公积金

公司分配当年税后利润时，应当提取利润的 10％列入公司法定公积金。公司法定公积金累计额为公司注册资本的 50％以上的，可以不再提取。

公司的法定公积金不足以弥补以前年度亏损的，在依照规定提取法定公积金之前，应当先用当年利润弥补亏损。

公司从税后利润中提取法定公积金后，经股东会或者股东大会决议，还可以从税后利润中提取任意公积金。

公司弥补亏损和提取公积金后所余税后利润，有限责任公司依照《公司法》第 34 条的规定分配；股份有限公司按照股东持有的股份比例分配，但股份有限公司章程规定不按持股比例分配的除外。

股东会、股东大会或者董事会违反前款规定，在公司弥补亏损和提取法定公积金之前向股东分配利润的，股东必须将违反规定分配的利润退还公司。

公司持有的本公司股份不得分配利润。

股份有限公司以超过股票票面金额的发行价格发行股份所得的溢价款以及国务院财政部门规定列入资本公积金的其他收入，应当列为公司资本公积金。

公司的公积金用于弥补公司的亏损、扩大公司生产经营或者转为增加公司资本。但是，资本公积金不得用于弥补公司的亏损。法定公积金转为资本时，所留存的该项公积金不得少于转增前公司注册资本的 25％。

三、公司聘用和解聘会计师事务所

公司聘用、解聘承办公司审计业务的会计师事务所，依照公司章程的规定，由股东会、股东大会或者董事会决定。公司股东会、股东大会或者董事会就解聘会计师事务所进行表决时，应当允许会计师事务所陈述意见。公司应当向聘用的会计师事务所提供真实、完整的会计凭证、会计账簿、财务会计报告及其他会计资料，不得拒绝、隐匿、谎报。

公司除法定的会计账簿外，不得另立会计账簿。对公司资产，不得以任何个人名义开立账户存储。

第七节 公司合并、分立、增资、减资、解散与清算

一、公司合并与分立

公司合并可以采取吸收合并或者新设合并。一个公司吸收其他公司为吸收合并，被吸收的公司解散。两个以上公司合并设立一个新的公司为新设合并，合并各方解散。

公司合并，应当由合并各方签订合并协议，并编制资产负债表及财产清单。公司应当自作出合并决议之日起 10 日内通知债权人，并于 30 日内在报纸上公告。债权人自接到通知书之日起 30 日内，未接到通知书的自公告之日起 45 日内，可以要求公司清偿债务或者提供相应的担保。

公司合并时，合并各方的债权、债务，应当由合并后存续的公司或者新设的公司承继。

公司分立，其财产作相应的分割。公司分立，应当编制资产负债表及财产清单。公司应当自作出分立决议之日起 10 日内通知债权人，并于 30 日内在报纸上公告。

公司分立前的债务由分立后的公司承担连带责任。但是，公司在分立前与债权人就债务清偿达成的书面协议另有约定的除外。

公司合并或者分立，登记事项发生变更的，应当依法向公司登记机关办理变更登记。

二、公司增资与减资

公司需要减少注册资本时，必须编制资产负债表及财产清单。公司应当自作出减少注册资本决议之日起 10 日内通知债权人，并于 30 日内在报纸上公告。债权人自接到通知书之日起 30 日内，未接到通知书的自公告之日起 45 日内，有权要求公司清偿债务或者提供相应的担保。公司减资后的注册资本不得低于法定的最低限额。

有限责任公司增加注册资本时，股东认缴新增资本的出资，依照《公司法》设立有限责任公司缴纳出资的有关规定执行。

股份有限公司为增加注册资本发行新股时，股东认购新股，依照《公司法》设立股份有限公司缴纳股款的有关规定执行。

公司增加或者减少注册资本，应当依法向公司登记机关办理变更登记。

三、公司解散和清算

公司因下列原因解散：

(1)公司章程规定的营业期限届满或者公司章程规定的其他解散事由出现；

(2)股东会或者股东大会决议解散；

(3)因公司合并或者分立需要解散；

(4)依法被吊销营业执照、责令关闭或者被撤销；

(5)人民法院依照《公司法》第182条的规定予以解散。

公司有上述第(1)项情形的，可以通过修改公司章程而存续。依照该规定修改公司章程，有限责任公司须经持有2/3以上表决权的股东通过，股份有限公司须经出席股东大会会议的股东所持表决权的2/3以上通过。

公司经营管理发生严重困难，继续存续会使股东利益受到重大损失，通过其他途径不能解决的，持有公司全部股东表决权10%以上的股东，可以请求人民法院解散公司。

公司因上述第(1)(2)(4)(5)项规定而解散的，应当在解散事由出现之日起15日内成立清算组，开始清算。有限责任公司的清算组由股东组成，股份有限公司的清算组由董事或者股东大会确定的人员组成。逾期不成立清算组进行清算的，债权人可以申请人民法院指定有关人员组成清算组进行清算。人民法院应当受理该申请，并及时组织清算组进行清算。

清算组在清算期间行使下列职权：

(1)清理公司财产，分别编制资产负债表和财产清单；

(2)通知、公告债权人；

(3)处理与清算有关的公司未了结的业务；

(4)清缴所欠税款以及清算过程中产生的税款；

(5)清理债权、债务；

(6)处理公司清偿债务后的剩余财产；

(7)代表公司参与民事诉讼活动。

清算组应当自成立之日起10日内通知债权人，并于60日内在报纸上公告。债权人应当自接到通知书之日起30日内，未接到通知书的自公告之日起45日内，向清算组申报其债权。

债权人申报债权，应当说明债权的有关事项，并提供证明材料。清算组应当对债权进行登记。在申报债权期间，清算组不得对债权人进行清偿。

清算组在清理公司财产、编制资产负债表和财产清单后，应当制订清算方案，并报股东会、股东大会或者人民法院确认。

公司财产在分别支付清算费用、职工的工资、社会保险费用和法定补偿金，缴纳所欠税款，清偿公司债务后的剩余财产，有限责任公司按照股东的出资比例分配，股份有限公司按照股东持有的股份比例分配。

清算期间，公司存续，但不得开展与清算无关的经营活动。公司财产在未依照规定清偿前，不得分配给股东。

清算组在清理公司财产、编制资产负债表和财产清单后，发现公司财产不足清偿债务的，应当依法向人民法院申请宣告破产。公司经人民法院裁定宣告破产后，清算组应当将清算事务移交给人民法院，依照有关企业破产的法律实施破产清算。

公司清算结束后，清算组应当制作清算报告，报股东会、股东大会或者人民法院确认，并报送公司登记机关，申请注销公司登记，公告公司终止。

清算组成员应当忠于职守，依法履行清算义务。清算组成员不得利用职权收受贿赂或者其他非法收入，不得侵占公司财产。清算组成员因故意或者重大过失给公司或者债权人造成损失的，应当承担赔偿责任。

公司解散的，应当依法办理公司注销登记；设立新公司的，应当依法办理公司设立登记。

第八节　外国公司的分支机构

一、外国公司分支机构的概念和设立

外国公司是指依照外国法律在中国境外设立的公司。外国公司在中国境内设立分支机构，必须向中国主管机关提出申请，并提交其公司章程、所属国的公司登记证书等有关文件，经批准后，向公司登记机关依法办理登记，领取营业执照。外国公司分支机构的审批办法由国务院另行规定。

外国公司在中国境内设立分支机构，必须在中国境内指定负责该分支机构的代表人或者代理人，并向该分支机构拨付与其所从事的经营活动相适应的资金。对外国公司分支机构的经营资金需要规定最低限额的，由国务院另行规定。

外国公司的分支机构应当在其名称中标明该外国公司的国籍及责任形式。外国公司的分支机构应当在本机构中置备该外国公司章程。

二、外国公司分支机构的法律地位

外国公司在中国境内设立的分支机构不具有中国法人资格。外国公司对其分支机构在中国境内进行经营活动承担民事责任。

经批准设立的外国公司分支机构，在中国境内从事业务活动，必须遵守中国的法律，不得损害中国的社会公共利益，其合法权益受中国法律保护。

三、外国公司分支机构的撤销和清算

外国公司撤销其在中国境内的分支机构时，必须依法清偿债务，依照《公司法》有关公司清算程序的规定进行清算。未清偿债务之前，不得将其分支机构的财产移至中国境外。

练习题

一、复习思考题

1. 什么是公司，公司股东的权利和义务有哪些？
2. 有限责任公司的设立条件、设立程序有哪些？
3. 有限责任公司的组织机构有哪些，各有什么职权？
4. 股份有限公司的股份发行条件是什么？
5. 禁止担任公司董事、监事、高级管理人员的情形有哪些？公司董事、监事、高级管理人员有哪些义务？
6. 公司债券的发行条件有什么？
7. 什么是公司合并，什么是公司分立？
8. 公司的解散情形有哪些？

二、案例分析题

某股份有限公司董事会由11名董事组成。2022年5月10日，公司董事长李某召集并主持召开董事会会议，出席会议的共8名董事，另有3名董事因事请假。董事会会议讨论了下列事项，经表决有6名董事同意而通过：

(1)鉴于公司董事会成员工作任务加重，决定给每位董事涨工资30%；

(2)鉴于监事会成员中的职工代表张某生病，决定由本公司职工王某参加监事会；

(3)鉴于公司的财务会计工作日益繁重，拟将财务科升级为财务部，并向社会公开招聘会计人员3名，招聘会计人员事宜及财务科升格为财务部的方案经股东大会通过后实施；

(4)鉴于公司的净资产额已达2 900万元，符合有关公司发行债券的法律规定，决定发行公司债券1 000万元。

问题：

(1)公司董事会的召开和表决程序是否符合法律规定？为什么？

(2)公司董事会通过的事项有无不符合法律规定之处？如有，请分别说明理由。

第三编

民事法律制度

第五章

民事法律行为和代理

学习目标

通过本章学习，你应能够：

了解民事法律行为、意思表示的概念；

理解民事法律行为的成立与生效，法律行为分类；

掌握民事法律行为的成立要件和生效要件，欠缺有效要件民事行为的类型；

了解代理、代理权、无权代理的概念；

理解代理的特征、代理的种类、代理的生效要件，及表见代理的构成要件和法律效果。

思政目标

能够正确理解“自由”这一社会主义核心价值观内容，认识到其与社会主义市场经济制度及其运行密切相关。理解社会主义市场经济制度需要市场主体能够依自己的自由意志追逐自己的个体利益，民事法律行为制度从法律层面体现了自由意志，自由意志靠法律行为来保障。

第一节　民事法律行为概述

一、民事法律行为的概念和特征

我国《民法典》第133条规定：“民事法律行为是民事主体通过意思表示设立、变更、终止民事法律关系的行为。”民事法律行为具有以下特征：

(1)民事法律行为是民事主体以达到一定民事法律后果为目的的行为，是民事主体创设法律关系的最主要方式，是人为的法律事实。民事法律行为以发生一定的民事法律后果为目的，民事主体实施的不以发生民事法律后果为目的的行为，不属于民事法律行为，如朋友聚餐、相约去旅游等。

(2)民事法律行为以意思表示为要素。意思表示是行为人将其期望发生法律效果的内心意愿以一定方式表达于外部的行为。它可以分解为三个部分：①当事人出于某种动机而希望发生一定法律效果的意愿，为“效果意思”；②效果意思表达于外部即为“表示意思”；③当事人将效果意思表示于外部的行为，则为“表示行为”。如签订买卖合同、订立入股协议等，意思表示是法律行为不可或缺的内容，意思表示遂成为法律行为最基本的要素。

(3)民事法律行为是具有法律拘束力的合法行为。合法性是民事法律行为与其他民事行为的根本区别，违法的民事行为不受法律的保护。

二、民事法律行为的基本类型

对民事法律行为，可以从不同的方面和标准进行不同的分类。

(一)单方法律行为、双方法律行为与多方法律行为

以当事人人数为标准，可将民事法律行为分为单方法律行为、双方法律行为与多方法律行为。

单方法律行为，又称一方行为，或单独行为，是指仅一方当事人作出意思表示即可成立的法律行为。如所有权的抛弃、非婚生子女的承认、设立遗嘱、放弃继承权等。单方法律行为的基本特点是无须他方同意，仅一方作出意思表示就可以发生法律效力。

双方法律行为，是指双方当事人意思表示一致才能成立的法律行为。其典型形式是合同。合同是平等主体的自然人、法人及其他组织之间变动民事权利义务关系的协议。

多方法律行为，又称协议行为、对外的共同行为等，是指两个以上当事人同一方向的意思表示一致才成立的法律行为，或者说由多个方向一致的意思表示构成的法律行为。如订立合伙协议、股东会决议等。

区分单方法律行为、双方法律行为与多方法律行为的意义在于：正确确立民事法律行为是否成立。单方法律行为，只要行为人一方作出意思表示即告成立；双方和多方法律行为则需要各相对行为人的意思表示内容达成一致才告成立。

(二)有偿法律行为与无偿法律行为

以民事法律行为是否存在对待给付，可将法律行为分为有偿法律行为与无偿法律行为。对待给付是指一方为获取对方提供的利益而偿付的代价。

有偿法律行为，是指一方履行法律行为规定的义务而给对方某种利益，对方要得到该利益必须为对待给付的法律行为。有偿法律行为是商品交换的典型形式，实践中，绝大多数反映交易关系的法律行为都是有偿的。

无偿法律行为，是指一方履行法律行为规定的义务而给付对方某种利益，对方取得该利益并不需要为对待给付的法律行为，如赠与合同等。

区分有偿法律行为与无偿法律行为的意义在于：确立当事人权利义务的范围及其责任后果的承担。一般来说，有偿法律行为义务人的法律责任较无偿法律行为义务人的法律责任要重。例如，赠与合同的赠与人、无偿保管合同的保管人、无偿委托合同的受托人都是在故意或重大过失情形下才承担赔偿对方的责任，而有偿保管合同的保管人、有偿委托合同的受托人有过错，即使为一般过错，也须承担赔偿对方的责任。

(三)诺成法律行为与实践法律行为

以法律行为的成立或生效是否以标的物实际交付为要件，可将法律行为分为诺成法律行为与实践法律行为。

诺成法律行为，是指当事人一方的意思表示一旦经对方同意即能产生法律效果的法律行为，即“一诺即成”的行为，简言之，当事人双方意思表示一致，法律行为即告成立。大多数合同

行为是诺成性法律行为。

实践法律行为，又称要物法律行为，是指除当事人双方意思表示一致之外，还须交付标的物才能成立的法律行为。如自然人之间的借贷合同、保管合同、借用合同等，在这种行为中，仅双方当事人意思表示一致，法律行为还不能成立，还须一方当事人实际交付标的物，法律行为才能成立。

区分诺成法律行为与实践法律行为的意义在于：正确认定民事法律行为是否成立以及标的物转移的时间。诺成法律行为与实践法律行为的区别，并不在于一方是否应交付标的物，而是是否将交付标的物作为法律行为的成立或有效要件。

（四）要式法律行为与不要式法律行为

以法律行为的成立是否须依照一定的方式为标准，可将法律行为分为要式法律行为与不要式法律行为。

要式法律行为，是指应当根据法律规定或当事人约定的方式来实施的法律行为。对于一些重要的交易，法律常常要求当事人必须采取特定的方式实施法律行为，如票据行为、不动产的买卖或抵押行为等。

不要式法律行为，是指当事人实施的法律行为依法并不需要采取特定的形式，当事人可以自主决定采取口头方式、书面形式或其他形式。在现代社会，法律行为以不要式为原则，以要式为例外。

区分要式法律行为与不要式法律行为的意义在于：正确确定民事法律行为的成立与否。不要式法律行为由当事人自由选择行为方式；要式法律行为当事人须依法采用特定的方式和程序。

（五）主法律行为与从法律行为

以法律行为相互间的主从关系为标准，可将法律行为分为主法律行为与从法律行为。

主法律行为，是指不需要其他法律行为的存在即可独立存在的法律行为。如相对于担保合同而言，主债务合同就是主法律行为，担保合同则为从法律行为。

从法律行为，是指以其他法律行为的存在为存在前提的法律行为。由于从法律行为依赖主法律行为的存在而存在，因此它也被称为“附属法律行为”。从法律行为最典型的特点就是附属性或附从性，即从法律行为不能独立存在，必须以主法律行为的存在为前提。从法律行为的附从性具体表现在以下几个方面：第一，发生上的依附性；第二，效力上的从属性；第三，转让上的从属性；第四，消灭上的从属性。如主债务合同无效，保证合同也不能生效。但近来有学者提出独立保证的概念。如为防止银行业的贷款风险，银行可以签订独立保证合同，其不受主债务合同无效的影响。

（六）独立法律行为和辅助法律行为

以法律行为自身是否具有独立性为标准，可将法律行为分为独立法律行为与辅助法律行为。

独立法律行为，是指具有独立的、实质的内容的法律行为，凡是具有完全民事行为能力的人所实施的民事法律行为，都是独立的法律行为。

辅助法律行为，是指行为人的意思表示本身并没有独立的、实质的内容，只是作为他人法律行为效力完成的条件而存在的法律行为。如法定代理人对限制民事行为能力人的意思表示所作的同意表示，就具有这种辅助性质。

另外，依据不同的划分标准，民事法律行为还可以划分为负担行为与处分行为、生前行为与死因行为、基本法律行为与特殊法律行为等。

三、民事法律行为的形式

民事法律行为的形式实际上是指作为法律行为最基本要素意思表示的形式。在我国，民事法律行为的形式区分为不同的类型。《民法典》第135条规定："民事法律行为可以采用书面形式、口头形式或者其他形式；法律、行政法规规定或者当事人约定采用特定形式的，应当采用特定形式。"

（一）口头形式与书面形式

口头形式是指以谈话的形式所进行的意思表示。"谈话"的外延包括电话交谈、托人带口信、当众宣布自己的意思等。口头形式的法律行为，是不要式的法律行为，具有简便迅速的优点，但有因缺乏客观记载，一旦发生纠纷，日后难以取证的缺点，大多适用于即时清结、标的数额小的交易。

书面形式是指用书面文字所进行的意思表示。在现代电子技术条件下，书面形式包括电报、电传、电子数据交换和电子邮件等数据电文形式。书面形式在发生纠纷时有据可查，主要适用于标的额较大、履行期限较长、买卖规则较复杂、后果重大的民事法律行为。书面形式又可分为一般书面形式和特殊书面形式。

一般书面形式是指当事人意思表示的文字记载形式无须由国家有关机关认可。特殊书面形式是指当事人的意思表示获得国家有关机关承认的文字记载形式。它又包括以下几种类型：

(1)公证形式，即当事人将其书面的意思表示提请国家公证机关，由其依照法定程序对该意思表示的真实性和合法性予以确认。经公证的法律行为具有直接的执行力，可不经过诉讼阶段直接进入执行阶段。如收养须采用公证形式来确定养父母与养子女之间的关系，公积金按揭贷款须采用公证形式等。

(2)鉴证形式，即当事人将其书面的合同行为提请国家工商行政管理机关或有关上级机关，由其对该合同行为的真实性和合法性进行审查并给予证明。该形式只适用于合同行为。

(3)审核登记形式，即当事人将其书面的意思表示提请国家有关主管机关审查，由其确认真实合法后，将有关事项记载于审查机关的公共登记簿并发给证明文件。如不动产买卖须经房产交易部门登记。

特殊书面形式在法律有特别规定时，当事人必须采取，否则将影响法律行为的效力；在法律无特别规定时，当事人可以自由选择是否采取。

（二）明示形式与默示形式

明示形式即以作为的方式，使得相对人能够直接了解意思表示的内容。明示形式是意思表示最为常见的形式。

默示形式可分为行为默示与沉默。行为默示又称推定形式，是指虽然行为人不像明示那样直接表达意思表示的内容，但仍然有所作为，从其行为中可以一般地推定其进行了意思表示。如房屋租赁期满后，承租人继续缴纳房租，出租人接受的，则推定当事人双方做出了延长租赁期的法律行为。

沉默形式是指对当事人既无语言表示，又无行为表示的纯粹的缄默，在法律有特别规定的情况下，视为作出了某种意思表示。如在继承关系中，法定继承人在继承开始前不作任何表示视为接受继承；而受遗赠人在2个月内不作表示则视为拒绝。

第二节　民事法律行为的成立和生效

一、民事法律行为的成立要件

民事法律行为的成立要件可分为一般成立要件与特殊成立要件，其中，一般成立要件是指一切民事法律行为成立都必须具备的要件，而特殊成立要件则是指在一般成立要件外，部分民事法律行为成立还必须具备的要件。

通说认为，民事法律行为的一般成立要件包括行为主体、行为标的和意思表示三项要素。但部分法律行为仅具备一般成立要件并不能成立，还须存在其他要件才能成立。如对实践法律行为而言，除了意思表示之外，还必须交付标的物才能成立；再如对要式法律行为而言，在意思表示之外，还需要采取特定的形式或履行特定的手续才能成立。

二、意思表示的要素

意思表示的构成要素可分为主观要件与客观要件。客观要件是指外部的表示行为，即在客观上可认为其在表示某种法律效果意思。主观要件是指内心的意思。一般来说，表意人表示于外的意思与其主观上的期望是一致的，但两者不一致的情况也会发生，为便于处理内心意思与外部表示不一致的各种情况，传统学说将意思表示的主观要件分为行为意思、表示意思与效果意思三种具体的类型。其中：①行为意思即表意人自觉地从事某项行为；②表示意思又称表示意识，即行为人认识其行为具有某种法律上的意义；③效果意思，即行为人欲依其表示发生特定法律效果的意思。行为人希望发生具有法律利益的效果意思。这种利益必须具有法律意义才有效果意思。如希望购买某种商品，目的是转移其所有权，则为效果意思；如希望与好友结伴旅游，不会发生权利和义务关系，则不是效果意思。

三、民事法律行为的生效要件

民事法律行为自成立时生效，但是法律另有规定或者当事人另有约定的除外。行为人非依法律规定或者未经对方同意，不得擅自变更或者解除民事法律行为。

根据民事法律行为有效要件适用的普遍性程度的不同，可以将其分为一般有效要件与特别有效要件。所谓一般有效要件，是指一切民事法律行为有效都必须具备的要件；而特别有效要件则是指除了一般有效要件外，部分民事法律行为有效还必须具备的要件。

(一)民事法律行为的一般有效要件

我国《民法典》第 143 条规定，民事法律行为的有效必须具备以下要件：

(1)行为人具有相应的民事行为能力。行为人只有具备了相应的民事行为能力才能认识自己行为的性质，预见自己行为的后果，从而能为自己的利益作出最佳判断，并承担自己行为的后果。

(2)行为人意思表示真实。表意人的表示行为真实地反映其内心的效果意思，也即表示行为与效果意思相一致。只有真实的意思表示才能发生私法上的效力。

(3)不违反法律、行政法规的强制性规定，不违背公序良俗。民事法律行为只有在不违背强行法时才赋予法律行为以当事人预期的效力，才能维护法律秩序的无矛盾性。法律行为不仅应符合法律的强行性规定，而且在内容上不得违背公序良俗。

(二)民事法律行为的特别有效要件

在通常情况下,法律行为具备一般有效要件,即可产生法律效力。不过,在特殊情况下,法律行为除了具备一般有效要件外,还需要具备特别有效要件,才能产生法律效力,发生当事人所预期的法律效果。如附延缓条件或延缓期限的法律行为、遗嘱行为等成立且具备有效要件后,并不马上生效,只有在条件成就、期限届至或者遗嘱人死亡后,上述法律行为才发生法律效力。再如,需要办理审批、登记等手续方可生效的法律行为也存在相同的情况。

第三节 附条件的民事法律行为和附期限的民事法律行为

一、附条件的民事法律行为

(一)附条件的民事法律行为的概念和特征

法律行为的当事人可以以将来客观上不确定的事实的成就或不成就,决定法律行为效力发生或消灭的条款。附条件的民事法律行为,是指行为人设定一定条件,以条件的成就与否作为民事法律行为效力发生与否的民事法律行为。民事法律行为所附条件具有如下特征:①须为尚未发生的客观事实;②须是不能确定的事实;③须为当事人约定的而不是法定的事实;④须为合法的事实。

(二)条件的类型

1. 停止条件和解除条件

以条件是决定法律行为效力发生还是效力消灭为标准,可分为停止条件与解除条件。

停止条件,是指限制法律行为效力发生的条件。也就是说,法律行为已成立,但尚未生效,其能否生效取决于将来不确定事实能否成就。对附停止条件的法律行为而言,停止条件成就的,法律行为生效;停止条件不成就的,法律行为不生效。如甲、乙约定,乙找到工作,甲即赠其笔记本电脑一台。乙找到工作,就属于停止条件。

解除条件,是指限制法律行为效力消灭的条件。也就是说,法律行为已经成立而且生效,但其效力能否存续取决于将来不确定事实能否成就,对附解除条件的法律行为而言,解除条件成就的,法律行为失效;解除条件不成就的,法律行为继续有效。如甲的房屋租给乙,约定若甲的儿子留学回国,则甲、乙间的租赁关系终止。甲的儿子留学回国,就属于解除条件。

2. 积极条件与消极条件

以条件在事实上的发生和不发生为标准,可以分为积极条件和消极条件。

积极条件,是指以某种积极事实的发生作为条件的成就。消极条件,是指以某种消极事实的不发生作为条件的成就。

3. 随意条件、偶成条件与混合条件

以条件的成就能否为当事人的主观意思所左右为标准,可分为随意条件、偶成条件与混合条件。

随意条件,是指条件能否成就,完全取决于当事人一方的意思。随意条件可分为纯粹的随意条件与非纯粹的随意条件。纯粹的随意条件是指条件能否成就完全由当事人决定,别无其他因素。非纯粹的随意条件,是指条件能否成立,除了取决于当事人的意思外,还须有某种积极事实。

偶成条件,是指条件的成就完全取决于偶然的事实,而非人力所能决定。此处的偶然事件包括天灾，政治、经济或社会事件，第三人的行为等。

混合条件，是指条件能否成就，取决于当事人一方的意思与第三人的意思或者偶然的事实的结合。

(三)条件的成就与不成就

条件的成就，是指作为条件内容的事实已经实现。民法上除了条件成就的概念外，还存在条件成就的拟制的概念。条件成就的拟制，是指因条件成就而受不利益的当事人，如以不正当行为阻止条件成就的，视为条件成就。

条件的不成就，是指构成条件的内容事实已确定将不会实现。当事人为了自己的利益以不正当的行为促使条件成就的，视为条件的不成就。

二、附期限的民事法律行为

(一)附期限的民事法律行为的概念

这是指当事人可以以将来确定事实的到来，决定法律行为效力的发生或消灭的条款。附期限的民事法律行为，是指行为人设定一定期限，以该期限的到来与否作为民事法律行为效力发生与否的民事法律行为。如甲、乙约定，甲将房屋卖给乙，待所有手续办完后 10 日内交房，这就是一个附期限的民事法律行为。

(二)期限的类型

1. 始期与终期

始期，又称生效期限或延缓期限，是指决定法律行为的效力发生的期限，其实就是法律行为发生的起点。附始期的法律行为，在期限到来以前，法律行为已经成立，但其效力仍然处于停止状态，待期限到来时，效力才发生。如甲与乙签订借款合同，合同中附有 10 天后合同开始生效的附款，则为一个附生效期限的民事法律行为。

终期，又称终止期限或解除期限，是指决定法律行为的效力消灭的期限，其实就是法律行为效力消灭的终点。附终期的法律行为，在期限到来以前，法律行为继续有效，而在期限到来时，法律行为效力消灭。如甲将房屋租给乙，租期 3 年，则为一个附终止期限的民事法律行为。

2. 确定期限与不确定期限

确定期限，是指依照日历可以计算的日期。如甲、乙 5 月 1 日约定，合同签订后 1 个月即 6 月 1 日交货。

不确定期限，是指以一定发生的事实为期限，但事实发生的时间不确定。如甲、乙约定待甲父死亡之日，甲就将继承的房屋卖给乙，甲父死亡之日是不确定的。

法律对期限的限制条件是，法律不允许对民事法律行为附加的期限是不能期待的。

第四节　欠缺有效要件的民事行为

凡是不具备法律行为的有效要件的行为都属于欠缺有效要件的民事行为。不过，民事行为欠缺有效要件并非一概被宣告无效。传统民法理论根据民事行为所欠缺的有效要件的不同，将欠缺有效要件的民事行为分为三种类型，即无效民事行为、可撤销民事行为、效力未定的民事行为。我国现行立法也接受了这一标准。

一、无效民事行为

(一)无效民事行为的概念和特征

无效民事行为,是指虽然已经成立,但因其在内容上违反了法律、行政法规的强制性规定和公序良俗而应当被宣告无效的民事行为。无效民事行为具有以下特征:

第一,无效民事行为具有违法性。这里所说的违法性包括两个方面的内容:一是违反了法律和行政法规的强制性规定;二是指违反了社会公共利益。

第二,对无效民事行为应实行国家干预。这种干预主要体现在两个方面:一是法院和仲裁机构不待当事人请求确认民事行为无效,便可依职权主动审查民事行为是否具有无效的因素,如发现民事行为无效,便应主动地确认其无效。二是有关国家行政机关可对一些无效民事行为予以查处,追究有关无效民事行为当事人的行政责任。

第三,无效民事行为具有不得履行性。即当事人成立无效民事行为,特别是在订立无效合同以后,不得依据合同实际履行,也不承担不履行合同的违约责任。

第四,无效民事行为自始、当然、确定无效。所谓自始无效,是指无效民事行为自成立伊始即为无效。所谓当然无效,是指由于无效民事行为具有违法性,因此该民事行为的无效乃是理所当然。所谓确定无效,是指无效民事行为的无效是确定无疑的,根本不发生转换为有效法律行为的可能性。

(二)无效民事行为的类型

根据我国《民法典》的相关法律规定,以下民事行为均属于无效民事行为:①无民事行为能力人实施的民事法律行为无效;②行为人与相对人以虚假的意思表示实施的民事法律行为无效;③违反法律、行政法规的强制性规定的民事法律行为无效,但是该强制性规定不导致该民事法律行为无效的除外;④违背公序良俗的民事法律行为无效;⑤行为人与相对人恶意串通,损害他人合法权益的民事法律行为无效。可见,《民法典》规定的无效民事行为的范围较为宽泛。

民事法律行为部分无效,不影响其他部分效力的,其他部分仍然有效。

二、可撤销民事行为

(一)可撤销民事行为的概念与特征

可撤销民事行为,是指已经成立,但意思表示不真实,可因撤销权人行使撤销权的行为使其效力归于消灭的民事行为。可撤销的民事行为的效力不完全,不同于无效民事行为的绝对无效,其有效与否,取决于撤销权人的意志。可撤销民事行为制度的设立,既体现了法律对公平交易的要求,又体现了意思自治原则的精神,是对上述两项价值的调和。

一般来说,可撤销民事行为具有以下特征:①可撤销民事行为在被撤销以前,已发生了针对无撤销权的当事人的效力;②是否使可撤销民事行为的效力归于消灭,取决于撤销权人的意思,撤销权人以外的人不得主张撤销该民事行为;③可撤销民事行为的效力的消灭,必须有撤销行为;④撤销权一旦行使,可撤销的民事行为原则上溯及其成立之时,其效力归于消灭。

(二)可撤销民事行为的类型

根据《民法典》的规定,下列民事法律行为是可撤销的民事法律行为:

(1)基于重大误解实施的民事法律行为,行为人有权请求人民法院或者仲裁机构予以撤销。

(2)一方以欺诈手段,使对方在违背真实意思的情况下实施的民事法律行为,受欺诈方有权请求人民法院或者仲裁机构予以撤销。

(3)第三人实施欺诈行为,使一方在违背真实意思的情况下实施的民事法律行为,对方知道或者应当知道该欺诈行为的,受欺诈方有权请求人民法院或者仲裁机构予以撤销。

(4)一方或者第三人以胁迫手段,使对方在违背真实意思的情况下实施的民事法律行为,受胁迫方有权请求人民法院或者仲裁机构予以撤销。

(5)一方利用对方处于危困状态、缺乏判断能力等情形,致使民事法律行为成立时显失公平的,受损害方有权请求人民法院或者仲裁机构予以撤销。

(三)撤销权的行使

我国《民法典》第152条规定,有下列情形之一的,撤销权消灭:①当事人自知道或者应当知道撤销事由之日起一年内、重大误解的当事人自知道或者应当知道撤销事由之日起90日内没有行使撤销权;②当事人受胁迫,自胁迫行为终止之日起一年内没有行使撤销权;③当事人知道撤销事由后明确表示或者以自己的行为表明放弃撤销权。当事人自民事法律行为发生之日起5年内没有行使撤销权的,撤销权消灭。

根据我国法律规定,撤销权只能通过诉讼或仲裁的方式行使。撤销权是行为人以自己单方意思表示就能使法律行为的效力归于消灭的权利,故撤销权为形成权。

三、效力未定的民事行为

(一)效力未定的民事行为的概念

效力未定的民事行为是指已经成立但欠缺有效要件,其效力能否发生尚未确定,只有经过权利人追认才能有效的民事行为。效力未定的民事行为的效力是不确定的,既非有效,也非无效,而是处于一种悬而未决的不确定状态。并且,对效力未定的民事行为而言,其效力存在着两种发展的可能性——或者自始无效,或者自始有效,它既可因形成权人的否认而确定地自始无效,也可因形成权人的追认而确定地自始有效。

(二)效力未定的民事行为的类型

1. 限制民事行为能力人实施的其依法不得独立从事的民事行为

根据《民法典》第145条的规定,限制民事行为能力人实施的纯获利益的民事法律行为或者与其年龄、智力、精神健康状况相适应的民事法律行为有效;实施的其他民事法律行为经法定代理人同意或者追认后有效。相对人可以催告法定代理人自收到通知之日起30日内予以追认。法定代理人未作表示的,视为拒绝追认。民事法律行为被追认前,善意相对人有撤销的权利。撤销应当以通知的方式作出。

2. 无权处分行为

无权处分行为是指无处分权人处分他人财产权利而订立的合同,无权处分行为的效力状态为效力未定,即处于既非有效亦非无效之悬而未决的状态。

一般来说,确定无权处分行为效力的方式有两种:①权利人的追认。追认是一种单方意思表示,权利人为追认的意思表示时,应当遵循如下要件:第一,追认必须以明示方式作出;第二,追认既可以向无权处分人作出也可以向相对人作出,并且既可以在诉讼中作出也可以在诉讼外作出;第三,追认必须在法定期限内作出。②无权处分人取得处分权。无权处分人取得处分权,使无权处分行为欠缺的条件得以弥补,从而发生效力。

《民法典》第597条规定,因出卖人未取得处分权致使标的物所有权不能转移的,买受人可以解除合同并请求出卖人承担违约责任。

3. 无权代理行为

无权代理(指狭义的无权代理)也属于效力未定的民事行为之列。对狭义的无权代理行为而言,本人享有追认权与否认权,而与代理人从事交易活动的相对人则享有催告权和撤销权。

《民法典》第171条规定,行为人没有代理权、超越代理权或者代理权终止后,仍然实施代理行为,未经被代理人追认的,对被代理人不发生效力。相对人可以催告被代理人自收到通知之日起30日内予以追认。被代理人未作表示的,视为拒绝追认。行为人实施的行为被追认前,善意相对人有撤销的权利。撤销应当以通知的方式作出。

四、民事法律行为无效、被撤销或者确定不发生效力的法律后果

根据我国《民法典》第157条的规定,民事法律行为无效、被撤销或者确定不发生效力的,发生如下法律后果:民事法律行为无效、被撤销或者确定不发生效力后,行为人因该行为取得的财产,应当予以返还;不能返还或者没有必要返还的,应当折价补偿。有过错的一方应当赔偿对方由此所受到的损失;各方都有过错的,应当各自承担相应的责任。法律另有规定的,依照其规定。

第五节 代 理

一、代理的概念和特征

(一)代理的概念

代理,是指代理人在代理权限内,以被代理人(本人)的名义进行民事法律行为,而该法律行为的法律后果直接归属于被代理人(本人)的法律制度。以他人名义从事法律行为的人,称为代理人;由他人代为从事法律行为并承受法律行为后果的人,称为被代理人,也称为本人;与代理人实施法律行为的人,称为第三人或相对人。

(二)代理的特征

根据我国法律的规定,代理主要具有下列特征:

(1)代理人以被代理人的名义实施代理行为。代理人应以被代理人的名义实施民事法律行为,因此,如果代理人以自己的名义实施民事法律行为的,即使是为委托人的利益进行活动的,该行为也不属于代理行为。

(2)代理人代理的是民事法律行为。代理人是在被代理人欠缺民事行为能力,或者虽有民事行为能力,但因经验、技能或时间等限制而不能实施民事法律行为时,以自己的技能为被代理人提供服务的,所以,代理人以利用自己的技能代被代理人实施法律行为为使命,故在事实行为中,如代人抄写资料则不存在代理的问题。

(3)代理人在代理权限内实施代理行为。代理人实施代理行为的依据是代理权,只有在代理权限范围内所进行的活动,才能体现被代理人的意志,并为被代理人实现利益。法定代理人、指定代理人或委托代理(意定代理)人应在法律规定的,或者被指定的,或者被授权的代理权限内进行代理行为。

(4)代理人独立为代理行为。代理行为在本质上是代理人有意志的行为,代理人在从事代理行为的过程中,为了维护被代理人的利益,其可以根据具体情况独立进行意思表示,从而圆

满完成应予代理的事项，但代理人独立进行代理行为应当受到代理权限范围的限制。

(5)代理人实施代理行为的法律后果直接由被代理人承受。代理制度的实质是被代理人利用代理人的经验、知识和技能等为自己提供服务，从而为自己取得利益，故代理人在代理权限范围内以被代理人的名义实施的法律行为的法律后果应由被代理人承受。此处的法律后果既包括因代理行为产生的民事权利，也包括因代理行为产生的民事义务和民事责任。

二、代理的分类

从不同的角度可以对代理做出不同的分类，以下介绍四种主要的分类方法。

(一)直接代理和间接代理

根据代理进行代理活动的方式，可以把代理分为直接代理和间接代理。

直接代理，是指代理人在代理权限范围内以本人名义实施法律行为，其法律后果直接归属于本人的代理。间接代理，是指代理人以自己名义实施法律行为，其法律后果间接归属于本人的代理。

我国《民法典》第 925 条和第 926 条对间接代理作了规定。依据《民法典》的规定，在间接代理情况下，因代理人以自己的名义从事民事法律行为，合同关系在代理人与第三人之间产生，如果符合法定条件，本人行使介入权和第三人行使选择权后，才可能使被代理人承受该代理行为的法律效果。

(二)单独代理和共同代理

根据代理权的人数，代理可分为单独代理与共同代理。

单独代理，是指代理权仅属于一人的代理。共同代理，是指代理权属于两人以上的代理。在共同代理中，数个代理人之间形成共同关系，享有同等的代理权，故共同代理的代理人应共同行使代理权。依据我国司法解释的规定，数个委托代理人共同行使代理权的，其中一人或数人未与其他代理人协商，所实施的行为侵害被代理人权益的，则该行为不属于共同代理行为，而是行为人自己的行为，由实施该行为的代理人承担民事责任。

(三)委托代理、法定代理和指定代理

根据代理权产生依据，代理可分为委托代理和法定代理。

委托代理，是指因本人的授权行为而发生的代理。委托代理一般产生于代理人与被代理人之间存在的基础法律关系之上。法定代理，是指由法律根据一定的社会关系直接规定的代理。法定代理人主要是为了弥补无行为能力人或限制行为能力人的行为能力的欠缺而设立的。按照我国《民法典》第 23 条的规定，无民事行为能力人、限制民事行为能力人的监护人是他们的法定代理人。

(四)本代理和再代理

根据代理权是由被代理人授予，还是由代理人转托为标准，可以把代理分为本代理和再代理。

本代理，是指直接由本人授权或依法律规定而产生的代理。本代理又称原代理，是相对于再代理而言的，没有再代理的存在，也就无本代理可言。再代理，也称转代理、复代理，是指代理人在必要的情形下，将部分或全部代理事项转托他人而产生的代理。因代理人的转托而享有代理权的人，被称为再代理人。虽然再代理人是由原代理人以自己的名义选任，而不是由被代理人选任的，但其是被代理人的代理人，而不是原代理人的代理人，因此，再代理人也应以被代理人的名义从事民事活动，其代理行为的法律后果也直接归属于被代理人。

代理人与被代理人之间具有严格的人身信任关系，故一般来说，代理人应当亲自执行被代理人所委托的代理事务，即委托代理人原则上没有复任权，但在一定的情况下，法律也允许再代理的产生。我国《民法典》第169条规定："代理人需要转委托第三人代理的，应当取得被代理人的同意或者追认。转委托代理经被代理人同意或者追认的，被代理人可以就代理事务直接指示转委托的第三人，代理人仅就第三人的选任以及对第三人的指示承担责任。转委托代理未经被代理人同意或者追认的，代理人应当对转委托的第三人的行为承担责任；但是，在紧急情况下代理人为了维护被代理人的利益需要转委托第三人代理的除外。"

三、代理关系

代理关系有三方当事人，故其包含三方面的关系：

(一)本人与代理人之间的关系

这种关系是代理的基础关系。法定代理的基础关系是亲权关系或者监护关系；在委托代理中，其基础关系主要是合同关系，如委托合同、劳动合同、合伙合同、承揽合同等。

(二)本人与相对人之间的关系

这是代理人实施代理行为而产生的后果，由于代理人是以被代理人的名义从事民事法律行为，故这种民事法律关系一般表现为合同关系，如买卖合同关系。

(三)代理人与相对人之间的关系

在一般情况下，代理人与相对人之间不发生民事法律关系。如果代理人实施的代理行为属于无权代理而本人不予追认时，则由代理人自己向相对人作为法律行为的一方当事人承担法律后果。

四、代理权

(一)代理权的概念

代理权，是指代理人以本人的名义进行民事法律行为，并由本人承担该法律行为的法律后果的一种法律资格。代理权是代理制度的核心内容，也是整个代理关系的基础。通说认为，由于代理人享有代理权，却并不享有任何利益，而民事权利是以利益为内容的，故代理权不是民事权利，而是一种资格或地位。代理人取得代理权仅意味着其得以以被代理人的名义与第三人进行民事活动，而行为后果直接由被代理人承担。

(二)代理权的取得

根据我国法律规定，代理人取得代理权的原因主要有下列四种：

1. 依法律规定而发生

这是法定代理取得代理权的原因。按照《民法典》第23条的规定，无民事行为能力人、限制民事行为能力人的监护人是其法定代理人。法律作出这种规定的原因，一方面是为了保护行为能力欠缺的民事主体的利益，另一方面是为了保护交易安全。

2. 依本人授权行为发生

这是委托代理人取得代理权的原因。本人的授权行为是一种法律事实，基于该法律事实，代理人即可获得代理权。在实践中，本人的授权行为往往与某种基础法律关系相结合，但也存在无基础法律关系的授权。

3. 依"外表授权"而发生

这是表见代理权产生的原因。所谓外表授权，是指具有授权行为的外表或假象，而无实际授权。因外表授权而产生代理权，使本人承担代理行为的后果，是因为法律不允许当事人否认其他有理智的人从他的言行中得出的合理推理。法律为维护交易安全、公平和善意第三人的利益，承认外表授权是发生代理权的法律事实。

五、代理权滥用的禁止

代理权的实质是实现被代理人的利益，但如果代理人在行使代理权时，违背代理权的设立宗旨和代理行为的基本准则，损害被代理人的利益，则该代理行为将受到法律的禁止。根据我国法律的规定及学界的意见，滥用代理权的行为主要有下列三项：

（一）自己代理的禁止

自己代理，即代理人在代理权限内以自己为相对人而实施民事法律行为。在交易中，因各方当事人均追求自己的利益最大化，代理人应追求被代理人的最大利益。在自己代理中，代理人可能会为了自己的利益而牺牲被代理人的利益，这与代理制度的宗旨相违背，故各国民法均对自己代理加以禁止。

（二）双方代理的禁止

双方代理，即一个代理人同时代理双方当事人进行民事法律行为。在交易中，由代理人同时代表双方当事人的利益，难免会顾此失彼，损害其中一方当事人的利益，故各国民法也对双方代理加以禁止。

（三）禁止代理人与第三人恶意串通的代理

代理人在从事代理活动时应维护被代理人的利益，在其与第三人恶意串通时，往往将损害被代理人的利益，这违背了代理关系中被代理人对代理人的信任，是滥用代理权的极端表现形式，当为法律所禁止。

六、代理行为的范围

（一）代理行为一般仅适用于法律行为

按照我国《民法典》第 161 条第 1 款的规定，民事主体可以通过代理人实施民事法律行为。因此，除依照法律规定或当事人的约定不得代理的法律行为之外，一般法律行为均可以通过代理人实施，如代理履行债务、代写遗嘱、代理公司成立、代缴税款、代理民事诉讼行为等。

（二）不可适用代理的法律行为

按照《民法典》第 161 条第 2 款的规定，依照法律规定、当事人约定或者民事法律行为的性质，应当由本人亲自实施的民事法律行为，不得代理。

(1)依照法律规定或当事人的约定不得代理的法律行为。按照我国法律的规定，收养子女、结婚登记等均属于须由本人亲自实施的法律行为。

(2)依性质不得代理的法律行为。有些民事法律行为，法律虽未规定不适用代理，同时当事人也未约定不适用代理，但依据该法律行为的性质不能适用代理，如与某名画家约定由画家本人为其画像，不能由他人代理。

七、无权代理

（一）无权代理的概念

无权代理，是指行为人不具有代理权而以被代理人的名义实施的代理行为。由于代理人不具有代理权，故无权代理不具有代理行为的实质特征，即无权代理人不能将代理行为的法律效果直接归属于被代理人。

应注意的是，无权代理行为并非绝对不能够产生代理的法律效果，在狭义的无权代理中，如果本人对代理行为予以追认，则无权代理变成有权代理；如果无权代理符合表见代理的构成要件，则该代理直接发生代理的法律效果。

(二)无权代理的三种类型

依据《民法典》第171条的规定，行为人不具有代理权有下列三种情况：①没有代理权的代理；②超越代理权的代理；③代理权终止后的代理。

(三)表见代理

1. 表见代理的概念和构成要件

表见代理，是指本人的行为足以使善意第三人相信无权代理人具有代理权，基于此项信赖而与无权代理人进行法律行为，由此造成的法律效果归属于本人的代理。《民法典》第172条规定："行为人没有代理权、超越代理权或者代理权终止后，仍然实施代理行为，相对人有理由相信行为人有代理权的，代理行为有效。"表见代理属于广义的无权代理，其与狭义的无权代理不同，表见代理人虽也无代理权，但法律强使其发生有权代理的法律效果。表见代理的作用在于维护交易安全，保护善意第三人的利益，并协调个人财产的静态安全与社会动态的交易安全之间的冲突。

构成表见代理应当具备下列四个要件：

(1)代理人在实施代理行为时无代理权。如果代理人在实施代理行为时享有代理权，则属于有权代理，不发生表见代理的问题。

(2)客观上存在使善意第三人相信无权代理人具有代理权的理由。该要件以行为人与本人之间存在某种事实上或法律上的联系为基础，至于此种联系是否存在或是否足以产生无权代理人被授予代理权的外表或假象，应依一般交易情况进行考察。

(3)第三人应当善意且无过失。即第三人对行为人未获得本人的授权不知情，而且第三人的不知情并非由其过失造成的。

(4)无权代理人与第三人进行法律行为符合法律行为的有效要件。即使第三人有正当理由相信无权代理人有代理权，但如其未与无权代理人实施法律行为，仍不产生表见代理的问题；在第三人与无权代理人实施的法律行为不具备生效要件时，也不成立表见代理。

2. 表见代理的发生原因

在实践中，表见代理通常基于以下原因而产生：

(1)本人以书面或口头形式直接或间接向第三人表示对某人授权，而事实上未授权；

(2)本人将具有证明代理权存在意义的文件，如空白介绍信、合同书交给他人，而无授权意图；

(3)代理关系终止后未收回代理人持有的代理证书，或采取必要措施公示代理关系终止的事实；

(4)代理证书授权不明，代理人超越代理权进行代理行为，第三人善意无过失而相信其有代理权；

(5)本人明知他人以自己的名义从事法律行为而不予以否认的。

3. 表见代理的效力

表见代理的法律后果直接归属于本人。表见代理对本人产生有权代理的效力，本人不得以无权代理进行抗辩，故其法律效果直接由本人承受。

第三人可以选择主张表见代理或主张狭义的无权代理。表见代理本身也符合狭义的无权代理的构成要件，故对相对人而言，其可以根据自己的利益主张成立表见代理，由本人承担法律后果，也可以主张成立狭义的无权代理，由无权代理人承担法律后果。

本人因表见代理而造成的损失，有权向无权代理人追偿。尽管法律规定表见代理对本人产生有权代理的效力，但毕竟本人未对表见代理人授权，故在本人承担表见代理的法律后果而遭受损失时，本人有权向无权代理人请求赔偿。

（四）无权代理的处理和后果

行为人没有代理权、超越代理权或者代理权终止后，仍然实施代理行为，未经被代理人追认的，对被代理人不发生效力。

相对人可以催告被代理人自收到通知之日起 30 日内予以追认。被代理人未作表示的，视为拒绝追认。行为人实施的行为被追认前，善意相对人有撤销的权利。撤销应当以通知的方式作出。

行为人实施的行为未被追认的，善意相对人有权请求行为人履行债务或者就其受到的损害请求行为人赔偿。但是，赔偿的范围不得超过被代理人追认时相对人所能获得的利益。

相对人知道或者应当知道行为人无权代理的，相对人和行为人按照各自的过错承担责任。

八、代理终止

（一）委托代理的终止

《民法典》第 173 条规定，有下列情形之一的，委托代理终止：①代理期限届满或者代理事务完成；②被代理人取消委托或者代理人辞去委托；③代理人丧失民事行为能力；④代理人或者被代理人死亡；⑤作为代理人或者被代理人的法人、非法人组织终止。

但《民法典》第 174 条规定，被代理人死亡后，有下列情形之一的，委托代理人实施的代理行为有效：①代理人不知道且不应当知道被代理人死亡；②被代理人的继承人予以承认；③授权中明确代理权在代理事务完成时终止；④被代理人死亡前已经实施，为了被代理人的继承人的利益继续代理。

作为被代理人的法人、非法人组织终止的，参照适用上述规定。

（二）法定代理的终止

《民法典》第 175 条规定，有下列情形之一的，法定代理终止：①被代理人取得或者恢复完全民事行为能力；②代理人丧失民事行为能力；③代理人或者被代理人死亡；④法律规定的其他情形。

练习题

一、复习思考题

1. 什么是民事法律行为，它的特点有什么？
2. 民事法律行为的种类有哪些？
3. 民事法律行为的形式有哪些？
4. 民事法律行为的生效要件是什么？
5. 什么是附条件的民事法律行为，什么是附期限的民事法律行为？

6. 什么是无效的民事行为，无效的民事行为有哪些类型？
7. 可撤销、可变更的民事行为有哪些类型？
8. 效力未定民事行为有哪些类型？
9. 民事行为被撤销、确认无效的法律后果有哪些？
10. 什么是代理，它有哪些特征？
11. 代理的种类有哪些？
12. 滥用代理权的行为有哪些？
13. 什么是无权代理，无权代理有哪些类型？
14. 什么是表见代理，表见代理的法律后果是什么？
15. 委托代理和法定代理的终止情形有哪些？

二、案例分析题

某木材器具厂（以下简称木材厂）与某家具城多次有业务往来。在2018年3月双方第一次签合同时，木材厂经理对家具城说，以后业务均由该厂业务员姚某代理。之后，木材厂每次与家具城签订业务合同，都是由其业务员姚某办理，并带有介绍信、加盖公章的空白合同书、授权委托书。

2022年2月前，姚某又与家具城签订了加工家具合同，总价款12万元，40日内交货，预付款4万元。当天家具城将4万元预付款汇入姚某提供的银行账户里。由于与姚某是老关系，家具城这次没有要求姚某出示厂方介绍信及授权委托书，只是在姚某拿的加盖木材厂公章的空白合同书中与姚某签订合同并签名盖章。

两个月过后，家具城不见木材厂发货，便到木材厂询问，得知姚某在2021年12月就从木材厂离职了。家具城让木材厂继续履行合同，遭到拒绝。5月份诉于法院。

问题：该案的法律后果应该由谁承担，理由是什么？

第六章

物权法律制度

学习目标

通过本章学习,你应能够:

掌握物权的概念、特征和种类,物权法的基本原则;

掌握不动产登记、动产交付;

掌握所有权的概念、种类和内容;

了解用益物权和担保物权;

了解占有制度。

思政目标

能够理解物权法律制度关系到人们的财产权利,明确自己的社会责任和道德底线,不仅要追求个人利益,更要重视社会公共利益,做一个守法、诚信、善良的公民。深度理解习近平法治思想,深入认识社会主义法治对个人财产和公共财产的保护,深刻解读我国的国家、集体和个人所有权制度,自觉践行社会主义核心价值观。理解物权法律制度回应了广大人民群众的制度需求,彰显了坚持以人民为中心的发展思想。

第一节 物权概述

一、物权的概念、特征

物权是指权利人对特定的物享有直接支配利用和排他的权利。物权具有以下法律特征:

(一)物权是权利人直接支配物的权利

所谓直接支配物,是指物权人可以依自己的意志就标的物直接行使其权利,无须他人的意思或义务人行为的介入。

物权是一种绝对权,其权利人是特定的,而义务人是不特定的,义务内容是不作为,只要不特定的第三人没有非法干涉其行使权利,即为履行了义务。而债权在这一点上与其显著不同,债权是相对权，债权人不能直接支配标的物，债权的实现必须依赖于债务人的行为。

物权的客体是物，原则上是指有体物。有体物包括不动产、动产以及虽然不占据一定空间或具备一定形状，但是能够为人力所控制的电、气、光波、磁波等物。权利成为物权的客体，仅限于法律有明确的规定情况，如权利质权、土地承包经营权。

（二）物权是权利人直接享受物的利益的权利

物的利益，以权利人对于标的物的直接支配与享受为特点。这里的利益可以分为三种：一是物的归属，二是物的利用，三是设立物的担保。物权的内容，因对标的物的利益的不同，而有所有权、用益物权和担保物权的区别。

（三）物权是排他性的权利

物权为权利人直接支配物的权利，具有排他性。首先，物权是一种对世权，物权人有权排除他人对物上权利的行使的干涉，可以对抗一切不特定的人；其次，同一物上不许有内容不相容的物权并存。例如，一间房屋上不能同时有两个所有权。但是，在共有关系上，只是几个共有人共同享有一个所有权，并非一物之上有几个所有权。在担保物权中，一物之上可以设定两个以上的抵押权，先设立的抵押权优先于后设立的抵押权：有先后次序的不同。因此，共有关系和两个以上抵押权的并存与物权的排他性并不矛盾。

二、物权的种类

基于物权法定主义原则，各国民法都对物权作出明确的规定。我国物权法规定了所有权、用益物权和担保物权三类。在学理上，为了更好地理解和区分物权，根据不同的分类标准将物权分为不同的种类，以下是物权的通常分类。

（一）自物权与他物权

根据权利行使主体是否为所有权人，将物权分为自物权与他物权。自物权是指所有人依法可以对物进行占有、使用、收益和处分的权利，也即所有权。它是物权中最完整、最充分的权利。他物权是指所有权以外的物权，它是在所有权权能，如占有、使用、收益和收益的权能与所有权人发生分离的基础上产生的，由他物权人对物享有一定程度的直接支配权。

（二）用益物权和担保物权

根据设立目的不同，传统民法将他物权又分为用益物权和担保物权。用益物权是指以物的使用收益为目的的物权，包括地上权、地役权、永佃权等。担保物权是指以担保债权为目的，即以确保债务的履行为目的的物权，包括抵押权、质押权、留置权、典权等。

（三）动产物权与不动产物权

根据物权的客体为动产或不动产，将物权分为动产物权和不动产物权。这种分类的主要意义在于，两者在取得方法、成立要件和效力方面存在着一些区别。在我国，不动产物权包括不动产所有权、地上权、地役权、房屋典权、国有土地的使用权、不动产的抵押权等。动产物权包括动产所有权、留置权、动产的抵押权等。

（四）主物权和从物权

根据物权是否具有独立性，将物权分为主物权和从物权。主物权是指能够独立存在的物权，如所有权、地上权、永佃权。从物权则是指必须依附于其他权利而存在的物权，如抵押权、质权、留置权、地役权等。

三、物权的效力

物权的效力是指物权所特有的功能和作用。物权具有追及效力和优先效力。

物权的追及效力，是指物权的标的物不管辗转流入什么人的手中，物权人都可以依法向物的不法占有人索取，请求其返还原物。

物权的优先效力包括两个方面：第一，当物权与债权并存时，物权优先于债权。例如，享有担保物权的人相比普遍债权人具有优先受偿的权利。第二，在某些情况下，当事人可以在同一物之上设立多个物权，例如为担保同一债权而设立两个或两个以上的担保物权。同一物之上有数个物权并存时，先设立的物权优先于后设立的物权，这就是物权相互间的优先效力。

四、物权法的基本原则

（一）物权法定主义

物权法定主义的含义包括：第一，物权必须由法律设定。即物权必须由法律设定而不得由当事人随意创设，例如，法律规定以动产设立质押必须移转占有，当事人不得设立不移转占有的动产质押权，否则与现行法律规定不符。第二，物权的内容由法律规定，而不能由当事人通过协议设定。第三，物权的效力必须由法律规定，而不能由当事人通过协议加以设定。第四，物权的公示方法必须由法律规定，不得由当事人随意确定。

（二）一物一权原则

一物一权原则包含以下几项内容：

（1）物权的客体仅为独立的特定的物。只有在作为物权客体的物具有独立性和特定性的情况下才能明确物权的支配范围，使物权人能够在其客体之上形成物权并排斥他人的干涉。

（2）一个所有权的客体仅为一个独立物。根据一物一权，一个所有权的客体仅为一个独立物，集合物原则上不能成为一个所有权的客体，而只能成为多个所有权的客体。

所有权是一种最终的支配权，决定了所有权的原则只能是一物一权。如果一物之上可以并存多项所有权，则难以确定物的真正归属，而且容易发生各种产权纠纷。当然，我们说一个所有权的客体仅为一个特定物，并不是说一个特定物之上的所有人不能为多人，事实上数人对一物享有所有权，并不指所有权也成为多重所有权，所有权仍然是一个，只不过主体存在着多人而已。另外，一物的某一部分也不能成立单个的所有权。这就是说，按照一物一权原则，物只能在整体上成立一个所有权，而一物的某一部分如尚未与该物完全分离，则不能成为单独所有权的客体，尤其是对那些附属于主物的从物而言，只能是主物的一部分，如房屋的墙壁和门窗等只能是房屋的一部分，不能与主物分离。在交易上，主物的所有权发生移转，从物也随之移转。

（三）公示、公信原则

（1）公示原则。所谓公示，是指物权在变动时，必须将物权变动的事实通过一定的公示方法向社会公开，从而使第三人知道物权变动的情况，以避免第三人遭受损害并保护交易安全。物权的变动之所以要公示是由物权的性质本身所决定的。因为物权具有排他的、优先的效力。如果物权的变动不采用一定的公示方法，某人享有某种物权，第三人并不知道，而该人要向第三人主张优先权时，必然会使第三人遭受损害。物权公示制度的建立极大地减少了产权变动中的纠纷，从而维护了交易的安全和秩序。

（2）公信原则。所谓公信，是指一旦当事人变更物权时，依据法律的规定进行了公示，则即使依公示方法表现出来的物权不存在或存在瑕疵，但对于信赖该物权的存在并已从事了物权交易的人，法律仍然承认其具有与真实的物权存在相同的法律效果，以保护交易安全。例如，甲将乙的房屋登记在自己的名义下，并将该房屋转让给丙，丙因信赖甲所提出的产权证书等文件，而与甲订立了房屋买卖合同，则尽管甲不是真正的权利人，但法律上仍承认该项交易所产生的所有权移转的效果，以保护当事人的利益并维护交易安全。

五、动产交付和不动产登记

（一）动产交付

所谓交付，即移转占有。出卖人将标的物交付给买受人，就是将对物的占有移转给买受人。根据《民法典》第224条和225条的规定，动产物权的设立和转让，自交付时发生效力，但法律另有规定的除外；船舶、航空器和机动车等物权的设立、变更、转让和消灭，未经登记，不得对抗善意第三人。

交付通常是指现实交付，即直接占有的移转。随着商品经济的发展，为了交易上的便利，发展出一些变通的交付方法，即在特殊情况下，法律允许当事人通过特别的约定，并不现实地交付动产，而采取一种变通的交付办法来代替实际交付，称为观念交付。主要有：

（1）简易交付，即受让人已经占有动产的，于物权变动的合意成立时，视为交付。动产物权设立和转让前，权利人已经依法占有该动产的，物权自法律行为生效时发生效力。

（2）指示交付，即动产由第三人占有时，出让人将其对于第三人的返还请求权让与受让人以代替交付。动产物权设立和转让前，第三人依法占有该动产的，负有交付义务的人可以通过转让请求第三人返还原物的权利代替交付。

（3）占有改定，即动产物权的让与人与受让人之间特别约定，标的物仍然由出让人继续占有的，在物权让与的合意成立时，视为交付，受让人取得间接占有。动产物权转让时，双方又约定由出让人继续占有该动产的，物权自该约定生效时发生效力。

（4）拟制交付，即出让人将标的物的权利凭证（如仓单、提单）交给受让人，以代替物的现实交付。

（二）不动产登记

1. 不动产登记的概念

不动产登记是将物权变动的事项登载于特定国家机关的簿册上。通过不动产登记，由专门的登记机关，依照法定的程序，对不动产上的权利及其变动进行登记，向社会公开以供查阅，便利不动产交易的进行，并保护交易安全。

2. 不动产登记的效力

对不动产登记的效力，各国立法规定不尽一致。大陆法系国家主要有两种不同的观点：登记要件说和登记对抗说。我国采取的是以登记要件作为一般原则，以登记对抗作为例外。《民法典》第209条规定："不动产物权的设立、变更、转让和消灭，经依法登记，发生效力；未经登记，不发生效力，但法律另有规定的除外。"

不动产登记的效力包括：

（1）自记载于不动产登记簿之日起发生物权设立和变动的效力。不动产物权的设立、变更、转让和消灭，依照法律规定应当登记的，自记载于不动产登记簿时发生效力。

（2）权利推定效力。不动产登记簿是物权归属和内容的根据。

（3）善意保护的效力。不动产权属证书是权利人享有该不动产物权的证明。《民法典》第217条规定了登记与权属证明之间的关系："不动产权属证书记载的事项，应当与不动产登记簿一致；记载不一致的，除有证据证明不动产登记簿确有错误外，以不动产登记簿为准。"

登记效力与合同效力存在区别。《民法典》第215条规定："当事人之间订立有关设立、变更、转让和消灭不动产物权的合同，除法律另有规定或者合同另有约定外，自合同成立时生效；未办理物权登记的，不影响合同效力。”

3. 登记机构及其审查义务

登记机构是指负责在登记机构所管辖的行政区划内依法接受申请人递交的申请材料办理所有权和其他物权变动登记的机构。《民法典》第210条规定：“不动产登记，由不动产所在地的登记机构办理。国家对不动产实行统一登记制度。统一登记的范围、登记机构和登记办法，由法律、行政法规规定。”当事人申请登记，应当根据不同登记事项提供权属证明和不动产界址、面积等必要材料。

关于登记机构在登记审查中承担何种义务，《民法典》第212条规定，登记机构应当履行下列职责：①查验申请人提供的权属证明和其他必要材料；②就有关登记事项询问申请人；③如实、及时登记有关事项；④法律、行政法规规定的其他职责。申请登记的不动产的有关情况需要进一步证明的，登记机构可以要求申请人补充材料，必要时可以实地查看。

《民法典》第213条规定，登记机构不得有下列行为：①要求对不动产进行评估；②以年检等名义进行重复登记；③超出登记职责范围的其他行为。

4. 登记查询

《民法典》第218条规定：“权利人、利害关系人可以申请查询、复制登记资料，登记机构应当提供。”

5. 更正登记和异议登记

更正登记，是指权利人、利害关系人认为不动产登记簿记载的事项有错误时，经其申请，经过权利人书面同意更正或者有证据证明登记确有错误的，登记机构对错误事项进行更正的登记。《民法典》第219条第1款规定：“权利人、利害关系人认为不动产登记簿记载的事项错误的，可以申请更正登记。不动产登记簿记载的权利人书面同意更正或者有证据证明登记确有错误的，登记机构应当予以更正。”

异议登记，是指利害关系人对不动产登记簿记载的物权归属等事项有异议的，可以通过异议登记以保护其权利。《民法典》第219条第2款规定：“不动产登记簿记载的权利人不同意更正的，利害关系人可以申请异议登记。登记机构予以异议登记的，申请人在异议登记之日起15日内不起诉，异议登记失效。异议登记不当，造成权利人损害的，权利人可以向申请人请求损害赔偿。”

6. 预告登记

预告登记，是指为了确保债权的实现、保障将来实现物权等目的，按照约定向登记机构申请办理的预先登记。《民法典》第221条规定：“当事人签订买卖房屋或者其他不动产物权的协议，为保障将来实现物权，按照约定可以向登记机构申请预告登记。预告登记后，未经预告登记的权利人同意，处分该不动产的，不发生物权效力。预告登记后，债权消灭或者自能够进行不动产登记之日起90日内未申请登记的，预告登记失效。”预先登记的效果是限制登记权利人的处分行为，以保障债权请求权的实现。

7. 登记的请求权

登记的请求权，是指登记权利人对登记义务人所享有的请求其履行登记义务或协助履行登记义务的权利。我国立法长期以来将登记、审批等作为合同成立并生效的要件，导致实践中当事人在签订合同后为获取不正当利益而不愿意办理登记，致合同不能生效，法院也不能在合同无效后强制其办理登记、审批的手续。所以，将登记与合同的效力分开，使登记义务成为合同请求权内容,才能在一方故意不办理登记手续时,另一方可请求法院强制其办理登记手续。登记义务人原则上由法律与合同加以确定。如果法律和合同没有规定的,双方都应当负有办理登记的义务。

六、物权的保护

(一)物权保护的概念

物权的保护,是指通过法律规定的方法和程序保障物权人在法律许可的范围内对其财产行使占有、使用、收益、处分权利的制度。物权由法律规定,并受法律保护。在我国,保护各种类型的物权,维护社会主义的所有制和经济秩序,是宪法、行政法、刑法、民法等各个法律部门共同的任务。不同法律部门对物权进行保护的方法不同,民法主要是通过民事诉讼和民法方法对物权进行保护的。

(二)物权保护的方式

民法对物权的保护,可以依据权利人是否通过民事诉讼程序而分为物权的自我保护和诉讼保护。

物权的自我保护,即自力救济,是指物权人在其物权受到侵害以后,直接请求侵害人为一定行为或不为一定行为。例如,请求侵害人停止侵害、排除妨害、恢复原状等。但物权人采取这种方法,必须享有法律规定的请求权(包括物上请求权和损害赔偿的请求权)。同时,权利人必须以法律许可的正当方式行使这些权利,不得滥用权利而加害他人。

物权的诉讼保护,又称公力救济,是指物权人在其物权受到侵害时,有权依法提起诉讼,请求人民法院确认其物权的存在,责令侵害人承担民事责任。

我国民法对物权的保护方法主要有确认权利、返还原物、恢复原状、停止侵害、排除妨害和赔偿损失。这些物权的民法保护方法,可以单独适用,也可以根据权利被侵害的情形合并适用。侵害物权,除承担民事责任外,违反行政管理规定的,依法承担行政责任;构成犯罪的,依法追究刑事责任。

第二节 所有权

一、财产所有权的概念和特征

财产所有权是指财产所有人依法对自己的财产享有占有、使用、收益和处分的权利。财产所有权物权制度的一种基本形态,是其他各种物权的基础,所有权以外的其他物权都是由所有权派生而来的。所有权除具有物权的共性外,还具有以下法律特征:

(一)所有权具有绝对性

所有权是绝对权,它的行使无需他人的帮助便可实现。而所有权的义务主体是所有权以外的一切人,他们所负的义务是不得非法干涉所有权人行使其所有权,这是一种不特定的义务,因此,所有权具有绝对性。

(二)所有权具有完全性

所有权是财产所有人对其所有物进行的一般地、全面地支配的最完全的、最充分的物权。财产所有人对其所有物的支配,不仅包括对物的占有、使用、收益,还包括对物的具有决定意义的最终处分权。所以,所有权具有完全性,是一种最完全的权利,是他物权的源泉。

(三)所有权具有排他性

所有权具有排他的性质,财产所有权人有权排除他人对于其物的干涉,并且同一物上只有一个所有权存在,而不能同时并存两个或两个以上的所有权。

(四)所有权具有永久性

所有权的存在不能预定其存续期间,也不因时效而消灭。除所有物灭失、转让、抛弃等法律事实外,所有权是无限期存在的。

二、所有权的取得

(一)所有权取得概述

财产所有权取得是指民事主体根据一定的法律事实获得某物的所有权。所有权的取得分为原始取得和继受取得。原始取得,是指所有权第一次产生或者不依靠原所有权而取得所有权或者根据法律规定取得新物、无主物,包括生产,取得原物孳息,国家强制取得所有权(如没收、征收等),国家取得所有人不明的埋藏物、隐藏物和无人认领的遗失物,国家或集体取得无人继承的财产,善意取得。

继受取得,又称传来取得,指新的所有人通过某种法律行为或法律事件而从原所有人那里取得财产所有权,包括买卖、互易、赠与、继承与接受遗赠、其他合法原因。与原始取得不同,它是以原所有人的所有权和原所有人转让所有权的意志为根据的。

同时,《民法典》规定了善意取得,拾得遗失物、漂流物、埋藏物的权利归属和孳息等所有权取得方式。

(二)善意取得

1. 善意取得的概念和适用范围

善意取得,又称即时取得,是指无处分权人将其动产或不动产转让给受让人,受让人取得该动产或不动产时出于善意,则受让人将依法取得该动产或不动产的所有权或其他物权。善意取得制度虽然限制了所有权之上的追及权的效力,从而在一定程度上牺牲了所有人的利益,但是它对于维护商品交换的安全和良好秩序具有重要的作用。

根据《民法典》规定,我国善意取得适用范围是:①动产所有权;②不动产所有权;③其他物权。在符合法定条件的情况下,不动产用益物权以及抵押权、质权等担保物权,也可以发生善意取得。

我国以往的法律制度原则上否定善意取得对遗失物、盗赃物的适用。但现《民法典》对遗失物的善意取得问题作了特别规定:“所有权人或者其他权利人有权追回遗失物。该遗失物通过转让被他人占有的,权利人有权向无处分权人请求损害赔偿,或者自知道或者应当知道受让人之日起2年内向受让人请求返还原物,但受让人通过拍卖或者向具有经营资格的经营者购得该遗失物的,权利人请求返还原物时应当支付受让人所付的费用。权利人向受让人支付所付费用后,有权向无处分权人追偿。”

2. 善意取得适用的条件

除法律另有规定外,符合下列情形的,受让人取得该不动产或者动产的所有权:①受让人受让该不动产或者动产时是善意的;②以合理的价格转让;③转让的不动产或者动产依照法律规定应当登记的已经登记,不需要登记的已经交付给受让人。

3. 善意取得的效力

善意受让人取得动产后,该动产上的原有权利消灭,但善意受让人在受让时知道或者应当知道该权利的除外。原权利人可以基于债权上的请求权要求转让人承担合同责任、侵权责任或不当得利的返还责任，但不能向受让人和其他权利人追及。

（三）拾得遗失物

1. 遗失物的概念

遗失物是所有人遗忘于某处，不为任何人占有的物。遗失物只能是动产，不动产不存在遗失的问题。遗失物也不是无主财产，只不过是所有人丧失了对于物的占有，不为任何人占有的物。

2. 拾得人的义务

拾得遗失物，应当返还权利人。拾得人应当及时通知权利人领取，或者送交公安等有关部门。拾得人在遗失物送交有关部门前，有关部门在遗失物被领取前，应当妥善保管遗失物。因故意或者重大过失致使遗失物毁损、灭失的，应当承担民事责任。

3. 拾得人的权利

权利人领取遗失物时，应当向拾得人或者有关部门支付保管遗失物等支出的必要费用。权利人悬赏寻找遗失物的，领取遗失物时应当按照承诺履行义务。拾得人侵占遗失物的，无权请求保管遗失物等支出的费用，也无权请求权利人按照承诺履行义务。

4. 招领公告期过后遗失物的归属

遗失物自发布招领公告之日起 1 年内无人认领的，归国家所有。

（四）漂流物的拾得、埋藏物和隐藏物的发现

拾得漂流物、发现埋藏物或者隐藏物的，参照适用拾得遗失物的有关规定。法律另有规定的，依照其规定。

（五）孳息

天然孳息，由所有权人取得；既有所有权人又有用益物权人的，由用益物权人取得。当事人另有约定的，按照约定。法定孳息，当事人有约定的，按照约定取得；没有约定或者约定不明确的，按照交易习惯取得。

三、财产所有权的内容（四项权能）

财产所有权的内容，是指财产所有人在法律规定的范围内，对于其所有的财产可以行使的权能。权能是指权利人在实现权利时所能实施的行为。《民法典》第 240 条规定，财产所有权是指所有人依法对自己的财产享有占有、使用、收益和处分的权利。因此，财产所有权具有四项权能，即占有、使用、收益和处分。

（一）占有

占有是指财产所有人对于其财产的实际占领、控制。根据占有人是否为财产所有人，可将占有分为所有人占有和非所有人占有。所有人占有是指所有人自身对于其财产进行事实的占领、控制，如甲居住在自己的产权房中。而非所有人占有是指所有人以外的人对于所有人财产进行事实的占领、控制，如乙居住在租赁房中。

非所有人占有，根据有无法律依据，又可分为合法占有和非法占有。合法占有是指非财产所有人占有财产有法律依据。非法占有是指非财产所有人占有财产没有法律依据，如挪用公款。

非法占有根据占有人的主观心态又可分为善意占有和恶意占有。善意占有是指占有人不知道或无须知道他的占有是非法的。恶意占有是指占有人知道或应当知道他的占有是非法的，如小偷占有赃物。

（二）使用

使用是指依照物的性能和用途对物加以利用，以满足人们的生产和生活的需求，如居住房屋。物的使用权能可以由财产所有人行使，也可以根据法律规定或与所有人的约定由非财产所有人行使。

（三）收益

收益是指收取由原物生产出来的利益，它包括孳息与利润。孳息分为自然孳息和法定孳息。自然孳息是指所有物自然派生出来的利益，如农作物、家禽生仔等。法定孳息是指依法律关系由所有物取得的利益，如租金、银行利息等。

（四）处分

处分是指权利主体对其财产进行事实上和法律上处置的权能。处分权能是所有权的主要权能，它的行使会引致所有权的根本变化。

处分权能包括事实上的处分和法律上的处分。事实上的处分是指在生产和生活中使物发生物质形态的变更或消灭，如吃掉饼。法律上的处分是指通过某种法律行为使物的所有权发生变化，如卖掉书。

占有、使用、收益和处分四项权能一起构成所有权的内容。完整的所有权包括这四项权能。在实际生产和生活中，为发挥财产的经济效益，满足生产和生活需求，这四项权能往往与所有权发生分离，但这并不意味着所有人丧失了所有权，而恰恰是所有人对其物行使所有权的一种具体表现。

四、所有权的种类

（一）国家所有权

国家所有权是全民所有制在法律上的表现，是中华人民共和国享有的对国家财产的占有、使用、收益、处分的权利。根据法律规定，国家财产属于全民所有。

1. 国家所有权的主体

在所有权主体方面，国家所有权具有统一性和唯一性的特征。即中华人民共和国是国家所有权的统一的和唯一的主体。这是国家财产所有权的最基本的特征。

2. 国家所有权的客体

国家所有权的客体具有广泛性。这是指任何财产都可以成为国家所有权的客体，而不受任何限制。国家所有权的客体包括矿藏、水流、海域、土地、森林、山岭、草原、荒地、滩涂等自然资源，野生动植物资源，无线电频谱资源，国防资产，文物，铁路、公路、电力设施、电信设施和油气管道等基础设施等。而且，根据宪法和法律的规定，有些财产只能作为国家所有权的客体，即国家专有，而不能成为集体组织所有权或者公民个人所有权的客体，如矿藏、水流、海域、无线电频谱资源、国防资产。除此之外，国家还可以为了公共利益的需要，依照法律规定的权限和程序征收集体所有的土地和单位、个人的房屋及其他不动产。

3. 国有所有权的行使

国有财产由国务院代表国家行使所有权；法律另有规定的，依照其规定。国家机关对其直接支配的不动产和动产，享有占有、使用以及依照法律和国务院的有关规定处分的权利。国家举办的事业单位对其直接支配的不动产和动产，享有占有、使用以及依照法律和国务院的有关规定收益、处分的权利。国家出资的企业，由国务院、地方人民政府依照法律、行政法规规定分别代表国家履行出资人职责，享有出资人权益。

4. 国有所有权的保护

国家所有的财产受法律保护，禁止任何单位和个人侵占、哄抢、私分、截留、破坏。履行国有财产管理、监督职责的机构及其工作人员，应当依法加强对国有财产的管理、监督，促进国有财产保值增值，防止国有财产损失；滥用职权，玩忽职守，造成国有财产损失的，应当依法承担法律责任。违反国有财产管理规定，在企业改制、合并分立、关联交易等过程中，低价转让、合谋私分、擅自担保或者以其他方式造成国有财产损失的，应当依法承担法律责任。

（二）集体所有权

集体所有权又称劳动群众集体组织所有权，是集体组织对其财产享有的占有、使用、收益、处分的权利。集体组织所有权是劳动群众集体所有制在法律上的表现。

1. 集体所有权的主体

其享有者主要是农村集体组织，也包括城镇集体企业和合作社集体组织。

2. 集体所有权的客体

集体组织所有的财产，除了法律规定的国家专有财产外，可以是其他任何财产。集体所有的不动产和动产，包括如下四个方面：①法律规定属于集体所有的土地、森林、山岭、草原、荒地、滩涂；②集体所有的建筑物、生产设施、农田水利设施；③集体所有的教育、科学、文化、卫生、体育等设施；④集体所有的其他不动产和动产。

3. 集体所有权的行使

农民集体所有的不动产和动产，属于本集体成员集体所有。下列事项应当依照法定程序经本集体成员决定：①土地承包方案以及将土地发包给本集体以外的单位或者个人承包；②个别土地承包经营权人之间承包地的调整；③土地补偿费等费用的使用、分配办法；④集体出资的企业的所有权变动等事项；⑤法律规定的其他事项。对于集体所有的土地和森林、山岭、草原、荒地、滩涂等，依照下列规定行使所有权：①属于村农民集体所有的，由村集体经济组织或者村民委员会代表集体行使所有权；②分别属于村内两个以上农民集体所有的，由村内各该集体经济组织或者村民小组代表集体行使所有权；③属于乡镇农民集体所有的，由乡镇集体经济组织代表集体行使所有权。

城镇集体所有的不动产和动产，依照法律、行政法规的规定由本集体享有占有、使用、收益和处分的权利。

4. 集体所有权的保护

集体经济组织或者村民委员会、村民小组应当依照法律、行政法规以及章程、村规民约向本集体成员公布集体财产的状况。集体所有的财产受法律保护，禁止任何单位和个人侵占、哄抢、私分、破坏。集体经济组织、村民委员会或者其负责人作出的决定侵害集体成员合法权益的，受侵害的集体成员可以请求人民法院予以撤销。

（三）私人所有权

私人所有权是公民个人依法对其所有的动产或者不动产享有的占有、使用、收益和处分的权利。根据我国法律的规定，私人所有权主要包括自然人所有权、企业法人所有权和社会团体所有权等。

私人对其合法的收入、房屋、生活用品、生产工具、原材料等不动产和动产享有所有权。私人合法的储蓄、投资及其收益受法律保护。国家依照法律规定保护私人的继承权及其他合法权益。私人的合法财产受法律保护，禁止任何单位和个人侵占、哄抢、破坏。

国家、集体和私人依法可以出资设立有限责任公司、股份有限公司或者其他企业。国家、集体和私人所有的不动产或者动产，投到企业的，由出资人按照约定或者出资比例享有资产收益、重大决策以及选择经营管理者等权利并履行义务。

企业法人对其不动产和动产依照法律、行政法规以及章程享有占有、使用、收益和处分的权利。企业法人以外的法人，对其不动产和动产的权利，适用有关法律、行政法规以及章程的规定。

社会团体所有权，是指各类社会团体依法对其所有的不动产和动产所享有的权利。社会团体依法所有的不动产和动产，受法律保护。

五、建筑物区分所有权

（一）建筑物区分所有权的概念

建筑物区分所有权，是指业主对建筑物内的住宅、经营性用房等专有部分享有所有权，对专有部分以外的共有部分享有共有和共同管理的权利。建筑物区分所有权将建筑物的特定部分作为所有权的标的，表面上看，与物权客体须为独立物以及一物一权主义原则不相符合，但是依当今社会居住状态，一建筑物区分为若干部分，各有该部分的所有权，应为常有之事；而且这样也不妨碍物权的公示，无害于交易安全。

（二）建筑物区分所有权的内容

建筑物区分所有权的内容，包括区分所有建筑物专有部分的单独所有权、共有部分的共有权，以及因区分所有权人的共同关系所产生的管理权。

1. 专有部分的单独所有权

专有部分是在一栋建筑物内区分出的住宅或者商业用房等单元。业主对其专有部分享有单独所有权，性质上与一般的所有权并无不同。业主对其建筑物专有部分享有占有、使用、收益和处分的权利。业主行使权利不得危及建筑物的安全，不得损害其他业主的合法权益。业主不得违反法律、法规以及管理规约，将住宅改变为经营性用房。业主将住宅改变为经营性用房的，除遵守法律、法规及管理规约外，应当经有利害关系的业主一致同意。

2. 共有部分的共有权

共有部分是指区分所有的建筑物及其附属物的共同部分，即专有部分以外的建筑物的其他部分。共有部分既有由全体业主共同使用的部分，如地基、屋顶、梁、柱、承重墙、外墙、地下室等基本构造部分，楼梯、走廊、电梯、给排水系统、公共照明设备、贮水塔、消防设备、大门、通信网络设备以及物业管理用房等公用部分，道路、停车场、绿地、树木花草、楼台亭阁、游泳池等附属公共设施；也有仅为部分业主共有的部分，如各相邻专有部分之间的楼板、隔墙，部分业主共同使用的楼梯、走廊、电梯等。

建筑区划内的道路，属于业主共有，但属于城镇公共道路的除外。建筑区划内的绿地，属于业主共有，但属于城镇公共绿地或者明示属于个人的除外。建筑区划内的其他公共场所、公用设施和物业服务用房，属于业主共有。建筑区划内，规划用于停放汽车的车位、车库应当首先满足业主的需要。建筑区划内，规划用于停放汽车的车位、车库的归属，由当事人通过出售、附赠或者出租等方式约定。占用业主共有的道路或者其他场地用于停放汽车的车位，属于业主共有。

业主对建筑物专有部分以外的共有部分，享有权利并承担义务，但不得以放弃权利为由不履行义务。业主转让建筑物内的住宅、经营性用房，其对建筑物共有部分享有的共有和共同管理的权利一并转让。业主依据法律规范、合同以及业主公约,对共有部分享有使用、收益、处分权,并按照其所有部分的价值,分担共有部分的修缮费以及其他负担。

3. 业主的管理权

基于区分所有建筑物的构造,业主在建筑物的权利归属以及使用上形成了不可分离的共同关系,并基于这一共同关系而享有管理权。该管理权的内容为:

(1)业主可以设立业主大会并选举业主委员会。业主大会、业主委员会成立的具体条件和程序,依照法律、法规的规定。地方人民政府有关部门、居民委员会应当对设立业主大会和选举业主委员会给予指导和协助。

(2)业主有权决定区分建筑物相关事项。下列事项由业主共同决定:①制定和修改业主大会议事规则;②制定和修改管理规约;③选举业主委员会或者更换业主委员会成员;④选聘和解聘物业服务企业或者其他管理人;⑤使用建筑物及其附属设施的维修资金;⑥筹集建筑物及其附属设施的维修资金;⑦改建、重建建筑物及其附属设施;⑧改变共有部分的用途或者利用共有部分从事经营活动;⑨有关共有和共同管理权利的其他重大事项。业主共同决定事项,应当由专有部分面积占比 2/3 以上的业主且人数占比 2/3 以上的业主参与表决。决定前款第⑥项至第⑧项规定的事项,应当经参与表决专有部分面积 3/4 以上的业主且参与表决人数 3/4 以上的业主同意。决定前款其他事项,应当经参与表决专有部分面积过半数的业主且参与表决人数过半数的业主同意。

建筑物及其附属设施的维修资金,属于业主共有。经业主共同决定,可以用于电梯、屋顶、外墙、无障碍设施等共有部分的维修、更新和改造。建筑物及其附属设施的维修资金的筹集、使用情况应当定期公布。

紧急情况下需要维修建筑物及其附属设施的,业主大会或者业主委员会可以依法申请使用建筑物及其附属设施的维修资金。

建设单位、物业服务企业或者其他管理人等利用业主的共有部分产生的收入,在扣除合理成本之后,属于业主共有。

业主应当遵守法律、法规以及管理规约,相关行为应当符合节约资源、保护生态环境的要求。对于物业服务企业或者其他管理人执行政府依法实施的应急处置措施和其他管理措施,业主应当依法予以配合。

业主大会或者业主委员会,对任意弃置垃圾、排放污染物或者噪声、违反规定饲养动物、违章搭建、侵占通道、拒付物业费等损害他人合法权益的行为,有权依照法律、法规以及管理规约,请求行为人停止侵害、排除妨碍、消除危险、恢复原状、赔偿损失。业主或者其他行为人拒不履行相关义务的,有关当事人可以向有关行政主管部门报告或者投诉,有关行政主管部门应当依法处理。

业主对建设单位、物业服务企业或者其他管理人以及其他业主侵害自己合法权益的行为,有权请求其承担民事责任。

六、相邻关系

(一)相邻关系的概念

相邻关系是指两个或两个以上相邻不动产的所有人或使用人,在行使占有、使用、收益、处分权利时发生的权利义务关系。

(二)处理相邻关系的原则

不动产的相邻权利人应当按照有利生产、方便生活、团结互助、公平合理的原则,正确处理相邻关系。法律、法规对处理相邻关系有规定的,依照其规定;法律、法规没有规定的,可以按照当地习惯。

(三)几种主要的相邻关系

(1)相邻用水、排水关系。不动产权利人应当为相邻权利人用水、排水提供必要的便利。对自然流水的利用,应当在不动产的相邻权利人之间合理分配。对自然流水的排放,应当尊重自然流向。

(2)相邻通行关系。不动产权利人对相邻权利人因通行等必须利用其土地的,应当提供必要的便利。

(3)相邻建造、修缮建筑物以及铺设管线关系。不动产权利人因建造、修缮建筑物以及铺设电线、电缆、水管、暖气和燃气管线等必须利用相邻土地、建筑物的,该土地、建筑物的权利人应当提供必要的便利。

(4)相邻通风、采光和日照关系。建造建筑物,不得违反国家有关工程建设标准,妨碍相邻建筑物的通风、采光和日照。

(5)相邻排污关系。不动产权利人不得违反国家规定弃置固体废物,排放大气污染物、水污染物、土壤污染物、噪声、光辐射、电磁辐射等有害物质。

(6)相邻防险关系。不动产权利人挖掘土地、建造建筑物、铺设管线以及安装设备等,不得危及相邻不动产的安全。不动产权利人因用水、排水、通行、铺设管线等利用相邻不动产的,应当尽量避免对相邻的不动产权利人造成损害;造成损害的,应当给予赔偿。

七、共有

(一)共有概述

1. 共有的概念

共有是指由两个或两个以上的权利主体对某物共同享有所有权。共有包括按份共有和共同共有。

2. 准共有

准共有是指两个以上单位、个人共同享有用益物权、担保物权等权利。《民法典》第310条规定:“两个以上单位、个人共同享有用益物权、担保物权的,参照适用本章规定。”准共有,究竟应当适用按份共有还是共同共有的规定,应当视具体情况而定。如果是数人基于某种共同关系而共有一财产权时,应适用共同共有的有关规定,其他则应适用按份共有的有关规定。

(二)按份共有

1. 按份共有的概念

按份共有,又称分别共有,是指两个以上的共有人按照各自的份额分别对共有财产享有权利和承担义务的一种共有关系。

2. 按份共有人的权利

(1)按份额对共有财产享有占有、使用、收益和处分的权利。按份共有人依据其份额享有并行使权利,份额越大,则使用共有财产并获取经济利益的权利就越大,反之这种权利就越小。按份共有人对共有的不动产或者动产享有的份额,没有约定或者约定不明确的,按照出资额确定;不能确定出资额的,视为等额享有。

(2)共有物管理权。共有人按照约定管理共有的不动产或者动产;没有约定或者约定不明确的,各共有人都有管理的权利和义务。

(3)自有份额处分权。按份共有人可以转让其享有的共有的不动产或者动产份额。为了保护共有人的权益,应允许共有人自己转让其共有份额。但共有人转让其份额,不得损害其他共有人的利益。如果共有是合伙形式的,则共有人退出共有和转让份额,都要受合伙合同的约束。

(4)优先购买权。为防止某一按份共有人转让其份额造成对其他共有人的损害,按份共有人可以转让其享有的共有的不动产或者动产份额。其他共有人在同等条件下享有优先购买的权利。这就是说,某一共有人在出售其份额时,应告知其他共有人。在出价大体相等的情况下,其他共有人可以优先于非共有人购买所出售的份额。例如,甲、乙、丙三人合建一房屋,各占 1/3 的份额,在丙欲出让其份额时,甲、乙二人有权优先于他人购买该份额。

(5)共有财产处分和修缮的同意权。共有财产属于全体共有人所有,因此,对共有财产的处分和修缮,必须依法进行。处分共有的不动产或者动产以及对共有的不动产或者动产作重大修缮、变更性质或者用途的,应当经占份额 2/3 以上的按份共有人或者全体共同共有人同意,但是共有人之间另有约定的除外。当然,多数人或份额多的共有人在处分共有财产时,不得损害少数人或份额少的共有人的利益。

3. 按份共有人的义务

(1)对共有物的管理费用以及其他负担。共有人对共有物的管理费用以及其他负担,有约定的,按照其约定;没有约定或者约定不明确的,按份共有人按照其份额负担,共同共有人共同负担。

(2)因共有产生的债权债务。因共有的不动产或者动产产生的债权债务,在对外关系上,共有人享有连带债权、承担连带债务,但是法律另有规定或者第三人知道共有人不具有连带债权债务关系的除外;在共有人内部关系上,除共有人另有约定外,按份共有人按照份额享有债权、承担债务,共同共有人共同享有债权、承担债务。偿还债务超过自己应当承担份额的按份共有人,有权向其他共有人追偿。

4. 约定不明视为按份共有

共有人对共有的不动产或者动产没有约定为按份共有或者共同共有,或者约定不明确的,除共有人具有家庭关系等外,视为按份共有。

(三)共同共有

1. 共同共有的概念和特征

共同共有是指两个以上的公民或法人,根据某种共同关系而对某项财产不分份额地共同享有权利并承担义务。共同共有人对共有的不动产或者动产共同享有所有权。

2. 共同共有人的权利

(1)平等占有、使用权。共有人对共有财产的收益,不是按比例分配,而是共同享用,平等占有、使用。

(2)共有物管理权。共有人按照约定管理共有的不动产或者动产;没有约定或者约定不明确的,各共有人都有管理的权利和义务。

(3)处分和修缮权。处分共有的不动产或者动产以及对共有的不动产或者动产作重大修缮的,应当经占份额 2/3 以上的按份共有人或者全体共同共有人同意,但共有人之间另有约定的除外。因此,在对共有财产的处分和修缮方面,共同共有与按份共有是相同的。

3. 共同共有人的义务

(1)对共有物的管理费用以及其他负担。对共有物的管理费用以及其他负担,有约定的,按照约定;没有约定或者约定不明确的,共同共有人共同负担。

(2)因共有产生的债权债务。因共有的不动产或者动产产生的债权和债务,在对外关系上,共有人享有连带债权、承担连带债务,但法律另有规定或者第三人知道共有人不具有连带债权债务关系的除外;在共有人内部关系上,除共有人另有约定外,按份共有人按照份额享有债权、承担债务,共同共有人共同享有债权、承担债务。偿还债务超过自己应当承担份额的按份共有人,有权向其他共有人追偿。

共同共有关系存续期间,各共有人无权请求分割共有财产,部分共有人擅自划分份额并分割共有财产的,应认定为无效。共同共有也可以因合同而产生,在合同确定了共有人之间的权利和义务后,共有人应按合同的规定行使权利并承担义务。共同共有因共同关系解除、共有物丧失等原因而消灭。

4. 共同共有的形式

在我国,共同共有的基本形式有两种,即夫妻共有财产和家庭共有财产。

(1)夫妻共有财产。根据我国法律规定,婚姻关系存续期间夫妻一方所得和双方共同所得的收入和财产,均归夫妻双方共同共有,但特有财产和约定为夫妻一方所有的财产除外。夫妻对共同所有的财产,有平等的处理权。

(2)家庭共有财产。家庭共有财产是指家庭成员在家庭共同生活关系存续期间,共同创造、共同所得的财产。家庭共有财产以维持家庭成员共同的生活或生产为目的,每个家庭成员都对其享有平等的权利。除法律另有规定或家庭成员间另有约定外,对于家庭共有财产的使用、处分或分割,应取得全体家庭成员的同意。家庭共有财产只有在家庭共同生活关系终止以后,才能进行分割。

(四)共有财产的分割

1. 分割的原则

按份共有人有权请求从共有财产中分割出属于他的份额,共同共有人在共有关系解体以后(如离婚、分家等),也要对共有财产进行分割。共有财产分割应遵循如下原则:

共有人约定不得分割共有的不动产或者动产,以维持共有关系的,应当按照约定,但是共有人有重大理由需要分割的,可以请求分割;没有约定或者约定不明确的,按份共有人可以随时请求分割,共同共有人在共有的基础丧失或者有重大理由需要分割时可以请求分割。因分割造成其他共有人损害的,应当给予赔偿。

2. 分割的方式

共有人可以协商确定分割方式。达不成协议,共有的不动产或者动产可以分割且不会因分割减损价值的,应当对实物予以分割;难以分割或者因分割会减损价值的,应当对折价或者拍卖、变卖取得的价款予以分割。

共有人分割所得的不动产或者动产有瑕疵的,其他共有人应当分担损失。

对共有财产的分割可以采取三种方式:实物分割、变价分割、作价补偿。

3. 分割的效力

共有财产分割以后,共有关系归于消灭。不管是就原物进行分割还是变价分割,各共有人就分得的份额取得单独的所有权。分割以后某个共有人的财产由于分割以前的原因而为第三人追索或发现有瑕疵的,原共有人应当分担损失。因为原共有人有义务担保各人分得的共有财产不受第三人的追索,对原共有财产负有瑕疵担保责任。

第三节 用益物权

一、用益物权概述

(一)用益物权的概念和特征

用益物权，是指非所有人依法占有、使用和收益他人所有的不动产或动产的物权。我国《民法典》规定的用益物权有土地承包经营权、建设用地使用权、宅基地使用权、地役权和特许物权。

用益物权作为物权的一种，着眼于财产的使用价值，是以对标的物使用、收益为目的的权利。与财产所有权、担保物权相比较，其特征有：

(1)用益物权以对标的物的使用、收益为其主要内容，并以对物的占有为前提。

(2)用益物权是他物权、限制物权和有期限物权。用益物权是在他人所有物上设定的物权，是非所有人根据法律的规定或当事人的约定，对他人所有物享有的使用、收益的权利。因而从其法律性质上讲，用益物权属于他物权。用益物权是一种限制物权，它只是在一定方面支配标的物的权利，没有完全的支配权。例如地上权、地役权只限于在特定的方面使用他人的土地；而不像所有权那样作为一种完全的权利，是一种在全面的关系上支配标的物的权利。用益物权是一种有期限物权，用益物权的存续期限，其表现形式可以是一个确定的期限，如 30 年、50 年；也可以是一个不定期的期限。此时的用益物权在符合一定的条件时，可以随时由当事人的行为使其终止。

(3)用益物权主要是不动产物权。从《民法典》中列举的各类用益物权形态来看，我国的用益物权的客体主要是不动产，例外情况下包括不动产权利；此外，为给将来的发展留有空间，还允许动产作为用益物权的客体。

由于用益物权的物权性质，因不动产或者动产被征收、征用致使用益物权消灭或者影响用益物权行使的，用益物权人有权依照物权法的规定获得相应补偿。

(二)准物权

准物权，是指自然人、法人或者其他组织依法通过特别行政许可方式取得的对特定空间内的自然资源进行开发和利用的权利，包括海域使用权、探矿权、采矿权、取水权、养殖权、捕捞权等。由于这些权利的设定、流转、内容和效力等多通过《海域使用管理法》《矿产资源法》《渔业法》《水法》等特别法加以规定，因此也被称为特别法上的物权。《民法典》第 328、329 条规定，依法取得的海域使用权受法律保护。依法取得的探矿权、采矿权、取水权和使用水域、滩涂从事养殖、捕捞的权利受法律保护。

二、土地承包经营权

(一)土地承包经营权的概念

土地承包经营权，是指自然人、法人和其他组织依法对其承包经营的土地享有占有、使用和收益的用益物权。《民法典》第 330 条规定："农村集体经济组织实行家庭承包经营为基础、统分结合的双层经营体制。农民集体所有和国家所有由农民集体使用的耕地、林地、草地以及其他用于农业的土地，依法实行土地承包经营制度。"《民法典》第 331 条规定："土地承包经营权人依法对其承包经营的耕地、林地、草地等享有占有、使用和收益的权利，有权从事种植业、林业、畜牧业等农业生产。”

(二)土地承包经营权的内容

(1)土地承包经营权人的权利和义务。土地承包经营权人享有对承包经营土地的占有权、使用权和收益权,享有对土地承包经营权的流转权、获得补偿权等。《民法典》规定:土地承包经营权人依照法律规定,有权将土地承包经营权互换、转让。未经依法批准,不得将承包地用于非农建设。承包地被征收的,土地承包经营权人有权依据法律规定获得相应补偿。土地承包经营权人可以自主决定依法采取出租、入股或者其他方式向他人流转土地经营权。土地经营权人有权在合同约定的期限内占有农村土地,自主开展农业生产经营并取得收益。

(2)发包人的权利和义务。承包期内发包人不得调整承包地。因自然灾害严重毁损承包地等特殊情形,需要适当调整承包的耕地和草地的,应当依照《农村土地承包法》等法律规定办理。承包期内发包人不得收回承包地。《农村土地承包法》等法律另有规定的,依照其规定。

(三)土地承包经营权的期限

《民法典》规定,耕地的承包期为30年,草地的承包期为30~50年,林地的承包期为30~70年。承包期届满,由土地承包经营权人按照国家有关规定继续承包。

三、建设用地使用权

(一)建设用地使用权的概念

建设用地使用权,是指公民、法人对国家所有或者集体所有的土地占有、使用和收益,在该土地上建造并经营建筑物、构筑物以及其他附着物的权利。《民法典》第344条规定:“建设用地使用权人依法对国家所有的土地享有占有、使用和收益的权利,有权利用该土地建造建筑物、构筑物及其附属设施。”

(二)建设用地使用权的设立

(1)建设用地使用权的设立范围。建设用地使用权可以在土地的地表、地上或者地下分别设立。新设立的建设用地使用权,不得损害已设立的用益物权。

(2)建设用地使用权的设立方式。设立建设用地使用权,可以采取出让或者划拨等方式。工业、商业、旅游、娱乐和商品住宅等经营性用地以及同一土地有两个以上意向用地者的,应当采取招标、拍卖等公开竞价的方式出让。严格限制以划拨方式设立建设用地使用权。采取划拨方式的,应当遵守法律、行政法规关于土地用途的规定。

采取招标、拍卖、协议等出让方式设立建设用地使用权的,当事人应当采取书面形式订立建设用地使用权出让合同。建设用地使用权出让合同一般包括下列条款:①当事人的名称和住所;②土地界址、面积等;③建筑物、构筑物及其附属设施占用的空间;④土地用途;⑤使用期限;⑥出让金等费用及其支付方式;⑦解决争议的方法。

(3)建设用地使用权的设立登记。设立建设用地使用权的,应当向登记机构申请建设用地使用权登记。建设用地使用权自登记时设立。登记机构应当向建设用地使用权人发放建设用地使用权证书。

(三)建设用地使用权的内容

(1)建设用地使用权人应当合理利用土地,不得改变土地用途;需要改变土地用途的,应当依法经有关行政主管部门批准。

(2)建设用地使用权人应当依照法律规定以及合同约定支付出让金等费用。

(3)建设用地使用权人建造的建筑物、构筑物及其附属设施的所有权属于建设用地使用权人，但有相反证据证明的除外。

(4)建设用地使用权人有权将建设用地使用权转让、互换、出资、赠与或者抵押，但法律另有规定的除外。

(5)建设用地使用权转让、互换、出资、赠与或者抵押的，当事人应当采取书面形式订立相应的合同。使用期限由当事人约定，但不得超过建设用地使用权的剩余期限。

(6)建设用地使用权转让、互换、出资或者赠与的，应当向登记机构申请变更登记。

(7)建设用地使用权转让、互换、出资或者赠与的，附着于该土地上的建筑物、构筑物及其附属设施一并处分。

(8)建筑物、构筑物及其附属设施转让、互换、出资或者赠与的，该建筑物、构筑物及其附属设施占用范围内的建设用地使用权一并处分。

(9)建设用地使用权期间届满前，因公共利益需要提前收回该土地的，应当依法对该土地上的房屋及其他不动产给予补偿，并退还相应的出让金。

(四)建设用地使用权的期限及消灭

住宅建设用地使用权期间届满的，自动续期。非住宅建设用地使用权期间届满后的续期，依照法律规定办理。该土地上的房屋及其他不动产的归属，有约定的，按照约定；没有约定或者约定不明确的，依照法律、行政法规的规定办理。

建设用地使用权消灭的，出让人应当及时办理注销登记。登记机构应当收回建设用地使用权证书。

四、宅基地使用权

(一)宅基地使用权的概念

宅基地使用权是我国特有的一种用益物权形式，指农村居民及少数城镇居民为建造自有房屋对集体所有的土地享有的占有、使用的权利。《民法典》第 362 条规定："宅基地使用权人依法对集体所有的土地享有占有和使用的权利，有权依法利用该土地建造住宅及其附属设施。"宅基地使用权可以分为两种：农村宅基地使用权和城镇宅基地使用权。《土地管理法》没有确认城镇非农业户口居民在农村建房、对集体土地享有宅基地使用权。

(二)宅基地使用权的内容

《民法典》第 363 条规定："宅基地使用权的取得、行使和转让，适用土地管理的法律和国家有关规定。"

1. 宅基地使用权人的权利

(1)权利人有权在宅基地上建设房屋和附属物。公民对依法审批的宅基地享有长期的使用权，有权在宅基地上建造房屋和其他建筑物。有权在宅基地上种植树木。

(2)对于宅基地上的房屋和其他附属物等，公民享有完全的所有权。

(3)公民转让房屋所有权，宅基地的使用权随之转让。

(4)宅基地使用权是一种无期限的使用权。宅基地上的建筑物或者其他附属物灭失的，不影响宅基地使用权的效力。宅基地使用权人有权在宅基地上重新建造房屋，以供居住。

2. 宅基地使用权人的义务

(1)不得非法转让宅基地使用权。不得以馈赠钱款、索取物资、以土地入股等方式变相买卖宅基地使用权。非法转让宅基地的，该转让协议无效。因出卖房屋转让宅基地的，不得再申请宅基地。村民迁居并拆除房屋以后，腾出宅基地的，应当由集体组织收回宅基地，并统一安排使用。村民长期闲置或抛弃的宅基地，集体组织有权收回。

(2)接受政府统一规划的义务。如果因为国家建设需要征用土地的，或者村镇规划需要改变土地用途，或者居民个人的宅基地实际过多，远远超过了当地规定的标准，可以经过法定程序，进行合理的调剂或重新安排。

(3)正当使用宅基地的义务。由于宅基地主要是作为生活资料提供的，所以权利人不能将宅基地作为生产资料使用，例如用于投资办厂等。

(三)宅基地使用权的消灭

宅基地因自然灾害等原因灭失的，宅基地使用权消灭。对失去宅基地的村民，应当重新分配宅基地。已经登记的宅基地使用权转让或者消灭的，应当及时办理变更登记或者注销登记。

第四节　担保物权

一、担保物权概述

(一)担保物权的概念和特征

担保物权，是担保物权人在债务人不履行到期债务或者发生当事人约定的实现担保物权的情形，依法享有就担保财产优先受偿的权利。

(二)担保物权的特征

(1)担保物权是为担保主债权的实现而设定的从权利。设定的目的是保证债务履行，是以一定的物作为担保物来担保债权的实现，而当事人之间发生的债权因一定的担保物的存在而得到充分的保障。

(2)担保物权是债务人或第三人提供一定的物或财产权利进行担保的限制物权。

(3)担保物权是从物权。设定担保物权是为了担保债的履行，确保债务人履行义务。担保物权的存在，是以债权的存在为前提的，并且随着债权的转移而转移，随着债权的消灭而消灭。因此，它是从属于债权的从物权。

(4)担保物权是他物权。担保物权是在他人的所有物设定的，担保物的所有人是债务人或其他第三人。对债权人来说，担保物是他人的所有物，因此，担保物权是他物权。

担保物权人有排除他人干涉权和追及权。担保物落入他人之手，债权人可以追及主张其权利。同时，在债务人不履行债务时，可以行使对担保物的处分权，并取得受偿的权利。

(5)担保物权具有从属性、不可分性和物上代位性。

①从属性。所谓从属性，是指在一般情况下担保物权是从属于主债权的从权利，其在效力上必须依附于被担保的主债权。但担保物权作为从权利并不影响其作为物权的独立存在。

②不可分性。所谓不可分性，是指担保物权的各个部分应担保债权的全部，享有担保物权的债权人有权就担保物的全部行使担保物权，担保物是否被分割或产生部分的毁损灭失，或担保物权所担保的债权是否已经部分履行，都对担保物权的存在不产生影响。

③物上代位性。所谓物上代位性，是指标的物因出卖、出租、消灭或毁灭或毁坏，发生以金钱或其他财物(代偿物)代替时，担保物权人可以对此行使权利。

(三)担保物权的适用范围

债权人在借贷、买卖等民事活动中，为保障实现其债权，需要担保的，可以依照法律的规定设立担保物权。第三人为债务人向债权人提供担保的，可以要求债务人提供反担保。

(四)担保物权的担保范围

担保物权的担保范围包括主债权及其利息、违约金、损害赔偿金、保管担保财产和实现担保物权的费用。当事人另有约定的,按照其约定。

担保期间,担保财产毁损、灭失或者被征收等,担保物权人可以就获得的保险金、赔偿金或者补偿金等优先受偿。被担保债权的履行期限未届满的,也可以提存该保险金、赔偿金或者补偿金等。

(五)人保和物保并存时担保物权的实施规则

被担保的债权既有物的担保又有人的担保的,债务人不履行到期债务或者发生当事人约定的实现担保物权的情形,债权人应当按照约定实现债权;没有约定或者约定不明确,债务人自己提供物的担保的,债权人应当先就该物的担保实现债权;第三人提供物的担保的,债权人可以就物的担保实现债权,也可以请求保证人承担保证责任。提供担保的第三人承担担保责任后,有权向债务人追偿。

(六)担保物权的消灭事由

根据《民法典》第393条规定,有下列情形之一的,担保物权消灭:

(1)主债权消灭;

(2)担保物权实现;

(3)债权人放弃担保物权;

(4)法律规定担保物权消灭的其他情形。

二、抵押权

(一)抵押权的概念

抵押权是指债务人或者第三人向债权人提供一定的财产以担保债务的履行,在债务人不履行债务时,债权人有依照法律的规定以该财产折价或拍卖、变卖该财产的价款优先受偿的权利。在抵押法律关系中,享有抵押权的人是债权人,也称抵押权人;提供一定担保财产的债务人或第三人,称为抵押人;抵押人提供的担保财产,称为抵押财产或抵押物。

(二)抵押合同

抵押权的设立应当由抵押人和抵押权人订立书面抵押合同。抵押合同应当包括下列内容:①被担保的主债权种类、数额;②债务人履行债务的期限;③抵押物的名称、数量、质量、状况、所在地、所有权权属或者使用权权属;④抵押担保的范围;⑤当事人认为需要约定的其他事项。其中,被担保的主债权的种类、使抵押物特定化的属性是担保合同必须具备的内容;否则,抵押合同不成立。

在抵押合同中,当事人不得约定"流抵押条款",即订立抵押合同时,抵押权人和抵押人不得在合同中约定,在债务履行期届满抵押权人未受清偿时,抵押物的所有权转移为债权人所有。

(三)抵押财产的范围

根据我国《民法典》的规定,下列几类财产可以抵押:①建筑物和其他土地附着物;②建设用地使用权;③海域使用权;④生产设备、原材料、半成品、产品;⑤正在建造的建筑物、船舶、航空器;⑥交通运输工具;⑦法律、行政法规未禁止抵押的其他财产。

根据我国《民法典》的规定,下列财产不得抵押:①土地所有权;②宅基地、自留地、自留山等集体所有土地的使用权,但是法律规定可以抵押的除外;③学校、幼儿园、医疗机构等为公益目的成立的非营利法人的教育设施、医疗卫生设施和其他公益设施；④所有权、使用权不明或者有争议的财产；⑤依法被查封、扣押、监管的财产；⑥法律、行政法规规定不得抵押的其他财产。

（四）抵押权的效力

1. 抵押权对优先受偿范围的效力

抵押权优先受偿的范围，即抵押担保的范围，当事人可以通过抵押合同约定；当事人没有约定的，适用《民法典》中关于担保的规定，即包括主债权及其利息、违约金、损害赔偿金、实现抵押权的费用。

2. 抵押权对抵押标的物的效力

根据我国法律规定，抵押权所及的标的物的范围除了包括抵押物本身外，还包括抵押物的从物、从权利、孳息、代位物，以及因添附而产生的附合物、混合物和加工物。

孳息包括天然孳息与法定孳息，但只有在债务履行期限届满，抵押物被法院依法扣押，且抵押权人将扣押抵押物的事实通知应清偿法定孳息的义务人后，抵押权的效力才及于孳息。

根据抵押权的物上代位性，抵押物因转让而获得的价款，或因毁损灭失而获得的赔偿，属于抵押物的代位物，在此情况下，抵押权的效力及于抵押物的代位物。

抵押物因附合、混合或者加工使抵押物的所有权为第三人所有的，抵押权的效力及于抵押物的补偿金；抵押物所有人为附合物、混合物或者加工物的所有人的，抵押权的效力及于附合物、混合物或者加工物；第三人与抵押物所有人为附合物、混合物或者加工物的共有人的，抵押权的效力及于抵押人对共有物享有的份额。

（五）抵押权的实现

1. 抵押权实现的一般规定

债务履行期届满抵押权人未受清偿的，可以与抵押人协议以抵押物折价或者以拍卖、变卖该抵押物所得的价款受偿；协议不成的，抵押权人可以向人民法院提起诉讼。抵押物折价或者拍卖、变卖后，其价款超过债权数额的部分归抵押人所有，不足部分由债务人清偿。当抵押物的变价产生有其他费用，且当事人没有约定的，应按下列顺序清偿：①实现抵押权的费用；②主债权的利息；③主债权。

2. 同一抵押物上存在数个抵押权时的清偿顺序

根据我国《民法典》的规定，同一财产向两个以上债权人抵押的，拍卖、变卖抵押财产所得的价款依照下列规定清偿：

（1）抵押权已经登记的，按照登记的时间先后确定清偿顺序；

（2）抵押权已经登记的先于未登记的受偿；

（3）抵押权未登记的，按照债权比例清偿。

其他可以登记的担保物权，清偿顺序参照适用上述规定。

3. 同一抵押物上存在数个担保物权时的清偿顺序

同一抵押物上除存在有抵押权外，如果还存在质权、留置权等担保物权，则发生担保物权的竞合，此时，抵押物折价或者被拍卖、变卖所得的价款应优先清偿何种担保物权？该问题比较复杂，我国《民法典》第 415 条规定，同一财产既设立抵押权又设立质权的，拍卖、变卖该财产所得的价款按照登记、交付的时间先后确定清偿顺序。

（六）最高额抵押权

最高额抵押，是指抵押人与抵押权人协议，在确定的债权最高额限度内，以抵押物担保一定期限内连续发生的债权而设定的抵押权。

最高额抵押的特征十分显著：第一，抵押担保的是将来的债权，现在尚未发生；第二，抵押担保的债权额不确定，但又设有最高额限制，而非担保的债权实际最高额；第三，实际发生的债权是连续的、不特定的；第四，债权人仅得对抵押财产行使最高额限度内的优先受偿权；第五，最高额抵押只需一次登记即可设置。

我国最高额抵押的适用范围依法为两种法律关系：一是借款合同，二是债权人与债务人就某项商品在一定期间内连续发生交易而签订的合同。

最高额抵押为约定成立，须有当事人的抵押协议，并应登记公示。最高额抵押合同与其担保的主债权合同之间基本上不存在从属性，故主债权合同中的债权转让后，受让人并不必然依最高额抵押合同而享有抵押权。我国法律规定，最高额抵押的主合同债权不得转让。

最高额抵押权的实现，以主债权确定并已届清偿期而未受清偿为先决条件。当连续性的债权交易结束时，若实际发生额超过最高额限度时，则以最高额为限，超过部分，为普通债权，不得以抵押物优先受偿。实际发生额低于最高额的，则以实际发生额为限，依此对抵押物享有优先受偿权。

三、质权

（一）质权的概念、法律特征和种类

质押权，又称质权，是指债务人或第三人将其动产或权利移转给债权人占有，债务人不履行债务时，债权人可依法以该动产或权利的变价优先受偿的权利。其中，设立质权的债务人或第三人是出质人，享有质权的债权人是质权人。移交给质权人的动产为质物。

质押与抵押均具有物权性，共同体现了作为他物权中担保物权的价值权、不可分性、优先受偿性和物上代位性等特性。

质权的种类在各国法律中并不相同，根据我国《民法典》的规定，质权分为动产质权与权利质权。动产质权，是指出质人（债务人或第三人）将质物（动产）移转给质权人（债权人）占有，当债务人不履行债务时，债权人享有以该动产的变价优先受偿的权利。权利质权，是指为担保债权的清偿，出质人以依法可以质押的权利为标的物而设立的质权，当债务人届期不履行债务时，债权人有权将该权利转让以优先受偿。

（二）动产质权

1. 动产质权的设立

动产质权的设立，须出质人和质权人订立书面质押合同，质物已移转给债权人占有，两者缺一不可。在质押合同中，出质人和质权人不得约定，债务履行期限届满质权人未受清偿时，质物的所有权转移为质权人所有的“流质条款”。

2. 动产质权的标的物

动产质押的标的物是各种动产，但须为可交易物，即法律允许流通的动产。如对金钱加以封存使之成为不可代替之特定物时，也可成立动产质权。

3. 动产质押合同

质押合同是出质人与主债中的债权人（质权人）签订的合同。根据《民法典》的规定，质押合同必须采用书面形式。一项完整的质押合同，应当包括以下内容：①被担保的主债权种类、数额；②债务人履行债务的期限；③质物的名称、数量、质量、状况；④质押担保的范围，这是指出质人承担责任的范围；⑤质物移交的时间；⑥双方认为需要约定的其他事项。质押合同不完

全具备上述内容的,可以补正。质押合同自质物移交于质权人占有时生效。

约定于债务清偿期届满而未能清偿时,质物的所有权转移为质权人所有的,为流质合同。我国《民法典》第 428 条规定:“质权人在债务履行期限届满前,与出质人约定债务人不履行到期债务时质押财产归债权人所有的,只能依法就质押财产优先受偿。”

4. 动产质权所担保的债权的范围

除质押合同另有约定的以外,动产质权所担保的债权的范围包括主债权及利息、违约金、损害赔偿金、质物的保管费用,以及实现质权的费用。

5. 质权人的权利和义务

质权人权利主要包括:第一,留置质物权;第二,优先受偿权;第三,收取质物孳息的权利;第四,请求偿还有关费用的权利。

质权人的义务主要有:第一,妥善保管质物的义务。质权人依法负有妥善保管质物的义务,因保管不善使质物灭失或毁损的,质权人应承担民事责任。若质权人不能妥善保管质物可能致其灭失或毁损时,则出质人可以要求质权人将质物提存或要求提前清偿债务而请求返还质物。第二,届期返还质物的义务。当债务履行期届满,债务人已履行债务或出质人提前清偿了所担保的债权时,质权人应当返还质物给出质人。

(三)权利质权

1. 可以出质的权利的法定范围

我国《民法典》第 440 条规定,债务人或者第三人有权处分的下列权利可以出质:①汇票、本票、支票;②债券、存款单;③仓单、提单;④可以转让的基金份额、股权;⑤可以转让的注册商标专用权、专利权、著作权等知识产权中的财产权;⑥现有的以及将有的应收账款;⑦法律、行政法规规定可以出质的其他财产权利。

2. 权利质权的设定方式

权利质权的设立,一般依法律规定的该种权利的转让方式设立。

(1)债权质权的设定。以汇票、本票、支票、债券、存款单、仓单、提单出质的,质权自权利凭证交付质权人时设立;没有权利凭证的,质权自办理出质登记时设立。法律另有规定的,依照其规定。

(2)基金份额、股权权利质权的设定。以基金份额、股权出质的,质权自办理出质登记时设立。

(3)知识产权质权的设定。以注册商标专用权、专利权、著作权等知识产权中的财产权出质的,质权自办理出质登记时设立。

(4)应收账款质权的设立。以应收账款出质的,质权自办理出质登记时设立。

四、留置权

(一)留置权的概念

留置权,是指债权人按照合同约定占有债务人的财产,当债务人逾期不履行债务时,债权人有权留置该财产并依法以该财产折价或以拍卖、变卖该财产的价款优先受偿的权利。留置权中的债权人称为留置权人,被留置的财产称为留置物。

(二)留置权的成立条件

按照我国《民法典》及其有关法律规定,留置权中的牵连关系是指债权和债务是因债权人取得占有的合同而设定。因保管合同、运输合同、加工承揽合同发生的债权,债务人不履行债务的，债权人有留置权。法律规定可以留置的其他合同，适用前述规定。当事人可以在合同中约定不得留置的物。

（三）留置权的效力

1．留置权效力的范围

（1）留置权所担保的债权的范围。留置权所担保的债权的范围包括主债权及利息、违约金、损害赔偿金、留置物保管费用和实现留置权的费用。

（2）留置权标的物的范围。留置权标的物的范围包括动产本身及其从物、孳息和代位物。

2．留置权对留置物所有人的效力

留置物虽已脱离债务人的占有，但债务人并未丧失对留置物的所有权。故债务人仍可自由处分标的物，而且这种处分并不影响留置权。其表现为：①留置物的所有权，因继承等法定事件而移转于承受人的，其承受人同时也承担被担保债务，故留置权关系续存于留置权人与新所有人之间。②留置物的所有权，因债务人单方面的法律行为（如赠与、遗赠）移转给受让人的，其受让人同时也承担被担保债务。③留置物所有权，因债务人与第三人合意而移转于受让人的，因第三人同时承担债务而使留置权关系继续存在。

3．留置权人的权利

（1）对标的物的占有权。留置权人在债权未受偿之前，有留置标的物的权利。留置权人对标的物的留置为继续占有权，受占有制度的保护。

（2）对标的物孳息的收取权。留置权人基于对留置物的留置权，而衍生收取标的物自然孳息和法定孳息的权利。但该权利并不能取得的孳息的所有权，而仅为就其孳息优先受偿的抵偿权。

（3）对标的物的保管使用权。留置权人应以善良保管人的注意保管留置物。留置权人原则上对留置物无使用权，但为保管留置物的必要而使用留置物的除外。

（4）必要费用的求偿权。留置权人因保管留置物、收取孳息所支出的必要费用，有请求债务人偿还的权利。

（5）就留置物优先受偿的权利。债务人不履行清偿义务超过履行期之后的宽限期，债权人才能将留置物折价或拍卖、变卖并从所得价金中优先受偿。

4．留置权人的义务

（1）对留置物的保管义务。留置权人应以善良保管人的注意保管留置物。留置权人的保管义务包括：保障留置物的安全、适时适当收取留置物的孳息、非为保管必要不得使用留置物。

（2）不得擅自处分留置物的义务。除实现留置权时的变价受偿权外，留置权人未经债务人的同意不得擅自出租留置物，也不得以之为其他债权提供担保。

（3）返还留置物的义务。留置权消灭时，留置权人丧失对留置物的占有权，应将留置物返还于被留置人。

（四）留置权的实现

1．实现程序

留置权人实现留置权一般应经历四个步骤：①留置财产。即在债务履行期限届满，债权未获得全额清偿时，债权人对依合同占有的债务人的财产，予以留置。②确定宽限期。债权人与债务人可在合同中事先约定，债权人留置财产后，债务人应当在不少于 2 个月的期限内履行债务。若合同未约定，债权人留置债务人财产后，确定 2 个月以上的期限，要求债务人在该期限内履行债务。③通知债务人，请求债务人在宽限期内履行债务。④宽限期届满，债务人未履行债务，也未提供相应担保的，债权人行使留置权。

2. 实现方式

留置权的实现方式有两种：①折价抵债，即债权人与债务人协商一致，以转移标的物的所有权抵作债务人应当支付的款项。②拍卖、变卖留置物，以其价款优先受偿。

3. 优先受偿的范围

留置权人优先受偿的范围(即留置担保的范围)一般包括：主债权及利息、违约金、损害赔偿金、留置物的保管费用、实现留置权的费用。

第五节　占　有

一、占有概述

(一)占有的概念和性质

1. 占有的概念

占有，是指主体对于物基于占有的意思进行的控制的事实状态。占有是对物的一种事实上的控制。在主观上，占有必须具有占有的意思。占有并不要求占有人具备据为己有的意图，但占有人应当具有一种占有的意图。从客观上，占有要求占有人事实上控制或管领了某物。

2. 占有的性质

关于占有的性质问题，是指占有是事实还是权利的问题。自罗马法以来，对占有的性质一直存在争论。占有本质的学说之争，在近现代民事立法中也有所体现。德国、瑞士民法认为，占有是一种事实，称为“占有”，即物的占有因对物有实际的控制而取得(德国《民法典》第854条第1项)；日本、意大利民法认为，占有是一种权利，称为“占有权”，即占有是一种以行使所有权或其他物权的形式表现出的对物的权利(意大利《民法典》第1140条)。我国《民法典》是将占有作为一种事实专章规定的。

(二)占有的种类

1. 自主占有与他主占有

这是依占有人的意思为标准进行的分类。自主占有是指以物属于自己所有(所有的意思)的占有；无所有的意思、仅基于某种特定关系支配物的意思的占有是他主占有。两者区别的意义在于：作为所有权取得的时效要件的占有和先占要件的占有，应当是自主占有；另外，在占有物毁损、灭失时，自主占有人与他主占有人的责任范围不同。

2. 直接占有与间接占有

这是以占有人在事实上是否占有物为标准进行的分类。直接占有是指在事实上对物的占有，如居住房屋、穿着衣服；间接占有是指基于一定法律关系，对于事实上占有物的人(即直接占有人)有返还请求权，因而间接对物管领的占有。如享有返还请求权的出质人、出租人、寄托人为间接占有人。

两者区别的意义在于：这两种占有的取得手段不同，保护方法也不一样。

3. 有权占有与无权占有

这是根据进行的占有是否依据本权所作的分类。所谓本权，是指基于法律上的原因，可对物进行占有的权利，如所有权、地上权、典权、质权、留置权。有权占有即指有本权的占有，如地上权人依地上权对土地的占有；无权占有是指无本权的占有，如拾得人对于遗失物的占有。

两者区别的意义在于：无权占有人在本权人请求返还原物时，有返还的义务；另外，作为留置权要件的占有，限于有权占有。

4. 善意占有与恶意占有

这是对无权占有依占有人的主观心理状态的不同所作的分类。善意占有是占有人不知其无占有的权利的占有；恶意占有是占有人知道其无占有的权利的占有。

两者区别的意义在于：取得时效中，善意占有与恶意占有的期间不同，即时取得以善意占有为要件；另外，善意占有与恶意占有受保护的程度不同。

5. 无过失占有与有过失占有

这是对善意占有的再分类，以占有人不知其无占有的权利有无过失为区分标准。无过失占有是占有人不知且不应知其无占有的权利的占有；有过失占有是占有人应当知道但因过失不知其无占有的权利的占有。

6. 无瑕疵占有与有瑕疵占有

无瑕疵占有是指善意且无过失、和平、公然、继续的占有；有瑕疵占有是指恶意且有过失、强暴、隐秘、不继续的占有。

二、占有的效力和保护

（一）占有的效力

占有的效力是指占有所具有的法律上的证明力和强制力。占有的效力通常有权利推定的效力、事实推定、占有物的使用收益、占有人的赔偿责任、动产物权的善意取得五项内容。关于动产物权的善意取得，前面已有讲述，下面主要讲述其余四项。

1. 占有的权利推定效力

占有的权利推定效力又称占有权利的推定力，是指占有人于占有物上行使的权利，推定其为合法并有此权利。这是占有的最主要效力。

2. 事实推定

当占有究竟是自主占有还是他主占有不易判断时，推定为自主占有；当占有究竟是善意占有还是恶意占有，或者是公然占有还是隐秘占有不易判断时，推定为善意占有与公然占有；占有人先前曾经占有，现在也依然占有，则推定其在中间的时段也进行了占有，即连续占有的推定。

3. 占有物的使用收益

有权占有人对占有物的使用收益依据合同和法律规定处理。《民法典》第 458 条规定："基于合同关系等产生的占有，有关不动产或者动产的使用、收益、违约责任等，按照合同约定；合同没有约定或者约定不明确的，依照有关法律规定。"无权占有人对占有物的使用收益取决于其是善意占有还是恶意占有。关于占有的使用，《民法典》第 459 条规定："占有人因使用占有的不动产或者动产，致使该不动产或者动产受到损害的，恶意占有人应当承担赔偿责任。"关于占有物的收益，《民法典》第 460 条规定："不动产或者动产被占有人占有的，权利人可以请求返还原物及其孳息，但应当支付善意占有人因维护该不动产或者动产支出的必要费用。"

4. 占有人的赔偿责任

《民法典》第 461 条规定："占有的不动产或者动产毁损、灭失，该不动产或者动产的权利人请求赔偿的，占有人应当将因毁损、灭失取得的保险金、赔偿金或者补偿金等返还给权利人；权利人的损害未得到足够弥补的，恶意占有人还应当赔偿损失。"

(二)占有的保护

占有的保护是法律对占有人提供的以防占有遭受损害的保护手段。民法中对占有的保护可分为物权法上的保护与债法上的保护。物权法上的保护包括占有人的自力救济权、占有保护请求权。债法上保护包括不当得利与侵权损害赔偿请求权。《民法典》规定了占有的保护请求权,但是不承认占有人(以及物权)可以自力救济。

根据《民法典》第462条的规定,对占有的保护有两种方法:

1. 占有保护请求权

占有保护的请求权,是指占有人请求国家有权机关通过运用国家强制力来保护其占有,包括占有物返还请求权、排除妨害请求权和消除危险请求权。《民法典》规定,占有的不动产或者动产被侵占的,占有人有权请求返还原物;对妨害占有的行为,占有人有权请求排除妨害或者消除危险;……占有人返还原物的请求权,自侵占发生之日起一年内未行使的,该请求权消灭。

2. 占有的损害赔偿请求权

《民法典》第462条规定:“因侵占或者妨害造成损害的,占有人有权依法请求损害赔偿。”

练习题

一、复习思考题

1. 什么是物权,物权的优先效力有哪些?
2. 什么是物权法定主义原则?
3. 物权的公示方式有哪些?
4. 试述我国用益物权和担保物权体系。
5. 什么是占有,它有哪些特征?

二、案例分析题

上海“取缔群租” 北京“五不租” 新规引发争议

事件简述:

北京的地下室、广州深圳的城中村、上海的“群租房”,都是大城市居住体系中,外来低收入人员不多的选择。开门上床,伸手碰墙,排队如厕,穷人住上高档房,这就是上海的“群租房”。有人没房住,有房没人住,需求决定供给,租不到便宜的房,外来务工人员和新来大学生就成了“群租房”的主体房客。治安、消防隐患、扰民,“群租房”成了小区的众矢之的。2007年8月27日,上海市房地产局对2005年版的《业主公约》《业主临时公约》示范文本增补条款提出,居住房屋租赁必须符合本市规定的房屋出租条件和人均承租面积标准,即不得低于5平方米。不得擅自改变房屋原设计功能和布局,对房屋进行分割搭建,按间或按床位出租或转租。9月6日早上7时,在著名群租小区中远两湾城,开始了号称上海有史以来最大的一次整治群租房行动。一纸“禁租令”,令上海“群租房”全国闻名。“不能合租”“不能男女同居”,禁令引发全国媒体大争论。

2007年9月5日,北京市公安机关开展了“出租房主守法履责达标建设”活动,集中检查出租房“五不租”情况。“五不租”,即无合法有效证件的人员不租,从事非法经营活动的人员不租,从事非法宗教活动的人员不租,所租房屋用于非法生产、储存、经营易燃、易爆等危险违禁物品的人员不租；违背生活作息规律、有利用所租房屋进行违法犯罪活动的可疑人员不租。新规一出，立刻引起了广泛讨论。

争议：问题是否解决，法律依据是否充分？

有学者和公众认为，群租是房门内的问题，应该由私法调整，而不应用公权力去干涉私权利。房屋产权人的合法权益，对房子的自由处置，是受到法律保护的，不应该限制。群租的确存在问题，但需要的是规范，并不是取缔和扼杀。把老百姓合理的房地产出租行为扼杀住了，不利于房屋租赁市场的健康发展。同时，我们应当充分考虑群租客群体的实际处境，群租现象伴随着中国城市社会发展而产生，它几乎是必然的，我们无从回避。在治理群租现象的同时应解决实际存在的问题。目前，政府部门已经开始酝酿通过借用闲置非居住房屋改建宿舍等措施妥善安置群租客。①

问题：结合所学的物权法谈谈你对上海“取缔群租”和北京“五不租”新规的看法。

① 更详细的资料可以查阅“京沪出台租房新规定”，搜狐焦点房地产网，http://house.focus.cn/ztdir/zufang/index.php。

第七章

合同法律制度

学习目标

通过本章学习，你应能够：

掌握合同的概念和法律性质；

掌握合同的订立、效力与履行，合同的变更、转让和终止，无效合同以及违约责任等方面的法律规定；

初步了解我国合同法规定的几种规范合同。

思政目标

能够正确理解牢固树立契约自由是合同法的灵魂和生命的观念，体会合同法中的契约精神，进而实现法律的公平、正义，养成规则意识。能认识到合同法的基本原则包括自由、平等、公平、诚信、公序良俗，这些原则本身就是社会主义核心价值观。能够认识到合同中最重要的原则就是诚实信用原则；认识到诚信是中华民族传统美德，进而树立诚信为人的做人原则。

第一节　合同概述

一、合同的概念

在私法领域中，允许当事人根据合同自由的原则设定自己的权利和义务，因此，合同就成了私法上权利和义务的最重要依据。

依照《民法典》第 464 条的规定，合同是指民事主体之间设立、变更、终止民事法律关系的协议。但婚姻、收养、监护等有关身份关系的协议，适用有关该身份关系的法律规定；没有规定的，可以根据其性质参照适用合同编规定。

二、合同的法律性质

依法订立的合同具有以下法律性质：

(1)合同是一种民事法律行为。因此,合同也以意思表示为其构成要素,即意思加表示行为。

(2)合同是两方以上当事人的意思表示一致的民事法律行为。法律行为分为单方行为、双方行为和多方行为。合同既为双方法律行为,就必须有双方当事人,双方当事人处于彼此相反之利害关系的地位,相互进行意思表示。

(3)合同是以设立、变更、终止民事权利义务关系为目的的民事法律行为。

第二节 合同的订立、成立和生效

一、订立合同的主体及其资格

法人、自然人或者其他组织都可以成为合同主体,但是必须具备合同主体的资格。当事人订立合同,应当具有相应的民事权利能力和民事行为能力。当事人依法可以委托代理人订立合同。

二、合同的形式

合同的形式是指当事人采用何种形式来表现所订立合同的内容。《民法典》第 469 条规定:"当事人订立合同,可以采用书面形式、口头形式或者其他形式。书面形式是合同书、信件、电报、电传、传真等可以有形地表现所载内容的形式。以电子数据交换、电子邮件等方式能够有形地表现所载内容,并可以随时调取查用的数据电文,视为书面形式。"

三、合同的内容和格式条款

(一)合同的内容

合同的内容就是当事人之间就设立、变更或者终止权利、义务关系所表示一致的意思,通常称为合同的条款。合同条款直接明确了当事人双方的合同权利和合同义务。合同的内容由当事人约定,当事人约定的合同内容,一般应包括下列条款:①当事人的姓名或者名称和住所;②标的;③数量;④质量;⑤价款或者报酬;⑥履约期限、地点和方式;⑦违约责任;⑧解决争议的方式。

当事人可以参照各类合同的示范文本订立合同。

(二)格式条款

格式条款是当事人为了重复使用而预先拟定,并在订立合同时未与对方协商的条款。采用格式条款订立合同的,提供格式条款的一方应当遵循公平原则确定当事人之间的权利和义务,并采取合理的方式提示对方注意免除或者减轻其责任等与对方有重大利害关系的条款,按照对方的要求,对该条款予以说明。提供格式条款的一方未履行提示或者说明义务,致使对方没有注意或者理解与其有重大利害关系的条款的,对方可以主张该条款不成为合同的内容。有下列情形之一的,该格式条款无效:

(1)具有《民法典》第一编第六章第三节和《民法典》第 506 条规定的无效情形;

(2)提供格式条款一方不合理地免除或者减轻其责任、加重对方责任、限制对方主要权利;

(3)提供格式条款一方排除对方主要权利。

对格式条款的理解发生争议的,应当按照通常理解予以解释。对格式条款有两种以上解释的,应当作出不利于提供格式条款一方的解释。格式条款与非格式条款不一致的,应当采用非格式条款。

四、订立合同的方式——要约和承诺

《民法典》第471条规定:“当事人订立合同,可以采取要约、承诺方式或者其他方式。”依照这一规定,当事人订立合同要经过要约和承诺这一过程。

(一)要约的概念和有效条件

1. 要约的概念

要约是特定人以缔结合同为目的而向相对人作出的意思表示。依照《民法典》第472条的规定,要约就是希望与他人订立合同的意思表示。要约又称发价、报价和发盘等,当事人可以通过发信、发电报、传真等方式向对方发出要约。要约的目的在于订立合同,这是要约与要约邀请的本质区别。要约邀请,是指希望他人向自己发出要约的意思表示。寄送的价目表、拍卖公告、招标公告、招股说明书、商业广告一般为要约邀请,商业广告的内容符合要约规定的,视为要约。

2. 要约的有效条件

依照《民法典》的规定,有效的要约即意思表示应当符合以下条件:

(1)内容具体确定。

(2)表明经受要约人承诺,要约人即受该意思表示约束。这也是要约与要约邀请的主要区别。

(二)要约的生效

要约的生效时间,因要约的不同形式而有差异。

以对话方式作出的意思表示,相对人知道其内容时生效。以非对话方式作出的意思表示,到达相对人时生效。

以非对话方式作出的采用数据电文形式的意思表示,相对人指定特定系统接收数据电文的,该数据电文进入该特定系统时生效;未指定特定系统的,相对人知道或者应当知道该数据电文进入其系统时生效。当事人对采用数据电文形式的意思表示的生效时间另有约定的,按照其约定。

无相对人的意思表示,表示完成时生效。法律另有规定的,依照其规定。

以公告方式作出的意思表示,公告发布时生效。

(三)要约的撤回和撤销

要约人在发出要约后即对要约人产生约束力,但为了尊重要约人的意志和保护要约人的利益,已发出的要约可以撤回和撤销。同时为保护受要约人的利益,这种撤回或撤销又是有条件限制的。

要约的撤回,是指在要约发出之后,但在发生法律效力之前,要约人欲使该要约不发生法律效力而作出的意思表示。撤回要约的通知应当在要约到达受要约人之前或者与要约同时到达受要约人。

要约的撤销,是指要约人在要约发生法律效力之后而在受要约人承诺之前,欲使要约失去法律效力的意思表示。撤销要约的通知应当在受要约人发出承诺意思表示之前到达受要约人。但有下列情形之一,要约不得撤销:①要约人确定了承诺期限或者以其他形式明示要约不可撤销;②受要约人有理由认为要约是不可撤销的,并已为履行合同做了准备工作。

撤销要约的意思表示以对话方式作出的,该意思表示的内容应当在受要约人作出承诺之前为受要约人所知道;撤销要约的意思表示以非对话方式作出的,应当在受要约人作出承诺之前到达受要约人。

(四)要约的失效

要约的失效,是指要约丧失了法律拘束力,不再对要约人和受要约人产生法律拘束力。有下列情形之一的,要约失效:

(1)要约被拒绝;

(2)要约被依法撤销;

(3)承诺期限届满,受要约人未作出承诺;

(4)受要约人对要约的内容作出实质性变更。

(五)承诺的概念和条件

1. 承诺的概念

承诺是受要约人同意要约的意思表示,承诺一旦生效,合同即成立,承诺是合同订立的一个重要环节,关系到合同的订立与否。

2. 承诺的条件

承诺必须具备以下条件:

(1)承诺必须由受要约人作出;

(2)承诺必须向要约人作出;

(3)承诺的内容必须与要约的内容一致;

(4)承诺必须在要约的有效期限内作出。

(六)承诺的方式

承诺应当以通知的方式作出;但是,根据交易习惯或者要约表明可以通过行为作出承诺的除外。

(七)承诺的期限

承诺应当在要约确定的期限内到达要约人。要约没有确定承诺期限的,承诺应当依照下列规定到达:①要约以对话方式作出的,应当即时作出承诺;②要约以非对话方式作出的,承诺应当在合理期限内到达。

要约以信件或者电报作出的,承诺期限自信件载明的日期或者电报交发之日开始计算。信件未载明日期的,自投寄该信件的邮戳日期开始计算。要约以电话、传真、电子邮件等快速通讯方式作出的,承诺期限自要约到达受要约人时开始计算。

(八)承诺的撤回

承诺的撤回,是指受要约人阻止承诺发生法律效力的意思表示。承诺可以撤回。行为人可以撤回承诺意思表示。撤回承诺意思表示的通知应当在意思表示到达相对人前或者与意思表示同时到达相对人。

(九)承诺对要约内容的变更及其法律后果

承诺的内容应当与要约的内容一致。受要约人对要约的内容作出实质性变更的,为新要约。有关合同标的、数量、质量、价款或者报酬、履行期限、履行地点和方式、违约责任和解决争议方法等的变更,是对要约内容的实质性变更。承诺对要约的内容作出非实质性变更的,除要约人及时表示反对或者要约表明承诺不得对要约的内容作出任何变更外,该承诺有效,合同的内容以承诺的内容为准。

五、缔约过失责任

所谓缔约过失责任，是指在合同的订立过程中，一方因违背其依据诚实信用原则所应尽的义务，致另一方的信赖利益的损失，而应承担的民事责任。缔约过失的理论依据以诚信原则说为通说。缔约过失的构成要件包括：①这种责任发生在合同的订立阶段；②一方当事人违反了依据诚实信用原则所产生的义务；③造成了另一方信赖利益的损失。所谓信赖利益的损失，是指一方实施某种行为后，另一方对此产生了信赖，并支付了一定的费用，因一方违反了诚实信用原则而使该费用不能得到补偿。我国《民法典》规定发生缔约过失责任的情形有四种：一是假借订立合同，恶意进行磋商；二是故意隐瞒与订立合同有关的重要事实或者提供虚假情况；三是泄露或不正当使用在订立合同过程中知悉的对方当事人的商业秘密；四是其他违背诚实信用原则的行为。在上述情况下，一方必须给另一方造成了损失，才应承担缔约过失责任。

六、合同的成立

(一)合同成立的时间

承诺生效时合同成立，但是法律另有规定或者当事人另有约定的除外。

当事人采用合同书形式订立合同的，自当事人均签名、盖章或者按指印时合同成立。在签名、盖章或者按指印之前，当事人一方已经履行主要义务，对方接受时，该合同成立。法律、行政法规规定或者当事人约定合同应当采用书面形式订立，当事人未采用书面形式但是一方已经履行主要义务，对方接受时，该合同成立。

当事人采用信件、数据电文等形式订立合同要求签订确认书的，签订确认书时合同成立。当事人一方通过互联网等信息网络发布的商品或者服务信息符合要约条件的，对方选择该商品或者服务并提交订单成功时合同成立，但是当事人另有约定的除外。

(二)合同成立的地点

承诺生效的地点为合同成立的地点。采用数据电文形式订立合同的，收件人的主营业地为合同成立的地点；没有主营业地的，其住所地为合同成立的地点。当事人另有约定的，按照其约定。

当事人采用合同书形式订立合同的，最后签名、盖章或者按指印的地点为合同成立的地点，但是当事人另有约定的除外。

七、合同的生效

(一)合同生效的概念和条件

合同生效，是指合同所产生的法律上的约束力。合同生效应当具备以下条件：

(1)订立合同的当事人具有相应的民事行为能力；

(2)订约双方当事人的意思表示要真实；

(3)合同的内容不得违反法律或者社会公共利益。

(二)合同生效的时间

依法成立的合同，自成立时生效，但是法律另有规定或者当事人另有约定的除外。

依照法律、行政法规的规定，合同应当办理批准等手续的，依照其规定。未办理批准等手续影响合同生效的，不影响合同中履行报批等义务条款以及相关条款的效力。应当办理申请批准等手续的当事人未履行义务的，对方可以请求其承担违反该义务的责任。

依照法律、行政法规的规定，合同的变更、转让、解除等情形应当办理批准等手续的，适用上述规定。

第三节　合同的履行

一、合同的履行原则

合同的履行原则是指合同当事人在履行合同过程中应当遵循的基本准则。合同当事人在履行合同的过程中应当遵循以下原则：

（一）诚实信用原则

在合同履行的过程中遵守诚实信用原则，主要表现为以下两个方面的内容：一方面，当事人除应遵守法定、约定义务以外，还应遵守依诚实信用原则所产生的附随义务。另一方面，在法律、合同对义务无规定、约定，或规定、约定不明确时，当事人应当依照诚实信用原则履行义务。

（二）适当履行原则

适当履行原则是指当事人应依合同约定的标的、质量、数量，由适当主体在适当的期限、地点，以适当的方式，全面完成合同义务的原则，即当事人的履行应符合履行具体规则。

（三）经济合理原则

经济合理原则是指在合同履行过程中，应讲求经济效益，以最少的成本取得最佳的合同效益。当事人在履行合同过程中，应当避免浪费资源、污染环境和破坏生态。

（四）协作履行原则

协作履行原则是指在合同履行过程中，双方当事人应互助合作，共同完成合同义务的原则。协作履行原则具有以下几个方面的要求：第一，债务人履行合同债务时，债权人应适当受领给付；第二，债务人履行合同债务时，债权人应创造必要条件，提供方便；第三，债务人因故不能履行或不能完全履行合同义务时，债权人应积极采取措施防止损失扩大，否则，应就扩大的损失自负其责。

二、合同的履行规则

（一）合同条款存在缺陷时的履行规则

《民法典》本着尊重当事人订约自愿的精神，规定以协议补缺和规则补缺两种方式来解决合同条款的缺陷以利于当事人顺利履行合同的义务。

（二）合同条款约定不明的履行规则

合同生效后，当事人就质量、价款或者报酬、履行地点等内容没有约定或者约定不明确的，可以协议补充；不能达成补充协议的，按照合同相关条款或者交易习惯确定。仍不能确定的，适用下列规定：

（1）质量要求不明确的，按照强制性国家标准履行；没有强制性国家标准的，按照推荐性国家标准履行；没有推荐性国家标准的，按照行业标准履行；没有国家标准、行业标准的，按照通常标准或者符合合同目的的特定标准履行。

（2）价款或者报酬不明确的，按照订立合同时履行地的市场价格履行；依法应当执行政府定价或者政府指导价的，依照规定履行。

(3)履行地点不明确,给付货币的,在接受货币一方所在地履行;交付不动产的,在不动产所在地履行;其他标的,在履行义务一方所在地履行。

(4)履行期限不明确的,债务人可以随时履行,债权人也可以随时请求履行,但是应当给对方必要的准备时间。

(5)履行方式不明确的,按照有利于实现合同目的的方式履行。

(6)履行费用的负担不明确的,由履行义务一方负担;因债权人原因增加的履行费用,由债权人负担。

执行政府定价或者政府指导价的,在合同约定的交付期限内政府价格调整时,按照交付时的价格计价。逾期交付标的物的,遇价格上涨时,按照原价格执行;价格下降时,按照新价格执行。逾期提取标的物或者逾期付款的,遇价格上涨时,按照新价格执行;价格下降时,按照原价格执行。

(三)电子合同标的的交付时间

通过互联网等信息网络订立的电子合同,其标的为交付商品并采用快递物流方式交付的,收货人的签收时间为交付时间;其标的为提供服务的,生成的电子凭证或者实物凭证中载明的时间为提供服务时间,若电子凭证没有载明时间或者载明时间与实际提供服务时间不一致的,则以实际提供服务的时间为准;其标的物采用在线传输方式交付的,合同标的物进入对方当事人指定的特定系统且能够检索识别的时间为交付时间。

电子合同的当事人对交付商品或者提供服务的方式、时间另有约定的,按照其约定。

(四)债务人向第三人履行或者第三人向债权人履行债务的履行规则

当事人约定由债务人向第三人履行债务的,债务人未向第三人履行债务或者履行债务不符合约定,应当向债权人承担违约责任。当事人约定由第三人向债权人履行债务的,第三人不履行债务或者履行债务不符合约定,债务人应当向债权人承担违约责任。

三、合同履行中的抗辩权

(一)情事变更抗辩权

合同依法成立后,因不可归责于双方当事人的原因发生了不可预见的情势变更,致使合同的基础丧失或动摇,若继续维持合同原有效力将显失公平,因而允许变更或解除合同。适用情事变更抗辩权应符合以下条件:

(1)须有情势变更的事实,即作为缔约基础和环境的客观情况发生异常变化。

(2)情势变更须发生在合同成立以后、履行完毕之前。

(3)须情势变更的发生不可归责于当事人,即应由不可抗力及其他意外事故引起。

(4)须情势变更是当事人所不可预见的。

(5)须情势变更使履行原合同显失公平。

适用情势变更原则,可以按照当事人的请求,对合同进行变更或解除。

(二)双务合同履行中的抗辩权

双务合同履行中的抗辩权,是指一方当事人依法具有的对抗对方当事人的履行请求,暂时拒绝履行其合同债务的权利。根据《民法典》的规定,双务合同的当事人依法享有以下抗辩权:

1. 同时履行抗辩权

同时履行抗辩权是指当事人互负债务,没有先后履行顺序的,应当同时履行。一方在对方履行之前有权拒绝其履行请求。一方在对方履行债务不符合约定时,有权拒绝其相应的履行请求。

2. 后履行抗辩权

当事人互负债务，有先后履行顺序，应当先履行债务一方未履行的，后履行一方有权拒绝其履行请求。先履行一方履行债务不符合约定的，后履行一方有权拒绝其相应的履行请求。

3. 不安抗辩权

不安抗辩权是指因双务合同负担债务并负先给付义务之人，如果他方的财产在缔约后明显减少，有难为对待给付之虞时，在他方没有进行对待给付或提出担保之前，可拒绝自己的给付。我国《民法典》第527条规定，应当先履行债务的当事人，有确切证据证明对方有下列情形之一的，可以中止履行：①经营状况严重恶化；②转移财产、抽逃资金，以逃避债务；③丧失商业信誉；④有丧失或者可能丧失履行债务能力的其他情形。当事人没有确切证据中止履行的，应当承担违约责任。

当事人行使不安抗辩权的，应当及时通知对方。对方提供适当担保的，应当恢复履行。中止履行后，对方在合理期限内未恢复履行能力且未提供适当担保的，视为以自己的行为表明不履行主要债务，中止履行的一方可以解除合同并可以请求对方承担违约责任。

四、合同保全

合同的保全，是指为防止债务人的责任财产不当减少，以确保无特别担保的一般债权得以清偿而法律允许合同债权人行使某些权利的法律制度。在合同保全制度中，债权人可以行使的权利有代位权和撤销权。

代位权是指因债务人怠于行使其到期债权，对债权人造成损害的，债权人可以向人民法院请求以自己的名义代位行使债务人的债权，但该债权专属于债务人自身的除外。代位权的行使范围以债权人的债权为限。债权人行使代位权的必要费用，由债务人负担。

撤销权是指因债务人放弃其到期债权或者无偿转让财产，对债权人造成损害的，债权人可以请求人民法院撤销债务人的行为。债务人以明显不合理的低价转让财产，对债权人造成损害，并且受让人知道该情形的，债权人也可以请求人民法院撤销债务人的行为。撤销权的行使范围以债权人的债权为限。债权人行使撤销权的必要费用，由债务人负担。撤销权自债权人知道或者应当知道撤销事由之日起1年内行使。自债务人的行为发生之日起5年内没有行使撤销权的，该撤销权消灭。债务人影响债权人的债权实现的行为被撤销的，自始没有法律约束力。

第四节　合同的变更和转让

一、合同的变更

（一）合同变更的概念与形式

广义上合同变更包括合同的主体及内容的变更。狭义的合同变更仅指合同内容的变更，而不包括合同主体的变更。平常所称合同的变更仅指合同内容变更，即指合同成立后，履行完毕之前当事人依法对合同内容所作的修改。合同的变更形式有协议变更和依法变更两种。当事人协商一致，可以变更合同。法律、行政法规规定变更合同应当办理批准、登记等手续的，依照其规定。

(二)对合同变更的内容约定不明确的处理

在合同当事人以协商的形式变更合同的情况下,如果对合同变更的内容约定不明确的,就推定为合同未作变更,当事人仍应当依照原合同的约定履行各自的义务。

二、合同的转让

合同的转让,是指合同当事人依法将合同的全部或者部分权利和义务转让给他人的法律行为。债权人可以将合同的权利全部或者部分转让给第三人,但有下列情形之一的除外:①根据债权性质不得转让;②按照当事人约定不得转让;③依照法律规定不得转让。合同的转让分为权利的转让、义务的转让及权利和义务的全部转让三种。

(一)合同权利的转让

合同权利的转让,是指合同中享有权利的一方当事人通过协议依法将自己的债权全部或者部分转让给另一方当事人以外的第三人的法律行为。债权人转让权利的,应当通知债务人。未经通知,该转让对债务人不发生效力。债权人转让权利的通知不得撤销,但经受让人同意的除外。

债权人转让权利的,受让人取得与债权有关的从权利,但该从权利专属于债权人自身的除外。债务人接到债权转让通知后,债务人对让与人的抗辩,可以向受让人主张。债务人接到债权转让通知时,债务人对让与人享有债权,并且债务人的债权先于转让的债权到期或者同时到期的,债务人可以向受让人主张抵销。

(二)合同义务的转让

合同义务的转让,是指合同中的债务人将自己应当履行的义务转让给第三人的行为。债务人将合同的义务全部或者部分转移给第三人的,应当经债权人同意。

债务人转移义务的,新债务人可以主张原债务人对债权人的抗辩。债务人转移义务的,新债务人应当承担与主债务有关的从债务,但该从债务专属于原债务人自身的除外。

(三)合同权利和义务的全部转让

依照《民法典》的有关规定,当事人若欲将自己在合同中的权利和义务一并转让给第三人的,除了依照《民法典》规定的存有不得转让的情形之外,都可以转让。

法律、行政法规规定转让权利或者转移义务应当办理批准、登记等手续的,依照其规定。

当事人订立合同后合并的,由合并后的法人或者其他组织行使合同权利、履行合同义务。当事人订立合同后分立的,除债权人和债务人另有约定的以外,由分立的法人或者其他组织对合同的权利和义务享有连带债权、承担连带债务。

第五节 合同的权利和义务终止

一、合同权利和义务终止的原因

合同的权利和义务终止,就是合同确立的当事人之间的权利义务关系的消灭。合同终止后,当事人之间的权利义务关系消灭,合同的从债或担保物权消灭,债务人得请求债权人将负债字据返还或销毁。

《民法典》第 557 条规定,债权债务可以因以下法定原因而终止:①债务已经履行;②债务相互抵销;③债务人依法将标的物提存;④债权人免除债务;⑤债权债务同归于一人;⑥法律规定或者当事人约定终止的其他情形。合同解除的,该合同的权利义务关系终止。

二、合同终止后的义务

债权债务终止后,当事人应当遵循诚信等原则,根据交易习惯履行通知、协助、保密、旧物回收等义务。债权债务终止时,债权的从权利同时消灭,但是法律另有规定或者当事人另有约定的除外。

三、合同的解除

(一)合同解除的概念和形式

合同解除,是指合同有效成立后,因当事人一方或双方的意思表示,使基于合同而生的权利义务关系终止的行为。合同解除包括协议解除、约定解除和法定解除。协议解除,是指当事人通过协商而解除合同;约定解除,是指当事人基于合同中约定的解除事由行使解除权而解除合同;法定解除,是指当事人基于法律规定的事由行使解除权而解除合同。《民法典》第563条规定,法定解除事由包括:①因不可抗力致使不能实现合同目的;②在履行期限届满前,当事人一方明确表示或者以自己的行为表明不履行主要债务;③当事人一方迟延履行主要债务,经催告后在合理期限内仍未履行;④当事人一方迟延履行债务或者有其他违约行为致使不能实现合同目的;⑤法律规定的其他情形。

以持续履行的债务为内容的不定期合同,当事人可以随时解除合同,但是应当在合理期限之前通知对方。

(二)合同解除的期限与程序

法律规定或者当事人约定解除权行使期限,期限届满当事人不行使的,该权利消灭。法律没有规定或者当事人没有约定解除权行使期限,自解除权人知道或者应当知道解除事由之日起1年内不行使,或者经对方催告后在合理期限内不行使的,该权利消灭。

当事人一方依法主张解除合同的,应当通知对方。合同自通知到达对方时解除;通知载明债务人在一定期限内不履行债务则合同自动解除,债务人在该期限内未履行债务的,合同自通知载明的期限届满时解除。对方对解除合同有异议的,任何一方当事人均可以请求人民法院或者仲裁机构确认解除行为的效力。当事人一方未通知对方,直接以提起诉讼或者申请仲裁的方式依法主张解除合同,人民法院或者仲裁机构确认该主张的,合同自起诉状副本或者仲裁申请书副本送达对方时解除。

(三)合同解除的法律后果

合同解除后,尚未履行的,终止履行;已经履行的,根据履行情况和合同性质,当事人可以请求恢复原状或者采取其他补救措施,并有权请求赔偿损失。

合同因违约解除的,解除权人可以请求违约方承担违约责任,但是当事人另有约定的除外。

主合同解除后,担保人对债务人应当承担的民事责任仍应当承担担保责任,但是担保合同另有约定的除外。

合同的权利义务关系终止,不影响合同中结算和清理条款的效力。

第六节 违约责任

一、违约责任的概念和违约行为形态

(一)违约责任的概念

违约责任,又称违反合同的民事责任,是指合同当事人不履行合同义务或者履行合同义务不符合约定时所承担的法律后果。英美法将违约责任称为违约的补救,大陆法系则将其包括在债务不履行的民事责任之中,或将之视为债的效力的范畴。

(二)违约行为形态

违约行为形态,是根据违约行为违反合同义务的性质和特点,对违约行为所作的分类。违约行为可以分为以下几种类型:

1. 履行不能

履行不能是指债务人由于某种原因不能履行其债务。一般认为,在认定何种情况为履行不能时,应当依照社会观念来判断,凡是社会观念认为债务事实上无法强制履行的即为履行不能。依不同的标准,可将履行不能区分为以下不同的类型:第一,以是否可归责于债务人为标准,可以分为主观不能和客观不能。第二,以履行不能发生的时间为标准,可将履行不能分为自始不能和嗣后不能。第三,以不能是否持久为标准,可将履行不能分为永久不能和一时不能。第四,以导致履行不能的事实的性质为标准,可将履行不能分为事实不能与法律不能。第五,以全部的范围为标准,可将履行不能分为全部不能和部分不能。

2. 迟延履行

迟延履行又称逾期履行或债务人迟延,是指债务人能够履行,但在履行期届满时并没有履行债务的情形。

迟延履行的构成,必须包括以下要件:第一,存在着有效的债务。第二,债务人能够履行。如债务已不可能履行,则属于履行不能而不构成迟延履行。第三,债务已届履行期。即债务履行期限已届满。第四,债务人未履行债务。第五,债务人须无正当理由。如债务人行使各种抗辩权或债权人未协助等,均为不履行债务有正当理由,此时债务人的不履行不能构成迟延履行。

3. 拒绝履行

拒绝履行又称毁约,是指债务人能够履行其债务而在履行期届满时对债权人表示不履行债务。拒绝履行的构成,必须包括以下要件:第一,必须存在有效债务。第二,债务可能履行。第三,债务人有拒绝履行的表示。债务人作出拒绝履行的表示可以是明示方式或默示方式。第四,债务人出于故意。即债务人明知有债务且未履行而拒绝履行。第五,债务人拒绝履行无正当理由。如果债务人行使同时履行抗辩权、不安抗辩权、先诉抗辩权以及时效完成、期限届满之抗辩权,则为正当权利之行使,不构成拒绝履行。

4. 受领迟延

受领迟延又称债权人迟延,是指债权人对于债务人之履行应当且能够受领而不为或不能受领。受领迟延的构成,必须包括以下要件:第一,债务履行需债权人协助。第二,债务已届履行期。第三,债务人已提出履行或实际履行。第四,债权人不为受领或不能受领。债权人不为受领表现为拒绝受领或需债权人协助时未为协助。债权人不能受领是指因债权人自己的原因在客观上无法受领，如债权人仓库倒塌、场地未准备就绪等。

5. 不完全履行

不完全履行又称不完全给付或不适当履行，是指当事人虽以适当的履行的意思进行了履行，但履行的内容不符合法律的规定或者合同的约定，即不符合债务的本旨。

不完全履行可以分为以下几种类型：第一，量的不完全履行。量的不完全履行是指标的物数量短缺或过多。第二，瑕疵履行。第三，加害给付。第四，履行方法的不完全履行。如本应一次履行却分次履行，本应选择最近运输路线却选择了较远路线履行等。第五，违反附随义务的不完全履行。

6. 预期违约

我国《民法典》第578条规定："当事人一方明确表示或者以自己的行为表明不履行合同义务的，对方可以在履行期限届满前请求其承担违约责任。"该条明确将预期违约规定为一种违约类型。预期违约可以分为明示预期违约与默示预期违约两个基本类型。

明示预期违约，又称明示毁约，是指在合同有效成立后至合同约定的履行期届满前，一方当事人明确肯定地向另一方当事人明示其将不按约定履行合同义务。

默示预期违约，又称默示毁约，是指在履行期到来之前，一方当事人有足够的证据证明对方将不履行或不能履行合同义务，而对方当事人又不愿意提供必要的担保。例如，在履行期限届临前，负有交货义务的一方将作为合同标的的货物以高价转售给第三方，该行为就构成默示预期违约。在默示毁约的情况下，非违约方既可以在履行期到来以后要求毁约方实际履行或承担违约责任，也可以不必等待履行期限的到来而直接要求毁约方实际履行或承担违约责任。

二、违约责任的归责原则

归责原则，是指基于一定的归责事由而确定行为人是否应当承担责任的法律原则。我国《民法典》确定的违约责任的归责原则是严格责任原则。在一般情况下，违约责任的构成要件仅为违约行为。

三、违约责任的承担方式

根据《民法典》的有关规定，承担违约责任的方式有继续履行、采取补救措施和赔偿损失、支付违约金或者定金等。

(一)继续履行

继续履行，是违约方不履行合同债务或履行合同债务不符合约定时，由法院强制违约方依照合同的规定继续履行的责任形式。强制继续履行是一种补救方法，是否请求继续履行是当事人的权利，强制继续履行可以与支付违约金、支付赔偿金、定金责任并存，但不得与解除合同并存。

(二)合同解除

合同解除是合同的权利和义务终止的原因之一，因此，合同解除的法律效果是使合同关系终止。

(三)损害赔偿

赔偿损失是指违约方不履行合同而给他方造成损失时，为了弥补受害人的损失而向受害人支付一定数额金钱的责任方式。损害赔偿具有补偿性，即填补、弥补对方当事人因此所受的损失。损害赔偿责任的承担，必须具备以下要件：第一，须有违约行为。第二，须受害人有损失。第三,违约行为与损失之间有因果关系。

我国现行法在违约损害赔偿上采纳的一个基本原则就是完全赔偿原则。完全赔偿原则是指违约方应赔偿受害人因其违约行为所遭受的全部损失。违约给当事人造成的损失包括积极损失和消极损失。积极损失就是可得利益损失。由于一方当事人违反合同以后,另一方当事人不仅可能遭受现有财产的损失,而且可能遭受可得利益损失,对于这些损失,违约方当事人都应当赔偿。

(四)支付违约金

违约金,是指当事人在合同中约定的或者由法律规定的,一方违约时应当向对方支付一定数量的货币。当事人可以约定一方违约时应当根据违约情况向对方支付一定数额的违约金,也可以约定因违约产生的损失赔偿额的计算方法。约定的违约金低于造成的损失的,当事人可以请求人民法院或者仲裁机构予以增加;约定的违约金过分高于造成的损失的,当事人可以请求人民法院或者仲裁机构予以适当减少。当事人就迟延履行约定违约金的,违约方支付违约金后,还应当履行债务。

(五)给付定金

定金,是指合同当事人为了确保合同的履行,依据双方约定由当事人一方在合同订立时或者在订立后履行前,按照合同金额的一定比例,预先给付对方当事人的金钱或有价证券。

当事人可以约定一方向对方给付定金作为债权的担保。定金合同自实际交付定金时成立。定金的数额由当事人约定;但是,不得超过主合同标的额的20%,超过部分不产生定金的效力。实际交付的定金数额多于或者少于约定数额的,视为变更约定的定金数额。

债务人履行债务的,定金应当抵作价款或者收回。给付定金的一方不履行债务或者履行债务不符合约定,致使不能实现合同目的的,无权请求返还定金;收受定金的一方不履行债务或者履行债务不符合约定,致使不能实现合同目的的,应当双倍返还定金。

当事人既约定违约金,又约定定金的,一方违约时,对方可以选择适用违约金或者定金条款。定金不足以弥补一方违约造成的损失的,对方可以请求赔偿超过定金数额的损失。

四、违约行为与侵权行为的竞合

违约行为与侵权行为的竞合,是指当事人一方的同一行为既构成违约行为也构成侵权行为。因当事人一方的违约行为,侵害对方人身、财产权益的,受损害方有权选择要求其承担违约责任或者依照其他法律要求其承担侵权责任。

第七节　典型合同概览

一、买卖合同

买卖合同,是出卖人转移标的物的所有权于买受人,买受人支付价款的合同。依约定应交付标的物并转移标的物所有权的一方称为出卖人,应支付价款的一方称为买受人。买卖合同具有以下法律特征:①买卖合同是一方当事人转移标的物的所有权、另一方当事人支付价款的合同;②买卖合同是双务合同;③买卖合同是有偿合同;④买卖合同是诺成合同;⑤买卖合同为不要式合同。

标的物的所有权自标的物交付时起转移,但法律另有规定或者当事人另有约定的除外。

标的物毁损、灭失的风险,在标的物交付之前由出卖人承担,交付之后由买受人承担,但法律另有规定或者当事人另有约定的除外。

在我国《民法典》中,特种买卖合同包括分期付款买卖合同、样品买卖合同、试用买卖合同、招标投标买卖合同和拍卖合同等。

分期付款买卖是一种特殊的买卖形式,是买受人将其应付的总价款按照一定期限分批向出卖人支付的买卖。分期付款买卖在我国常常用于房屋及高档消费品的买卖。在分期付款买卖中,为保护买受人的利益,只有当买受人未支付到期价款的金额达到全部价款 1/5 的,出卖人方可要求买受人支付全部价款或者解除合同。出卖人解除合同的,可以向买受人要求支付该标的物的使用费。

样品买卖,又称货样买卖,是指当事人双方约定一定的样品,出卖人交付的标的物应与样品具有相同品质的买卖。

试用买卖,是指当事人双方约定,于合同成立时,出卖人将标的物交付买受人试验或检验,并以买受人在约定期限内对标的物的认可为生效要件的买卖。这种买卖常见于某些新产品的销售。

招标投标买卖,是指由招标人向数人或公众发出招标通知或招标公告,在诸多投标中选择自己最满意的投标人并与之订立买卖合同的方式。

拍卖有广义和狭义之分。广义的拍卖是指竞争买卖,即众多欲订约的人通过竞争与出卖人订立合同,购买物品,它包括狭义的拍卖和投标拍卖两种情况。其中,狭义的拍卖,是指对物品的拍卖,即以公开竞价的方法,将标的物的所有权转移给最高应价者的买卖方式。从拍卖的方式上来说,广义的拍卖泛指以竞争方式进行的缔约,包括拍卖和招标。

二、供用电、水、气、热力合同

供用电、水、气、热力合同是供方向用方供电、水、气、热力,用方支付价款的合同。本类合同的供方主体具有特殊性,其标的物是由有关单位垄断经营的,因此,法律需要对其予以特别的规制。供用电、水、气、热力合同为诺成性双务有偿合同,自当事人双方意思表示一致时即可成立生效;合同成立生效后,双方均负有对待给付的义务;任何一方从对方取得利益都须支付相应的财产代价。

三、赠与合同

赠与合同是指赠与人将自己的财产无偿给予受赠人,受赠人表示接受赠与的合同。就赠与合同的标的物而言,赠与物并不仅限于有体物所有权,土地使用权、股权、债权等无体物以及将来物都可以成为赠与合同的标的物。赠与合同具有以下法律特征:①赠与合同为单务、无偿合同;②赠与合同为诺成合同;③赠与合同原则上为不要式合同,但在当事人有特约以及不动产赠与中,赠与合同为要式合同。

四、借款合同

借款合同是借款人向贷款人借款,到期返还借款并支付利息的合同。借款合同采用书面形式,但自然人之间借款另有约定的除外。借款合同的内容包括借款种类、币种、用途、数额、利率、期限和还款方式等条款。借款合同具有以下法律特征:①借款合同是转让货币所有权的合同;②借款合同原则上是双务、诺成合同;③借款合同为有偿合同。

但自然人之间的借款合同为实践性合同，自贷款人提供借款时生效。并且，除当事人有明确约定外，自然人之间的借款合同为单务、无偿、不要式合同。

五、保证合同

保证合同是为保障债权的实现，保证人和债权人约定，当债务人不履行到期债务或者发生当事人约定的情形时，由保证人履行债务或者承担责任的合同。保证合同是主债权债务合同的从合同。主债权债务合同无效的，保证合同无效，但是法律另有规定的除外。保证合同被确认无效后，债务人、保证人、债权人有过错的，应当根据其过错各自承担相应的民事责任。保证的方式包括一般保证和连带责任保证。当事人在保证合同中对保证方式没有约定或者约定不明确的，按照一般保证承担保证责任。

六、租赁合同

租赁合同是指当事人一方将物交付另一方使用、收益，另一方支付租金，并于使用、收益完毕后归还原物的协议。租赁合同具有以下法律特征：①租赁合同是转让财产使用权、收益权的合同；②租赁合同是双务、诺成合同；③租赁合同为有偿合同；④租赁合同是临时性和继续性合同；⑤租赁合同兼具债权与物权特征。

七、融资租赁合同

融资租赁合同是出租人根据承租人对出卖人、租赁物的选择，向出卖人购买租赁物，提供给承租人使用，承租人支付租金的合同。融资租赁合同集融资与融物因素于一身，涉及买卖、租赁两种合同及出卖人、出租人、承租人三方当事人，具有复杂的法律结构和权利义务关系，并发挥融资、担保、使用等多项经济功能，成为不同于传统有名合同的一种新型合同。

八、保理合同

保理合同是应收账款债权人将现有的或者将有的应收账款转让给保理人，保理人提供资金融通、应收账款管理或者催收、应收账款债务人付款担保等服务的合同。

九、承揽合同

承揽合同是承揽人按照定作人的要求完成工作、交付工作成果，由定作人支付报酬的合同。按要求完成工作、交付工作成果并收取酬金的一方，为承揽人；提出工作要求、按约定接受工作成果并给付酬金的一方，为定作人。承揽合同具有以下法律特征：①承揽合同以一定工作的完成为目的；②承揽合同的标的物具有特定性；③承揽人完成工作的独立性；④承揽合同是诺成合同、不要式合同、有偿合同、双务合同。

十、建设工程合同

建设工程合同是承包人进行工程建设、发包人支付价款的合同。建设工程合同包括工程勘察、设计、施工合同。建设工程合同具有以下法律特征：①建设工程合同主体的特殊性，发包人只能是经批准投资建设工程的建设单位，承包人只能是具有相应资质的勘察、设计、施工单位。②建设工程合同的标的是建设工程。③国家管理的特殊性。合同的签订具有严格的程序性，合同的订立和履行受国家的严格管理和监督。④建设工程合同应当采用书面形式。建设工程合同一般通过招标投标订立，发包人可以与总承包人订立建设工程合同，也可以分别与勘察人、设计人、施工人订立勘察、设计、施工承包合同。但发包人不得将应当由一个承包人完成的建设工程肢解成若干部分发包给几个承包人。

十一、运输合同

运输合同，又称运送合同，是承运人将旅客及其行李或货物运送到约定地点，旅客、托运人或收货人支付票款或运费的合同。运输包括货物运输和旅客运输。此外，从运输所经途径来看，运输可分为陆上运输、海上运输与空中运输，由于海上运输有海商法予以适用，故运输合同不包括海上运输。运输合同具有以下法律特征：①运输合同为双务有偿合同；②运输合同为诺成合同；③运输合同一般为格式合同；④运输合同的承运人一方依法负有强制缔约义务。《民法典》第 810 条规定："从事公共运输的承运人不得拒绝旅客、托运人通常、合理的运输要求。"该规定即为承运人的强制缔约义务。

十二、技术合同

技术合同是当事人就技术开发、转让、咨询或者服务订立的确立相互之间权利和义务的合同。订立技术合同，应当有利于科学技术的进步，加速科学技术成果的转化、应用和推广。技术合同为诺成性、双务有偿合同。技术合同包括技术开发合同、技术转让合同、技术咨询合同和技术服务合同。技术开发合同应当采用书面形式订立。

十三、保管合同

保管合同，又称寄托合同、寄存合同，是保管人保管寄存人交付的保管物，并返还该物的合同。保管合同具有以下法律特征：①保管合同的标的是保管行为；②保管合同为实践性合同；③保管合同一般为无偿合同，但当事人约定保管费的，保管合同为有偿合同；④保管合同为双务、不要式合同。

十四、仓储合同

仓储合同是保管人储存存货人交付的仓储物，存货人支付仓储费的合同。仓储合同具有保管合同的性质，其标的也是保管行为，因此，法律对仓储合同没有规定的，适用保管合同的规定。但仓储合同又与保管合同不同，其主要有以下特殊性：①仓储物为动产，而不能是不动产；②仓储合同为诺成性合同；③仓储合同为有偿合同。

十五、委托合同

委托合同，也称委任合同，是委托人与受托人约定，由受托人处理委托人事务的合同。在委托合同关系中，委托他人为自己处理事务的人称为委托人，接受委托的人为受托人。委托合同具有以下法律特征：①在委托合同中，受托人依据委托人的授权和指示处理事务；②委托合同建立在委托人与受托人相互信任的基础之上；③委托合同是诺成合同；④委托合同是不要式合同；⑤委托合同是双务合同，委托人和受托人均负有义务；⑥委托合同可以是有偿的，也可以是无偿的。

十六、物业服务合同

物业服务合同是物业服务人在物业服务区域内，为业主提供建筑物及其附属设施的维修养护、环境卫生和相关秩序的管理维护等物业服务，业主支付物业费的合同。物业服务人包括物业服务企业和其他管理人。

十七、行纪合同

行纪合同是行纪人以自己的名义为委托人从事贸易活动，委托人支付报酬的合同。在行纪合同关系中，委托对方为自己从事贸易活动，并向对方给付报酬的当事人为委托人；接受委托为对方从事贸易活动，并获得对方报酬的当事人为行纪人。行纪合同的主要法律特征有：①行纪人以自己的名义为委托人办理事务；②行纪合同是双务合同、有偿合同、诺成合同、不要式合同。

十八、中介合同

中介合同是中介人向委托人报告订立合同的机会或者提供订立合同的媒介服务，委托人支付报酬的合同。中介人应当就有关订立合同的事项向委托人如实报告。中介人故意隐瞒与订立合同有关的重要事实或者提供虚假情况，损害委托人利益的，不得请求支付报酬并应当承担赔偿责任。

十九、合伙合同

合伙合同是两个以上合伙人为了共同的事业目的，订立的共享利益、共担风险的协议。合伙人应当按照约定的出资方式、数额和缴付期限，履行出资义务。合伙人的出资、因合伙事务依法取得的收益和其他财产，属于合伙财产。合伙合同终止前，合伙人不得请求分割合伙财产。

练习题

一、复习思考题

1. 什么是合同，它有哪些法律特征？
2. 合同的形式和内容有哪些？
3. 什么是要约，它的生效条件和失效情形有哪些？
4. 什么是承诺，承诺的生效条件有哪些？
5. 合同的生效条件有哪些？
6. 合同无效或合同被撤销后的法律后果有哪些？
7. 合同约定不明的履行规则有哪些？
8. 什么是抗辩权，双务合同的抗辩权有哪几种？
9. 合同权利和义务终止的原因有哪些？
10. 合同的法定解除事由有哪些？
11. 违约责任的承担方式有哪些？

二、案例分析题

某商场新进一种学习机，价格定为2 598元。柜台组长在制作价签时，误将2 598元写为598元。李某在浏览该柜台时发现该学习机物美价廉，于是用信用卡支付1 196元购买了两台学习机。一周后，商店盘点时，发现少了4 000元，经查是柜台组长标错价签所致。由于李某用信用卡结算，所以商店查出是李某少付了学习机货款，找到李某，提出或补交4 000元或退回学习机，商店退还1 196元。李某认为彼此的买卖关系已经成立并交易完毕，商店不能反悔，拒绝商店的要求。商店无奈只得向人民法院起诉，要求李某返还4 000元或学习机。

问题：

(1)商店能否要求李某返还4 000元或学习机？理由是什么？

(2)本案应如何处理？

第八章

侵权责任法律制度

学习目标

通过本章学习，你应能够：

掌握侵权行为的概念和分类，侵权行为的构成要件；

了解侵权责任的归责原则；

全面认识和理解侵权责任构成与责任方式；

掌握侵权责任主体的特殊规定；

掌握各种特殊侵权责任。

思政目标

能够正确理解侵权责任法所具有的保护民事权益、惩恶扬善、定纷止争的功能；通过对侵权责任法的学习，认识到“民主、文明、和谐”的社会主义核心价值观，认识到侵权责任法在维护公民合法权益、促进社会和谐稳定中的重要作用。

第一节　侵权责任概述

一、侵权行为的概念、特征和分类

（一）侵权行为的概念和特征

侵权行为是指行为人由于过错侵害他人的财产权利和人身权利，依法应当承担民事责任的不法行为，以及依法律特别规定应当承担民事责任的其他侵害行为。它具有以下法律特征：

（1）侵权行为是违反民法规范，侵害了他人合法权益的不法行为。

（2）侵权行为是行为人因主观过错而实施的非法行为。

（3）侵权行为是给他人的合法权益造成了某种实际损害的行为。

（4）侵权行为是依法应当承担民事责任的行为。

（二）侵权行为的分类

1. 一般侵权行为与特殊侵权行为

根据《民法典》的有关规定并结合侵权行为的归责原则理论，可将侵权行为分为一般侵权行为与特殊侵权行为。一般侵权行为是指行为人基于过错致人损害而应承担民事责任的行为。特殊侵权行为是指行为人虽无过错，但根据法律规定强使其承担民事责任的行为。一般侵权行为为侵权行为的常态，司法实践中最为多见。特殊侵权行为为侵权行为的例外，只有在法律有特别规定的情况下，特殊侵权行为才能成立。

2. 侵害财产权行为与侵害人身权行为

根据侵害对象的不同，可将侵权行为分为侵害财产权的行为与侵害人身权的行为。民事权利总体上可分为财产权和人身权两大类。凡侵害民事主体财产权利的，为侵害财产权的行为，如损坏他人财产的行为。凡侵害民事主体人身权利的，为侵害人身权的行为，如侵害他人名誉权的行为。也有的侵权行为既侵害他人的财产权也侵害他人的人身权。如对知识产权的侵害，就可能涉及知识产权中的财产权与人身权同时被侵害。

3. 单独侵权行为与共同侵权行为

根据致害人人数的多少，可将侵权行为分为单独侵权行为与共同侵权行为。单独侵权行为，是指致害人仅为一人的侵权行为。共同侵权行为，是指致害人为两人或两人以上的侵权行为。主体的复合性、行为的共同性、结果的单一性，是共同侵权行为的特征。单独侵权行为在民事责任的承担上较为简单，共同侵权行为由于致害人在两人以上，故在确定共同侵权责任的同时，还需解决共同致害人相互间责任的划分问题。一般情况下，共同致害人应对受害人负连带赔偿责任。

4. 积极侵权行为和消极侵权行为

根据侵权行为的性质不同，可将侵权行为分为积极侵权行为与消极侵权行为。积极侵权行为，是指行为人以作为的形式致人损害的行为。消极侵权行为，是指行为人以不作为的形式致人损害的行为。实践中，侵权行为以积极侵权行为居多，消极侵权行为只有某些负有特定义务的人才可能构成。

二、侵权行为的构成要件

（一）一般侵权行为的构成要件

1. 违法行为

违法行为是指行为人实施的行为违反了法律的禁止性规定或强制性规定。

2. 损害事实

损害事实，既包括对公共财产的损害，也包括对私人财产的损害，同时还包括对非财产性权利的损害。对财产的损害，包括直接损害与间接损害。直接损害又称积极的财产损失，是指受害人现有实际财产的减少。间接损害又称消极财产损失，是指受害人可得利益的减少。对人身的损害包括对生命、健康、名誉、荣誉等损害，而且对人身的损害往往也会生成一定的财产损失。

3. 因果关系

侵权行为中的因果关系是指违法行为与损害结果之间的客观联系，即特定的损害事实是否为行为人的行为必然引起的结果。只有当二者间存在因果关系时，行为人才应承担相应的民事责任。因果关系是复杂多变的，往往一个损害后果的出现是由多个原因引起的，既可能有主要原因与次要原因，也包括直接原因与间接原因。

4. 主观过错

过错是侵权行为构成要件中的主观因素，反映行为人实施侵权行为的心理状态。过错根据其类型分为故意与过失。故意，是指行为人预见到自己的行为可能产生的损害结果，仍希望其发生或放任其发生。过失，是指行为人对其行为结果应预见或能够预见而因疏忽未预见，或虽已预见，但因过于自信，以为其不会发生，以致造成损害后果。根据法律对行为人要求的注意程度不同，过失又分为一般过失与重大过失。一般过失是指行为人没有违反法律对一般人的注意程度的要求，但没有达成法律对具有特定身份人的较高要求。重大过失是指行为人不仅没有达到法律对他的较高要求，甚至连法律对普通人的一般要求也未达到。在侵权行为中，一般而言，对过错程度的划分并不影响民事责任的成立与否，也不会影响赔偿责任的大小，因为只要行为人主观上有过错，无论其是故意还是过失，是一般过失还是重大过失都应承担赔偿责任，其赔偿的范围由损害的结果决定，不会因其过错较轻而减轻其赔偿。

(二)特殊侵权行为的构成要件

一般侵权行为是四个构成要件，但对特殊侵权行为而言，唯一的区别即在于第四个要件不需要具备，但前三个要件都是一样要求的。

三、侵权责任的概念和特征

侵权责任，即侵权行为的民事责任，是指侵权行为人因实施了侵害他人财产权利或人身权利的不法行为或依法律的直接规定而应当承担的民事法律责任。它具有以下法律特征：

(1)侵权责任是民事主体因违反了法定义务而应承担的法律后果，是一种民事法律关系。

(2)侵权责任主要是财产责任。

(3)侵权责任是以国家强制力保障其实施的法律责任。

第二节　侵权责任构成与责任方式

一、侵权责任的归责原则

(一)过错责任原则

《民法典》规定：“行为人因过错侵害他人民事权益造成损害的，应当承担侵权责任。”这就是说，造成损害是否要承担赔偿责任，要看行为人是否有过错，有过错就有责任，无过错就无责任。承担过错责任要满足三个条件：一是行为人实施了某一行为，这里的“行为”包括作为和不作为；二是行为人有过错，这里的“过错”包括故意和过失；三是受害人的民事权益受到损害。

(二)过错推定责任原则

《民法典》规定：“根据法律规定推定行为人有过错，行为人不能证明自己没有过错的，应当承担侵权责任。”过错推定实质上就是从侵害事实中推定行为人有过错，免除了受害人对过错的举证责任，加重了行为人的证明责任，行为人不能证明自己没有过错的，就要承担责任。过错推定责任是对行为人的一种较重的责任，不宜被滥用，要由法律对适用范围作严格限定。例如对机动车交通事故责任的认定，就采用过错推定责任。

(三)无过错责任原则

《民法典》规定：“行为人造成他人民事权益损害，不论行为人有无过错，法律规定应当承担侵权责任的，依照其规定。”这就是说，在法律规定适用无过错原则的案件中，法官在判断被告应否承担侵权责任时，只要查明被告的行为与原告的损害之间存在因果关系，即可判决被告承担责任。

二、共同侵权行为概念及其责任追究

(一)共同侵权行为的概念

所谓共同侵权行为，是指二人以上共同不法侵害他人权益造成损害的行为。构成共同侵权行为需要满足四个要件：①主体的复数性。必须是二人以上，行为人可以是自然人，也可以是法人；②共同实施了侵权行为，这里的“共同”可以是共同故意，也可以是共同过失；③侵权行为与损害后果之间具有因果关系；④受害人有损害。

(二)共同侵权行为的责任追究

对于共同侵权行为的责任追究，《民法典》分别作了规定：

(1)二人以上共同实施侵权行为，造成他人损害的，应当承担连带责任。

(2)教唆、帮助他人实施侵权行为的，应当与行为人承担连带责任。教唆、帮助无民事行为能力人、限制民事行为能力人实施侵权行为的，应当承担侵权责任；该无民事行为能力人、限制民事行为能力人的监护人未尽到监护责任的，应当承担相应的责任。

(3)二人以上实施危及他人人身、财产安全的行为，其中一人或者数人的行为造成他人损害，能够确定具体侵权人的，由侵权人承担责任；不能确定具体侵权人的，行为人承担连带责任。

(4)二人以上分别实施侵权行为造成同一损害，每个人的侵权行为都足以造成全部损害的，行为人承担连带责任。

(5)二人以上分别实施侵权行为造成同一损害，能够确定责任大小的，各自承担相应的责任；难以确定责任大小的，平均承担赔偿责任。

对于连带责任，《民法典》第178条规定：“二人以上依法承担连带责任的，权利人有权请求部分或者全部连带责任人承担责任。连带责任人的责任份额根据各自责任大小确定；难以确定责任大小的，平均承担责任。实际承担责任超过自己责任份额的连带责任人，有权向其他连带责任人追偿。连带责任，由法律规定或者当事人约定。”

三、承担侵权责任的方式

承担侵权责任的方式主要有：①停止侵害；②排除妨碍；③消除危险；④返还财产；⑤恢复原状；⑥赔偿损失；⑦赔礼道歉；⑧消除影响、恢复名誉。

以上承担侵权责任的方式，可以单独适用，也可以合并适用。

四、损害赔偿

(一)人身侵害赔偿

人身侵害赔偿是指行为人侵犯他人的生命健康权益，造成致伤、致残、致死等后果，承担金钱赔偿责任的一种民事法律救济制度。《民法典》规定：“侵害他人造成人身损害的，应当赔偿医疗费、护理费、交通费、营养费、住院伙食补助费等为治疗和康复支出的合理费用，以及因误工减少的收入。造成残疾的，还应当赔偿辅助器具费和残疾赔偿金；造成死亡的，还应当赔偿丧葬费和死亡赔偿金。”“因同一侵权行为造成多人死亡的，可以以相同数额确定死亡赔偿金。”

（二）财产损害赔偿

《民法典》规定："侵害他人财产的，财产损失按照损失发生时的市场价格或者其他合理方式计算。"也就是说，因侵权行为导致财产损失的，要以财产损失发生的那个时间，该财产在市场上的价格为计算标准。如果是完全毁损、灭失的，要按照该物在市场上所对应的标准全价计算；如果该物已经使用多年的，其全价应当是市场相应的折旧价格。如果该财产没有在市场上流通，没有对应价格的，可以其他方式计算，如家传的古董，没有市场价格，就可以按照有关部门的评估价格计算。

《民法典》还规定："侵害他人人身权益造成财产损失的，按照被侵权人因此受到的损失或者侵权人因此获得的利益赔偿；被侵权人因此受到的损失以及侵权人因此获得的利益难以确定，被侵权人和侵权人就赔偿数额协商不一致，向人民法院提起诉讼的，由人民法院根据实际情况确定赔偿数额。"

（三）精神损害赔偿

精神损害赔偿是受害人因人格利益或身份利益受到损害或者遭受精神痛苦而获得的金钱赔偿。《民法典》规定："侵害自然人人身权益造成严重精神损害的，被侵权人有权请求精神损害赔偿。因故意或者重大过失侵害自然人具有人身意义的特定物造成严重精神损害的，被侵权人有权请求精神损害赔偿。"人身权益包括生命权、健康权、姓名权、名誉权、肖像权、隐私权、监护权等。对如何确定精神损害赔偿金，法律没作出统一规定，应当由法官根据具体案情，对侵权人的主观过错、被侵权人遭受精神痛苦的程度、侵权人的经济状况等因素进行综合考虑后确定。

五、见义勇为者的损害的责任承担

在日常生活中，见义勇为而使自己的利益受到损害的情况为数不少。为了弘扬社会主义良好风尚，鼓励和支持舍己为人的高尚行为，《民法典》第183条规定："因保护他人民事权益使自己受到损害的，由侵权人承担民事责任，受益人可以给予适当补偿。没有侵权人、侵权人逃逸或者无力承担民事责任，受害人请求补偿的，受益人应当给予适当补偿。"

六、受害人和行为人对损害的发生都没有过错的责任承担

侵权责任的承担是以行为人有过错为基本构成要件的。行为人对损害发生没有过错的，除法律规定承担无过错责任的外，一般不承担责任。但在现实生活中，有些损害的发生尽管行为人无过错，但毕竟由其引起，如果严格按无过错即无责任的原则处理，受害人就要自担损失，这不仅有失公平，也不利于和谐人际关系的建立。为此，《民法典》规定："受害人和行为人对损害的发生都没有过错的，依照法律的规定由双方分担损失。"

七、侵权人可以不承担责任或减轻责任的情形

《民法典》规定，在下列情况下，侵权人可以减轻或不承担责任：

（1）被侵权人对同一损害的发生或者扩大有过错的，可以减轻侵权人的责任。

（2）损害是因受害人故意造成的，行为人不承担责任。

（3）损害是因第三人造成的，第三人应当承担侵权责任。

（4）自愿参加具有一定风险的文体活动，因其他参加者的行为受到损害的，受害人不得请求其他参加者承担侵权责任；但是，其他参加者对损害的发生有故意或者重大过失的除外。

(5)因不可抗力不能履行民事义务的,不承担民事责任。法律另有规定的,依照其规定。不可抗力是不能预见、不能避免且不能克服的客观情况。

(6)因正当防卫造成损害的,不承担民事责任。正当防卫超过必要的限度,造成不应有的损害的,正当防卫人应当承担适当的民事责任。

(7)因紧急避险造成损害的,由引起险情发生的人承担责任。危险由自然原因引起的,紧急避险人不承担民事责任,可以给予适当补偿。紧急避险采取措施不当或者超过必要的限度,造成不应有的损害的,紧急避险人应当承担适当的民事责任。

(8)合法权益受到侵害,情况紧迫且不能及时获得国家机关保护,不立即采取措施将使其合法权益受到难以弥补的损害的,受害人可以在保护自己合法权益的必要范围内采取扣留侵权人的财物等合理措施;但是,应当立即请求有关国家机关处理。受害人采取的措施不当造成他人损害的,应当承担侵权责任。

(9)法律对不承担责任或者减轻责任的情形另有规定的,依照其规定。

第三节 侵权责任主体的特殊规定

一、监护人承担侵权责任

无民事行为能力人、限制民事行为能力人造成他人损害的,由监护人承担侵权责任。监护人尽到监护责任的,可以减轻其侵权责任。有财产的无民事行为能力人、限制民事行为能力人造成他人损害的,从本人财产中支付赔偿费用;不足部分,由监护人赔偿。

无民事行为能力人、限制民事行为能力人造成他人损害,监护人将监护职责委托给他人的,监护人应当承担侵权责任;受托人有过错的,承担相应的责任。

二、完全民事行为能力人对自己的行为暂时没有意识或者失去控制造成他人损害有过错的侵权责任

完全民事行为能力人对自己的行为暂时没有意识或者失去控制造成他人损害有过错的,应当承担侵权责任;没有过错的,根据行为人的经济状况对受害人适当补偿。完全民事行为能力人因醉酒、滥用麻醉药品或者精神药品对自己的行为暂时没有意识或者失去控制造成他人损害的,应当承担侵权责任。

三、用人单位的责任承担

用人单位的工作人员因执行工作任务造成他人损害的,由用人单位承担侵权责任。用人单位承担侵权责任后,可以向有故意或者重大过失的工作人员追偿。

劳务派遣期间,被派遣的工作人员因执行工作任务造成他人损害的,由接受劳务派遣的用工单位承担侵权责任;劳务派遣单位有过错的,承担相应的责任。

四、个人因劳务造成他人损害或者自己受到伤害的责任主体

个人之间形成劳务关系,提供劳务一方因劳务造成他人损害的,由接受劳务一方承担侵权责任。接受劳务一方承担侵权责任后,可以向有故意或者重大过失的提供劳务一方追偿。提供劳务一方因劳务受到损害的,根据双方各自的过错承担相应的责任。

提供劳务期间，因第三人的行为造成提供劳务一方损害的，提供劳务一方有权请求第三人承担侵权责任，也有权请求接受劳务一方给予补偿。接受劳务一方补偿后，可以向第三人追偿。

五、承揽关系中的侵权责任主体

承揽人在完成工作过程中造成第三人损害或者自己损害的，定作人不承担侵权责任。但是，定作人对定作、指示或者选任有过错的，应当承担相应的责任。

六、网络用户、网络服务提供者的网络侵权责任

网络用户、网络服务提供者利用网络侵害他人民事权益的，应当承担侵权责任。法律另有规定的，依照其规定。网络用户利用网络服务实施侵权行为的，权利人有权通知网络服务提供者采取删除、屏蔽、断开链接等必要措施。通知应当包括构成侵权的初步证据及权利人的真实身份信息。

网络服务提供者接到通知后，应当及时将该通知转送相关网络用户，并根据构成侵权的初步证据和服务类型采取必要措施；未及时采取必要措施的，对损害的扩大部分与该网络用户承担连带责任。

权利人因错误通知造成网络用户或者网络服务提供者损害的，应当承担侵权责任。法律另有规定的，依照其规定。

网络用户接到转送的通知后，可以向网络服务提供者提交不存在侵权行为的声明。声明应当包括不存在侵权行为的初步证据及网络用户的真实身份信息。网络服务提供者接到声明后，应当将该声明转送发出通知的权利人，并告知其可以向有关部门投诉或者向人民法院提起诉讼。网络服务提供者在转送声明到达权利人后的合理期限内，未收到权利人已经投诉或者提起诉讼通知的，应当及时终止所采取的措施。

网络服务提供者知道或者应当知道网络用户利用其网络服务侵害他人民事权益，未采取必要措施的，与该网络用户承担连带责任。

七、安全保障义务的责任主体

宾馆、商场、银行、车站、机场、体育场馆、娱乐场所等经营场所、公共场所的经营者、管理者或者群众性活动的组织者，未尽到安全保障义务，造成他人损害的，应当承担侵权责任。因第三人的行为造成他人损害的，由第三人承担侵权责任；经营者、管理者或者组织者未尽到安全保障义务的，承担相应的补充责任。经营者、管理者或者组织者承担补充责任后，可以向第三人追偿。

八、教育机构的责任承担

无民事行为能力人在幼儿园、学校或者其他教育机构学习、生活期间受到人身损害的，幼儿园、学校或者其他教育机构应当承担责任，但能够证明尽到教育、管理职责的，不承担侵权责任。

限制民事行为能力人在学校或者其他教育机构学习、生活期间受到人身损害，学校或者其他教育机构未尽到教育、管理职责的，应当承担侵权责任。

无民事行为能力人或者限制民事行为能力人在幼儿园、学校或者其他教育机构学习、生活

期间，受到幼儿园、学校或者其他教育机构以外的第三人人身损害的，由第三人承担侵权责任；幼儿园、学校或者其他教育机构未尽到管理职责的，承担相应的补充责任。幼儿园、学校或者其他教育机构承担补充责任后，可以向第三人追偿。

第四节 各类特殊侵权责任

一、产品责任

(一)产品责任和产品责任的责任主体

产品责任，是指产品存在缺陷发生侵权，造成他人损害，生产者、销售者等应当承担的侵权责任。

《民法典》对产品责任的责任主体的规定如下：

(1)因产品存在缺陷造成他人损害的，生产者应当承担侵权责任。

(2)因产品存在缺陷造成他人损害的，被侵权人可以向产品的生产者请求赔偿，也可以向产品的销售者请求赔偿。产品缺陷由生产者造成的，销售者赔偿后，有权向生产者追偿。因销售者的过错使产品存在缺陷的，生产者赔偿后，有权向销售者追偿。

(3)因运输者、仓储者等第三人的过错使产品存在缺陷，造成他人损害的，产品的生产者、销售者赔偿后，有权向第三人追偿。

(二)有缺陷产品的警示、召回等补救措施

《民法典》规定：“产品投入流通后发现存在缺陷的，生产者、销售者应当及时采取停止销售、警示、召回等补救措施；未及时采取补救措施或者补救措施不力造成损害扩大的，对扩大的损害也应当承担侵权责任。依据前款规定采取召回措施的，生产者、销售者应当负担被侵权人因此支出的必要费用。”

“警示”是指对产品有关的危险或产品的正确使用方式等注意事项给予说明、提示，使使用者在使用该产品时注意产品存在的危险或者潜在可能发生的危险，防止或者减少损害。“召回”是指产品的生产者、销售者发现其生产或者销售的产品存在缺陷，对已经流入市场的缺陷产品进行换货、退货、更换零配件等，及时防止或者减少缺陷产品所造成的危害。

(三)产品责任的惩罚性赔偿

《民法典》规定：“明知产品存在缺陷仍然生产、销售，或者没有依据前条规定采取有效补救措施，造成他人死亡或者健康严重损害的，被侵权人有权请求相应的惩罚性赔偿。”惩罚性赔偿是加害人给受害人超过其实际损害数额的金钱赔偿，具有补偿、惩罚、遏制等功能。需要说明的是，并非缺陷产品造成的任何损害都适用惩罚性赔偿。惩罚性赔偿的适用有两个条件：第一，侵权人明知产品存在缺陷，或者没有依据前条规定采取有效补救措施。第二，缺陷产品造成被侵权人死亡或者健康受到严重损害。

二、机动车交通事故责任

《民法典》对机动车交通事故责任的认定作如下规定：

(1)机动车发生交通事故造成损害的，依照《道路交通安全法》的有关规定承担赔偿责任。这就是说，对机动车交通事故的处理还应适用《道路交通安全法》的有关规定。

(2)因租赁、借用等情形机动车所有人、管理人与使用人不是同一人时，发生交通事故造成

损害，属于该机动车一方责任的，由机动车使用人承担赔偿责任；机动车所有人、管理人对损害的发生有过错的，承担相应的赔偿责任。

(3)当事人之间已经以买卖或者其他方式转让并交付机动车但是未办理登记，发生交通事故造成损害，属于该机动车一方责任的，由受让人承担赔偿责任。以买卖或者其他方式转让拼装或者已经达到报废标准的机动车，发生交通事故造成损害的，由转让人和受让人承担连带责任。

(4)以挂靠形式从事道路运输经营活动的机动车，发生交通事故造成损害，属于该机动车一方责任的，由挂靠人和被挂靠人承担连带责任。

(5)未经允许驾驶他人机动车，发生交通事故造成损害，属于该机动车一方责任的，由机动车使用人承担赔偿责任；机动车所有人、管理人对损害的发生有过错的，承担相应的赔偿责任，但是法律另有规定的除外。

(6)机动车发生交通事故造成损害，属于该机动车一方责任的，先由承保机动车强制保险的保险人在强制保险责任限额范围内予以赔偿；不足部分，由承保机动车商业保险的保险人按照保险合同的约定予以赔偿；仍然不足或者没有投保机动车商业保险的，由侵权人赔偿。

(7)盗窃、抢劫或者抢夺的机动车发生交通事故造成损害的，由盗窃人、抢劫人或者抢夺人承担赔偿责任。盗窃人、抢劫人或者抢夺人与机动车使用人不是同一人，发生交通事故造成损害，属于该机动车一方责任的，由盗窃人、抢劫人或者抢夺人与机动车使用人承担连带责任。保险人在机动车强制保险责任限额范围内垫付抢救费用的，有权向交通事故责任人追偿。

(8)机动车驾驶人发生交通事故后逃逸，该机动车参加强制保险的，由保险人在机动车强制保险责任限额范围内予以赔偿；机动车不明、该机动车未参加强制保险或者抢救费用超过机动车强制保险责任限额，需要支付被侵权人人身伤亡的抢救、丧葬等费用的，由道路交通事故社会救助基金垫付。道路交通事故社会救助基金垫付后，其管理机构有权向交通事故责任人追偿。

(9)非营运机动车发生交通事故造成无偿搭乘人损害，属于该机动车一方责任的，应当减轻其赔偿责任，但是机动车使用人有故意或者重大过失的除外。

三、医疗损害责任

(一)医疗损害责任的归责原则

《民法典》规定："患者在诊疗活动中受到损害，医疗机构及其医务人员有过错的，由医疗机构承担赔偿责任。"这就是说，医疗损害责任原则上适用过错责任，即由原告对医疗机构及其医务人员的过错承担举证责任，医疗机构及其医务人员有过错的，才承担赔偿责任。

由于诊疗行为的专业性很强，患者可能并不了解相关医学知识，令其证明医疗机构及医务人员在实施诊疗行为过程中主观上是否有过错，难度很大，为此，《民法典》规定了三种推定医疗机构有过错的情形，患者只要能证明医疗机构及其医务人员具有任何一种情形，即可直接推定医疗机构具有过错。这三种情形是：①违反法律、行政法规、规章以及其他有关诊疗规范的规定。②隐匿或者拒绝提供与纠纷有关的病历资料。③遗失、伪造、篡改或者违法销毁病历资料。但根据这三种情形推定医疗机构有过错时，医疗机构有权提出反证，证明自己没有过错或者该过错与损害后果之间没有因果关系。

(二)患者的知情同意权

《民法典》规定："医务人员在诊疗活动中应当向患者说明病情和医疗措施。需要实施手术、特殊检查、特殊治疗的，医务人员应当及时向患者说明医疗风险、替代医疗方案等情况，并取得其明确同意；不宜向患者说明的，应当向患者的近亲属说明，并取得其明确同意。医务人员未尽到这一义务，造成患者损害的，医疗机构应当承担赔偿责任。”

同时《民法典》也规定了例外情形：“因抢救生命垂危的患者等紧急情况，不能取得患者或者其近亲属意见的，经医疗机构负责人或者授权的负责人批准，可以立即实施相应的医疗措施。”

（三）医务人员的诊疗义务

《民法典》规定：“医务人员在诊疗活动中未尽到与当时的医疗水平相应的诊疗义务，造成患者损害的，医疗机构应当承担赔偿责任。”“相应的诊疗义务”主要是指诊疗行为应当符合法律、行政法规、规章以及诊疗规范的有关要求。此外，医务人员还有通过谨慎的作为或者不作为避免患者受到损害的义务。判断是否尽到诊疗义务应当以诊疗行为发生时的诊疗水平为参照。

（四）因药品、医疗器械等缺陷造成患者损害的赔偿责任

《民法典》规定：“因药品、消毒药剂、医疗器械的缺陷，或者输入不合格的血液造成患者损害的，患者可以向药品上市许可持有人、生产者或者血液提供机构请求赔偿，也可以向医疗机构请求赔偿。患者向医疗机构请求赔偿的，医疗机构赔偿后，有权向负有责任的药品上市许可持有人、生产者或者血液提供机构追偿。”

（五）医疗机构不承担赔偿责任的情形

《民法典》规定：“患者有损害，因下列情形之一的，医疗机构不承担赔偿责任：①患者或者其近亲属不配合医疗机构进行符合诊疗规范的诊疗；②医务人员在抢救生命垂危的患者等紧急情况下已经尽到合理诊疗义务；③限于当时的医疗水平难以诊疗。”

在上述“患者或者其近亲属不配合医疗机构进行符合诊疗规范的诊疗”情形中，医疗机构及其医务人员也有过错的，应当承担相应的赔偿责任。

四、环境污染和生态破坏责任

（一）环境污染和生态破坏的侵权责任认定

（1）因污染环境、破坏生态造成他人损害的，侵权人应当承担侵权责任。

（2）两个以上侵权人污染环境、破坏生态的，承担责任的大小，根据污染物的种类、浓度、排放量，破坏生态的方式、范围、程度，以及行为对损害后果所起的作用等因素确定。

（3）因第三人的过错污染环境、破坏生态的，被侵权人可以向侵权人请求赔偿，也可以向第三人请求赔偿。侵权人赔偿后，有权向第三人追偿。

（二）环境污染和生态破坏的举证责任

《民法典》规定，因污染环境、破坏生态发生纠纷，行为人应当就法律规定的不承担责任或者减轻责任的情形及其行为与损害之间不存在因果关系承担举证责任。

（三）环境污染和生态破坏的损失赔偿和修复责任

侵权人违反法律规定故意污染环境、破坏生态造成严重后果的，被侵权人有权请求相应的惩罚性赔偿。

违反国家规定造成生态环境损害，生态环境能够修复的，国家规定的机关或者法律规定的组织有权请求侵权人在合理期限内承担修复责任。侵权人在期限内未修复的，国家规定的机关或者法律规定的组织可以自行或者委托他人进行修复，所需费用由侵权人负担。

违反国家规定造成生态环境损害的，国家规定的机关或者法律规定的组织有权请求侵权人赔偿下列损失和费用：①生态环境受到损害至修复完成期间服务功能丧失导致的损失；②生态环境功能永久性损害造成的损失；③生态环境损害调查、鉴定评估等费用；④清除污染、修复生态环境费用；⑤防止损害的发生和扩大所支出的合理费用。

五、高度危险责任

（1）从事高度危险作业造成他人损害的，应当承担侵权责任。

（2）民用核设施或者运入运出核设施的核材料发生核事故造成他人损害的，民用核设施的营运单位应当承担侵权责任；但是，能够证明损害是因战争、武装冲突、暴乱等情形或者受害人故意造成的，不承担责任。

（3）民用航空器造成他人损害的，民用航空器的经营者应当承担侵权责任；但是，能够证明损害是因受害人故意造成的，不承担责任。

（4）占有或者使用易燃、易爆、剧毒、高放射性、强腐蚀性、高致病性等高度危险物造成他人损害的，占有人或者使用人应当承担侵权责任；但是，能够证明损害是因受害人故意或者不可抗力造成的，不承担责任。被侵权人对损害的发生有重大过失的，可以减轻占有人或者使用人的责任。

（5）从事高空、高压、地下挖掘活动或者使用高速轨道运输工具造成他人损害的，经营者应当承担侵权责任；但是，能够证明损害是因受害人故意或者不可抗力造成的，不承担责任。被侵权人对损害的发生有重大过失的，可以减轻经营者的责任。

（6）遗失、抛弃高度危险物造成他人损害的，由所有人承担侵权责任。所有人将高度危险物交由他人管理的，由管理人承担侵权责任；所有人有过错的，与管理人承担连带责任。

（7）非法占有高度危险物造成他人损害的，由非法占有人承担侵权责任。所有人、管理人不能证明对防止非法占有尽到高度注意义务的，与非法占有人承担连带责任。

（8）未经许可进入高度危险活动区域或者高度危险物存放区域受到损害，管理人能够证明已经采取足够安全措施并尽到充分警示义务的，可以减轻或者不承担责任。

承担高度危险责任，法律规定赔偿限额的，依照其规定，但是行为人有故意或者重大过失的除外。

六、饲养动物损害责任

（1）饲养的动物造成他人损害的，动物饲养人或者管理人应当承担侵权责任，但能够证明损害是因被侵权人故意或者重大过失造成的，可以不承担或者减轻责任。

（2）违反管理规定，未对动物采取安全措施造成他人损害的，动物饲养人或者管理人应当承担侵权责任；但是，能够证明损害是因被侵权人故意造成的，可以减轻责任。

（3）禁止饲养的烈性犬等危险动物造成他人损害的，动物饲养人或者管理人应当承担侵权责任。

（4）动物园的动物造成他人损害的，动物园应当承担侵权责任，但能够证明尽到管理职责的，不承担责任。

（5）遗弃、逃逸的动物在遗弃、逃逸期间造成他人损害的，由原动物饲养人或者管理人承担侵权责任。

（6）因第三人的过错致使动物造成他人损害的，被侵权人可以向动物饲养人或者管理人请求赔偿，也可以向第三人请求赔偿。动物饲养人或者管理人赔偿后，有权向第三人追偿。

七、建筑物和物件损害责任

（1）建筑物、构筑物或者其他设施倒塌、塌陷造成他人损害的，由建设单位与施工单位承担连带责任，但是建设单位与施工单位能够证明不存在质量缺陷的除外。建设单位、施工单位赔偿后，有其他责任人的，有权向其他责任人追偿。因所有人、管理人、使用人或者第三人的原因，建筑物、构筑物或者其他设施倒塌、塌陷造成他人损害的，由所有人、管理人、使用人或者第三人承担侵权责任。

（2）建筑物、构筑物或者其他设施及其搁置物、悬挂物发生脱落、坠落造成他人损害，所有人、管理人或者使用人不能证明自己没有过错的，应当承担侵权责任。所有人、管理人或者使用人赔偿后，有其他责任人的，有权向其他责任人追偿。

（3）禁止从建筑物中抛掷物品。从建筑物中抛掷物品或者从建筑物上坠落的物品造成他人损害的，由侵权人依法承担侵权责任；经调查难以确定具体侵权人的，除能够证明自己不是侵权人的外，由可能加害的建筑物使用人给予补偿。可能加害的建筑物使用人补偿后，有权向侵权人追偿。发生上述规定情形的，公安等机关应当依法及时调查，查清责任人。

物业服务企业等建筑物管理人应当采取必要的安全保障措施防止前款规定情形的发生；未采取必要的安全保障措施的，应当依法承担未履行安全保障义务的侵权责任。

（4）堆放物倒塌、滚落或者滑落造成他人损害，堆放人不能证明自己没有过错的，应当承担侵权责任。

（5）在公共道路上堆放、倾倒、遗撒妨碍通行的物品造成他人损害的，由行为人承担侵权责任。公共道路管理人不能证明已经尽到清理、防护、警示等义务的，应当承担相应的责任。

（6）因林木折断、倾倒或者果实坠落等造成他人损害，林木的所有人或者管理人不能证明自己没有过错的，应当承担侵权责任。

（7）在公共场所或者道路上挖掘、修缮安装地下设施等造成他人损害，施工人不能证明已经设置明显标志和采取安全措施的，应当承担侵权责任。窨井等地下设施造成他人损害，管理人不能证明尽到管理职责的，应当承担侵权责任。

练习题

一、复习思考题

1. 什么是侵权行为，侵权行为的分类有哪些？
2. 侵权行为的构成要件有哪些？
3. 侵权责任法的保护范围有哪些？
4. 侵权责任的归责原则有哪些？
5. 什么是共同侵权行为，怎样追究共同侵权行为的责任？
6. 承担侵权责任的方式主要有哪些？
7. 人身损害赔偿的范围有哪些？
8. 侵权人可以减轻或不承担责任的情形有哪些？
9.《民法典》对侵权责任主体有哪些特殊规定？

10.《民法典》规定了哪几类特殊侵权责任？

二、案例分析题

2022 年 2 月 1 日，张三骑自行车回家途中，遭遇车祸，住进了医院。交警认定机动车一方负全责，张三无责任。张三在医院住院治疗 30 天。出院后，医生开具医嘱，建议张三回家继续休养一个月，注意增加营养，并定期做复查。后经伤残鉴定，张三构成十级伤残。

问题：张三可以向交通事故责任方主张哪些赔偿呢？

第四编

商事法律制度

第九章

证券法

学习目标

通过本章学习,你应能够:

掌握证券、证券法的概念;

全面认识和理解证券发行与承销、上市与交易制度;

了解证券公司相关法律规定。

思政目标

能够正确理解证券法的基本原则,如诚信原则、公平原则、公开原则的重要性,树立正确的世界观、人生观和价值观,做到学思用贯通、知信行统一;通过制定市场准入、信息披露、内部控制、信用评级等制度,建立健全有序的证券市场,防范各种法律风险。

第一节　证券和证券法概述

一、证券概述

(一)证券的概念和特征

证券是一个外延广泛的概念,有广义和狭义的不同界定。广义的证券是指以证明或设定权利为目的而做成的凭证,即记载并代表一定权利的凭证的统称。广义的证券可分为三大类型:一是金券,指券面标明一定金额并为特殊目的而使用的证券,典型形式为邮票和印花;二是资格证券,表明证券持有人具有行使一定权利的资格的证券,典型形式为车船票、电影票等;三是有价证券,是指记载并表明一定财产权利的证券,可以自由转让。

狭义的证券特指资本证券,证券法中的证券也特指资本证券。其法律特征如下:

(1)证券是一种投资凭证。作为投资者权利的载体,证券可以证明投资者的投资,同时代表了投资者的一定权利,如红利请求权、参加股东大会的权利等。

(2)证券是一种含有风险的权益凭证。证券是一定权益的体现,投资者凭券获取相应收益，如股息分红、赠股等，但同时证券又具有风险性，投资者可能因为证券行市的涨跌而获得收益或亏损。投资不同的证券，收益不同，风险也不同。

(3)证券是一种可转让的权利凭证。证券可以根据当事人的意志在不同主体之间进行有偿或无偿转让，通过转让证券，持有者可以实现自身的权利。证券的可转让性即流通性，是证券的生命力所在。

(4)证券是一种面值均等的权利凭证。同一种证券，其票面上标注的或代表的金额都是相等的，面值均等便于流通。

(5)证券是一种要式凭证。传统意义上的证券一般采用书面形式，并对样式或格式、记载内容以及签章有所规范；现代证券多实行电子化或簿记方式，要式性依然存在。

(二)证券的种类

根据《中华人民共和国证券法》(以下简称《证券法》)第 2 条的规定，我国证券主要有以下几种：

1. 股票

股票是股份有限公司发行的，用以证明投资者的股东身份和权益，并据以获得股息和红利的可转让书面凭证。股票是最主要的证券表现形式。

2. 公司债券

债券是指公司依法向投资者出具的，在一定时期内按约定的条件还本付息的一种有价证券。

3. 证券投资基金份额

证券投资基金是一种由众多不确定的投资者将不同的出资份额汇集起来，交由专业机构投资于股票或者债券等有价证券，所得的收益由投资者按出资份额分享的投资工具。证券投资基金专为投资证券设立，不能投资于证券以外的项目。证券投资基金份额即证券投资基金的投资者持有的并证明其相关权益的有价证券。

4. 证券衍生品种

证券衍生品种是一个类概念，是指在传统证券基础上衍生出来的各种证券交易品种的总称，如股票指数、股票权证、股指期货等。其出现是由于证券市场风险规避的需要，但同时也带来新的证券交易风险。

二、证券法概述

(一)证券法的概念

证券法是调整证券市场的参与者在证券的募集、发行、交易、服务和监管过程中所发生的各种社会关系的法律规范的总称。广义的证券法是指与证券有关的一切法律规范的总称，既包括专门的证券法，也包括公司法、刑法等其他法律中涉及证券内容的部分。狭义的证券法是指专门对证券发行、交易、服务和监督管理进行法律调整并由此形成的法律规范体系。

(二)证券法的基本原则

证券法的基本原则是证券法的精神所在，是证券发行、交易和监管活动所必须遵循的最基本的准则，贯穿证券立法、司法和执法活动的始终。

1. 诚实信用原则

诚实信用原则是所有民商事法律主体均应遵守的基本原则，作为商事基本法的《证券法》也不例外。《证券法》第 4 条规定，证券发行、交易活动的当事人具有平等的法律地位，应当遵循自愿、有偿、诚实信用的原则。这就要求证券市场参与者应该以最大信用进行证券交易活动，任何人不得为获得非法利益而滥用证券权利，义务人也应该诚实履行义务，不应有损害他人利益的行为。一是证券发行人应当平等对待各类中介机构，合理地提供相关信息，避免发行的形式化；二是各中介机构应该公平参与证券发行竞争，不得采取非正常手段、诋毁他人形象或名誉等非法手段获得竞争机会；三是证券发行人应诚信地进行信息披露，中介机构应该严格按照信用原则审慎调查，全面了解与投资相关的信息；四是证券市场参与人应诚信地参与证券市场活动，不得采用欺诈、散布虚假信息、操纵证券市场等方式损害他人利益。通过强调诚实信用原则，有助于进一步规范证券市场参与者的市场行为，稳定和促进证券市场的长期发展，保护证券交易双方的合法权益。

2. 公开透明原则

公开原则又称信息披露原则，其核心是实现证券市场信息的公开化，要求证券发行人于证券发行、流通环节中，依法将与证券有关的、可能影响投资者作出理性投资决策的所有信息真实、准确、完整、及时地向社会公开，不得有虚假记载、误导性陈述或重大遗漏。具体内容包括两个方面：①证券发行人向公众披露有关信息资料，即证券发行人应及时、真实、充分、完整地向社会公开能够影响投资者决策的一切信息资料。既包括证券发行人、中介机构本身情况，如财务情况、重大投资决定和重大经营管理决策等，也包括与证券发行人有关的信息，如市场变动和投资风险等。从证券法来看，包括证券发行前的信息公开和证券流通中的信息公开；从具体证券法制度来看，包括信息披露制度、证券违法行为法律责任制度等。信息公开既是证券发行人承担的法定义务，也是允许公开发行证券的基本前提，更是证券投资者得以进行投资决策的基础，如果证券发行人未能履行信息公开原则，则不能公开发行证券。违反公开信息原则，应当追究相关机构或人员的法律责任。②管理者的信息监管应该公开，这一方面包括信息公开、监管标准公开，这是促使证券市场主体明确监管要求、规范证券行为的基础。《证券法》第21条规定，国务院证券监督管理机构或者国务院授权的部门依照法定条件负责证券发行申请的注册。证券公开发行注册的具体办法由国务院规定。按照国务院的规定，证券交易所等可以审核公开发行证券申请，判断发行人是否符合发行条件、信息披露要求，督促发行人完善信息披露内容。第174条规定，国务院证券监督管理机构制定的规章、规则和监督管理工作制度应当依法公开。国务院证券监督管理机构依据调查结果，对证券违法行为作出的处罚决定，应当公开。处罚信息的公开，能够对证券市场的交易行为予以警示，规范证券发行方的行为，也能使投资方及时了解发行方的行为规范与否，有助于他们合理投资，降低投资风险。

3. 公平原则

公平原则是指证券关系双方当事人的地位平等，双方平等、自愿、有偿地进行交易，无论是证券发行方还是证券投资方均应公平对待，不得利用其优势地位限制对方。首先，证券市场应当为各类投资者创造平等的交易机会，不得随意限制公众参与证券投资的机会；其次，证券市场应该平等地提供与证券投资相关的信息，确保投资者可以通过合理、便捷的方式平等地掌握证券市场信息，化被动为主动，降低投资的风险；再次，证券市场应当对不同的投资者适用相同的交易规则，避免一方利用掌握的优势影响证券市场的稳定，抑制过度投机行为；最后，证券监管尺度的平等性，证券监督管理机关应当平等地采用相同的尺度衡量监管范围内的证券交易行为。

4. 公正原则

公正原则也是证券市场的基本原则之一，在证券交易活动中，公正原则主要针对立法者、司法者和管理者的权利和义务以及证券行业协会的自律管理，确保证券市场整体秩序的公正性。《证券法》第 179 条规定：国务院证券监督管理机构工作人员必须忠于职守，依法办事，公正廉洁，不得利用职务便利牟取不正当利益，不得泄露所知悉的有关单位和个人的商业秘密。禁止他们有欺诈、内幕交易和操纵证券市场的违法行为。一方面，《证券法》所确立的标准和规则应当公正，同一规则适用于所有当事人的交易行为，在同一证券发行和交易行为中，所有人适用相同标准和条件，机会均等；另一方面，《证券法》所确立的管理行为应当公正，证券监督管理机构对任何证券发行人、中介机构、投资者均应一视同仁，执行统一规则。立法者要在实际情况基础上，制定符合公平原则的法律规则，使市场主体公平参与竞争；监管主体要依法执权，不得有越权、干预、徇私枉法、贪污受贿等情况，公平处理证券主体的市场活动；行业组织应严格约束成员行为，公正评价成员的正常经营行为。《证券法》第 170 条规定了证券监督管理机构依法行使职权，有权独立采取的八种措施，主要涉及的就是证券监管的独立性、公正性与针对性。

5. 投资者合法权益保护原则

投资者投资证券市场，一方面是希望通过自己的投资行为获得预期的利益；另一方面也需要承担投资行为所带来的可能风险。因此，在证券活动过程中，投资者需要理性地分析证券市场的稳定程度，了解作为相对方的证券发行人、中介机构等组织的相关信息，明确双方的权利和义务，从而做出是否投资证券市场、活跃程度如何的决定，这是投资者基于证券交易安全的考虑。由于证券发行人、中介机构在交易中处于相对优势地位，所以《证券法》对证券发行人、中介机构等组织的信息公开予以明确要求，规定了信息披露制度、资本资质审核制度、禁止交易行为制度等，使投资者能迅速、及时、准确地了解证券投资的相关信息，激发他们的投资热情，避免投资者利益的损失。例如《证券法》第 55 条规定了八类禁止任何人操纵证券市场的行为；第 57 条规定了五类禁止证券公司及其从业人员从事的损害客户利益的欺诈行为。对于证券公司、中介机构、证券从业人员、证券监督机构及工作人员因违法行为造成投资者损失的，则应当依法承担赔偿责任。

(三)我国证券法体系

我国证券法体系是随着我国证券市场的产生和发展，在总结自己的实践经验以及借鉴国外先进做法的基础上形成的。我国证券法律规范包括《证券法》《公司法》《证券投资基金法》等法律和一系列行政法规、部门规章及司法解释，此外还有大量的自律性规范作为补充。我国证券公司法制化的过程是伴随着我国市场经济的发展与证券市场内在发展需要进行的。1984 年 9 月，我国成立了国内第一家从事证券发行和交易的专业机构并向社会公众发行第一只规范化股票。1985 年开始发行金融债券，同年 12 月国家经济体制改革委员会和中国人民银行提出开放证券市场并试点。1986 年以后，国务院和地方政府开始制定并颁布股份制、证券发行与交易、证券管理等相关法律规范。同时，随着我国金融监管政策放松，证券交易市场逐步形成，1990 年 11 月 26 日，经过中国人民银行批准和国务院同意，第一家证券交易所——上海证券交易所正式成立并于 1990 年 12 月 19 日正式营业。1991 年 7 月，深圳证券交易所正式开始营业。经过多年的发展，我国的证券市场更加全面、更加专业化、更加广泛。

1998 年 12 月 29 日第九届全国人民代表大会常务委员会第六次会议通过《证券法》，1999 年 7 月 1 日《证券法》正式实施。作为我国第一部专门调整证券市场法律关系的基本法律，针对证券发行、交易、服务和监管等作出了具体规定。这一法律的出台，加速了证券市场法制化、规范化的进程，促进了资本市场的发展和完善，为证券市场长期稳定发展奠定了法律基础。该法根据2004年8月28日第十届全国人民代表大会常务委员会第十一次会议《关于修改〈中华人民共和国证券法〉的决定》第一次修正。2005年10月27日第十届全国人民代表大会常务委员会第十八次会议第一次修订。根据2013年6月29日第十二届全国人民代表大会常务委员会第三次会议《关于修改〈中华人民共和国文物保护法〉等十二部法律的决定》第二次修正。根据2014年8月31日第十二届全国人民代表大会常务委员会第十次会议《关于修改〈中华人民共和国保险法〉等五部法律的决定》第三次修正。2019年12月28日第十三届全国人民代表大会常务委员会第十五次会议第二次修订。

第二节　证券市场主体法律制度

一、证券交易场所

(一)证券交易场所的概念

我国《证券法》第96条规定,证券交易所是指依法设立并为证券集中交易提供场所和设施,组织和监督证券交易,实行自律管理的法人。而《证券交易所管理办法》也规定,证券交易所是依本法规定条件设立的,不以营利为目的,为证券的集中和有组织的交易提供场所、设施,履行国家有关法律、法规、规章、政策规定的职责,实行自律性管理的法人。通过这两个概念,我们可以看出:

(1)证券交易所是具有法人资格的自律性管理组织。由于证券交易所接受投资者的委托,参与证券市场交易,因此,必须具备法人资格。

(2)证券交易所是为证券交易提供固定设施、场所和规则的一类证券交易市场。作为证券交易所,它只是为买卖双方提供交易条件,需要有比较完备和固定的交易场所和设施、安全的交易网络、一定规模的管理服务人员以及制定有适合大规模证券集中交易所需要的管理、交易、组织制度规则。

(3)证券交易所以集中交易的方式为主,该方式促使买卖双方在均为多数的情况下,采用当事人公开报价的方式,按照时间优先、价格优先等原则,合理地确定证券交易价格。《证券法》第40规定,证券在证券交易所上市交易,应当采用公开的集中交易方式或者国务院证券监督管理机构批准的其他方式。此外,证券交易还可以采取例如协议收购、大宗交易等国务院证券管理机构批准的其他方式。

(4)证券交易所设立的法定性。根据《证券法》的规定,证券交易所的设立和解散,由国务院决定。申请设立证券交易所,首先由中国证监会进行审核,再报国务院批准。设立证券交易所必须制定章程;证券交易所章程的制定和修改,必须经国务院证券监督管理机构批准。这些严格的法律规定,要求证券交易所坚持规范性和合法性原则。

(5)证券交易所是证券交易组织者与监管者的结合。一方面,证券交易所需要为证券交易活动提供必备的条件和规则;另一方面,证券交易所要求参与成员的严格自律,具有较强的自我约束管理、调控监管的能力。

从证券交易所的类型来看,主要分为公司制和会员制两种。公司制证券交易所是指以营利为目的的,提供证券交易场所和服务人员,以便利证券商和投资者交易的法人。该类证券交易所需要收取发行公司的上市费和证券成交佣金,但经营方不得参与证券买卖,以确保交易公平。会员制证券交易所是指不以营利为目的,由会员自律自治、相互约束,参与经营的会员可以参加股票交易的法人。该类证券交易所的佣金和上市费较低，灵活性较强，但会员本身就是证券交易活动的参与者，难免出现交易的不公平；同时，由于交易双方仅限证券交易所的会员内部，新会员加入需要原会员的一致同意，在某种程度上限制了交易面、服务质量。我国现有的证券交易所主要有上海证券交易所、深圳证券交易所、北京证券交易所、北京证券交易所、香港证券交易所和台湾证券交易所，主要为会员制证券交易所。

从证券交易所的功能来看，其主要目的就在于证券交易服务的功能，此外才有监管职能。一般认为主要包括如下服务功能：①协助企业筹集资金，吸引各类社会资金参与投资；②形成相对公平合理的交易价格；③制定交易规则，维护稳定的交易秩序，创造连续型的证券交易市场；④产业结构调整，优化资源配置，引导资本的合理流向。主要包括如下监管功能：①相关证券交易信息公开监管；②证券交易活动过程监管；③证券交易规则公平、公正性监管；④证券交易所内部制度与管理行为的监管。

(二)证券交易所的设立和解散

1. 证券交易所的设立

参照各国的立法实践，证券交易所的设立体制主要有三种类型：一是承认制，即立法承认现存证券交易所的合法性并赋予其法人资格，承认其自治自律权的设立体制。该制度以英国为代表。二是注册制，也称登记制，即设立证券交易所必须经由国家主管部门注册登记，接受形式审查。该制度以美国为代表，管理较为宽松。三是许可制，也称特许制，即设立证券交易所须经主管行政机关依法进行形式要件和实质要件的审查。该制度以日本为代表。我国证券交易所的设立属于许可制。

证券交易所的设立，一般应符合下列条件：①有自己的名称；②有自己的章程和业务规则；③有必要的场地、设备和资本金；④有一定数量的会员；⑤有符合任职条件的管理人员和从业人员等。

2. 证券交易所的解散

证券交易所的存在条件发生改变，不符合国家法律规定的，或者遇有不可抗力的事件发生，致使交易所无法运转，或者会员大会通过解散决议的，可予以解散。在我国，解散证券交易所，应经中国证券监督管理委员会(以下简称证监会)审核同意后报国务院批准。

(三)证券交易所的职能和组织机构

1. 证券交易所的职能

证券交易所的职能在于创造公开、公平、公正的市场环境，提供各种设施和便利条件，为证券活动的正常进行提供服务并进行自律监管。主要包括：

(1)依法制定业务规则。《证券法》第 115 条规定，证券交易所依照证券法律、行政法规制定上市规则、交易规则、会员管理规则和其他有关规则，并报国务院证券监管机构批准。

(2)依法对证券交易进行监管。内容主要有：①对证券交易实行实时监控，即对交易情况和交易秩序进行及时、全面的监控；②公开证券交易信息，包括即时行情和非即时行情，以促使公平合理的证券价格形成；③依法使用技术性停牌和临时停市措施，以应对突发性事件，维护证券交易的正常秩序；④对出现重大异常交易情况的证券账户限制交易；等等。

(3)依法对证券公司进行监管。内容主要有：①限制交易席位的数量并对会员取得的交易席位实施严格管理；②对其会员的证券自营业务实施监管；③对其会员代理客户买卖证券的证券经纪业务进行监管；④对其会员的财务状况、内部风险控制制度以及遵守国家有关法律法规和证券交易所业务规则等情况进行抽样或全面检查，并将检查结果上报证监会；⑤根据证券交易所章程和业务规则对其会员的违规行为进行制裁；等等。

（4）依法对证券发行人进行监管。内容主要有：①对上市证券发行人信息披露进行监管，督促其依法及时、准确地披露信息；②采取暂停交易措施；③限制未履行因持股数量变动而产生的信息披露义务的股东继续交易；④采取必要措施，将上市公司尚未上市流通股份与其已上市流通股份区别开来；⑤采取必要措施，保证上市公司的董事、监事、经理在规定期限内不得卖出本人持有的本公司股票；等等。

2. 证券交易所的组织机构

会员制证券交易所的组织机构通常由会员大会、理事会、监事会、总经理和专门委员会组成。会员大会是其最高权力机关，由全体会员组成；理事会是证券交易所的决策机构，由会员理事和非会员理事组成，其中会员理事由会员大会选举产生、非会员理事由证监会委派；总经理是证券交易所的法定代表人，在理事会领导下负责证券交易所的日常管理工作。

二、证券公司

（一）证券公司的定义与特征

在我国现行的法律环境下，投资者不能直接进入证券交易所进行交易，而只能通过证券公司提供相关的证券经纪业务，才能顺利完成证券交易。作为专门从事证券经营业务的公司法人，可以作为承销商，也可以从事证券自行买卖或者代理买卖证券。证券公司是指依照《公司法》和《证券法》等法律法规规定设立，经国务院证券监督管理机构及公司登记机关批准专门经营证券业务，具有独立法人地位的有限责任公司或股份有限公司。从狭义上看，证券公司是指证券经营公司，是经主管机关批准专门经营证券业务的机构，具有证券交易所的会员资格，可以承销发行、自营买卖或自营兼代理买卖证券。

证券公司作为专门从事证券经营业务的商业组织，属于特别法上的公司，除具有公司的一般特点以外，还具有如下属性：

1. 证券经营业务的特殊性

证券公司作为专门从事证券经营业务的商业组织，根据《证券法》第 120 条规定，经国务院证券监督管理机构批准，证券公司可以经营下列部分或者全部业务：①证券经纪；②证券投资咨询；③与证券交易、证券投资活动有关的财务顾问；④证券承销与保荐；⑤证券融资融券；⑥证券做市交易；⑦证券自营；⑧其他证券业务。这些业务有别于普通公司不受限制的经营活动范围。

2. 证券公司设立程序的法定性

证券公司的设立除了需要符合《公司法》规定，办理登记程序外，还应当符合《证券法》的规定，办理前置批准程序和登记后的许可程序。没有完成前置审批程序的，任何人不得设立证券公司；没有履行登记后许可程序的，任何人不得经营证券业务。《证券法》第 118 条规定，设立证券公司，必须经国务院证券监督管理机构审查批准。未经国务院证券监督管理机构批准，任何单位和个人不得经营证券业务。

3. 设立条件的严格性

基于证券公司的特定性、其内在风险性和义务的广泛性，要求证券公司的设立更为严格。根据《证券法》第 118 条规定，设立证券公司，应当具备下列条件：①有符合法律、行政法规规定的公司章程；②主要股东及公司的实际控制人具有良好的财务状况和诚信记录，最近三年无重大违法违规记录；③有符合本法规定的公司注册资本；④董事、监事、高级管理人员、从业人员符合本法规定的条件；⑤有完善的风险管理与内部控制制度；⑥有合格的经营场所、业务设施和信息技术系统；⑦法律、行政法规和经国务院批准的国务院证券监督管理机构规定的其他条件。这些严格的设立条件，一方面增强了证券公司的责任心、可信度和抗风险能力，另一方面也有利于保护投资者的利益。

4. 最低注册资本的法定性

根据《证券法》第 121 条规定，证券公司经营本法第 120 条第(1)项至第(3)项业务的，注册资本最低限额为人民币 5 000 万元；经营第(4)项至第(8)项业务之一的，注册资本最低限额为人民币 1 亿元；经营第(4)项至第(8)项业务中两项以上的，注册资本最低限额为人民币 5 亿元。证券公司的注册资本应当是实缴资本。

5. 公司管理人员任职资格的法定性

鉴于证券公司经营业务的专业性，对于证券公司管理人员的要求也颇为严格，需要同时满足《公司法》和《证券法》的资格要求。根据《证券法》第 124 条的规定，证券公司的董事、监事、高级管理人员，应当正直诚实、品行良好，熟悉证券法律、行政法规，具有履行职责所需的经营管理能力。证券公司任免董事、监事、高级管理人员，应当报国务院证券监督管理机构备案。有《中华人民共和国公司法》第 146 条规定的情形或者下列情形之一的，不得担任证券公司的董事、监事、高级管理人员：①因违法行为或者违纪行为被解除职务的证券交易所、证券登记结算机构的负责人或者证券公司的董事、监事、高级管理人员，自被解除职务之日起未逾 5 年；②因违法行为或者违纪行为被撤销资格的律师、注册会计师或者投资咨询机构、财务顾问机构、资信评级机构、资产评估机构、验证机构的专业人员，自被撤销资格之日起未逾 5 年。

此外，证券公司在违法经营、重大风险、严重危害证券市场秩序，损害投资者利益等情况下，国务院证券监督管理机构可以依法采取责令停业整顿、指定经营、接管或者撤销等监管措施。

(二)证券公司的种类

按照不同的标准可以对证券公司进行不同的分类。根据《证券法》规定：

1. 依据公司组织形式，将证券公司分为有限责任公司和股份有限公司

证券公司是指依照《公司法》和《证券法》规定设立的经营证券业务的有限责任公司或者股份有限公司。有限责任公司是股东以其出资额为限对公司承担责任，公司以其全部资产对公司债务承担责任的公司。股份有限公司是将公司的全部资本分为等额股份，股东以其所持股份为限对公司债务承担责任，公司以其全部财产对公司债务承担责任的公司。这两类公司在法律适用、资本结构、法定义务、债务承担等方面具有明显区别。

2. 依据公司业务功能分类，将证券公司分为经纪类证券公司和综合类证券公司

经纪类证券公司是指经国务院证券监督管理机构批准，从事证券经纪业务的证券公司。这类证券公司主要是根据证券交易规则，接受投资者的委托和授权，以作出委托指令的投资者的名义和账户进行证券买卖或从事其他证券业务。综合类证券公司是指经国务院证券监督管理机构批准，在核定范围内从事证券经纪业务以及证券自营业务、证券承销业务或者其他证券业务的证券公司。这类证券公司除承担经纪类证券公司的职能，还需要承担自营、承销等业务，在设立条件、法律适用、法定义务等方面与经纪类证券公司具有较大差别。

三、证券登记结算机构

《证券法》第 145 条规定，证券登记结算机构是为证券交易提供集中登记、存管与结算服

务，不以营利为目的的法人。它是为证券交易双方履行责任提供服务的机构，本身并不参与交易，不属于交易的任何一方，而是为交易双方提供连续性、一贯式的服务，确保证券交易顺利、有序完成的组织。证券登记结算机构的根本目的在于提高证券交易效率，消除证券市场风险。《证券法》第 146 条规定，设立证券登记结算机构，应当具备下列条件：①自有资金不少于人民币 2 亿元；②具有证券登记、存管和结算服务所必需的场所和设施；③国务院证券监督管理机构规定的其他条件。此外还需要具备《证券法》第 152 条规定的保证条件：①具有必备的服务设备和完善的数据安全保护措施；②建立完善的业务、财务和安全防范等管理制度；③建立完善的风险管理系统。

通过上述概念与条件，结合《证券法》第 147 条的相关规定，证券登记结算机构主要履行如下职能：①证券账户、结算账户的设立和管理；②证券的存管和过户；③证券持有人名册登记及权益登记；④证券交易所上市证券交易的清算和交收；⑤受发行人的委托派发证券权益；⑥依法提供与证券登记结算业务有关的查询、信息、咨询和培训服务；⑦国务院证券监督管理机构批准的其他业务，例如股票锁定、上市证券质押登记、跨国结算等。

四、证券服务机构

证券服务机构是指为证券发行、交易及其他相关活动，提供专门服务的社会中介机构，主要包括投资咨询机构、财务顾问机构、资信评级机构、资产评估机构、会计师事务所和律师事务所等。主要服务内容包括：证券投资咨询；证券发行及交易咨询、策划、财务顾问、法律顾问及其他配套服务；证券资信评估服务；证券集中保管；证券清算交割服务；证券登记过户服务；证券融资以及证券监督管理机构认定的其他业务。证券服务机构是证券市场专业化和社会分工的结果，也是证券参与者平等交易行为的需要。在证券发行市场上，证券服务机构能为投资者提供准确的投资信息，帮助投资者作出正确的投资决策，使得证券的发行工作得以顺利进行；能协助上市公司及时准确地披露经营、财务和资产状况，为政府的监督管理提供依据，切实保护投资者的合法权益。

从证券法和证券服务行为本身来看，证券服务机构具有如下特点：①证券服务机构是依法成立的专门从事证券服务的机构。从事证券投资咨询服务业务，应当经国务院证券监督管理机构核准；未经核准，不得为证券的交易及相关活动提供服务。从事其他证券服务业务，应当报国务院证券监督管理机构和国务院有关主管部门备案。②证券服务机构具有较强的专业性要求。投资咨询机构、财务顾问机构、资信评级机构从事证券服务业务的人员，必须具备证券专业知识和从事证券业务或者证券服务业务的相关经验。认定其证券从业资格的标准和管理办法，由国务院证券监督管理机构制定。③证券服务机构以谋取自身商业利益为目的。从事证券服务业务的投资咨询机构和资信评级机构，应当按照主管部门规定的标准或者收费办法收取服务费用。

证券服务机构的业务仅限于证券服务，本身及其工作人员不得直接从事证券交易业务。《证券法》161 条规定了有关投资咨询机构及其从业人员从事证券服务业务，不得从事的四项禁止行为，即不得：①代理委托人从事证券投资；②与委托人约定分享证券投资收益或者分担证券投资损失；③买卖本证券投资咨询机构提供服务的证券；④法律、行政法规禁止的其他行为。由于证券投资咨询机构是具有中立性的专业证券咨询服务机构，其针对服务对象的信息收集和分析更为专业，如果它从事上述四项法律禁止行为，则必然造成证券市场的不公平，侵害其他投资者的合法权益。如果因为证券服务机构的违法行为，造成投资者的损失，就应当与发行人、上市公司承担连带赔偿责任，除非能够证明自己没有过错。

五、证券监管主体

(一)证券业协会

参照《证券法》和国务院关于中国证券业协会的相关规定及中国证券业协会的章程，中国证券业协会是依据《证券法》和《社会团体登记管理条例》的有关规定设立的证券业自律性组织，属于非营利性社会团体法人，接受中国证券监督管理委员会和国家民政部门的业务指导和监督管理。协会的目的在于加强证券业之间的联系、协调、合作和自我控制，约束其业务行为，维护其合法权益，促进证券市场的健康有序发展。中国证券业协会的宗旨是：在国家对证券业实行集中统一监督管理的前提下，进行证券业自律管理；发挥政府与证券行业间的桥梁和纽带作用；为会员服务，维护会员的合法权益；维持证券业的正当竞争秩序，促进证券市场的公开、公平、公正，推动证券市场的健康稳定发展。证券公司应当加入证券业协会，证券业协会的权力机构为全体会员组成的会员大会。证券业协会章程由会员大会制定，并报国务院证券监督管理机构备案。

证券业协会的会员分为团体会员和个人会员：团体会员是指依法批准设立的，在承认会员章程和遵守协会各项规则的条件下，可以申请加入证券业协会的证券交易所、专业证券公司、兼营证券业务的金融机构。个人会员是指根据需要所吸收的证券市场管理部门的有关官员以及从事证券研究和业务工作的专家和学者。

根据《证券法》和中国证券业协会章程规定，证券业协会主要有如下三个方面的职责：

第一，依据《证券法》的有关规定，行使下列职责：教育和组织会员遵守证券法律、行政法规；依法维护会员的合法权益，向中国证监会反映会员的建议和要求；收集整理证券信息，为会员提供服务；制定会员应遵守的规则，组织会员单位的从业人员的业务培训，开展会员间的业务交流；对会员之间、会员与客户之间发生的证券业务纠纷进行调解；组织会员就证券业的发展、运作及有关内容进行研究；监督、检查会员行为，对违反法律、行政法规或者协会章程的，按照规定给予纪律处分。

第二，依据行政法规、中国证监会规范性文件规定，行使下列职责：制定自律规则、执业标准和业务规范，对会员及其从业人员进行自律管理；负责证券业从业人员资格考试、认定和执业注册管理；负责组织证券公司高级管理人员资质测试和保荐代表人胜任能力考试，并对其进行持续教育和培训；负责做好证券信息技术的交流和培训工作，组织、协调会员做好信息安全保障工作，对证券公司重要信息系统进行信息安全风险评估，组织对交易系统事故的调查和鉴定；行政法规、中国证监会规范性文件规定的其他职责。

第三，依据行业规范发展的需要，行使其他涉及自律、服务、传导的自律管理职责：推动行业诚信建设，督促会员依法履行公告义务，对会员信息披露的诚信状况进行评估和检查；制定证券从业人员职业标准，组织证券从业人员水平考试和水平认证；组织开展证券业国际交流与合作，代表中国证券业加入相关国际组织，推动相关资质互认；其他自律、服务、传导职责。

(二)国务院证券监督管理机构

《证券法》第 7 条规定，国务院证券监督管理机构依法对全国证券市场实行集中统一监督管理。国务院证券监督管理机构根据需要可以设立派出机构，按照授权履行监督管理职责。第 168 条规定，国务院证券监督管理机构依法对证券市场实行监督管理，维护证券市场公开、公平、公正，防范系统性风险，维护投资者合法权益，促进证券市场健康发展。根据《证券法》和

《中国证券监督管理委员会职能配置、内设机构和人员编制规定》以及现实监管体制运行状况，国务院证券监督管理机构即中国证券监督管理委员会，简称证监会，为国务院直属正部级事业单位，其主要是依据法律、法规和国务院授权，统一监督管理全国证券期货市场，维护证券期货市场秩序，保障其合法运行。

第三节　证券发行与承销法律制度

一、证券发行

（一）证券发行的概念和分类

证券发行是指证券发行人为募集资金或调整股权结构，依法创设证券权利并以同一条件向投资者招募和出售证券的活动。有别于从银行募集资金的间接融资方式，证券发行是一种直接融资方式，由发行人直接向投资者募集资金。

依据不同的标准，可以对证券发行进行不同的分类：

（1）按照发行证券种类的不同，可将证券发行分为股票发行、债券发行和基金券发行。

（2）按照发行对象的不同，可将证券发行分为公募发行和私募发行，也称公开发行和不公开发行。

（3）按照发行目的的不同，可将证券发行分为设立发行和增资发行。这种分类主要适用于股票的发行。前者是指公司在设立过程中，为筹集股本而首次发行股份的发行方式，分为发起设立发行和募集设立发行；后者是指已成立的股份公司为追加资本而发行股份的发行方式，分为有偿增资发行、无偿增资发行和有偿无偿混合增资发行。

（4）按照发行价格与证券票面金额的关系，可将证券发行分为平价发行、溢价发行和折价发行。我国目前不允许折价发行。

（二）证券发行制度和发行条件

1. 发行制度

国际上证券发行主要有注册制和核准制两种。注册制下的证券发行只受信息公开制度的约束，证券管理机构审查信息资料的全面、准确和及时，不对证券自身的价值作任何判断，投资者根据公开的信息做出选择，风险自负；核准制下的证券发行须审核机构在考察发行者的具体情形之后，做出是否符合发行资质条件的判断。我国证券市场的发行审查制度采用注册制。

2. 发行条件

公开发行证券，必须符合《公司法》《证券法》和国务院制定的有关行政法规的相关规定。

（1）股票设立发行的条件

设立股份有限公司公开发行股票，应当符合《中华人民共和国公司法》规定的条件和经国务院批准的国务院证券监督管理机构规定的其他条件，向国务院证券监督管理机构报送募股申请和下列文件：①公司章程；②发起人协议；③发起人姓名或者名称，发起人认购的股份数、出资种类及验资证明；④招股说明书；⑤代收股款银行的名称及地址；⑥承销机构名称及有关的协议。

（2）新股发行的条件

公司首次公开发行新股，应当符合下列条件：①具备健全且运行良好的组织机构；②具有持续经营能力；③最近三年财务会计报告被出具无保留意见审计报告；④发行人及其控股股东、实际控制人最近三年不存在贪污、贿赂、侵占财产、挪用财产或者破坏社会主义市场经济秩序的刑事犯罪;⑤经国务院批准的国务院证券监督管理机构规定的其他条件。

(3)公司债券的发行条件

公开发行公司债券,应当符合下列条件:①具备健全且运行良好的组织机构;②最近三年平均可分配利润足以支付公司债券一年的利息;③国务院规定的其他条件。

公开发行公司债券筹集的资金,必须按照公司债券募集办法所列资金用途使用;改变资金用途,必须经债券持有人会议作出决议。公开发行公司债券筹集的资金,不得用于弥补亏损和非生产性支出。

各类证券的发行程序须符合其相应的法定要求。

(三)证券发行中的相关制度

1. 证券发行信息公开制度

证券发行信息公开制度是指证券发行人按照法律、行政法规的要求,在证券公开发行前,公告公开发行募集文件,并将该文件置备于指定场所供公众查阅的制度。

该制度的意义在于有利于投资者做出正确的投资选择,有利于所有投资者均等地获得信息,有利于规范发行公司的行为并对其进行监督。

2. 证券发行保荐制度

在我国证券市场上曾出现多起证券发行虚假陈述案件,为了尽量减少劣质证券的发行、保护投资者的利益,我国采纳国外创业板市场做法,引入了旨在提升信息公开质量的证券发行保荐制度,并且在实践中取得了效果。

我国保荐制度同时适用于证券上市阶段和证券公开发行阶段,也同时适用于主板市场和创业板市场。

证券发行的保荐人包括保荐机构和保荐代表人。从事保荐工作的人,必须是经证监会注册登记并列入保荐机构和保荐代表人名单的证券经营机构和个人。保荐人应当遵守业务规则和行业规范,诚实守信,勤勉尽责,对发行人的申请文件和信息披露资料进行审慎核查。

二、证券承销

(一)证券承销概述

证券承销是指证券公司等证券经营机构依照承销协议包销或者代销发行人发行的股票和债券,并收取承销费用的行为。

证券承销具有以下法律特征:①证券承销以发行人与承销商(即证券公司)之间的证券承销协议为依据;②证券承销主体是具有承销资格的证券公司;③证券承销的形式分为代销和包销两种。

(二)证券承销方式

1. 证券代销

证券代销是指证券公司代发行人发售证券,在承销期结束时,将未售出的证券全部退还给发行人的承销方式。在代销方式下,发行人承担证券未售出的全部责任,证券公司免去了承担发行失败的风险。

2. 证券包销

证券包销是指证券公司将发行人的证券按照协议全部购入或者在承销期结束后将剩余证券全部自行购入的承销方式。在包销方式下,证券公司承担证券发行失败的风险,许多发行人乐于采用该方式。

3. 承销团承销

承销团承销是指两个和两个以上的承销商组成承销团代替发行人向投资者出售证券的承销方式。承销团应当由主承销和参与承销的证券公司组成。

(三)证券承销合同

1. 证券承销合同的概念

证券承销合同是指证券发行人与证券承销商就证券承销的有关内容所达成的明确双方权利义务的书面协议。发行人可以选择与一个承销商签订合同,也可以与多个承销商分别签订合同。

2. 证券承销合同的内容

证券主承销合同的内容包括必备性条款和任意性条款。根据《证券法》的规定,必备性条款包括:①当事人的名称、住所及法定代表人姓名;②代销、包销证券的种类、数量、金额及发行价格;③代销、包销的期限及起止日期;④代销、包销的付款方式及日期;⑤代销、包销的费用和结算办法;⑥违约责任;⑦证券监管机构规定的其他事项。

(四)证券承销的法定要求

1. 禁止以不正当竞争手段招揽业务

证券发行人有权自主选择承销商,承销商的下列不正当竞争行为是被法律所明确禁止的:①迎合或鼓励企业以不合理的高溢价发行证券;②贬损同行;③向发行人承诺在其证券上市后维持其证券价格;④借助行政干预;⑤给有关当事人回扣;⑥不按规定标准收取佣金等。

2. 禁止事先预留所承销的证券

承销商在代销、包销期内,对其所代销、包销的证券应当保证先行出售给认购人,承销商不得为本公司事先预留所代销的证券和预先购入并留存所包销的证券。《证券法》还明确规定承销期限最长不得超过 90 日,以防止承销商无限期将证券留在自己手上待价格上涨时出售。

3. 负责核查并保证公开发行证券募集文件的真实性、准确性和完整性

发现含有虚假记载、误导性陈述或重大遗漏时,不得进行销售活动;已经销售的,必须立即停止并采取纠正措施。

4. 股票承销期满后,应当将承销情况报证监会备案

报告的承销情况主要是指承销合同的履行,其核心内容涉及证券发行的数量、比例和所筹得的资金,以及有无违法或违约。

第四节 证券上市与交易法律制度

一、证券上市

(一)证券上市概述

证券上市是指发行人发行的证券,依法定条件和程序,在证券交易所或其他法定交易市场公开挂牌交易的法律行为。在证券交易所内买卖的证券称为上市证券,发行上市证券的公司称为上市公司。证券上市是连接发行市场和流通市场的中间环节。

(二)证券上市的方式

股票上市是指符合条件的上市公司的股票,依据法定条件和程序在证券交易所进行挂牌

交易的行为。股票上市须由证券发行人向证券交易所提出申请并报送相关文件，证券交易所依法审核同意后，由上市申请人与证券交易所签订上市协议，并由成功申请上市的公司在法定期限内公告有关文件。经过上述程序后，股票就可以在证券交易所挂牌交易了。

公开发行的证券，应当在依法设立的证券交易所上市交易或者在国务院批准的其他全国性证券交易场所交易。非公开发行的证券，可以在证券交易所、国务院批准的其他全国性证券交易场所、按照国务院规定设立的区域性股权市场转让。

证券在证券交易所上市交易，应当采用公开的集中交易方式或者国务院证券监督管理机构批准的其他方式。证券交易当事人买卖的证券可以采用纸面形式或者国务院证券监督管理机构规定的其他形式。

(三)证券上市的暂停与终止

证券在证券交易所上市交易后，并不是一劳永逸的，某些法定情形的出现会导致证券上市的暂停或终止。

1. 证券上市的暂停

股票暂停上市情形有：①公司股本总额、股权分布等发生变化，不再具备上市条件；②公司不按照规定公开其财务状况，或者对财务会计报告作虚假记载，可能误导投资者；③公司有重大违法行为；④公司最近 3 年连续亏损；⑤证券交易所上市规则规定的其他情形。

公司债券暂停上市的情形有：①公司有重大违法行为；②公司情况发生重大变化，不符合公司债券上市条件；③公司债券所募集的资金不按照核准的用途使用；④未按照公司债券募集办法履行义务；⑤公司最近 2 年连续亏损。

2. 证券上市的终止

股票上市终止的情形有：①公司股本总额、股权分布等发生变化，不再具备上市条件，在证券交易所规定的期限内仍不能达到上市条件；②公司不按照规定公开其财务状况，或者对财务会计报告作虚假记载，且拒绝纠正；③公司最近 3 年连续亏损，在其后 1 个年度内未能恢复盈利；④公司解散或者被宣告破产；⑤证券交易所上市规则规定的其他情形。

对公司债券终止上市情形的规定是在公司债券暂停上市情形的规定的基础上作出的，规定公司有第①④项暂停上市的情形之一，经查实后果严重的；或者有第②③⑤项暂停上市的情形之一，在限期内未能消除的，由证券交易所决定终止其公司债券上市交易。此外，公司解散或者被宣告破产的，由证券交易所终止其公司债券上市交易。

二、证券交易

(一)证券交易的概念和特征

证券交易是指当事人之间在法定交易场所，按照特定交易规则，对依法发行并交付的证券进行买卖的行为。

证券交易具有下列法律特征：

(1)证券交易必须在法定交易场所进行，这就排除了“黑市”交易的合法性；

(2)证券交易是一种特定权利的买卖，该权利具有财产价值；

(3)证券交易有其特定的交易规则；

(4)证券交易是一种标准化合同的买卖，这是由每一种证券的面值均等决定的；

(5)证券交易的对象是依法发行并交付的证券，非依法发行的证券不得买卖，而且证券必须已经到达原始投资者手中。

(二)证券交易方式

在我国,证券交易方式的典型形式是集中竞价交易,但协议转让、裁判转让、报价转让、大宗交易、回购交易等非集中竞价交易也是重要的证券交易方式。

(1)集中竞价,包括集合竞价和连续竞价两种形式。前者是指对一段时间内接受的买卖申报一次性集中撮合的竞价方式,后者是指对买卖申报逐笔连续撮合的竞价方式。

(2)协议转让,是指投资者不借助证券集中竞价交易系统,而是通过私下协商,达成证券交易的方式。

(3)裁判转让,是人民法院行使司法裁判权而引起的证券转让。

(4)报价转让,又称做市商制度,是指在证券市场上,由具备一定实力和信誉的证券经营法人作为特许交易商,不断地向投资者报出特定证券的买卖价格,双向报价并在该价位上接受投资者的买卖要求,以其自有资金和证券与投资者进行证券交易,而投资者之间的买卖请求并不直接配对成交的方式。

(5)大宗交易,是指单笔证券买卖申报达到交易所规定的数额规模时,交易所采用与通常交易方式不同的交易方式,即不采用价格优先、时间优先的集中竞价交易原则,而以协商一致作为达成交易的方式。

(6)回购交易,是指证券买卖双方在成交的同时,约定于未来某一时间以某一价格双方再反向交易的交易方式。

(三)证券交易的强制性规则

证券交易具有高收益和高风险的特征,为确保证券交易的有序进行,我国法定的证券交易规则主要有:

(1)非依法发行并交付的证券不得买卖,即市场上交易的任何证券都必须是合法的证券。合法性的标准在于依法发行、实际交付及形式合法。

(2)限制期内禁止买卖。有转让期限的证券,主要是指公司发起人自公司成立之日起 1 年内持有的本公司的股票,上市公司的董事、监事、高管人员在公司股票上市交易之日起 1 年内、离职后半年内所持有的股票等。规定这些股票在一定期限内禁止转让,主要是防止利用特殊地位谋取利益、影响市场的健康发展。

(3)禁止持有和买卖股票。证券交易所、证券公司和证券登记结算机构的从业人员,证券监管机构的工作人员及法律、行政法规禁止参与股票交易的其他人员,在任职或法定期限内,不得直接或以化名、借他人名义持有、买卖股票,也不得收受他人赠送的股票。任何人在成为前款所列人员时,其原已持有的股票,必须依法转让。

(4)限制证券服务机构和人员买卖股票。为股票发行出具审计报告、资产评估报告或法律意见书等文件的证券服务机构和人员,在该股票承销期内和期满后 6 个月内,不得买卖该种股票;为上市公司出具审计报告、资产评估报告或法律意见书等文件的证券服务机构和人员,自接受上市公司委托之日起至上述文件公开后 5 日内,不得买卖该种股票。

(5)依法公开发行的证券应当在证券交易所上市交易或者在国务院批准的其他证券交易所转让。目前在我国交易所之外的合法场外市场有两个:产权交易所和代办股份转让系统。

(6)上市交易的证券应采用公开的集中交易方式或国务院证券监管机构批准的其他方式。

(7)证券交易以现货和国务院规定的其他方式进行交易。这里的"其他方式"主要包括期货交易、期权交易、信用交易等。

(8)保守客户账户秘密。证券交易所、证券公司、证券登记结算机构必须对客户所开立的账户保密，以防止他人非法利用、损害客户利益。

(9)证券交易的收费必须合理。有权在证券交易中收取费用的证券交易所、证券公司等机构须依照法律、行政法规及有关机构依法制定的收费规则，向证券交易参与者收取费用。

(10)对短线交易的规制。上市公司董事、监事、高管人员、持有上市公司股份5%以上的股东，将其持有的该公司的股票在买入后6个月内卖出，或者在卖出6个月内又买入，由此所得收益归该公司所有，公司董事会应当收回其所得权益。但是，证券公司因包销购入售后剩余股票而持有5%以上股份的，卖出该股票不受6个月时间限制。规制短线交易的目的是防止内幕交易，防范和减少以操纵市场为目的的虚假收购行为。

第五节 证券公司相关法律规定

作为证券市场最为主要的主导者，证券公司的行为关系到整个证券市场的公平、公正、公开原则的实现，关系到证券行业的稳定、有序发展，为了更有效地保证证券公司行为的合法守信性，我国《证券法》《证券公司监督管理条例》《证券公司风险处置条例》等证券类法律法规以及《公司法》等民商事法律法规均对证券公司的相关法律制度予以确定，主要包括市场准入制度、信息披露制度、内部控制制度、风险控制指标管理制度、信用评级制度等。

一、市场准入制度

市场准入制度是指政府或者授权机构规定证券公司及相关机构进入证券市场，进行证券投资、组织管理、交易等活动所必须满足的条件和必须遵守的制度与规范的总称。它是国家对证券市场主体资格的确立、审核和确认的法律制度，包括市场主体资格的实体条件和取得主体资格的程序条件。鉴于证券公司重要的市场地位，我国《证券法》第118条规定，设立证券公司，必须经国务院证券监督管理机构审查批准。未经国务院证券监督管理机构批准，任何单位和个人不得以证券公司名义开展证券业务活动。同时，《证券法》第118条规定了设立证券公司所应具备的七大条件。《证券公司监督管理条例》第8条规定，设立证券公司，应当具备《公司法》《证券法》和本条例规定的条件，并经国务院证券监督管理机构批准。这是对于证券公司组织设立的基本原则。证券公司在设立进入市场过程中，需要经过国务院证券监督管理机构和工商管理局的双重审查。

从证券公司的股东组成规定来看，首先在出资方面，《证券公司监督管理条例》第9条规定，证券公司的股东应当用货币或者证券公司经营必需的非货币财产出资。证券公司股东的非货币财产出资总额不得超过证券公司注册资本的30%。证券公司股东的出资，应当经具有证券、期货相关业务资格的会计师事务所验资并出具证明；出资中的非货币财产，应当经具有证券相关业务资格的资产评估机构评估。其次在股东资格限制方面，《证券公司监督管理条例》第10条规定，有下列情形之一的单位或者个人，不得成为持有证券公司5%以上股权的股东、实际控制人：①因故意犯罪被判处刑罚，刑罚执行完毕未逾3年；②净资产低于实收资本50%，或有负债达到净资产的50%；③不能清偿到期债务；④国务院证券监督管理机构认定的其他情形。

证券公司的其他股东应当符合国务院证券监督管理机构的相关要求。同时，对于股东实际控股达到5%以上的，股权变动应当事先告知证券公司，并经国务院证券监督管理机构批准。股东不得有虚假出资或者抽逃资金等行为。

从公司的董事、监事、高级管理人员来看，证券公司应当有 3 名以上在证券业担任高级管理职位满 2 年的高级管理人员。除《证券法》第 124 条和《公司法》第 146 条规定的情形外，《证券公司监督管理条例》第 19 条到第 25 条规定了董事、监事、高级管理人员的任职与限制，包括但不限于董事会任职人员、高级管理人员类别、离职审计等。《证券法》第 124 条第 1 款规定，证券公司的董事、监事、高级管理人员，应当正直诚实，品行良好，熟悉证券法律、行政法规，具有履行职责所需的经营管理能力。证券公司任免董事、监事、高级管理人员，应当报国务院证券监督管理机构备案。

二、信息披露制度

所谓证券市场的信息披露制度，是指证券公司为保障投资者利益、接受社会公众的监督，在证券发行、上市与流通各环节中，依照法律规定将与证券有关的一切重大信息予以证实，准确、完整及适当地公开，使投资者充分了解情况并作出投资判断的法律制度。它既包括证券发行前的信息披露，也包括证券上市、流通环节过程中的信息披露。这种信息披露制度具有法定性、强制性、公开性、效率性、权利义务的单向性等特点，有助于进一步保护投资者的合法权益，体现公平、公正、公开的原则。《证券法》第 78 条规定，发行人及法律、行政法规和国务院证券监督管理机构规定的其他信息披露义务人，应当及时依法履行信息披露义务。信息披露义务人披露的信息，应当真实、准确、完整，简明清晰，通俗易懂，不得有虚假记载、误导性陈述或者重大遗漏。

从证券信息披露主体来看，主要是指根据《证券法》及相关法律法规规定承担信息披露义务的单位和个人，以证券发行人为主线，多方主体共同参加，主要包括以下四类主体：

第一类，信息披露的基本主体，主要是指股票或债券的发行公司。它们依法承担及时披露关于自己或与自己相关的、可能影响投资者决策的重要信息的义务。例如《证券法》规定发行人、上市公司依法披露信息，上市公司董事、监事、高级管理人员保证信息披露的义务。

第二类，信息披露的监督主体，主要是指证券市场的监管机构和政府相关部门，例如中国证券监督管理委员会。它们一方面审核证券公司的信息披露内容，另一方面监督证券公司的信息披露行为，确保其合法性。《证券法》第 86 条规定，依法披露的信息，应当在证券交易场所的网站和符合国务院证券监督管理机构规定条件的媒体发布，同时将其置备于公司住所、证券交易场所，供社会公众查阅。《上市公司证券发行管理办法》第 52 条第 1 款规定，上市公司应当保证投资者及时、充分、公平地获得法定披露的信息，信息披露文件使用的文字应当简洁、平实、易懂。

第三类，信息披露特定主体，主要是指证券市场投资者。通常证券投资者不作为信息披露的主体，但在特定的情况下，其需要公布自身的相关信息，例如股权变动情况。

第四类，其他相关主体，主要包括证券交易所等自律性组织、各类证券中介机构、会计师和律师事务所等证券服务机构等。它们一方面制定部分证券市场交易规则，另一方面发布有关证券公司等机构的相关重要信息，也需要履行相应职责。《上市公司信息披露管理办法》第 43 条到 47 条就规定了有关保荐人、证券服务机构、律师事务所、会计师事务所、资产评估机构等的义务。

证券公司信息披露的内容主要包括两类：一类是证券公司的基本信息，这类信息是投资人作出投资决策的依据所在；另一类是发行人或上市公司的重要文件，包括招股说明书、募集说明书、上市公告书、定期报告和临时报告，在《上市公司信息披露管理办法》中予以明确规定，这类信息是对股票或债券的发行方而言的，是投资者具体选择投资方向决策的参考所在。

从信息披露制度本身来看，该制度是证券公司信用法律制度的基础所在，是保障整个证券市场信息沟通顺畅、防止证券欺诈行为、提高证券交易效率的根本，是督促企业改善经营管理、提高业务服务能力的重要手段。

三、内部控制制度

证券交易行为是一项具有高风险的活动，证券公司作为证券市场重要的组成部分，其对风险的控制能力强弱将直接影响市场的整体风险水平。2001 年 2 月 6 日，中国证监会颁布的《证券公司内部控制指引》首次提出内部控制机制的概念，并在 2003 年 12 月 15 日的修订版中第 2 条明确规定，本指引所指证券公司内部控制是指证券公司为实现经营目标，根据经营环境变化，对证券公司经营与管理过程中的风险进行识别、评价和管理的制度安排、组织体系和控制措施。证券公司在实施内部控制过程中，应当充分考虑控制环境、风险识别与评估、控制活动与措施、信息沟通与反馈、监督与评价等要素。2006 年 6 月 30 日，证监会又专门针对融资融券业务发布了《证券公司融资融券业务试点内部控制指引》，进一步完善了融资融券业务试点内部控制规范体系。此外，《证券法》第 128 条明确规定，证券公司应当建立健全内部控制制度，采取有效隔离措施，防范公司与客户之间、不同客户之间的利益冲突。证券公司应当在健全、合理、制衡、独立的原则下，根据市场、技术、法律环境的变化适时调整和完善，以确保内部控制的有效性。

从证券公司内部控制机制形成条件来看，主要包括：

(1)范围的全面性。证券公司的内部控制机制应该涵盖公司的全部业务、涉及各个部门和各级人员，同时在领导、决策、执行、反馈等各个环节均有渗透。

(2)职能的相对独立性。证券公司在满足公司正常运作的前提下，各个部门、机构、岗位之间保持相互独立。

(3)权责的明确性。证券公司内部各部门、各机构、各岗位人员的权责明确，互相制约，形成权力制衡。

(4)效果的合理性。证券公司内部各机构、部门、人员通力合作，控制运营成本，实现控制效果的最优化。

从证券公司内部控制的方面来看，主要包括如下三个方面：

第一，合理选择公司治理机制。《证券公司内部控制指引》第 11 条规定，证券公司应建立健全证券公司治理结构。证券公司治理结构包括科学的决策程序与议事规则，高效、严谨的业务运作系统，健全、有效的内部监督和反馈系统，以及有效的激励约束机制。证券公司监事会和独立董事应充分发挥监督职能，防范大股东操纵和内部人控制的风险。一方面，证券公司要注意强化信息披露，实现决策与经营行为的合理性；另一方面，建立清晰合理的组织机构，《证券公司内部控制指引》第 13 条规定从一线岗位、相关部门和岗位以及独立监督检查部门三个方面设立三道业务监控防线。

第二，建立完善财务和风险控制制度，包括风险控制指标制度、交易风险准备金制度以及证券投资者保护制度。关于风险控制指标制度，《证券法》规定了证券公司必须保持较好的资产流动性和债务偿还能力及相关风险限制措施。《证券公司内部控制指引》则从自有与客户资金、投资银行项目、风险监控、业务规模、咨询业务、创新业务等方面提出严格要求。关于交易风险准备金制度，是指依照经营风险程度和概率标准，由证券公司依照法定标准或者比例提取缴纳的，为维护证券市场正常运转提供财务担保和弥补因交易所不可预见风险带来的亏损的资金。《证券法》第 127 条规定，证券公司从每年的业务收入中提取交易风险准备金用于弥补证券经营的损失，其提取的具体比例由国务院证券监督管理机构规定。

第三，建立系统的证券公司业务控制制度。从证券公司经营的业务内容来看，往往范围比较广泛，有必要予以深入协调、沟通、管理，避免出现相关利益冲突。一方面，建立证券公司内部隔离制度（又称“防火墙制度”），是指从事多种经营活动的证券公司限制重大非公开信息在不同部门之间流动的制度和程序。《证券法》第 128 条规定，证券公司应当建立健全内部控制制度，采取有效隔离措施，防范公司与客户之间、不同客户之间的利益冲突。证券公司必须将其证券经纪业务、证券承销业务、证券自营业务、证券做市业务和证券资产管理业务分开办理，不得混合操作。《证券公司内部控制指引》第 51 条规定，证券公司应加强自营账户的集中管理和访问权限控制，自营账户应由独立于自营业务的部门统一管理，建立自营账户审批和稽核制度；采取措施防止变相自营、账外自营、出借账户等风险；防止自营业务与受托投资管理业务混合操作。

四、风险控制指标管理制度

证券公司的风险控制指标是其信用保证、风险防范、交易成效等方面保障的重要措施之一，同时也是证券公司监管予以重点关注、评估、考察以及采取风险控制措施的依据所在。《证券法》第 123 条规定，国务院证券监督管理机构应当对证券公司净资本和其他风险控制指标作出规定。《证券法》第 140 条规定了七项重要措施来进行风险控制，待考核验收完毕才能解除。根据 2008 年 12 月 1 日起施行的修改后的《证券公司风险控制指标管理办法》，对证券公司的净资本、自营业务规模、各类风险准备、材料编制与披露、风险监管等方面作了详细规定。

证券公司风险控制指标管理制度，极大地增强了证券公司的可信度、稳定性，加强了证券公司的风险监管，督促证券公司采取积极的措施加强内部控制，实现投资者整体利益的保护。

五、信用评级制度

所谓证券信用评级，是指信用评级机构根据科学的指标体系，采用科学、严谨的分析方法，对某种证券和证券发行人的信用、质量、风险等进行的综合评价，并以约定的符号予以列示的评估活动。因此，证券信用评级是一项由第三方社会中介服务机构为证券公司提供的资信评价活动，为证券公司以及证券投资人的证券交易行为提供决策依据。从狭义上看，信用评级是指独立的第三方信用评级中介机构对债务人如期足额偿还债务本息的能力和意愿进行评价，并用简单的评级符号表示其违约风险和损失的严重程度。从广义上看，信用评级是对评级对象履行合同及经济承诺的能力和意愿的总体评价。根据我国《证券法》《证券市场资信评级业务管理暂行办法》《中国人民银行信用评级管理指导意见》等相关规定，证券信用评级是为了进一步促进证券市场资信评级业务的规范化、透明化、效率化，保护投资双方的共同合法权益而实施的。

在《证券市场资信评级业务管理暂行办法》第 7 条规定了七种申请证券评级业务许可的必要条件，第 8 条规定了六类资信评级机构负责证券评级业务的高级管理人员的资格条件，第 9 条规定了申请证券评级业务许可所需提交的材料。在具体的业务规则里，规定了证券评级行业机构的执业规范，包括防火墙制度、评级委员会制度、跟踪评级制度、回避制度、利益冲突防范制度、信息披露和保密制度、档案管理制度、评级结果公布制度等多种制度。这些制度的建立与实施，有效地确保了信用评级的公正性、真实性、准确性和完整性，确保证券评级机构及其相关人员的行为合法性。此外，通过国务院证券监督管理机构对证券信用评级机构、董事、监事、高级管理人员的监督与管理，一方面，确保了证券信用评级机构的可靠性和稳定性以及行为的合法性；另一方面，注重加强对证券信用评级机构的违法或不规范行为予以修正，发出警示并责令改正，确保证券信用评级机构行为的规范性；另外，进一步加强证券评级机构的自律，使其注重内部管理。《证券市场资信评级业务管理暂行办法》第 34 条规定，证券评级机构应当加入中国证券业协会。中国证券业协会应当制定证券评级机构的自律准则和执业规范，对违反自律准则和执业规范的行为给予纪律处分。中国证券业协会应当建立证券评级机构及其从业人员从事证券评级业务的资料库和诚信档案。对于证券信用评级过程中发生的违法违规行为，国务院证券监督管理机构有权采取罚款、限权等方式予以直接规范。

第六节 证券市场主体的法律责任

证券市场主体的法律责任是证券市场交易法律监管的最后也是最重要的一道防线，是各项规范制度的有力保证。根据我国《证券法》等相关证券法律法规规定，证券市场主体的违法责任承担方式主要有如下几类：

一、虚假陈述法律责任

（一）发行人与上市公司的责任

《证券法》第 197 条规定，信息披露义务人未按照本法规定报送有关报告或者履行信息披露义务的，责令改正，给予警告，并处以 50 万元以上 500 万元以下的罚款；对直接负责的主管人员和其他直接责任人员给予警告，并处以 20 万元以上 200 万元以下的罚款。发行人的控股股东、实际控制人组织、指使从事上述违法行为，或者隐瞒相关事项导致发生上述情形的，处以 50 万元以上 500 万元以下的罚款；对直接负责的主管人员和其他直接责任人员，处以 20 万元以上 200 万元以下的罚款。信息披露义务人报送的报告或者披露的信息有虚假记载、误导性陈述或者重大遗漏的，责令改正，给予警告，并处以 100 万元以上 1 000 万元以下的罚款；对直接负责的主管人员和其他直接责任人员给予警告，并处以 50 万元以上 500 万元以下的罚款。发行人的控股股东、实际控制人组织、指使从事上述违法行为，或者隐瞒相关事项导致发生上述情形的，处以 100 万元以上 1 000 万元以下的罚款；对直接负责的主管人员和其他直接责任人员，处以 50 万元以上 500 万元以下的罚款。

此外，《上市公司信息披露管理办法》明确规定了上市公司、董事、监事、高级管理人员、股东、实际控制人等所应当承担的信息披露义务以及提供虚假信息的法律责任。

（二）证券公司的责任

《证券法》第 211 条规定，证券公司及其主要股东、实际控制人违反本法第 138 条的规定，未报送、提供信息和资料，或者报送、提供的信息和资料有虚假记载、误导性陈述或者重大遗漏的，责令改正，给予警告，并处以 100 万元以下的罚款；情节严重的，并处撤销相关业务许可。对直接负责的主管人员和其他直接责任人员，给予警告，并处以 50 万元以下的罚款。《证券法》第 205 条规定，证券公司违反本法第 123 条第 2 款的规定，为其股东或者股东的关联人提供融资或者担保的，责令改正，给予警告，并处以 50 万元以上 500 万元以下的罚款。对直接负责的主管人员和其他直接责任人员给予警告，并处以 10 万元以上 100 万元以下的罚款。股东有过错的，在按照要求改正前，国务院证券监督管理机构可以限制其股东权利；拒不改正的，可以责令其转让所持证券公司股权。

二、内幕交易知情人的法律责任

内幕交易，是指上市公司高管人员、控股股东、实际控制人和行政审批部门等方面的知情人员，利用工作之便，在公司并购、业绩增长等重大信息公布之前，泄露信息或者利用内幕信息买卖证券谋取私利的行为。《证券法》第 50 条明确规定，禁止证券交易内幕信息的知情人和非法获取内幕信息的人利用内幕信息从事证券交易活动。第 51、52 条分别就内幕信息知情人的范围和内幕信息的类别予以明确界定。《证券法》第 191 条规定，证券交易内幕信息的知情人或者非法获取内幕信息的人违反本法第 53 条的规定从事内幕交易的，责令依法处理非法持有的证券，没收违法所得，并处以违法所得 1 倍以上 10 倍以下的罚款；没有违法所得或者违法所得不足 50 万元的，处以 50 万元以上 500 万元以下的罚款。单位从事内幕交易的，还应当对直接负责的主管人员和其他直接责任人员给予警告，并处以 20 万元以上 200 万元以下的罚款。国务院证券监督管理机构工作人员从事内幕交易的，从重处罚。

证监会、公安部、监察部、国资委和预防腐败局五个部门联合发布的《关于依法打击和防控资本市场内幕交易的意见》规定，证券监督管理部门要切实负起监管责任，对涉嫌内幕交易的行为，要及时立案稽查，从快作出行政处罚；对涉嫌犯罪的，要移送司法机关依法追究刑事责任，做到有法必依、执法必严、违法必究；对已立案稽查的上市公司，要暂停其再融资、并购重组等行政许可；对负有直接责任的中介机构及相关人员，要依法依规采取行政措施，暂停或取消其业务资格。

最高人民法院和最高人民检察院发布的《关于办理内幕交易、泄露内幕信息刑事案件具体应用法律若干问题的解释》和《刑法》第 181 条、182 条均对内幕交易、利用信息优势操纵证券交易价格等行为的量刑和处罚作出了明确规定。

三、操纵市场行为法律责任

操纵市场行为是指单位或个人以获取利益或者减少损失为目的，利用其资金、信息等优势或者滥用职权影响证券市场价格，制造证券市场假象，诱导或者致使投资者在不了解事实真相的情况下作出买卖证券的决定，扰乱证券市场秩序的行为。根据《证券法》第 55 条的规定，禁止任何人以下列手段操纵证券市场，影响或者意图影响证券交易价格或者证券交易量：①单独或者通过合谋，集中资金优势、持股优势或者利用信息优势联合或者连续买卖；②与他人串通，以事先约定的时间、价格和方式相互进行证券交易；③在自己实际控制的账户之间进行证券交易；④不以成交为目的，频繁或者大量申报并撤销申报；⑤利用虚假或者不确定的重大信息，诱导投资者进行证券交易；⑥对证券、发行人公开作出评价、预测或者投资建议，并进行反向证券交易；⑦利用在其他相关市场的活动操纵证券市场；⑧操纵证券市场的其他手段。操纵证券市场行为给投资者造成损失的，应当依法承担赔偿责任。

《证券法》第 192 条规定，违反本法第 55 条的规定，操纵证券市场的，责令依法处理其非法持有的证券，没收违法所得，并处以违法所得 1 倍以上 10 倍以下的罚款；没有违法所得或者违法所得不足 100 万元的，处以 100 万元以上 1 000 万元以下的罚款。单位操纵证券市场的，还应当对直接负责的主管人员和其他直接责任人员给予警告，并处以 50 万元以上 500 万元以下的罚款。《刑法》第 182 条规定，操纵证券交易价格，获取不正当利益或者转嫁风险，情节严重的，处 5 年以下有期徒刑或者拘役，并处或者单处违法所得 1 倍以上 5 倍以下罚金。单位犯前款罪的，对单位判处罚金，并对其直接负责的主管人员和其他直接责任人员，处 5 年以下有期徒刑或者拘役。

练习题

一、复习思考题

1. 什么是证券？证券法有哪些基本原则？
2. 我国证券市场的主体有哪些？
3. 我国《证券法》规定的证券公司的设立条件有哪些？
4. 以设立股份有限公司为目的的股票发行，应符合的条件有哪些？
5. 公司债券的发行条件有哪些？
6. 什么是证券承销？证券承销方式有哪些？
7. 证券交易方式有哪几种？
8. 持续信息披露的形式有哪些？
9. 什么是内幕交易？什么是内幕人？什么是内幕信息？
10.《证券法》规定的禁止操纵市场的行为有哪些？

二、案例分析题

2021 年，某基金公司总经理王某，向上市公司青某公司推荐华某公司的超声波制浆技术，并具体参与了青某公司收购该超声波制浆技术及非公开发行股票的全过程。其中，2021 年 8 月 6 日至 7 日，王某参与了项目的考察洽谈活动，并于同月 28 日与青某公司、华某公司签订了“三方合作框架协议书”，约定了某基金公司、青某公司、华某公司的合作内容。2021 年 10 月 14 日，青某公司公告停牌筹划重大事项。2022 年 1 月 29 日，青某公司发布签订收购超声波制浆专利技术框架协议的公告。2022 年 2 月 12 日，青某公司复牌并公告非公开发行股票预案。中国证监会依法认定，上述公告内容系内幕信息，内幕信息敏感期为 2021 年 8 月 7 日至 2022 年 2 月 12 日。在内幕信息敏感期内，被告人王某分别与其朋友尚某、妹妹王某玉、妹夫陈某、战友王某仪联络、接触。上述人员及王某仪的妻子王某红在青某公司内幕信息敏感期内大量买入该公司股票共计 1 019 万余股，成交金额达 2 936 万余元，并分别于青某公司因重大事项停牌前、发布收购超声波制浆技术及非公开发行股票信息公告复牌后将所持有的青某公司股票全部卖出，非法获利共计 1 229 万余元。

问题：王某、王某玉、尚某、陈某、王某仪、王某红等人行为是否违反证券法的规定？如何处理？

第十章

保险法

学习目标

通过本章学习，你应能够：

掌握保险、保险法的概念；

全面认识和理解保险基本原则、保险法律关系；

了解保险公司相关法律规定。

思政目标

能够正确理解保险的基本原则，如最大诚信原则、合法性原则、缔约自由原则、保险利益原则的重要性，树立正确的世界观、人生观和价值观，以良法促进发展、保障善治；通过规范保险人、投保人、被保人和受益人的法律关系，建立健康有序的保险市场，充分发挥保险作为社会稳定器的积极作用，为市场经济提供制度保障。

第一节　保险和保险法概述

一、保险的定义及种类

（一）保险的定义

所谓保险，从广义上说，是具有同类风险的众多单位和个人，以合理计算分担金的形式，共同向少数因该风险事故造成经济损失的成员提供保险经济保障或赔付的一种行为，包括社会保险、商业保险和政策保险；从狭义上来说，仅指商业保险，即通过合同的形式，运用商业化的经营方式，由保险经营者向投保人收取保险费，当发生保险责任范围内的事故或保险条件实现时，由保险经营者对财产的损失进行补偿、对人身伤亡或年老丧失劳动能力予以给付的一种经济保障制度。我国《保险法》第2条规定，本法所称保险，是指投保人根据合同约定，向保险人支付保险费，保险人对于合同约定的可能发生的事故因其发生所造成的财产损失承担赔偿保险金责任，或者当被保险人死亡、伤残、疾病或者达到合同约定的年龄、期限等条件时承担给付保险金责任的商业保险行为。

从经济角度来看,保险是组织受到同样危险威胁的单位或个人,通过一定的保险费率收取保险费用,建立保险基金,在被保险人受到意外人身、财产损害时予以补偿的一种危害分摊经济方法。这种被保险人损失的分摊,不仅体现了保险人与投保人、保险人与被保险人、保险人与保险人、被保险人与被保险人之间的经济关系,更反映了一种行之有效的财务安排。从法律上来看,保险是一种民事法律主体之间的合同行为。合同双方当事人依照法律规定确定双方权利和义务,投保人缴纳保险费并依法取得损失求偿权,保险人则按规定支付补偿或给付保险金。从风险管理的角度来看,保险是一种风险转移、责任分摊的方法,对投保人或被保险人而言,其参加保险的行为使其成为保险利益的享有者,如果其发生保险事故,则可以依法获得保险补偿,以减少自己的损失。

保险的前提在于必须具备保险人可以接受承保的可保风险。一般而言,必须具备如下条件:

第一,风险存在的偶然性,即风险的发生与否、何时发生、何地发生均无法事先确定并且发生后的损失程度也无法预先评估。

第二,风险发生的意外性,即风险不能是必定要发生的事项,并且当事人对风险发生不存在故意,只有这样,风险的发生才会超出双方控制。

第三,风险的纯粹性,即保险人所承保的风险只能是只有损失机会而无获利可能的纯粹风险,而不能是存在收益、损失双重不确定的投机风险。

第四,损失的重大性和分散性,即风险造成的经济损失数额较大或者影响比较深远。

第五,风险的大量性、同质性、可测性,即风险发生的概率和损失率可以通过金融手段予以计算得出。

(二)保险的种类

保险根据不同的标准可以划分为不同的种类,对于不同的利益主体,可以根据自己的利益要求来选择某一种或者某几种保险方式。

1. 按保险的标的来分,可以分为财产保险和人身保险

财产保险是指所有以财产及其相关利益为保险标的的保险,包括财产损失保险、财产责任保险、信用保险、保证保险。人身保险是指以人的寿命和身体健康为保险标的的保险,包括人寿保险、健康保险、人身意外伤害保险。

2. 按风险转嫁方式划分,可以分为原保险、再保险、共同保险、重复保险

原保险是指投保人与保险人之间直接订立保险合同,确立双方权利义务关系,由投保人将危险转移给保险人,在危险发生或满足保险条件时,由保险人给予补偿或直接支付。这是在日常保险事务中主要的保险类别。再保险是指保险人将所承保的保险业务的一部分或者全部,交由另外一个保险人再次保险的行为,又称保险的保险或分保。共同保险又称共保,是指由多个保险人联合共同对同一标的的同一危险承担保险责任,但总保险金额不得超过保险标的的价值,在发生保险责任时,依照各保险人承担的比例分摊赔偿。重复保险是指投保人以同一标的的同一危险同时向两个或两个以上的保险人进行投保的行为。

3. 按照保险的实施方式来看,又可分为自愿保险和强制保险

自愿保险是指投保人或被保险人与保险人在平等互利、协商一致的基础上,依据自愿原则签订的保险合同。大部分的商业保险属于自愿保险。强制保险是指由国家政府通过法律或者

行政命令强制实施的法定保险，比如机动车交通事故责任强制保险（交强险）。

4. 按照保险金额确定的方式，分为定额保险和不定额保险

定额保险是指保险双方在订立保险合同时，经协商预先确定一定的保险金额，当保险合同约定事故发生时，保险人按照约定的保险金额给付保险金的一种保险方式。定额保险适用于人寿保险。不定额保险是指保险双方当事人并不预先确定一定的保险金额，而是在保险事由发生时，由保险人在保险金额的限度内，按照保险标的的实际损失额支付保险金的一种保险方式。不定额保险适用于财产保险。

二、保险法

保险行业的迅猛发展，市场的繁荣扩大，一方面需要在行业发展过程中进一步体现市场发展的要求，遵循市场经济规律，坚持公平、公正、公开的原则，服务好广大的消费者；另一方面，也需要政府加强监管，坚持依法、审慎、公平、透明和效率的监管原则，通过法律与行政的手段，进一步加强市场规范，保证有法可依、有法必依、执法必严、违法必究。从我国保险法律的发展来看，虽然我国自清末即有《保险业章程草案》《大清商律草案》《海船法草案》的探索，北洋政府又制定《保险业法案》《保险契约法草案》，民国政府时期又制定《保险法》《保险业法》《保险业法实施细则》《简易人寿保险法》和《战时保险业管理法》，这些法律都在积极学习西方，探索保险业立法经验和内容，形成了较为完备的体例，但是由于时代发展而或未能实施，或流于形式。新中国成立之初，通过对民族资产阶级的保险企业进行社会主义改造，建立属于人民自己的保险事业，制定了《关于实行国家机关、国营企业、合作社财产强制保险及旅客强制保险的决定》《财产强制保险条例》《船舶强制保险条例》《公民自愿保险办法》等法律。但受限于“文革”十年动乱，保险行业几乎全部停办。十一届三中全会以后，我国保险事业得以恢复和受到重视，先后制定了《中华人民共和国财产保险合同条例》（1983 年 9 月 1 日）、《保险企业管理暂行条例》（1985 年 3 月 3 日）、《中华人民共和国海商法》（1992 年 11 月 7 日）。同时，随着中国加入世界贸易组织，为适应对外开放和经济发展需要，加强对外资保险机构的监管，2002 年 2 月 1 日起我国实施《中华人民共和国外资保险公司管理条例》。

1995 年 6 月 30 日第八届全国人民代表大会常务委员会第十四次会议通过《中华人民共和国保险法》；此后，根据 2002 年 10 月 28 日第九届全国人民代表大会常务委员会第三十次会议第一次修正；根据 2009 年 2 月 28 日第十一届全国人民代表大会常务委员会第七次会议第二次修正；根据 2014 年 8 月 31 日中华人民共和国第十二届全国人民代表大会常务委员会第十次会议《全国人民代表大会常务委员会关于修改〈中华人民共和国保险法〉等五部法律的决定》第三次修正；根据 2015 年 4 月 24 日中华人民共和国第十二届全国人民代表大会常务委员会第十四次会议《全国人民代表大会常务委员会关于修改〈中华人民共和国计量法〉等五部法律的决定》第四次修正。

此外，我国还进一步加强保险企业的配套监管，制定了《保险代理人管理规定》《保险兼业代理管理暂行办法》《保险代理机构管理规定》《保险经纪机构管理规定》《保险公司管理规定》（2004 年 6 月 15 日）等一系列法律、法规。目前与保险相关内容的法律共计 21 条，行政法规 7 条，部门规章 85 条，各类规范性文件 800 余条，其他法规类 154 条，形成了一套结构完整、规范全面、调整广泛的法律制度体系，有效地保障了保险行业的规范化、专业化、效率化。

第二节 保险的基本原则

我国《保险法》在实施过程中，其第 4、5、6、8 条分别规定了保险经营活动的基本原则，保险原则是保险公司、投保人、被保人和受益人在订立和履行保险合同时应该遵循的基本原则。

一、最大诚信原则

在保险信用法律关系中，所谓最大诚信原则，是指保险合同双方当事人在订立及履行保险合同过程中，应该以最大的诚实信用全面而完整地履行自己应尽的义务，明确告知合同项下保险标的的重要情况，严格遵守保险合同中的约定与承诺。诚实信用原则在我国《民法典》第 7 条已有明确规定，我国《保险法》第 5 条也规定，保险活动当事人行使权利、履行义务应当遵循诚实信用原则。

首先，保险行为是一种信用行为，保险合同本身即为一份射幸合同，具有较强的不确定性，是以当事人双方未来可能的可得利益为基础订立的合同。对该合同而言，保险人的赔偿或给付是具有较大偶然性的，保险人是否决定承保，承保费率多少，被保险人决定选择何种保险类型，风险多大，都有赖于对保险标的的客观判断，这就要求保险双方均明确告知对方权利、义务和风险。

其次，从保险的性质来看，保险是以被保险人所交纳的保险费作为公共承担保险风险的基金，保险人对该基金行使监管权，而被保险人个体的利益是一致的，受损被保险人的利益是与其他被保险人利益具有互通性的，为避免其他被保险人利益受损，也要求保险双方诚实守信。

再次，保险人的承保行为是基于对保险标的(即被保险人的人身、财产)未来可能发生的风险估算的结果，对保险人而言，其需要从被保险人处全面了解保险标的的具体情况；对被保险人而言，保险合同条款的专业性和技术性也为其理解增加很大难度。如果没有最大诚信原则，则双方可能基于各自利益而选择有所保留，从而影响保险行业的发展。

最后，保险行业本身保险费收取的分散性、经营活动的安全性、资金的负债性、利益的不确定性等，都需要最大诚信原则为保险行业保驾护航。

因此，最大诚信原则是保险信用法律关系的基础，它要求在保险活动中，投保人依法就其保险标的依保险人的询问如实告知，并在发生保险事故时也如实履行告知义务。而保险人也应当在承保及处理保险事故中，如实告知保险合同条款、事故处理条件等，不得有欺骗、隐瞒和误导等行为，一旦发生约定事故，则应当及时、准确、合理地按照事故程度兑现承诺，而不得拖延或逃避保险责任。

二、合法性原则

合法性原则是指保险双方在参与保险活动过程中，必须严格按照法律法规规定行使权利和履行义务，不得有违背、超越法律的行为。《保险法》第 4 条规定，从事保险活动必须遵守法律、行政法规，尊重社会公德，不得损害社会公共利益。

在保险合同法律关系中，合法性原则主要包括如下含义：

(1)保险人的组织机构架构必须符合法律规定，其设立、变更、终止，经营活动的具体实施都必须严格按照法律规定进行。《保险法》第 6 条规定，保险业务由依照本法设立的保险公司以及法律、行政法规规定的其他保险组织经营，其他单位和个人不得经营保险业务。只有符合

《公司法》和《保险法》等法律规定成立的保险公司，才能够从事与保险相关的业务，其他擅自从事保险业务或者变相保险业务的行为均为违法行为。

(2)保险合同的内容必须合法，保险双方在订立、履行、变更、解除保险合同过程中，应该遵循法律规定，互负平等的权利和义务，任何一方均不得利用合同条款免除、减轻自身责任，加重相对方责任。

(3)保险活动的形式必须合法，保险双方所订立的保险合同必须以保险单或其他保险凭证、协议为主要标志，而不得有其他不符合规定的文件内容。

(4)法律限定的多重性，保险法律关系不仅仅要受到《保险法》的直接限制与制约，更要遵守《民法典》《公司法》《海商法》《反不正当竞争法》《消费者权益保护法》《广告法》《刑法》等相关法律的规定，以及国务院、国务院保险监督管理机构等政府部门发布的调整、规范保险行为的行政法规、规章、政策等。

三、缔约自由原则

保险行为是保险信用法律关系双方就自身权利和义务予以明确确立的过程，系典型的合同法律关系，因此，订立保险合同的双方应该强调自愿与自由。《保险法》第 11 条规定，订立保险合同，应当协商一致，遵循公平原则确定各方的权利和义务。除法律、行政法规规定必须保险的以外，保险合同自愿订立。从缔约自由原则本身来看，其在保险信用法律关系中主要是指，保险双方当事人在订立保险合同过程中，双方地位平等，自由决定是否订立合同、同谁订立合同以及决定合同的内容方式，不受任何单位和个人的非法干预。作为保险人，有权根据投保人的投保标的选择是否承保、承保范围大小、赔付金额的范围；作为投保人，有权根据自身意愿选择保险人、保险类别、保险范围、保险金额的大小、保险的方式、保险风险的内容等。任何一方均不得违反缔约自由原则，强迫对方订立保险合同，必须尊重保险各方的自由意思表示。

四、保险利益原则

保险利益是指投保人对保险标的具有的法律上承认的利益，即在保险事故发生时，可能遭受的损失或失去的利益。这些利益必须是合法的、确定的、可实现的经济利益。保险信用双方当事人应当依据该保险利益所确定的内容履行权利和义务。保险利益原则是指保险法以保险利益作为保险合同的效力要件，即投保人或被保险人对保险标的不具有保险利益的，保险合同不具有法律效力。我国《保险法》第 12 条规定，人身保险的投保人在保险合同订立时，对被保险人应当具有保险利益。财产保险的被保险人在保险事故发生时，对保险标的应当具有保险利益。保险利益是指投保人或者被保险人对保险标的具有法律上承认的利益。因此，保险利益直接影响着保险合同的效力，一般都通过直接在保险立法中，对具有保险利益的情况一一列举，凡属于列举范围者，皆具有保险利益；反之则不具有保险利益。具体到我国现有的财产保险合同和人身保险合同中，其具体的保险利益适用时间却各不相同。在财产保险合同中，一般是以未来不确定的保险事故发生时，投保人对保险标的享有保险利益，否则就不得向保险人请求赔付，如果不享有保险利益，则只能由保险受益人对保险标的享有请求保险人支付赔偿保险金的权利。在人身保险中，要求投保人在保险合同订立之初，就应当对被保险人享有保险利益，其可以指定保险受益人，否则合同无效，但对于投保人对保险合同履约过程中及事故发生时是否保持保险利益，法律并无明确要求。

五、损害近因补偿原则

损害近因补偿原则是依随保险产生的,该原则包含两层含义:一方面,在保险的赔付过程中,需要遵循损害补偿原则,即被保险人在保险合同约定的保险事故发生后,有权依照保险合同的规定,从保险人处获得保险赔偿,用于弥补被保险人的损失,但被保险人不能因损失而获得额外的利益。即被保险人所获得的补偿是依据其损失程度所补偿部分或者全部的货物损失,或者是免除其部分或者全部债务,但最终所获利益不能超过其所受全部损失或者应承担债务。我国《保险法》第 55 条规定,投保人和保险人约定保险标的的保险价值并在合同中载明的,保险标的发生损失时,以约定的保险价值为赔偿计算标准。投保人和保险人未约定保险标的的保险价值的,保险标的发生损失时,以保险事故发生时保险标的的实际价值为赔偿计算标准。保险金额不得超过保险价值,超过保险价值的,超过部分无效,保险人应当退还相应的保险费。保险金额低于保险价值的,除合同另有约定外,保险人按照保险金额与保险价值的比率承担赔偿保险金的责任。

另一方面,在保险损失确定上,需要寻找引起保险事故发生的最为直接、有效、主导性的原因,只有当危险行为的发生与损失后果之间存在普遍的、直接的、明晰的因果关系,保险人才承担赔付责任。虽然在我国的《保险法》中并未直接规定近因原则,但在司法实践中,近因原则已成为判断保险人是否承担保险责任的一个重要标准。在 2003 年 12 月公布的《最高人民法院关于审理保险纠纷案件若干问题的解释(征求意见稿)》中,第 19 条明确规定,人民法院对保险人提出的其赔偿责任限于以承保风险为近因造成的损失的主张应当支持。近因是指造成承保损失的决定性、有效性的原因。在处理赔案时,赔偿与给付保险金的条件是造成保险标的损失的近因必须属于保险责任,若造成保险标的损失的近因属于保险责任范围内的事故,则保险人承担赔付责任;反之,若造成保险标的损失的近因属于责任免除,则保险人不负赔付责任。在现实理赔实践中,近因一般归为单一原因、多数原因同时发生、多数连续发生的原因和多数间断发生的原因。针对不同的原因类型,保险人承担责任的范围各不相同。

第三节　保险公司

一、保险公司的定义

投保人希望获得保险利益,需要通过向保险人进行投保而取得。在这里,保险人应为法律规定的专业保险公司。我国《保险法》第 6 条规定,保险业务由依照本法设立的保险公司以及法律、行政法规规定的其他保险组织经营,其他单位和个人不得经营保险业务。所谓保险公司,是指依法经中国保险监督管理机构批准设立,经营保险业务,收取保险费用并建立保险基金,在保险事故发生或条件成就时,赔付保险金的企业经济组织。它包括中资保险公司、外资独资保险公司、中外合资保险公司和外国保险公司分公司。

二、保险公司的组织形式

第一,在我国,主要采取保险股份有限公司、国有独资保险公司、外资独资保险公司、外国保险公司分公司和中外合资保险公司的形式。其中,保险股份有限公司主要是根据《公司法》设立,并确定公司权利和义务等重大事项的组织形式,其作为现代企业制度最典型的组织形式越来越成为我国保险企业发展的重要组织形式。

第二,在国际上,主要采用相互保险公司、保险合作社等形式。相互保险公司是指所有参加保险的人为自己办理保险而合作成立的法人组织。作为非营利公司,没有股东,公司为保单持有人(投保人)拥有,投保人既是公司所有人,又是公司客户。保险合作社是由一些对某种风险具有相同保障需求的人组成的利益集团,当其成员遭受风险损害时,由其他成员共同予以分摊的组织形式。

三、保险公司的设立条件

我国《保险法》对保险公司的设立予以明确规定,其第 67 条规定,设立保险公司应当经国务院保险监督管理机构批准。第 68 条明确规定,设立保险公司应当具备下列条件:

(1)主要股东具有持续盈利能力,信誉良好,最近 3 年内无重大违法违规记录,净资产不低于人民币 2 亿元;

(2)有符合本法和《中华人民共和国公司法》规定的章程;

(3)有符合本法规定的注册资本;

(4)有具备任职专业知识和业务工作经验的董事、监事和高级管理人员;

(5)有健全的组织机构和管理制度;

(6)有符合要求的营业场所和与经营业务有关的其他设施;

(7)法律、行政法规和国务院保险监督管理机构规定的其他条件。

《保险法》第 69 条规定,设立保险公司,其注册资本的最低限额为人民币 2 亿元。国务院保险监督管理机构根据保险公司的业务范围、经营规模,可以调整其注册资本的最低限额,但不得低于本条第 1 款规定的限额。保险公司的注册资本必须为实缴资本。

此外,《保险法》《保险公司管理规定》《公司法》等相关法律法规就保险公司设立的程序、人员要求、组织机制、变更、整顿、接管、解散、破产、清算等均予以明确规定,有效地保障了保险公司设立的规范性、合法性、真实性。

第四节　保险合同

一、保险合同的定义及特征

我国《保险法》第 10 条规定,保险合同是投保人与保险人约定保险权利和义务关系的协议。它具有以下特征:

(一)保险合同是诺成合同

保险合同的诺成性,是指保险合同的成立不以实际缴付保费为要件。我国《保险法》第 13 条确认了保险合同是诺成合同。当然投保人和保险人可以对合同的效力约定附条件或者附期限。

(二)保险合同大多是格式合同

保险合同大多是格式合同,这一特征是由保险业的迅速发展所决定的。保险人所承保的风险越来越复杂,同时保险人每年签发的保险合同数以千万计,因而不得不简化手续,使保险合同逐渐技术化、定型化和标准化。针对保险合同的格式化特点,为公正起见,各国保险立法一般都规定保险人应将其制作的格式合同条款报经保险管理机关核准,我国立法也持同样的态度。

(三)保险合同是射幸合同

“射幸”的本意是碰运气。保险合同所承保的危险损失是否发生以及在何种程度上发生，在合同订立时具有极大的不确定性。在合同有效期间内，如果发生合同约定的损失，则被保险人从保险人处获得的赔偿金额可能远大于其支付的保险费，如果没有发生损失，则其只付出保险费而无任何收益。保险合同作为射幸合同，是由保险事故发生的偶然性决定的。

(四)保险合同是双务有偿合同

保险合同具有双务有偿合同的一般特点，保险人承担危险的前提是投保人支付保险费；投保人支付保险费的原因，是保险人承诺发生危险事故时承担赔付责任。当然，保险合同的双务有偿有其特殊性，处于保险费与保险赔付金之间，并非等价而是对价。

二、保险合同的主体

保险合同的主体，即保险合同的当事人和参与者，包括当事人、关系人和辅助人。主体是保险合同不可或缺的要素。任何一种民事法律关系的构成，都离不开行使民事法律行为的主体要素。根据我国《保险法》的规定，保险法律关系的主体一般包括两大类：一类是与保险合同相关的当事人或关系人；另一类是辅助保险合同实施的辅助人。前者是直接或间接参加保险合同，与保险合同的订立、履行，保险利益的享有均有密切的利害关系；后者则主要是协助前者完成保险合同订立、实施过程中的相关活动事宜。

(一)保险合同的当事人

1. 保险人

保险人是指与投保人订立保险合同，并按照合同约定承担赔偿或者给付保险金责任的保险公司。保险人又称承保人，是指与投保人订立保险合同，按照约定收取保险费并于保险事故发生或者约定期限届满时，承担赔偿或者给付保险金责任的保险公司。我国《保险法》第 10 条第 3 款规定，保险人是指与投保人订立保险合同，并按照合同约定承担赔偿或者给付保险金责任的保险公司。作为保险人必须具备如下条件：①保险人必须是依法成立，具备法定经营条件的专门从事保险事业的组织。我国《保险法》第 67 条、68 条、69 条分别对保险公司的设立条件予以明确规定。②享有依据合同约定收取保险费的权利，这是保险信用双方关系成立的基础，也是保险人利益的维系。③在保险事故发生时，必须承担赔偿或给付的责任。这一方面是保险合同规定的内容，另一方也是对投保人利益的保护。

2. 投保人

投保人是指与保险人订立保险合同，并按照合同约定负有支付保险费义务的人。投保人又称要保人，是指与保险人订立保险合同，对保险标的享有保险利益，并按照合同约定负有支付保险费义务的人。投保人可以是自然人，也可以是法人，还可以是符合法律规定的其他相关组织。其一般应当具备三个条件：①要有相应的民事行为能力。我国《民法典》第 143 条规定，当事人订立合同，应当具有相应的民事行为能力。民事行为能力是自然人或法人通过自己的行为，取得民事权利和承担民事义务的资格，具有较强的法定性。通常无民事行为能力人所订立的合同为无效合同，限制民事行为能力人所订立的合同为效力待定合同。《民法典》第 145 条规定，限制民事行为能力人实施的纯获利益的民事法律行为或者与其年龄、智力、精神健康状况相适应的民事法律行为有效；实施的其他民事法律行为经法定代理人同意或者追认后有效。相对人可以催告法定代理人自收到通知之日起 30 日内予以追认。法定代理人未作表示的，视为拒绝追认。民事法律行为被追认前，善意相对人有撤销的权利。撤销应当以通知的方式作出。②投保人对保险标的享有保险利益。我国《保险法》规定财产和人身两个方面的利益内容。通过对保险利益的限定，避免相关违法行为、道德风险等情况的发生。③投保人负有缴纳保险费的义务。《保险法》第 14 条规定，保险合同成立后，投保人按照约定交付保险费，保险人按照约定的时间开始承担保险责任。

（二）保险合同的关系人

保险合同的关系人是指虽然不是保险合同的缔约人，但享有合同权利或承担合同义务的人。

1. 被保险人

被保险人是指财产或者人身权利享有保险合同的保障，在保险事故发生时或保险合同约定条件满足时，有权利依照合同享有赔偿或给付请求权的人。我国《保险法》第 12 条第 5 款规定，被保险人是指其财产或人身受保险合同保障，享有保险金请求权的人。对被保险人而言，其可以是投保人，但仅限于为自身利益而订立保险合同，也可以是第三人，这是为他人利益而订立保险合同的行为。一方面，被保险人必须是在保险事故发生时或保险合同约定条件满足时，遭受损失或者约定条件对象的主体；另一方面，被保险人必须是享有赔偿或给付请求权的人。这在人身与财产保险中又各不相同，对人身保险而言，若以给付为条件的，则在条件成就时，保险人必须给付保险金，若以赔偿为条件的，则可以由被保险人或者由受益人享有赔偿请求权；对财产保险而言，因只是财产的毁损灭失，可以直接由被保险人自己行使赔偿请求权。

无论投保人与被保险人是否为同一人，一旦保险合同订立，被保险人均应履行合同义务。被保险人需要履行维护保险标的的安全、危险程度增加的通知、保险事故发生时的施救、保险事故发生后的通知四项义务。

2. 受益人

受益人又称保险金受领人，是指由投保人或被保险人在保险合同中指定的，在保险事故发生时或保险合同约定条件成就时，享有赔偿或给付请求权的人。我国《保险法》第 18 条规定，受益人是指人身保险合同中由被保险人或者投保人指定的享有保险金请求权的人。投保人、被保险人可以为受益人。从规定上来看，我国《保险法》将受益人仅限于人身保险合同范围以内，这一方面考虑到人身保险行为具有较强的人身限制性，在利益诉求上不仅仅限于投保人或被保险人本人，更是会牵涉到第三方利益主体；另一方面，基于财产保险的对象特定性，也不适于选择其他受益人，一般发生保险事故时，投保人或被保险人本人就能够直接行使保险求偿权，若引入第三方受益人，则有可能形成利益纠纷。

人身保险的受益人由被保险人或者投保人指定。投保人指定受益人时须经被保险人同意。投保人为与其有劳动关系的劳动者投保人身保险，不得指定被保险人及其近亲属以外的人为受益人。被保险人为无民事行为能力人或者限制民事行为能力人的，可以由其监护人指定受益人。被保险人或者投保人可以指定一人或者数人为受益人。受益人为数人的，被保险人或者投保人可以确定受益顺序和受益份额；未确定受益份额的，受益人按照相等份额享有受益权。被保险人或者投保人可以变更受益人并书面通知保险人。保险人收到变更受益人的书面通知后，应当在保险单或者其他保险凭证上批注或者附贴批单。投保人变更受益人时须经被保险人同意。

被保险人死亡后，有下列情形之一的，保险金作为被保险人的遗产，由保险人依照《民法典》的规定履行给付保险金的义务：

(1)没有指定受益人,或者受益人指定不明无法确定的;

(2)受益人先于被保险人死亡,没有其他受益人的;

(3)受益人依法丧失受益权或者放弃受益权,没有其他受益人的。

受益人与被保险人在同一事件中死亡,且不能确定死亡先后顺序的,推定受益人死亡在先。

投保人故意造成被保险人死亡、伤残或者疾病的,保险人不承担给付保险金的责任。投保人已交足二年以上保险费的,保险人应当按照合同约定向其他权利人退还保险单的现金价值。受益人故意造成被保险人死亡、伤残、疾病的,或者故意杀害被保险人未遂的,该受益人丧失受益权。

(三)保险合同辅助人

保险合同辅助人是指协助保险合同当事人办理保险合同有关事项的人,主要包括保险代理人、经纪人、公估人等,其辅助行为将对保险合同的效力产生重要影响。

1. 保险代理人

保险代理人即保险人的代理人,也称保险代理商,是指根据保险代理合同或授权书,向保险人收取保险代理手续费,并在保险人授权范围内代为办理保险业务的单位或个人。我国《保险法》第 117 条规定,保险代理人是根据保险人的委托,向保险人收取佣金,并在保险人授权的范围内代为办理保险业务的机构或者个人。保险代理机构包括专门从事保险代理业务的保险专业代理机构和兼营保险代理业务的保险兼业代理机构。保险代理人一般具有如下特征:①保险代理人的形式呈现多元化,可以是法人,也可以是自然人;②保险代理人的代理权来自保险人的委托授权,一般应当采用书面授权的方式;③保险代理人在从事保险代理活动时应当以保险人的名义进行;④保险代理人的代理行为所产生的法律后果由保险人承担。

2. 保险经纪人

我国《保险法》第 118 条规定,保险经纪人是基于投保人的利益,为投保人与保险人订立保险合同提供中介服务,并依法收取佣金的机构。从这个规定里可以看出,保险经纪人其本质是投保人的代理人,由其跟保险人洽谈保险合同。因此,保险经纪人具有如下特征:①由保险经纪人跟保险人洽谈保险合同的内容,但并不代为签订保险合同,保险合同仍由投保人签订;②以投保人的利益为出发点,因此保险经纪人必须为投保人考虑最为优惠、最为经济的保险合同内容;③保险经纪人一般向保险人收取佣金,《保险法》第 130 条规定,保险佣金只限于向具有合法资格的保险代理人、保险经纪人支付,不得向其他人支付。依据保险业惯例,保险经纪虽然是接受投保人的委托并代表投保人的利益,但其佣金一般由保险人支付。若经纪人与投保人约定,投保人应当为保险经纪人的中介服务提供佣金的,则投保人应当按约定予以支付。

3. 保险公估人

保险公估人是指依照法律法规设立,由保险人、投保人或被保险人委托办理专门从事保险标的评估、勘验、鉴定、估损、理算等业务,并据此向当事人委托方收取合理费用的机构或个人。保险公估人作为一类较为特殊的中介机构,通过其专业技术水平发挥着服务功能、信息沟通功能和风险管理咨询功能。保险公估人的作用在于其工作人员在对保险标的进行评估时,主要通过查勘、检验、鉴定与估损等几大步骤,再通过综合汇总,最后提出一份完整的保险公估报告。

三、保险合同的客体

保险合同的客体,即保险利益,是保险合同双方当事人权利和义务共同指向的对象。

保险利益作为保险合同的客体区别于保险标的，保险标的是保险利益的载体和物质表现形式。

四、保险合同的条款

由于保险合同一般都根据保险人事先制定的合同条款订立，双方当事人的权利和义务一般主要体现在保险合同条款上。保险条款主要包括以下内容：

（一）基本条款

基本条款是保险合同的法定记载事项，主要明示保险人和被保险人的基本权利和义务，以及依据法律规定的保险行为成立所必需的各种事项和要求。我国《保险法》第18条规定，保险合同应当包括下列事项：①保险人的名称和住所；②投保人、被保险人的姓名或者名称、住所，以及人身保险的受益人的姓名或者名称、住所；③保险标的；④保险责任和责任免除；⑤保险期间和保险责任开始时间；⑥保险金额；⑦保险费以及支付办法；⑧保险金赔偿或者给付办法；⑨违约责任和争议处理；⑩订立合同的年、月、日。

投保人和保险人可以约定与保险有关的其他事项。

（二）附加条款

附加条款是对基本条款的补充，是对基本责任范围内不予承保而经约定在承保基本责任范围的基础上予以扩展的条款。附加条款主要适用于两种情况：①补充合同的内容；②变更合同的内容。添加方式有两种：①在保险单空白处书写；②将印制的条款加贴在保险单上。附加条款同时构成保险合同的一部分。

（三）保证条款

保证条款是保险人要求投保人或被保险人对某一特定事项担保的条款，即保证为某种行为或不为某种行为，或者保证某种状态存在或不存在的条款。

（四）附带条款

附带条款又称行业条款，是海上保险合同特有的条款，它是提供海上保险的保险公司同行业之间根据海上保险业务的实际需要，经协商统一制定的条款。如果这些条款添附于保险单，就发生对保险单原有的条款进行修改、补充或限制的效力。

五、保险合同的订立、内容

（一）保险合同的订立

保险合同的订立，是指投保人和保险人在意思表示一致的情况下，设立保险合同的行为。合同订立是一个过程，通常包括要约邀请、要约、承诺、成立等阶段。

保险合同的成立与生效是两个既有区别又有联系的概念，成立不意味着生效。生效是指有效保险合同开始对缔约双方产生法律上的约束力，除了须具备成立的形式要件外，还需具备一些实质要件，如缔约双方的资格合格等，否则即使成立也是无效合同。

保险合同订立的凭证主要包括投保单、暂保单、保险单、保险凭证、批注或批单等。

（二）保险合同的内容

保险合同的内容是指保险合同成立后，双方当事人各自所享有的权利和应承担的义务。

1. 投保人的义务

（1）按期、足额缴纳保险费。这是投保人的主合同义务，投保人必须按照保险合同约定的缴费期限（含宽限期）、数额和方式履行缴费义务，否则保险人可以拒绝承担责任，或中止直至终止保险合同。

(2)维护保险标的安全。投保人应尽到善良行为人的职责,遵守有关规则,正常使用、管理保险标的,维护其安全。合同有效期内,保险人可以对保险标的的安全状况进行检查,向投保人提出消除安全隐患的建议,投保人应当接受检查,对合理建议采取有效措施。

(3)危险增加的通知义务。投保人或被保险人知道保险标的的危害在程度上有所增加时,有义务通知保险人。

(4)出险通知义务。保险事故发生后,投保人或被保险人应及时通知保险人,以利于后者及时勘查现场、收集证据、采取补救措施。出险通知义务履行延迟的,保险人有权对因延迟而扩大的损失拒赔。

(5)出险施救义务。保险事故发生时,投保人或被保险人有义务尽力采取必要措施,防止或减少损失,否则保险人得就损失扩大部分拒赔。

2. 保险人的义务

(1)条款说明义务。这是指保险人在与投保人订立保险合同时,应当就合同的条款内容向投保人作书面或口头的解释,以使投保人明了其真实含义。

(2)及时签单的义务。

(3)承担赔付保险金的义务。这是保险人的主合同义务。保险事故一经确认,保险人应及时、迅速、准确、合理地履行赔付保险金的责任,不得无故拖延;否则,由此造成投保人或被保险人损失的,保险人要承担赔偿责任。

(4)保密义务。保险人对在办理保险业务中知悉的投保人、被保险人的业务和财务情况,负有保密的义务。

(5)承担施救及其他合理费用的义务。投保人或被保险人在保险事故中发生的施救等合理费用,应由保险人承担。这些费用应当在赔付金之外支付,以不超过保险金额为限。

六、人身保险合同的相关规定

(一)保险利益的认定

人身保险合同的投保人对下列人员具有保险利益:①本人;②配偶、子女、父母;③前项以外与投保人有抚养、赡养或者扶养关系的家庭其他成员、近亲属;④与投保人有劳动关系的劳动者。除前款规定外,被保险人同意投保人为其订立合同的,视为投保人对被保险人具有保险利益。订立合同时,投保人对被保险人不具有保险利益的,合同无效。投保人不得为无民事行为能力人投保以死亡为给付保险金条件的人身保险,保险人也不得承保。父母为其未成年子女投保的人身保险,不受前款规定限制。但是,因被保险人死亡给付的保险金总和不得超过国务院保险监督管理机构规定的限额。

以死亡为给付保险金条件的合同,未经被保险人同意并认可保险金额的,合同无效。按照以死亡为给付保险金条件的合同所签发的保险单,未经被保险人书面同意,不得转让或者质押。父母为其未成年子女投保的人身保险,不受《保险法》第 34 条第一款规定限制。

(二)人身保险合同的解除

以被保险人死亡为给付保险金条件的合同,自合同成立或者合同效力恢复之日起两年内,被保险人自杀的,保险人不承担给付保险金的责任,但被保险人自杀时为无民事行为能力人的除外。保险人依照前款规定不承担给付保险金责任的,应当按照合同约定退还保险单的现金价值。因被保险人故意犯罪或者抗拒依法采取的刑事强制措施导致其伤残或者死亡的,保险人不承担给付保险金的责任。投保人已交足两年以上保险费的，保险人应当按照合同约定退还保险单的现金价值。被保险人因第三者的行为而发生死亡、伤残或者疾病等保险事故的，保险人向被保险人或者受益人给付保险金后，不享有向第三者追偿的权利，但被保险人或者受益人仍有权向第三者请求赔偿。投保人解除合同的，保险人应当自收到解除合同通知之日起30日内，按照合同约定退还保险单的现金价值。

七、财产保险合同的相关规定

(一)保险利益的认定

保险事故发生时，被保险人对保险标的不具有保险利益的，不得向保险人请求赔偿保险金。保险标的转让的，保险标的的受让人承继被保险人的权利和义务。保险标的转让的，被保险人或者受让人应当及时通知保险人，但货物运输保险合同和另有约定的合同除外。因保险标的转让导致危险程度显著增加的，保险人自收到前款规定的通知之日起30日内，可以按照合同约定增加保险费或者解除合同。保险人解除合同的，应当将已收取的保险费，按照合同约定扣除自保险责任开始之日起至合同解除之日止应收的部分后，退还投保人。

被保险人、受让人未履行《保险法》第49条第二款规定的通知义务的，因转让导致保险标的的危险程度显著增加而发生的保险事故，保险人不承担赔偿保险金的责任。

(二)财产保险合同的变更与解除

货物运输保险合同和运输工具航程保险合同，保险责任开始后，合同当事人不得解除合同。

被保险人应当遵守国家有关消防、安全、生产操作、劳动保护等方面的规定，维护保险标的的安全。保险人可以按照合同约定对保险标的的安全状况进行检查，及时向投保人、被保险人提出消除不安全因素和隐患的书面建议。投保人、被保险人未按照约定履行其对保险标的的安全应尽责任的，保险人有权要求增加保险费或者解除合同。保险人为维护保险标的的安全，经被保险人同意，可以采取安全预防措施。

在合同有效期内，保险标的的危险程度显著增加的，被保险人应当按照合同约定及时通知保险人，保险人可以按照合同约定增加保险费或者解除合同。保险人解除合同的，应当将已收取的保险费，按照合同约定扣除自保险责任开始之日起至合同解除之日止应收的部分后，退还投保人。被保险人未履行前款规定的通知义务的，因保险标的的危险程度显著增加而发生的保险事故，保险人不承担赔偿保险金的责任。

有下列情形之一的，除合同另有约定外，保险人应当降低保险费，并按日计算退还相应的保险费：

(1)据以确定保险费率的有关情况发生变化，保险标的的危险程度明显减少的；

(2)保险标的的保险价值明显减少的。

保险责任开始前，投保人要求解除合同的，应当按照合同约定向保险人支付手续费，保险人应当退还保险费。保险责任开始后，投保人要求解除合同的，保险人应当将已收取的保险费，按照合同约定扣除自保险责任开始之日起至合同解除之日止应收的部分后，退还投保人。

投保人和保险人约定保险标的的保险价值并在合同中载明的，保险标的发生损失时，以约定的保险价值为赔偿计算标准。投保人和保险人未约定保险标的的保险价值的，保险标的发生损失时，以保险事故发生时保险标的的实际价值为赔偿计算标准。保险金额不得超过保险价值。超过保险价值的，超过部分无效，保险人应当退还相应的保险费。保险金额低于保险价值的，除合同另有约定外，保险人按照保险金额与保险价值的比率承担赔偿保险金的责任。

(三)重复保险

重复保险是指投保人对同一保险标的、同一保险利益、同一保险事故分别与两个以上保险人订立保险合同,且保险金额总和超过保险价值的保险。

重复保险的投保人应当将重复保险的有关情况通知各保险人。重复保险的各保险人赔偿保险金的总和不得超过保险价值。除合同另有约定外,各保险人按照其保险金额占保险金额总和的比例承担赔偿保险金的责任。重复保险的投保人可以就保险金额总和超过保险价值的部分,请求各保险人按比例返还保险费。保险事故发生时,被保险人应当尽力采取必要的措施,防止或者减少损失。

(四)代位求偿权

因第三者对保险标的的损害而造成保险事故的,保险人自向被保险人赔偿保险金之日起,在赔偿金额范围内代位行使被保险人对第三者请求赔偿的权利。前款规定的保险事故发生后,被保险人已经从第三者取得损害赔偿的,保险人赔偿保险金时,可以相应扣减被保险人从第三者已取得的赔偿金额。

保险事故发生后,保险人未赔偿保险金之前,被保险人放弃对第三者请求赔偿的权利的,保险人不承担赔偿保险金的责任。保险人向被保险人赔偿保险金后,被保险人未经保险人同意放弃对第三者请求赔偿的权利的,该行为无效。被保险人故意或者因重大过失致使保险人不能行使代位请求赔偿的权利的,保险人可以扣减或者要求返还相应的保险金。

责任保险是指以被保险人对第三者依法应负的赔偿责任为保险标的的保险。保险人对责任保险的被保险人给第三者造成的损害,可以依照法律的规定或者合同的约定,直接向该第三者赔偿保险金。责任保险的被保险人给第三者造成损害,被保险人对第三者应负的赔偿责任确定的,根据被保险人的请求,保险人应当直接向该第三者赔偿保险金。被保险人怠于请求的,第三者有权就其应获赔偿部分直接向保险人请求赔偿保险金。责任保险的被保险人给第三者造成损害,被保险人未向该第三者赔偿的,保险人不得向被保险人赔偿保险金。

责任保险的被保险人因给第三者造成损害的保险事故而被提起仲裁或者诉讼的,被保险人支付的仲裁或者诉讼费用以及其他必要的、合理的费用,除合同另有约定外,由保险人承担。

第五节　保险法律行为监督

保险法律行为监督是指由有权国家机关依据国家法律法规,明确双方的权利和义务,维护保险市场的稳定,对保险法律关系主体的行为予以监督管理的行为。保险业的监督管理是加强保险业的监督,保证保险市场稳定有序开展的基础;是保护保险当事人权利,促进保险业健康发展的有效途径;是加强国际国内合作,实现保险业国际化的有力措施。从我国实际情况来看,保险监督管理机构为 1998 年 11 月 18 日经国务院批准设立的中国保险监督管理委员会,专门负责保险监管职能。其主要目的是为了深化金融体制改革,进一步防范和化解金融风险,根据国务院授权履行行政管理职能,依照法律法规统一监督和管理保险市场。2018 年以后为中国银行保险监督管理委员会(简称中国银保监会)。2023 年组建国家金融监督管理总局,不再保留中国银保监会。

一、保险公司法律责任

保险公司法律责任是指保险公司等相关机构在从事保险活动中违反法律法规所应当承担

的法律后果。保险公司法律责任是以保险违法行为为基础的。所谓保险公司违法行为，是指保险公司等相关机构在从事保险活动中所实施的违反法律、法规，依法应当承担法律责任的行为。从责任主体上来看，包括保险人以及保险代理人、保险经纪人、保险公估人等所有涉及保险活动的主体；从责任内容上来看，包括违反保险合同约定的违约行为，也包括违反保险行业监管的违法行为以及保险监管者的行政违规行为；从责任形式上来看，包括民事责任、刑事责任和行政责任。我国《保险法》所规定的法律责任主要为行政责任，对于民事和刑事责任则需要援引其他实体性法律予以规范，比如《民法典》《刑法》《刑事诉讼法》《民事诉讼法》等。具体法律责任如下：

(一)行政责任

《保险法》第 116 条规定，保险公司及其工作人员在保险业务活动中不得有下列行为：①欺骗投保人、被保险人或者受益人；②对投保人隐瞒与保险合同有关的重要情况；③阻碍投保人履行本法规定的如实告知义务，或者诱导其不履行本法规定的如实告知义务；④给予或者承诺给予投保人、被保险人、受益人保险合同约定以外的保险费回扣或者其他利益；⑤拒不依法履行保险合同约定的赔偿或者给付保险金义务；⑥故意编造未曾发生的保险事故、虚构保险合同或者故意夸大已经发生的保险事故的损失程度进行虚假理赔，骗取保险金或者牟取其他不正当利益等。第 162 条规定，保险公司有本法第 116 条规定行为之一的，由保险监督管理机构责令改正，处 5 万元以上 30 万元以下的罚款；情节严重的，限制其业务范围、责令停止接受新业务或者吊销业务许可证。

(二)刑事责任

《刑法》第 183 条规定，保险公司的工作人员利用职务上的便利，故意变造未曾发生的保险事故进行虚假理赔，骗取保险金归自己所有的，依照本法第 271 条规定定罪处罚，处 5 年以下有期徒刑或者拘役；数额巨大的，处 5 年以上有期徒刑，可以并处没收财产。国有保险公司工作人员和国有保险公司委派到非国有保险公司从事公务的人员有欠款行为的，依照本法第 382、383 条规定定罪处罚，按贪污罪论处。

(三)民事责任

虽然我国《保险法》并未对保险公司及其工作人员业务禁止行为的民事责任予以规定，但根据《民法典》，作为合同相对方如果发生《保险法》第 116 条规定的情形，一方面需要对当事人因保险事故造成的损失予以赔偿，另一方面需要额外承担当事人因此而支付的额外费用。

二、保险代理人、保险经纪人及其从业人员的法律责任

《保险法》第 131 条规定的责任情形如下：①欺骗保险人、投保人、被保险人或者受益人；②隐瞒与保险合同有关的重要情况；③阻碍投保人履行本法规定的如实告知义务，或者诱导其不履行本法规定的如实告知义务；④给予或者承诺给予投保人、被保险人或者受益人保险合同约定以外的利益；⑤利用行政权力、职务或者职业便利以及其他不正当手段强迫、引诱或者限制投保人订立保险合同；⑥伪造、擅自变更保险合同，或者为保险合同当事人提供虚假证明材料；⑦挪用、截留、侵占保险费或者保险金；⑧利用业务便利为其他机构或者个人牟取不正当利益；⑨串通投保人、被保险人或者受益人，骗取保险金；⑩泄露在业务活动中知悉的保险人、投保人、被保险人的商业秘密。《保险法》第 166 条规定，保险代理机构、保险经纪人有本法第 131 条规定行为之一的，由保险监督管理机构责令改正，处 5 万元以上 30 万元以下的罚款；情节严重的，吊销业务许可证。

练习题

一、复习思考题

1. 什么是保险？保险的种类有哪些？
2. 什么是保险合同？它有哪些特征？
3. 保险合同的主体有哪些？
4. 保险合同的内容有哪些？
5. 保险合同无效的原因有哪些？
6. 人身保险合同的特别规定有哪些？
7. 财产保险合同的特别规定有哪些？
8. 保险公司的设立条件有哪些？

二、案例分析题

高女士为自己向保险公司投保了重大疾病险，保险公司予以承保。高女士在保险期限内患病，经三家医院诊断，一致认为其患有急性心肌梗死。高女士心想自己刚好有保险，算是不幸中的万幸，随即向保险公司提出理赔，要求保险公司给付保险金。

保险公司明确答复：拒绝给付。保险公司认为高女士虽患心肌梗死，但其病不符合其保险条款中关于“心肌梗死应同时具备的3项医学指标”的要求，故根据合同规定，如不能同时具备上述3项医学指标，保险公司应当免除赔付的责任。通过法医鉴定得出了不利于高女士的结论：她所患的心肌梗死确有一项不符合保险条款规定的指标。高女士却认为，在订立合同时保险公司并未对“心肌梗死应同时具备的3项医学指标”才给予保险赔付的规定作出说明，自己并不知道3项指标的医学含义；特别是该份保险单在字面上没有对保险公司的免责条款做出着重说明，保险公司也未做清楚的交代。保险公司辩称，订立合同时，本公司已将免责条款对投保人进行了口头说明，该免责条款是有效的。

问题：本案保险公司应否承担赔偿责任？如保险公司不承担责任，则其前提如何？请附理由加以说明。

第十一章

票据法

学习目标

通过本章学习，你应能够：

掌握票据、票据法的概念；

全面认识和理解票据权利和票据行为；

了解汇票、本票和支票的相关法律规定。

思政目标

能够正确理解市场经济就是法治经济和信用经济，通过掌握汇票、本票和支票的法律规定，理解票据作为信用工具的重要性，强化信用意识，珍惜个人信用记录，逐步建立职业信用。将党的领导、科学理论、法治道路、市场经济作为重点内容，明确树立社会主义核心价值观的重要性。

第一节　票据法概述

一、票据的概念、特征及功能

(一)票据的概念

关于票据的起源，一般学者认为源于12世纪意大利的兑换证书。中国票据的萌芽可追溯至唐宪宗时期(公元806年至820年)的“飞钱”，甚至到隋末唐初的“帖子”。宋代的“交子”和明末的“票号”作为商业工具则较成气候。我国票据有广义与狭义之分，广义的票据是指各种有价证券，包括资本证券、商品证券和货币证券。而这里所讲的票据是指狭义的票据，即货币证券。票据是指出票人签发的、承诺自己或委托他人于见票时或确定日期向持票人无条件支付一定金额的有价证券。我国《票据法》上的票据包括支票、本票和汇票三种。

(二)票据的特征

狭义的票据，具有以下法律特征：

1. 票据为设权证券

设权证券是指签发票据是产生票据权利前提条件的证券。持票人的票据权利在做成票据之前并不存在,当票据的出票人以承担票据债务为目的在票据上进行记载并将票据交付给受款人时,票据权利同时发生。没有票据,就没有票据上的权利。票据的作用在于创设一定的权利,因此,票据是一种设权证券。

2. 票据为金钱证券(或称货币证券)

金钱证券是指以请求给付金钱为债权内容的证券。票据的作用在于创设一定的权利,而在票据上所体现的这种财产权利,是一种金钱给付请求权,持票人只能请求票据债务人给付票面上所记载的金钱,而不能以其他等价物代偿。

3. 票据为要式证券

要式证券是指必须依照法定的程序、具备法定的形式才能发生法律效力的证券。票据是一种严格的要式证券,因为对票据的制作格式以及记载事项法律都有严格的规定,如果不按照法律规定制作票据或记载票据事项,则会导致票据失效。

4. 票据为无因证券

票据作为无因证券是指持票人只要以其持有该票据事实本身,而不必证明自己因何种原因取得该票据即可完全地主张票据权利。票据的占有即证明票据权利的存在。当然,票据发行上仍要求票据的原因关系或基础关系的存在(绝对无因的票据立法除外)。在流通过程中,票据关系与票据原因关系、基础关系相分离,成为独立的票据法律关系,所以票据的持有人的权利一般不因前手与票据其他债务人之间原因关系的瑕疵而受影响。

5. 票据为文义证券

票据上所记载的权利和义务内容必须严格依票据上记载的文字为准,而不允许以票据记载以外的证据来变更、推翻票据上的权利,即使票据上的记载事项有错误,也不得以票据外的事项来证明,并加以修正。因为票据是流通证券,可依背书方式进行转让,故其流通信用和交易安全为其生命所在,如允许以票据以外的方法对票据权利予以变更、补充或限制,持票人将无从预测这种变更、补充或限制。票据被设定为文义证券,其目的在于保护动态安全,维护善意第三人的利益。

6. 票据为流通证券

作为货币证券,票据本身即体现为一种金钱权利财产。而票据之产生,就在于金钱的支付、转移的需要,票据制度之产生在于商业贸易的需要,故而规定票据为文义证券、无因证券、设权证券、要式证券等,均是充分发挥票据的流通功能。我国《票据法》第 27 条、第 80 条、第 93 条分别规定了汇票、本票和支票的转让。票据作为流通证券,与民法上的债权转让相异,只要依法让渡票据本身,就发生票据权利转让的效果。

7. 票据为提示证券

票据作为提示证券是指持票人在行使票据上的权利时,必须做出请求票据债务人付款的提示,票据债务人在票据持有人依法定方式提示后履行票据义务。票据为流通证券,票据做成并发行后,票据处于流通过程中,确定的是票据的债务人,不确定的是票据的债权人。持票人拥有票据权利,但票据债务人在持票人未提示付款请求履行前,无从知道谁是自己的票据债权人。因此法律规定,如票据持有人未提示付款,票据债务人不因票据到期未履行而负迟延责任。因此,票据提示是票据债务人履行票据义务、承担票据责任的前提,也是票据权利人主张权利的一种方式。

8. 票据为返还证券

票据作为完全有价证券，谁持有票据即可主张票据权利，也可依法转让该票据权利，因此当票据债务人向债权人履行票据义务、债权人受领票据上所记载的给付金额后，票据债权人必须将票据缴回债务人，使票据上的权利和义务消灭，以免票据落入善意第三人之手后，票据债务人再须履行票据债务。我国《票据法》第35条规定，持票人获得付款的，应当在汇票上签收，并将汇票交给付款人。该条规定也适用于本票和支票。

(三)票据的功能

票据制度作为与公司制度同样重要的一种法律制度，在市场经济中发挥着巨大的作用，因为票据使商品的让渡和货币的支付从形式上分离，把商业信用有机地融于商品交换之中，使票据成为一种能流通的债权凭证，因此加速了资本的周转和循环，在节约货币的前提下，使再生产的条件得到了增加。其功能体现在以下几个方面：

1. 汇兑功能

随着商品交换范围的扩大，货币的传输范围也跟着扩大，而大量的货币由人携带去很远的地方，甚至跨国支付给交易对手，既麻烦又不安全，而且费用过高，这无疑会增加交易成本，票据的汇兑功能就解决了这个问题。汇兑就是需要输送出款项的人(汇款人)将所输送的款项交给银行等金融机构(该金融机构一般在汇款人同一所在地)，金融机构根据汇款人的委托将款项输送到汇款人所指定的送达地，由其分支机构或委托的付款机构付款。实际操作时由银行等向汇款人开出票据，而汇款人领取票据后交于收款人，收款人凭此票据到其指定的付款机构兑取票面所载金额。还有一种做法是，汇款人根据与银行约定的汇兑关系，也可以由汇款人出票(作成票据)，并由汇款人也就是出票人交给收款人，然后由收款人到指定的银行分支机构或其委托的付款机构兑取票面上所记载的金额。这样，票据的使用就代替了货币的直接使用。

2. 支付功能

票据中先行发展起来的汇票、本票作为汇兑工具，还可以流通转让，在商业交易中以支付票据代替现金支付的方式便形成和流行起来。用票据替代现钞作为支付工具，既可以避免点钞时可能发生的错误，又可节约点钞时间，因此人们在经济交易中广泛使用票据作为支付工具。支票制度产生后，票据支付的方式得到了更广泛的认同。其中使用支票代替付款，因其只需在银行缴存现金、签订支票合同后即可使用。

3. 信用功能

票据作为信用工具，是商业交换及信用制度发展的产物。票据的信用功能主要是指以偿还为条件，单方先期交付商品或货币，接受商品或货币的一方按约定在未来的时日以货币形式偿还资金。票据的出票与付款之间有一个时间差从而使付款人获得凭信用短期调剂资金短缺的可能。

4. 结算功能

票据的结算功能又称债务抵销功能，它是票据支付功能、汇兑功能、货币替代功能、信用功能发展的必然结果，并具体体现了上述功能。它主要是指对经济交往中的货币支付和收受进行清算时，可以以票据作为给付手段来完成相互收付任务。简单的结算功能反映在两个当事人之间以债务抵销方式偿清账目。而在复杂的市场关系中，产生当事人支付的交叉，如果各种支付完成都需每一位当事人亲力亲为，货款结算就会成为十分复杂的难题。于是，在收付的票据中，由银行作为中介，以票据交换的方式进行划转冲抵，就可以完成货币收付、债务清算。目前，票据交换不仅在国内，在国际也十分发达，大大方便了经济往来中的结算。

5. 融资功能

票据的融资功能是票据制度发展的新功能，它主要是指票据持有人通过对未到期的票据进行买卖以融通资金的票据贴现行为。票据持有人通过出卖票据而从他人手中获取现款，完成融资目标。当然，票据收购业务一般只能由商业银行经营，因为它实际上是由银行向持有票据而急用资金的人提供银行信用、融通资金。商业银行贴现票据后尚可向中央银行申请再贴现，或向其他银行进行转贴现。

二、票据立法

票据法有广义、狭义两种概念。广义的票据法是指调整票据关系的法律规范的总称。它除了包括名为《票据法》的法律，还包括民法、刑法和民事诉讼法及其他法律中有关票据的规定。例如：民法中有关行为能力、民事法律行为、代理等规定；刑法中有关伪造、变造有价证券的犯罪的规定；民事诉讼法中公示催告程序的规定；公证制度中关于拒绝证书的规定；破产法中关于票据当事人受破产宣告的规定；行政法规中关于票据欺诈行为不构成犯罪的如何处罚的规定；等等。

狭义的票据法，也称“形式票据法”，是指专门制定的票据法规范，它是规定票据的种类、形式和内容，明确票据当事人之间的权利和义务，调整因票据而发生的各种社会关系的法律规范。一般认为狭义票据法仅指被称为票据法的法律及有关票据法实施细则。例如在我国，狭义的票据法是指《中华人民共和国票据法》和《票据管理实施办法》。我国《票据法》于 1995 年 5 月 10 日经八届人大常委会第十三次会议通过，并于 2004 年 8 月 28 日根据十届人大常委会第十一次会议修改。

《票据法》第 1 条规定，为了规范票据行为，保障票据活动中当事人的合法权益，维护社会经济秩序，促进社会主义市场经济的发展，制定本法。

第二节　票据关系和票据行为

一、票据法律关系与票据基础关系

（一）票据关系的定义与构成

1. 票据关系的定义

凡民事法律行为，均发生民事法律关系的变化，或产生、或变更、或消灭。票据关系就是基于票据行为而发生的法律关系，是在票据债权人与票据债务人之间的票据权利义务关系。作为一种特殊的法律关系，票据关系受票据法调整。

2. 票据关系的法律特征

（1）票据关系是基于票据行为而发生的票据权利义务关系。出票、背书、承兑、参加承兑、保证、保付等票据行为因行为人在票据上作意思表示并签章，从而发生票据上的效力。除票据行为以外的行为，如不在票据上记载的一般转让方式转让票据权利时，转让人之间不发生票据关系，票据法当然也不加以调整。

（2）票据关系的独立性。尽管票据行为都表示于票据上，但票据行为人的行为本身又是独立的，因票据行为而形成的票据关系也是独立的。各个票据关系独立地表现其权利和义务内容，即使相关联的某个票据行为存在瑕疵，也不影响其他票据签章的效力。

(3)票据关系的客体为票据记载货币金额。由于票据是一种金钱有价证券,票据行为指向的均为票据记载的票据金额,或转让、或保证。至于该类票款所代表的货币种类,一般不加以特别限制,而由当事人在法律允许范围内自由选择。不过票据关系的客体分割问题因各国对部分付款、分期付款的看法不一,有所不同。在我国,票据款项不能分别为他人享有,不得部分转让票据权利,或分期转让票载金额,因而其行为客体为票据上所载明的全部金额。

3. 票据关系三要素

(1)主体。票据关系的主体是票据关系的当事人,即票据上的债权人和债务人。票据上的当事人主要有出票人、付款人、收款人、持票人、承兑人、背书人、保证人、参加人(如参加承兑人和参加付款人)。

以是否随出票行为出现为标准,票据当事人可分为基本当事人和非基本当事人。基本当事人是指票据发生时就存在的当事人,如汇票和支票中的出票人、收款人和付款人。非基本当事人是指出票以后基于其他票据行为而参加票据关系的当事人,如背书人、保证人、参加付款人等。

(2)客体。票据关系的客体是指票据当事人的权利和义务共同指向的对象,由于票据是金钱证券,票据关系的客体就是票据上所载明的特定数量的货币。

(3)内容。票据关系的内容是指票据当事人因票据行为依法享有的权利和承担的义务。票据权利是指票据权利人依法为实现票据债权而为一定行为或要求他人为一定行为的可能性,即付款请求权和追索权。票据义务是指票据义务人必须为或不为一定行为的必要性,一般指支付确定的票面金额的义务,即付款义务。

(二)票据基础关系

票据基础关系是指作为票据关系发生前提的民法上的债权债务关系,包括原因关系、资金关系和预约关系三种。票据因其无因性使票据关系表现为一种形式关系或抽象关系,也就是说票据关系仅仅表现为谁有权凭票据向谁主张票面金额,至于持票人为什么得到票据并有权主张票据权利,则不在票据关系中表明。但是,绝不会有人愿意无缘无故地付钱给他人,即票据当事人在授受票据之前,授受票据的原因或前提就已存在,作为票据授受前提的是那些民法上的买卖、租赁、委托等关系,这些关系是票据关系产生的基础,所以称为票据基础关系。票据基础关系由民法调整。

1. 票据原因关系

票据的原因关系也称票据原因,是票据当事人授受票据的实质原因。票据原因主要包括:①支付价金;②借贷;③赠与;④劳务报酬;⑤交付定金;⑥其他费用。比如,出票人想购买一批货物,向卖方开出一张支票,使卖方据此向银行取款;或者背书人为支付对方工资,将票据背书交付给对方,对方即可凭借票据实现自己的劳动报酬。

2. 票据资金关系

票据资金关系又称为“票据资金”或“资金关系”,是汇票和支票的出票人与付款人之间存在的金钱、实物、信用关系和其他财产性债权关系。汇票和支票都属于委付证券,付款人之所以替出票人付款,是因为有出票人与付款人之间的资金关系为基础。资金关系产生于各种委托、约定甚至信任,主要有以下情形:

(1)出票人在付款人处存有资金。比如,支票的出票人一定在银行或其他金融机构开立支票存款账户。

(2)出票人与付款人之间存在信用合同,付款人承诺在一定数额内可先行为出票人签发的票据付款。

(3)出票人享有对付款人的债权,付款人替出票人付款,即是对与出票人之间已存在的债务的清偿。

(4)出票人与付款人间订有其他合同,如交互计算、继续供应等合同。

(5)付款人愿意为出票人付款。此属无因管理。

3. 票据预约关系

票据预约关系是当事人之间预先约定使用票据的合同关系,也称“票据预约”或“预约关系”。这种合同是出票人与付款人之间关于票据的种类、金额、到期日、付款地等票据事项达成的合意,属于民法上的合同关系,也是票据当事人的基础关系。

综上所述,票据关系与票据基础关系分离是票据法的一个基本原理,它也称票据关系的无因性原理。在票据关系与票据基础关系之间,分离是一般情况、基本特性,牵连不过是特殊情形,或者说是票据关系无因性的例外。

二、票据行为

(一)票据行为的概念和特征

1. 票据行为的概念

票据行为有广义和狭义之分。广义的票据行为是指以产生、变更和消灭票据上权利义务关系为目的的法律行为,包括出票、背书、改写、涂销、付款、保证、承兑、参加承兑、保付、参加付款等。狭义的票据行为是指发生票据上债务的法律行为,包括出票、背书、保证、承兑、参加承兑、保付六种。其中,出票、背书、付款是票据共有的行为,承兑、参加承兑是汇票所独有的行为,保付是支票所独有的行为。

2. 票据行为的特征

票据行为作为法律行为的一种,与一般法律行为相比,具有以下特征:

(1)要式性。要式性亦称定型性,是指票据行为是一种严格的书面行为,应依据票据法规定的形式在票据上记载法定的事项,否则,将影响票据行为的效力。如在票据上作书面记载、在票据上签章等。

(2)无因性。无因性亦称抽象性,是指票据行为成立后,其基础关系即使有缺陷而无效,也不影响票据行为的效力。票据上的权利的发生与转移,依票据行为而定,与其基础关系无任何关联。

(3)文义性。文义性是指票据行为的内容是依票据上所记载的文义而定,即使该项记载与行为的真实或实际情形不符,也不许当事人以票据之外的证明方法予以变更和补充,票据行为的解释也应依票据上的文义进行。

(4)独立性。独立性是指同一票据上的各种票据行为各自独立发生效力,相互之间互不影响。因此,在同一票据上,某一票据行为无效或有瑕疵,不影响其他行为的效力。

(5)连带性。连带性是指在同一票据上的各种票据行为人均对持票人承担连带责任。由于票据行为具有无因性和独立性,这就使得持票人的权利实现受到一定程度的影响。故此,各国票据法都规定了连带责任,以确保持票人票据权利的实现。

(二)票据行为的种类

票据行为主要有六种,即出票、背书、承兑、参加承兑、保证、保付。其中,出票为主票据行为,其他的皆为从票据行为。

1. 出票

出票是指出票人签发票据并将其交给收款人的票据行为。出票是制作票据的原始行为，是以创设票据权利为目的，制作票据并将其交付给票面指定的收款人的行为。出票的法律后果是产生票据法律关系，形成票据权利。

2. 背书

背书是指在票据背面或粘单上记载有关事项并签章的票据行为。背书是收款人或持票人以在票据背后签章的方式，转让票据权利或委托他人行使票据权利、进行质押的行为。背书人在转让票据权利后，与其他票据债务人承担连带票据责任。

3. 承兑

承兑是指汇票付款人承诺在汇票到期日支付汇票金额的票据行为。承兑是汇票独有的票据行为，本票和支票均无承兑这一票据行为。

4. 参加承兑

参加承兑是付款人以外的其他人承诺负担票据债务的行为。参加承兑与承兑都是承诺负担债务行为，但是承兑只能由付款人做出，参加承兑则由付款人以外的第三人做出。参加承兑也是汇票所独有的票据行为。

5. 保证

保证是票据债务人以外的其他人，表示在被保证的票据债务人不履行其票据义务时由其代替履行责任的行为。票据保证人在清偿票据债务后，可以行使持票人对被保证人及其前手的追索权。保证行为仅适用于汇票和本票。

6. 保付

保付是指银行对出票人签发的支票所作的保证付款的行为。保付是支票独有的一种附属票据行为，类似于汇票的承兑。所不同的是，保付的目的是增强票据的信用，而不是确定付款人的付款责任。

第三节　票据抗辩与票据补救

一、票据抗辩的概念与种类

(一)票据抗辩的概念

票据抗辩是指票据债务人依据票据法的规定对票据债权人拒绝履行义务的行为。基于票据法的规定，票据债务人对票据债权人的请求，提出一定的合法事由予以对抗，并依此而拒绝履行票据义务。这里的合法事由称为抗辩事由。票据债务人享有对债权人拒绝履行义务的权利，这种权利称为抗辩权。

(二)票据抗辩的种类

票据抗辩可以分为物的抗辩和人的抗辩两类。

1. 物的抗辩

物的抗辩，又称绝对抗辩或客观抗辩，是基于票据本身所存在的事由而发生的抗辩。依行使抗辩权的主体的不同，物的抗辩可分为两种：

(1)一切债务人可以对一切债权人行使的抗辩。包括：票据无效的抗辩、依票据记载不能提出请求的抗辩、票据权利已经消灭的抗辩、票据失效的抗辩。

(2)只有特定债务人可以提出,但可以对抗一切债权人的抗辩。包括:对无权代理所做的抗辩、保全手续欠缺的抗辩、否定票据行为有效成立的抗辩、依票据记载而提出的抗辩。

2. 人的抗辩

人的抗辩,又称相对抗辩或主观抗辩,是基于票据当事人之间的特定关系而产生的抗辩。依行使抗辩权的主体不同,人的抗辩可分为两种:

(1)一切债务人可以对特定的债权人行使的抗辩。包括:债权人欠缺实质上的受领票据金额的资格的抗辩、债权人欠缺形式上的受领票据金额的资格的抗辩。

(2)特定债务人可以向特定债权人行使的抗辩。包括:基于基础关系原因而提出的抗辩、基于票据关系原因而提出的抗辩。

(三)票据抗辩的限制

我国《票据法》第 13 条规定,票据债务人不得以自己与出票人或者与持票人的前手之间的抗辩事由,对抗持票人。但是,持票人明知存在抗辩事由而取得票据的除外。我国《票据法》还规定,因税收、继承、赠与等方式无对价取得票据的持票人所享有的票据权利不得优于其前手的权利;明知前手有以欺诈、盗窃或胁迫等手段取得票据的情形,出于恶意取得票据,不得享有票据权利。

二、票据补救

当票据权利人基于某种原因丧失对票据的实际占有时,为了维护票据权利人的合法利益,我国《票据法》第 15 条规定了挂失止付、公示催告、普通诉讼三种补救措施。

(一)挂失止付

挂失止付是失票人将丧失票据的情况通知付款人或代理付款人,并由接受通知的付款人暂停支付的临时性救济措施。我国《票据法》第 15 条第 1 款对此作了规定。已承兑的商业汇票、支票、填明“现金”字样并填明代理付款银行的银行汇票、填明“现金”字样的银行本票可以挂失止付。挂失止付是失票人在丧失票据后可以采取的一种暂时的预防措施,以防止票据被冒领或骗取。因此,失票人既可以在票据丧失后先采取挂失止付,再申请公示催告或提起诉讼;也可以直接申请公示催告,并由法院受理后发出止付通知;或直接向法院提起诉讼。

(二)公示催告

公示催告是失票人在丧失票据后申请票据无效而使票据权利与票据相分离的一种制度。对此,我国《票据法》第 15 条第 3 款作了规定,《民事诉讼法》第 18 章专章规定了公示催告程序。

(三)普通诉讼

普通诉讼是失票人向人民法院提起民事诉讼,要求法院判定向其支付票据金额的措施。《票据法》第 15 条第 3 款规定,失票人应当在通知挂失止付后 3 日内,也可以在票据丧失后,向人民法院提起诉讼。

第四节 汇 票

一、汇票的概念及特征

(一)汇票的概念

汇票是由出票人签发的、委托付款人在见票时或在指定日期无条件支付确定的金额给收款人或持票人的票据。

(二)汇票的特征

与本票、支票相比,汇票具有以下特征:

(1)汇票是信用证券。汇票涉及出票人、付款人、收款人三方当事人,而且,汇票权利人可以是收款人、收款人的指定人、背书后的持票人。汇票关系中包含了票据关系中的最一般内容。

(2)汇票是委付证券。汇票是出票人委托付款人无条件支付票款的票据,所以,汇票的付款人通常为交易关系的第三人。而本票是一种自付证券。

(3)汇票的付款人可以是金融机构或一般企业。汇票付款人种类较多,如商业承兑汇票的出票人和付款人为银行以外的公民、法人或非法人组织,而银行汇票的出票人和付款人均为金融机构。

二、汇票的种类

(一)记名汇票、指示汇票和无记名汇票

依汇票上对收款人的记载方式可划分为记名汇票、指示汇票和无记名汇票。

记名汇票是指出票人在票据上载明收款人姓名或名称的汇票,又称"抬头汇票"。

指示汇票是指出票人除在汇票上载明收款人姓名或名称外,还记载"或其他指定人"的汇票。

无记名汇票是指在汇票上不记载收款人的姓名或名称,或仅记载"付与来人"字样的汇票。该种汇票依交付而转让。

(二)银行汇票和商业汇票

依出票人的身份可划分为银行汇票和商业汇票。

银行汇票是指汇款人将款项交存当地银行,由银行签发给汇款人持往异地办理转账结算或支取现金的票据。银行汇票是一种变式汇票,即已付汇票,出票人和付款人均为银行。

商业汇票是指出票人签发的、委托付款人在指定日期无条件支付确定的金额给收款人或者持票人的票据。商业汇票的出票人为银行以外的公民、法人或非法人组织。

(三)即期汇票和远期汇票

依汇票到期日可划分为即期汇票和远期汇票。

即期汇票是指见票即付的汇票,以持票人提示汇票之日作为汇票到期日。

远期汇票是指必须到约定的日期才能请求付款的汇票。远期汇票又分为定日付款、出票后定期付款、见票后定期付款三种。

(四)光单汇票和跟单汇票

依汇票的付款要求可划分为光单汇票和跟单汇票。

光单汇票即光票,是指在付款时不需要附带任何其他单据即发生付款效力的汇票。光票多在异地交易中使用,持票人提示付款时,只需提交汇票本身即可。

跟单汇票是指须随附一些单据才能发生付款效力的汇票。跟单汇票到期付款时不仅需要提示汇票本身,还须提示汇票所附的各种单据,如发票、提单、税票、保险单等,才能获得付款。

三、票据行为

(一)出票

1. 出票的概念

出票又称发票，是指出票人签发票据并将其交付给收款人的票据行为。汇票的出票是基本的票据行为，是创设票据权利的行为。它包括两个具体的行为程序：一是制作汇票的行为，二是将汇票交付收款人的行为。

2. 汇票的记载事项

根据我国《票据法》第22条的规定，汇票必须记载下列事项：①表明"汇票"的字样；②无条件支付的委托；③确定的金额；④付款人的名称；⑤收款人的名称；⑥出票日期；⑦出票人签章。这些是汇票的绝对必须记载事项，缺少任何一项，汇票无效。

另外，汇票上还应清楚、明确地记载付款日期、付款地、出票地等事项。如果汇票上未记载付款日期的，视为见票即付；未记载付款地的，以付款人的营业场所、住所和经常居住地为付款地；未记载出票地的，以出票人的营业场所、住所或经常居住地为出票地。

关于汇票的付款日期，可按下列形式记载：①见票付款；②定日付款；③出票后定期付款；④见票后定期付款。

3. 出票的效力

出票的效力，是指汇票出票后的法律后果。即表明票据制作完成，票据进入流通领域，票据关系人依完成的票据所载文义而享有票据权利、承担义务。出票的效力对出票人而言，是承担保证该汇票承兑和付款的责任；对票据付款人而言，赋予了承兑和付款的义务；对票据收款人而言，享有票据上的权利，即付款请求权和追索权。

（二）背书

1. 背书的概念

背书是指持票人在票据背面或者粘单上记载有关事项并签章的票据行为。它是一种从票据行为，做背书的持票人为背书人，接受票据背书的人为被背书人，被背书人可以再次背书，称为再背书。

2. 背书的种类

(1)按照目的不同，分为转让背书和非转让背书。

转让背书是以转让背书权利为目的的背书。转让背书又可分为一般转让背书和特殊转让背书。一般转让背书是指无论从被背书人方面还是从背书人方面以及票据权利的转让是否有限制方面来看，都没有特殊形式要求的背书，是最普通、最常见的背书。特殊转让背书是指有特殊形式要求的背书，主要包括限制背书、回头背书和期后背书。限制背书是指对背书行为附加了某限制性的条件，如在背书时记载了"不得转让"等字样；回头背书是指票据上的原债务人为被背书人的背书；期后背书是指背书被拒绝承兑或被拒绝付款或者超过付款提示期限后所进行的背书。

非转让背书是以授予他人一定票据权利为目的的背书，即以行使票据权利，或以票据权利设定质权为目的。由于非转让背书有其特殊的目的，法律要求应在票据上明确记载"委托收款"字样或者"质押"字样，以与转让背书相区别。最高人民法院《关于审理票据纠纷案件若干问题的规定》规定，贷款人恶意或者有重大过失从事票据质押贷款的，人民法院应当认定该质押行为无效。

(2)按照票据上是否记载被背书人姓名或名称，分为完全背书和空白背书。

完全背书是指背书人在票据的合适处记载背书的意旨及被背书人名称并签章的背书；空白背书是指背书人不记载被背书人的姓名或名称，而在被背书人记载处留有空白并签章的背书。我国《票据法》第30条规定，汇票以背书转让或者以背书将一定的汇票权利授予他人行使时，必须记载被背书人名称。可见，我国不承认空白背书的法律效力。

（三）承兑

1. 承兑的概念

承兑是指汇票付款人承诺在汇票到期日支付汇票金额的票据行为。其具有以下特征：

（1）承兑是汇票独有的一种附属票据行为；

（2）承兑只能是付款人的票据行为；

（3）承兑只能在汇票正面为之。

2. 承兑的程序

除见票即付的汇票无需承兑外，其他三种均须承兑。汇票承兑程序一般包括三个步骤：提示承兑、承兑或拒绝承兑、交还汇票。

3. 承兑的效力

汇票承兑后，该汇票上的付款请求权得到确认和保全，该汇票也才表现出完整的票据效力。承兑的效力主要体现在以下几个方面：

（1）对付款人的效力。付款人承兑汇票后，便成为汇票的主债务人，承担到期付款的义务。承兑人的付款责任是绝对责任，承兑人不得以汇票金额未经出票人给付等理由而对抗持票人的请求。

（2）对持票人的效力。汇票一经付款人承兑，持票人的付款请求权转变为现实而确定的权利，于到期日届满时，持票人可以向承兑人请求付款。汇票的承兑具有确认和保全持票人付款请求权的效力。

（3）对出票人和背书人的效力。出票人要承担汇票担保承兑和付款的责任。经付款人承兑后，出票人和汇票上的所有背书人都免受期前追索。拒绝承兑是持票人行使期前追索的法定原因之一。

（四）保证

1. 保证的概念

保证是指票据以外的他人对票据债务的履行提供担保的一种附属票据行为。汇票保证作为一种票据行为，是一种附属票据行为，是一种要式法律行为，是单方法律行为，是为担保特定票据债务的履行而为的票据行为，是票据债务人以外的人所为的票据行为。

2. 保证的规则

汇票保证是为出票人、承兑人、背书人提供保证的。如果保证人为出票人、承兑人保证的，应将保证事项记载在票据正面；保证人为背书人保证的，应将保证事项记载在票据的背面或粘单上。汇票保证应记载下列事项：表明“保证”的字样；保证人名称和住所；被保证人的名称；保证日期；保证人签章。根据最高人民法院《关于审理票据纠纷案件若干问题的规定》，保证人未在票据或者粘单上记载“保证”字样而另行签订保证合同或者保证条款的，不属于票据保证，人民法院应当适用《民法典》的有关规定。

（五）付款

1. 付款的概念

付款是指付款人或者其代理人支付票据上记载的全部金额，以消灭票据关系的行为。付款人的付款行为与出票人、背书人等偿还义务的行为有所不同，付款行为是支付票据金额以达到消灭票据关系的目的，而出票人、背书人的偿还行为并不能消灭票据关系。

2. 付款的程序

付款的程序包括付款提示、实际支付和交回汇票三个阶段。

(1)付款提示。付款提示是指持票人向付款人或者代理付款人出示汇票,请求付款的行为。付款提示是持票人行使请求付款权的必要前提,付款提示的当事人,一方是提示人,通常是持票人,但也可以是受持票人委托的收款银行或者票据交换中心;另一方是被提示人,主要包括付款人、付款人委托的付款银行或者票据交换中心。付款提示必须在法定的期限内实施,如果持票人没有在法定的期间内实施付款提示,则丧失对除承兑人或者付款人以外的前手的追索权。我国票据法对付款提示的期间规定是:见票即付的汇票,自出票日起 1 个月内向付款人提示付款;定日付款、出票后定期付款或者见票后定期付款的汇票,自到期日起 10 日内向承兑人提示付款。

(2)实际支付。实际支付是指持票人向付款人或者代理付款人进行付款提示以后,付款人或者代理付款人应当无条件地在当日按票据金额足额支付给持票人的行为。付款人或其代理付款人付款时,应当审查汇票背书的连续性,并审查提示付款人的合法身份证明或者有效证件。付款人或其代理付款人以恶意或者有重大过失付款的,应当自行承担责任。所谓"重大过失",主要是指付款人或者代理付款人因未能识别出伪造、变造的票据或者身份证件而错误付款。

(3)交回汇票。持票人获得付款的,应当在汇票上签收,并将汇票交给付款人。持票人委托银行收款的,受委托的银行将代收的汇票金额转入持票人账户,视同签收。

四、汇票的追索权

(一)追索权的概念

追索权是指持票人在遭到拒绝承兑和拒绝付款时,向其前手以及汇票的出票人请求偿还汇票上的金额的权利。

(二)追索权行使的条件

(1)持票人在法定期限内向付款人作承兑提示或付款提示。如果持票人没有在法定的期间内作出付款提示,则丧失对其前手的追索权。但是,持票人丧失的追索权仅限于其前手,而对于承兑人仍然享有追索权。

(2)汇票遭到拒付。拒付是指持票人向付款人提示,付款人拒绝付款或拒绝承兑。拒付除了付款人明确拒绝付款或拒绝承兑之外,还包括事实上视为拒付的情形,我国《票据法》规定了汇票到期日前,有下列情形之一的,持票人也可以行使追索权:①汇票被拒绝承兑的;②承兑人或者付款人死亡、逃匿的;③承兑人或者付款人被依法宣告破产或者因违法被责令终止业务活动的。

(3)必须在遭到拒付后的法定期间内做成拒绝证书。拒绝证书是一种由付款地的公证人或其他有权机构做成的证明付款人拒付的书面文件。拒绝证明应当包括:被拒绝承兑、付款的票据种类及其主要记载事项;拒绝承兑、付款的事实依据和法律依据;拒绝承兑、付款的时间;拒绝承兑人、拒绝付款人的签章。

(4)持票人必须在遭拒付后的法定期间内将拒付事实通知其前手或者出票人。持票人应当自收到被拒绝承兑或者被拒绝付款的有关证明之日起 3 日内,将被拒绝事由书面通知其前手;其前手应当自收到通知之日起 3 日内书面通知其再前手。持票人也可以同时向各汇票债务人发出书面通知。

第五节　本票和支票

一、本票

(一)本票的概念与特征

1. 本票的概念

本票是出票人签发的、承诺自己在见票时无条件支付确定的金额给收款人或者持票人的票据。本票是出票人承诺见票时无条件支付票据金额的有价证券,其基本当事人有两个即出票人和收款人。

2. 本票的特征

本票与汇票的区别主要有:

(1)汇票是委托他人付款的有价证券;本票是约定出票人自己付款的有价证券。

(2)汇票有三个基本当事人,即出票人、付款人、收款人;本票的付款人和出票人为同一个人,因此只有两个基本当事人。

(3)汇票的主债务人,在承兑前是出票人,在承兑后是承兑人;本票的主债务人是出票人。

(4)远期汇票需要承兑;本票无须承兑。

(二)本票的种类

依据不同的分类标准,本票可以分为不同的种类:

(1)以本票上是否记载权利人为标准,可分为记名本票、指示本票、无记名本票;

(2)根据本票上记载的到期日期的不同,可分为即期本票、远期本票;

(3)以本票出票人的身份为标准,可分为银行本票、商业本票;

(4)根据本票上记载的金额是否固定,可分为定额银行本票、不定额银行本票;

(5)以结算方式为标准,可分为转账银行本票、现金银行本票。

依据《票据法》第 73 条第 2 款和第 75 条的规定,我国本票仅限于银行本票,且为记名式本票和即期本票。银行本票是银行签发的、承诺自己在见票时无条件支付确定的金额给收款人或者持票人的票据。单位和个人在同一票据交换区域需要支付各种款项,均可以使用银行本票。银行本票分为定额银行本票和不定额银行本票。根据《支付结算办法》的规定,定额银行本票面额为 1 000 元、5 000 元、1 万元和 5 万元人民币。

(三)本票的出票

本票出票与汇票一样,包括做成票据和交付票据,只是本票的出票行为是出票人自己承诺无条件支付金额的票据行为。因此,本票的出票人必须具有支付本票金额的可靠资金来源,并保证支付。

本票的出票必须记载绝对应记载事项,本票上如果没有记载绝对应记载事项之一的,本票无效。《票据法》规定了本票必须记载下列事项:表明“本票”的字样;无条件支付的承诺;确定的金额;收款人名称;出票日期、出票人签章。

付款地和出票地是本票相对应记载事项,《票据法》规定本票上记载付款地、出票地等事项的,应当清楚、明确。如果本票上未记载付款地的,出票人的营业场所为付款地;本票上未记载出票地的,出票人的营业场所为出票地。

(四)本票的见票

本票的见票是指持票人为确定见票后定期付款,向出票人提示,出票人在本票上记载“见票”字样和见票日期以及签名的一种票据行为。我国《票据法》承认银行本票,而且银行本票是见票即付的票据,即收款人或者持票人在取得银行本票后,随时可以向出票人请求付款。但依据我国《票据法》规定,本票自出票日起,付款期限最长不得超过2个月。

(五)本票的效力

本票做成并交付之后,就产生了票据上的法律效力。本票的效力可分为对出票人的效力和对收款人的效力。对出票人来说,一旦本票做成并完成了交付,就必须承担对持票人无条件付款的义务,即使持票人未按规定的期限提示见票,虽然持票人丧失了对其前手的追索权,但仍然可以向本票的出票人行使追索权。对收款人来说,出票人签发本票并交付后,收款人以及后来的持票人就取得了包括请求付款权和追索权在内的票据权利,而且因为本票是一种无须承兑就享有票据权利的有价证券,因此,本票的收款人或持票人的票据权利从本票出票时起,就是一种现实的权利。

本票的其他票据行为,可以适用票据法中对汇票的相关规定。我国《票据法》第80条规定,本票的背书、保证、付款行为和追索权的行使,除本章规定外,适用本法第二章有关汇票的规定。

二、支票

(一)支票的概念和特征

1. 支票的概念

支票是出票人签发的、委托办理支票存款业务的银行或者其他金融机构在见票时无条件支付确定的金额给收款人或者持票人的票据。支票是一种委付证券。同汇票一样,支票也有三个基本当事人:出票人、付款人和收款人。

2. 支票的特征

支票除了具备票据的基本特点之外,还有自身的特征:

(1)支票的出票人,是指在经中国人民银行批准办理支票存款业务的银行、城市信用合作社和农村信用合作社开立支票存款账户的企业、其他组织和个人。

(2)支票的付款人仅限于银行或者金融机构,即中国人民银行批准办理支票存款业务的银行、城市信用合作社和农村信用合作社。

(3)支票是见票即付的票据,不存在即期或远期之分。

(4)支票的无因性受到一定的限制。支票的出票人所签发的支票金额不得超过其付款时在付款人处实有的存款金额。出票人签发的支票金额超过其付款时在付款人处实有的存款金额的,为空头支票。我国法律规定禁止签发空头支票。

(二)支票的种类

依据不同的分类标准,支票可以分为不同的种类。

(1)以支票上记载权利人的方式为标准,支票可分记名式支票、指示式支票和无记名式支票。我国《票据法》并没将支票的“收款人”事项规定为绝对应记事项,如果支票上没有记载收款人,经出票人授权,可以补记。可见,我国《票据法》是承认无记名式支票的。

(2)以支票当事人的资格是否兼任为标准,支票可分为一般支票和变式支票。变式支票可分为己付支票、己受支票和受付支票三种。己付支票或称对己支票,出票人自己为付款人;己受支票是指以出票人为收款人的支票;受付支票是指付款人也是收款人的支票。

(3)以支票的付款方式为标准,支票可分为现金支票、转账支票和普通支票。我国《票据法》将支票分为现金支票、转账支票和普通支票。支票上印有“现金”字样的为现金支票,现金支票只能用于支取现金。支票上印有“转账”字样的为转账支票,转账支票只能用于转账。支票上未印有“现金”或“转账”字样的为普通支票,普通支票可以用于支取现金,也可以用于转账。在普通支票左上角划两条平行线的,为划线支票,划线支票只能用于转账,不得支取现金。

(4)以支票票面金额是否确定为标准,支票可分为不定额支票和定额支票。

(5)以支票票面金额是否有限制为标准,支票可分为不限额支票、限额支票。

(三)支票出票的特殊规定

支票不同于汇票和本票,我国《票据法》及相关法规规定,支票的出票人只能是在经中国人民银行批准办理支票存款业务的银行、城市信用合作社和农村信用合作社开立支票存款账户的企业、其他组织和个人。而且出票人的签章,出票人为单位的,为与该单位在银行预留的签章一致的财务专用章或者公章加其法定代表人或者其授权的代理人的签名或者盖章;出票人为个人的,为与该个人在银行预留的签章一致的签名或者盖章。支票的出票人不得签发与其预留本名的签名式样或者印鉴不符的支票。支票的签发必须记载下列事项:表明“支票”的字样;无条件支付的委托;确定的金额;付款人名称;出票日期;出票人签章。支票上未记载这些事项之一的,支票无效。

我国法律规定禁止出票人签发空头支票、签章与预留银行签章不符的支票,使用支付密码地区,支付密码错误的支票,银行应予以退票,并按票面金额处以5%但不低于1 000元的罚款;持票人有权要求出票人赔偿支票金额2%的赔偿金。对屡次签发的,银行应停止其签发支票。

练习题

一、复习思考题

1. 什么是票据?它有哪些特征?
2. 票据的当事人有哪些?
3. 什么是票据行为?什么是票据权利?
4. 什么是汇票?什么是本票?什么是支票?
5. 汇票的绝对记载事项有哪些?
6. 什么是背书?背书的要求有哪些?
7. 违反票据法的法律责任有哪些?

二、案例分析题

永固房地产有限责任公司从丽德贸易进出口公司购进2 000吨水泥,总价款50万元人民币。水泥运抵后,永固房地产有限责任公司为丽德贸易进出口公司签发了一张以永固房地产有限责任公司为出票人和付款人、以丽德贸易进出口公司为收款人的3个月后到期的商业承兑汇票。一个月后,丽德贸易进出口公司从吉祥有限责任公司购进木材一批,总价款455 000

元。丽德贸易进出口公司就把永固房地产有限责任公司开出的汇票背书转让给吉祥有限责任公司，多出的45 000元用支票方式收付完毕。后来，永固房地产有限责任公司发现2 000吨水泥中有一半质量不合格，双方发生纠纷。汇票到期时，吉祥有限责任公司把汇票提交永固房地产有限责任公司要求付款，永固房地产有限责任公司拒绝付款，理由是丽德贸易进出口公司供给的水泥不合格，不同意付款。

问题：永固房地产有限责任公司是否可以拒绝付款？

第十二章

金融法律制度

学习目标

通过本章学习,你应能够:

掌握中国人民银行的地位和职责、中国人民银行办理业务的限制性规定;

掌握商业银行的经营原则、商业银行客户的权利和义务;

掌握我国的外汇管理的主要内容;

了解证券投资基金法的基本内容。

思政目标

能够正确理解中国特色市场经济的法治基础和信用基础,了解中国特色社会主义的历史必然性,并掌握习近平法治思想的基本内涵。不断强化守法诚信、自由平等、公平公正等理念,树立正确的世界观、人生观和价值观,防范金融风险,实现市场经济的可持续发展。坚持走中国特色社会主义法治道路,建设中国特色社会主义金融法治体系,保障和促进社会公平正义。

第一节　中国人民银行法

一、中央银行与中央银行法

(一)中央银行的概念和职能

中央银行是一个国家或区域内,行使管理和调控货币流通及信用活动职能的机构。一般认为,中央银行的萌芽可追溯到17世纪中后期的欧洲。1656年由私人创办的欧洲第一家发行银行券的银行——瑞典国家银行,1694年在伦敦成立的股份制的英格兰银行,被认为是历史上最早的中央银行的雏形。在以后的数百年间,西方国家的中央银行制度经历了初创、普及和完善的过程,职能不断完备。

中央银行一般都具有发行银行、国家银行、银行的银行三个主要职能。发行银行是指中央银行统一控制管理全国的货币发行,并享有货币发行垄断权,是一国唯一合法的货币发行机构。国家银行是指代理国库收支、代理政府发行公债、代表政府参加国际金融活动、对政府融通资金、为国家管理黄金和外汇、管理各类金融机构、协助政府制定经济政策、负责执行金融货币政策等。银行的银行是指中央银行主要以商业银行为贷款对象，不对企业和个人办理具体信贷和结算业务。中央银行对其他金融机构融通资金，是以票据再贴现或在商业银行提供担保后直接发放贷款的方式进行的，中央银行充当最终贷款人。

（二）中央银行法

我国的中央银行是中国人民银行，中央银行法是《中华人民共和国人民银行法》。中国人民银行是我国金融体系的核心，国家为其专门立法，是为了确立其地位，明确其职责，保证国家货币政策的正确制定和实施，建立和完善中央银行宏观调控体系，维护金融稳定。1995 年 3 月 18 日，第八届全国人民代表大会第三次会议通过《中华人民共和国中国人民银行法》。

2003 年 12 月 27 日，《全国人民代表大会常务委员会关于修改〈中华人民共和国中国人民银行法〉的决定》由中华人民共和国第十届全国人民代表大会常务委员会第六次会议通过，自 2004 年 2 月 1 日起施行。

二、中国人民银行的性质和地位

（一）中国人民银行的性质

《中华人民共和国人民银行法》（以下简称《中国人民银行法》）规定，中国人民银行是中华人民共和国的中央银行。中国人民银行在国务院领导下，制定和执行货币政策，防范和化解金融风险，维护金融稳定。该法还规定，中国人民银行的全部资本由国家出资，属于国家所有。

（二）中国人民银行的地位

根据《中国人民银行法》的规定，中国人民银行是在国务院领导下的相对独立的国家金融行政监督管理机关，中国人民银行依法独立执行货币政策，履行职责，开展业务，不受地方政府、各级政府部门、社会团体和个人的干涉。

三、中国人民银行的职责

根据《中国人民银行法》的规定，中国人民银行的职责表现在以下几个方面：

（1）发布与履行其职责有关的命令和规章；

（2）依法制定和执行货币政策；

（3）发行人民币，管理人民币流通；

（4）监督管理银行间同业拆借市场和银行间债券市场；

（5）实施外汇管理，监督管理银行间外汇市场；

（6）监督管理黄金市场；

（7）持有、管理、经营国家外汇储备、黄金储备；

（8）经理国库，代理政府的财政收入和支出；

（9）维护支付、清算系统的正常运行；

（10）指导、部署金融业反洗钱工作，负责反洗钱的资金监测；

（11）负责金融业的统计、调查、分析和预测；

（12）作为国家的中央银行，从事有关的国际金融活动。

四、中国人民银行的组织机构

(一)行长负责制

《中国人民银行法》规定了中国人民银行设行长一人,副行长若干人。中国人民银行行长的人选,根据国务院总理的提名,由全国人民代表大会决定;全国人民代表大会闭会期间,由全国人民代表大会常务委员会决定,由中华人民共和国主席任免。中国人民银行副行长由国务院总理任免。中国人民银行实行行长负责制。行长领导中国人民银行的工作,副行长协助行长工作。

(二)货币政策委员会

根据《中国人民银行法》的规定,中国人民银行设立货币政策委员会。货币政策委员会的职责、组成和工作程序,由国务院规定,报全国人民代表大会常务委员会备案。中国人民银行货币政策委员会应当在国家宏观调控、货币政策制定和调整中,发挥重要作用。

(三)中国人民银行总行与分支机构的关系

《中国人民银行法》规定,中国人民银行根据履行职责的需要设立分支机构,作为中国人民银行的派出机构。中国人民银行对分支机构实行统一领导和管理。

五、中国人民银行的业务

(一)中国人民银行的主要业务

根据《中国人民银行法》的规定,中国人民银行的主要业务有:

(1)人民币业务。发行人民币是中国人民银行最重要的职责,中国人民银行依法享有货币发行的垄断发行权,通过再贴现、贷款、购买证券、金银、外汇等方式将人民币投入流通的市场中。

(2)执行货币政策。

(3)经理国库。

(4)代理发行、兑付国债和政府债券。

(5)为银行业金融机构提供清算服务。

(二)对中国人民银行业务活动的限制

《中国人民银行法》对中国人民银行不同的业务活动进行了严格的限制:

(1)禁止向金融机构的账户透支;

(2)禁止对政府财政透支,不得直接认购、包销国债和其他政府债券;

(3)禁止向地方政府、各级政府部门、非银行金融机构及其他单位和个人提供贷款,但国务院决定中国人民银行可以向特定的非银行金融机构提供贷款的除外;

(4)禁止向任何单位和个人提供担保。

六、中国人民银行的金融监督管理

中国人民银行依法监测金融市场的运行情况,对金融市场实施宏观调控,促进其协调发展。中国人民银行有权对金融机构以及其他单位和个人的下列行为进行检查监督:①执行有关存款准备金管理规定的行为;②与中国人民银行特种贷款有关的行为;③执行有关人民币管理规定的行为;④执行有关银行间同业拆借市场、银行间债券市场管理规定的行为;⑤执行有关外汇管理规定的行为;⑥执行有关黄金管理规定的行为;⑦代理中国人民银行经理国库的行为；⑧执行有关清算管理规定的行为；⑨执行有关反洗钱规定的行为。

中国人民银行根据执行货币政策和维护金融稳定的需要，可以建议国务院金融监督管理总局对银行业金融机构进行检查监督。国务院金融监督管理总局应当自收到建议之日起30日内予以回复。当银行业金融机构出现支付困难，可能引发金融风险时，为了维护金融稳定，中国人民银行经国务院批准，有权对银行业金融机构进行检查监督。

中国人民银行根据履行职责的需要，有权要求银行业金融机构报送必要的资产负债表、利润表以及其他财务会计、统计报表和资料。中国人民银行应当与国务院金融监督管理总局建立监督管理信息共享机制。中国人民银行负责统一编制全国金融统计数据、报表，并按照国家有关规定予以公布。中国人民银行应当建立、健全本系统的稽核、检查制度，加强内部的监督管理。

七、中国人民银行的盈余处理

根据《中国人民银行法》的规定，中国人民银行每一个会计年度的收入减去该年度的支出，并按照国务院财政部门核定的比例提取总准备金后的净利润，全部上缴中央财政。如果中国人民银行出现亏损，则由中央财政拨款弥补。

八、违反《中国人民银行法》的法律责任

（一）违反人民币发行及流通管理规定行为人的法律责任

1. 对伪造或变造人民币等违法行为人员的处罚

伪造、变造人民币，出售伪造、变造的人民币，或明知是伪造、变造的人民币而运输，构成犯罪的，依法追究刑事责任；尚不构成犯罪的，由公安机关处15日以下拘留、1万元以下罚款。购买伪造、变造的人民币或明知是伪造、变造的人民币而持有、使用，构成犯罪的，依法追究刑事责任；尚不构成犯罪的，由公安机关处15日以下拘留、1万元以下罚款。

2. 对非法使用人民币图样的人员的处罚

在宣传品、出版物或其他商品上非法使用人民币图样的，人民银行应当责令改正，并销毁非法使用的人民币图样，没收违法所得，并处5万元以下罚款。

3. 对印制、发售代币票券代替人民币的人员的处罚

印制、发售代币票券，以代替人民币在市场上流通的，人民银行应当责令停止违法行为，并处20万元以下的罚款。

（二）违反金融监督管理规定行为人的法律责任

如果有《中国人民银行法》第32条所列行为，有关法律、行政法规有处罚规定的，依照其规定给予处罚；有关法律、行政法规未作处罚规定的，由人民银行区别不同情形给予警告，没收违法所得，违法所得50万元以上的，并处违法所得1倍以上5倍以下罚款；没有违法所得或违法所得不足50万元的，处50万元以上200万元以下罚款；对负有直接责任的董事、高级管理人员和其他直接责任人员给予警告，处5万元以上50万元以下罚款；构成犯罪的，依法追究刑事责任。

当事人对行政处罚不服的，可以依照《行政诉讼法》的规定提起行政诉讼。

（三）人民银行及其工作人员违法行为的法律责任

（1）人民银行有下列行为之一的，对负有直接责任的主管人员和其他直接责任人员，依法给予行政处分；构成犯罪的，依法追究刑事责任：①违反《中国人民银行法》第30条第1款的规

定提供贷款的；②对单位和个人提供担保的；③擅自动用发行基金的。

有前述行为之一，造成损失的，负有直接责任的主管人员和其他直接责任人员应当承担部分或全部赔偿责任。

（2）人民银行的工作人员泄露国家秘密或者所知悉的商业秘密，构成犯罪的，依法追究刑事责任；情节轻微的，依法给予行政处分。

（3）人民银行的工作人员贪污受贿、徇私舞弊、滥用职权、玩忽职守，构成犯罪的，依法追究刑事责任；情节轻微的，依法给予行政处分。

（四）其他组织和个人违法行为的法律责任

地方政府、各级政府部门、社会团体和个人强令人民银行及其工作人员违反《中国人民银行法》第 30 条的规定提供贷款或者担保的，对负有直接责任的主管人员和其他直接责任人员，依法给予行政处分；构成犯罪的，依法追究刑事责任；造成损失的，应当承担部分或者全部赔偿责任。

第二节 商业银行法

金融是现代经济的核心，银行业作为金融业的主体，是传统的融资中介。商业银行是银行信用的主体，为规范商业银行的行为，保证其信贷资产质量，维护商业银行的稳健运行，保护商业银行、存款人及商业银行其他客户的合法权益，1995 年 5 月 10 日，第八届全国人民代表大会常务委员会第三次会议通过了《中华人民共和国商业银行法》（以下简称为《商业银行法》）。《商业银行法》于 2003 年 12 月 27 日修正。

一、商业银行的定义和特征

（一）商业银行的定义

商业银行是以营利为目的，通过经营金融资产和负债，为客户提供多种信用服务的金融企业。在我国设立商业银行，必须符合《商业银行法》和《公司法》的规定。我国《商业银行法》第 2 条规定，本法所称的商业银行是指依照本法和《中华人民共和国公司法》设立的吸收公众存款、发放贷款、办理结算等业务的企业法人。

（二）商业银行的法律特征

商业银行因为其业务特质，与其他金融机构有所区别，它的特征主要表现为：

（1）商业银行是以营利为目的的企业法人，这是它不同于中央银行和政策性银行的地方。《商业银行法》第 4 条第 3 款规定，商业银行以其全部法人财产独立承担民事责任。该规定明确了商业银行是具有民事权利能力和民事行为能力，依法自主经营、自负盈亏、自担风险、自我约束的企业法人。

（2）商业银行的主要业务为吸收存款、发放贷款和中间业务，这是商业银行与投资银行的主要区别。商业银行是经营货币和资金的金融企业，其经营的商品不是以使用价值形态存在的普通商品而是货币和资金这种特殊商品，其经营存贷款业务的利润主要是来自存贷款利息差和中间业务收入，这些收入减去商业银行的经营管理支出，便形成利润。商业银行增加利润主要是通过拓展和扩大存贷款及中间业务规模来实现的，这与普通工商企业不同。

（3）商业银行是银行信用法律关系的主体，与银行客户之间是平等的民事主体，其与客户业务往来应当遵守平等自愿、公平和诚实信用的原则。商业银行在存贷款客户之间所起到的信用中介职能，克服了直接融资在数量和期限上难以达成一致的困难，扩大了资金融通的规模和范围。商业银行的组织形式是有限责任公司或股份有限公司。

二、我国商业银行的设立条件

根据我国《商业银行法》第12条的规定，在我国设立商业银行，应当具备下列条件：

(1)有符合《商业银行法》和《公司法》规定的章程；

(2)达到法定注册资本最低限额；

(3)有具备任职专业知识和业务工作经验的董事和高级管理人员；

(4)有健全的组织机构和管理制度；

(5)有符合要求的营业场所和相关设施。

三、我国商业银行的法定业务范围

按照金融机构能否兼营各类金融业务，世界各国的金融体制可分为两类：混业经营和分业经营模式。金融混业经营即银行、保险、证券、信托机构等金融机构都可以进入上述任一业务领域甚至非金融领域进行业务多元化经营，商业银行不仅可从事存贷款业务和中间业务，而且可以从事投资银行业务、证券业务、保险业务和信托业务。这种银行被称为“万能银行”，以奥地利、德国和瑞士为代表。而分业经营模式是指商业银行、投资银行、证券业、保险业等业务相分离，禁止或限制各类金融机构之间的业务交叉。采取这种模式有利于降低投资人和存款人的风险，形成各类金融机构的利益平衡，以美国和英国为代表。在一个风险管理较好的地区或国家，混业经营更能促进金融业的发展；相反，在一个风险治理还不算完善的地区或国家，分业经营显然更安全、更有利于国家经济的发展。我国处于市场经济的初级阶段，金融监管和金融创新还处在不断的探索中，因此采取了较为审慎的分业经营模式。

(一)我国商业银行可以经营的业务

根据我国《商业银行法》第3条的规定，商业银行可以经营下列部分或者全部业务：①吸收公众存款；②发放短期、中期和长期贷款；③办理国内外结算；④办理票据承兑与贴现；⑤发行金融债券；⑥代理发行、代理兑付、承销政府债券；⑦买卖政府债券、金融债券；⑧从事同业拆借；⑨买卖、代理买卖外汇；⑩从事银行卡业务；⑪提供信用证服务及担保；⑫代理收付款项及代理保险业务；⑬提供保管箱服务；⑭经国务院银行业监督管理机构批准的其他业务。经营范围由商业银行章程规定，报国务院银行业监督管理机构批准。商业银行经中国人民银行批准，可以经营结汇、售汇业务。

我国商业银行的业务从财务角度可以分为负债业务、资产业务和中间业务。

1. 负债业务

负债业务是商业银行形成的资金来源的业务，是商业银行资产业务和中间业务的基础，又称受信业务，主要由自有资本、存款和借款构成，其中存款和借款属于吸收的外来资金。在负债业务中，商业银行是债务人，融资或存款人是债权人。

2. 资产业务

资产业务是商业银行运用其集中的货币资金从事放款、投资(证券投资、现金资产投资、固定资产投资)、租赁、买卖外汇、票据贴现等的业务，又称授信业务，其中最主要的是贷款业务和投资业务。贷款业务包括短期、中期、长期信贷业务和消费贷款业务等。投资业务是指商业银行用其资金购买有价证券的活动，银行购买有价证券首先是为了盈利，其次是为了保持一部分流动资产，以便在需要现款时可以出售证券，满足流动性的需要。

3. 中间业务

中间业务即广义的表外业务，商业银行不需动用自己的资金，依托业务、技术、机构、信誉和人才等优势，以中间人的身份代理客户承办收付和其他委托事项，提供各种金融服务并据以收取手续费的业务，如划账、理财、保管箱及代理业务等。

（二）我国商业银行禁止经营的业务

根据我国《商业银行法》第 43 条的规定，商业银行在中华人民共和国境内不得从事信托投资和证券经营业务，不得向非自用不动产投资或者向非银行金融机构和企业投资，但国家另有规定的除外。对于我国商业银行在境外从事投资则未作限制性规定。

四、我国商业银行经营原则

商业银行的经营原则是我国《商业银行法》规定商业银行从事经营活动必须遵循的基本准则。为了加强对银行的监管，保护银行、存款人和其他客户的合法权益，保障银行业的稳健运行，商业银行要遵循下列经营原则：

（一）安全性、流动性和效益性原则

这一原则是对商业银行业务要求的高度概括和提炼。其中，安全性是前提，流动性是基础，效益性是目标。商业银行作为企业法人，追求利润的最大化是其最终目标，但如果一味追求高利润，而忽视风险的控制，会导致不良贷款的增加，最终引发信用风险。所以，对利润的追求必须以安全性和流动性为前提和基础。与一般企业不同的是，这里的效益不仅指经济效益，还包括社会效益。

1. 安全性原则

安全性是指商业银行的资产免受风险损失。威胁银行资产安全的风险主要来自两条途径：一是来自市场，即由于市场利率的波动或供求关系的变化而引起放款收益的减少或证券价格的下跌；二是来自债务人，即借款人或证券的发行方不能依约还本付息，导致商业银行资产的损失。

2. 流动性原则

流动性是指商业银行能够随时应付客户的提存和满足客户贷款需要的能力。银行的流动性包括资产的流动性和负债的流动性两个方面。资产的流动性是指商业银行的资产在无损状态下迅速变现的能力，银行可通过建立多层次的准备金，合理安排资产结构，与不同资金来源的流动性相适应，在保证银行经营所需流动性的同时，又能获得最大利润。而负债的流动性是指商业银行能以较低的成本随时获得所需的资金。

3. 效益性原则

效益性是指商业银行是以营利为目的的经济组织，通过经营活动要获得较高的经济收益。商业银行是自负盈亏、自主经营的企业法人，必然要追求较高的经济效益，吸引更多的资金，扩大业务规模，进行金融创新，增强竞争实力。但与一般经济组织不同之处在于：商业银行不仅要在银行业监管机构监管之下追求经济效益，还要注重社会效益。

安全性、流动性、效益性三原则既矛盾又统一。其矛盾在于：商业银行过分追求其中一项指标，一定会损害其他两项指标。一般认为，资产的流动性与安全性成正比，即流动性越高的资产往往安全性越有保障；流动性与效益性成反比，即流动性越强，盈利水平就下降；安全性与效益性成反比，资产期限越长，盈利越丰厚，但风险增大。商业银行应寻求三性的平衡，实现稳健的运营和持续的发展。

(二)自主经营、自担风险、自负盈亏、自我约束原则

商业银行是企业法人,必然按照现代企业制度的要求来开展经济活动。现代企业制度是指以市场经济为基础,以完善的企业法人制度为主体,以有限责任制度为核心,以公司企业为主要形式,以产权清晰、权责明确、政企分开、管理科学为条件的新型企业制度,其主要内容包括企业法人制度、企业自负盈亏制度、出资者有限责任制度、科学的领导体制与组织管理制度。商业银行作为独立的法律实体,应当遵守法律法规和规章,建立健全有效的内部管理和约束机制,以自己的全部财产独立承担民事责任。

(三)公平竞争原则

商业银行在依法经营时,必须坚持公平竞争的原则,严禁采取不公平竞争手段,如不得诋毁竞争对手的声誉做虚假广告,或违反规定提高或降低利率等。我国《刑法》第176条明确规定,非法吸收公众存款罪是指违反国家金融管理法规非法吸收公众存款或变相吸收公众存款,扰乱金融秩序的行为。商业银行如有上述不正当竞争行为,情节严重的会构成非法吸收公众存款罪。

(四)平等自愿、公平、诚实信用原则

商业银行作为经营货币资产的企业法人,与银行客户之间是平等的民事法律关系,因此商业银行与客户之间应在平等的基础之上开展业务,不得将自己的意志强加给客户,同时不得在交易中附加不合理的条件。需特别注意的是,在订立存款合同、贷款合同和理财合同时要遵守法律法规,不得在合同中订立不公平的免责条款,以加大客户的责任,排除自己的责任。

五、银行存款法律制度

存款是指银行等金融机构接受客户存入的资金,并在存款人支取款项时还本付息的一种信用业务。存款业务是商业银行最主要的负债业务,存款资金是商业银行信贷资金的主要来源。正如马克思所说,对银行来说,具有最重要意义的始终是存款。

(一)我国存款业务的种类

(1)根据存款的期限和提取方式不同来分,可分为定期存款、活期存款、定活两便存款、个人通知存款等。

(2)根据存款人的性质,可分为个人存款和单位存款。个人存款又称为储蓄存款,是指城乡居民个人存入银行的存款,个人存款具有自愿性和有偿性。单位存款又称为对公存款,是指企事业单位、国家机关、部队、社会团体等机构的存款,分为企业存款和财政性存款,具有强制性特征。

(3)根据存款种类的不同,可分为人民币存款和外汇存款。人民币存款是指存款人将人民币资金存入银行或非银行金融机构的存款。外汇存款又称"外币存款",是指存款人将外汇资金存入银行或非银行金融机构的存款。

(二)商业银行关于存款业务的基本原则

1. 存款业务特许经营原则

《商业银行法》第11条第2款规定,未经国务院银行业监督管理机构批准,任何单位和个人不得从事吸收公众存款等商业银行业务,任何单位不得在名称中使用"银行"字样。目前,我国能从事存款业务的金融机构有商业银行、信用合作社、邮政储蓄机构等。

2. 存款自愿、取款自由、存款有息、为存款人保密原则存款自愿是指储蓄必须出于存款者的自愿，任何单位和个人都不得强制其他人参加储蓄。个人是否储蓄，选择哪一家储蓄机构，选择何种储蓄方式，存储数额、期限等都由储户个人来选择决定。取款自由是指储户什么时候取款、提取多少存款，都由储户自己决定，银行和其他人都不得干预和查问。即使未到期存款，储户也可以根据自己的需要按规定手续提前提取，银行不得以任何理由拒绝或限制。存款有息是指存款人对于其存入银行的储蓄存款有按照规定利率和实际存期获取利息的权利。这说明银行与存款人之间是一种平等互利的经济关系。为存款人保密是指商业银行对存款人的姓名、住址、存款金额、储蓄种类、存款次数、提取情况、印鉴以及其他各种情况都要严格地保守秘密，不得披露。商业银行应当按照中国人民银行规定的存款利率的上下限，确定存款利率，并予以公告。商业银行应当保证存款本金和利息的支付，不得拖延、拒绝支付存款本金和利息。

3. 依法交存存款准备金原则

存款准备金是商业银行依据法律和中央银行的规定，按吸收存款的一定比例缴存于中央银行的存款，其目的是应付存款人的提款。这种存款一般不计利息。

4. 合法正当吸存原则

《商业银行法》第 47 条规定，商业银行不得违反规定提高或者降低利率以及采用其他不正当手段，吸收存款，发放贷款。商业银行不得违反规定提高或者变相提高利率，不得向储户、单位存款的经办人和关系人支付利息以外的任何名目的费用和馈赠物品，开办新的业务项目须向中国人民银行总行提出申请，经批准后方可施行。

六、银行贷款法律制度

（一）银行贷款的定义及特征

1. 银行贷款的定义

银行贷款是指贷款人对借款人提供的并按约定的利息和期限还本付息的货币资金。贷款业务是银行的资产业务，又称授信业务。对商业银行而言，目前贷款业务收入是银行利润的主要来源。在我国，目前调整贷款关系的法律、法规、规章有《民法典》《中国人民银行法》《商业银行法》《贷款通则》等。其中，《商业银行法》第四章就贷款的基本规则作了规定，《贷款通则》则是 1996 年 6 月中国人民银行依法发布的有关贷款业务的专门性金融规章，包括 12 章共 80 条，自 1996 年 8 月 1 日起施行，是商业银行和贷款公司等金融机构开展贷款业务的基本法律依据。

2. 贷款业务的法律特征

贷款业务的法律特征如下：

（1）贷款业务的当事人身份是特定的。贷款人是有权经营贷款业务的金融机构，如商业银行、贷款公司和财务公司等。而借款人是依法设立的法人、其他经济组织、自然人和个体户。

（2）从性质上讲，贷款业务是银行的资产业务。对贷款人而言，该业务构成贷款人对借款人的债权，可以给银行带来利润，因此属于资产业务。

（3）贷款业务以担保贷款为原则，以信用贷款为例外。担保贷款是指由借款人或第三人依法提供担保发放的贷款。信用贷款是指无担保、仅依据借款人的信用状况发放的贷款。为了降低风险，银行一般不发放信用贷款，特别是对银行的关系人不能发放信用贷款。

（二）贷款的种类

1. 从贷款的对象上可分为工商业贷款、农业贷款和消费者贷款工商业贷款是指商业银行以企业为借款人而发放的贷款。农业贷款是指商业银行以农业生产者为借款人而发放的贷款。消费者贷款是指商业银行以个人为借款人而发放的贷款。

2. 按照贷款的期限分为短期贷款、中期贷款和长期贷款

短期贷款是指贷款期限在1年以内(含1年)的贷款。中期贷款是指贷款期限在1年以上(不含1年)5年以下(含5年)的贷款。长期贷款是指贷款期限在5年(不含5年)以上的贷款。

3. 按照贷款有无担保分为信用贷款、担保贷款

信用贷款是指没有担保,以借款人的信誉发放的贷款。信用贷款的基本类型有信用额度贷款、循环信用贷款、专门项目贷款和账户透支贷款。担保贷款是指由借款人或第三人依法提供担保而发放的贷款,分为保证贷款、抵押借款、质押贷款。

4. 按照贷款风险承担主体分为自营贷款和委托贷款

自营贷款是指贷款人以合法方式筹集的资金自主发放的贷款,其风险由贷款人承担,并由贷款人收回本金和利息的贷款。自营贷款是我国商业银行发放的数量最多、比重最大的一种贷款。自营贷款具有以下特点:一是用于发放贷款的资金是以合法方式自筹的;二是自主发放、自担风险;三是贷款的收益归贷款人所有;四是贷款的期限最长不超过10年,超过10年的要报中国人民银行备案。

委托贷款是由政府部门、企事业单位及个人等委托人提供资金,由金融机构(受托人)根据委托人确定的贷款对象、用途、金额、期限、利率等发放的贷款。受托金融机构只负责代为发放、监督使用并协助收回,收取手续费,不承担任何形式的贷款风险。委托贷款性质上属于银行的中间业务,不属于资产业务。委托贷款具有以下四个特点:一是受托人按照委托人的意志发放和管理贷款,二是受托人以自己的名义发放和管理贷款,三是贷款的收益归委托人,四是可按中国人民银行规定计收手续费;五是贷款利息比较灵活。

七、商业银行的接管和终止

(一)商业银行的接管

1. 接管的定义

接管是指当商业银行已经或者可能发生信用危机,严重影响存款人的利益时,国务院银行业监督管理机构可以对该银行采取短期的强制性的监管补救措施。被接管的商业银行的债权债务关系不因接管而变化。

接管是国务院银行业监督管理机构对商业银行进行监督和管理的一种手段。对于已经发生严重信用危机的商业银行,接管组织采取各种措施后仍不能恢复其正常经营能力的,经国务院银行业监督管理机构确认后,接管组织应当停止接管,使该银行进入破产程序,从而避免发生更大的危机,避免给存款人和其他客户造成更大的损失。总之,国务院银行业监督管理机构通过接管充分体现了它对商业银行的监督和管理,使不能支付到期债务、已经或者可能发生信用危机的银行能够恢复其经营能力。

2. 接管的条件

《商业银行法》规定,商业银行已经或可能发生信用危机,严重影响存款人利益时,国务院银行业监督管理机构可以对该银行实行接管。

(1)该商业银行经营有问题,已经发生信用危机。信用危机主要是指商业银行对所欠的债务不能清偿,没有现金来支付存款人的债权,影响存款人的利益。

(2)商业银行在其经营活动中已经暴露出问题,这些问题可能导致信用危机的发生,从而严重影响存款人的利益。

(二)商业银行的终止

商业银行的终止是指由于解散、因吊销经营许可证被撤销、破产等引起的法人资格的丧失。

1. 商业银行因解散而终止

商业银行解散是指已成立的商业银行由于出现法定事由或公司章程规定的情况,停止对外的经营活动,清算未了结的债权和债务,使商业银行法人资格消灭的法律行为。

2. 商业银行因撤销而终止

商业银行设立后,应当依照法律、行政法规的规定进行经营活动。如果违反法律、行政法规的规定进行经营活动,则国务院银行业监督管理机构有权吊销其经营许可证,撤销违法经营的商业银行。

3. 商业银行因破产而终止

商业银行不能支付到期债务,经银行业监督管理机构同意,由人民法院依法宣告其破产。《中华人民共和国企业破产法》于 2006 年 8 月 27 日通过,2007 年 6 月 1 日起施行。这部法律为我国商业银行依法破产提供了法律依据。破产清算时,在支付清算费用、所欠职工工资和劳保费用后,应优先支付个人储蓄存款的本金和利息。

第三节 外汇管理法

一、外汇管理概述

(一)外汇的含义

外汇是国际贸易和国际交往的产物,是国际清偿的支付手段。外汇有动态和静态两种含义:动态的外汇是指将一个国家的货币转换成另一个国家的货币,以便清偿国际的债权债务的活动;静态上的外汇是指以外国货币表示的用于国际清偿的支付手段和资产。我国《外汇管理条例》从静态的角度给外汇下定义,即该条例第 3 条规定,本条例所称外汇,是指下列以外币表示的可以用作国际清偿的支付手段和资产:

(1)外币现钞,包括纸币、铸币;

(2)外币支付凭证或者支付工具,包括票据、银行存款凭证、银行卡等;

(3)外币有价证券,包括债券、股票等;

(4)特别提款权;

(5)其他外汇资产。

外汇作为一种国际债权,具有法定性和可兑换性的特点。其作用主要是国际贸易中的支付手段和储备手段。

(二)外汇的种类

(1)根据外汇能否自由兑换,可分为自由外汇与记账外汇。自由外汇是指在国际清算中可以广泛使用,无须经货币发行国主管机关批准,就可以在国际金融市场上随时自由兑换成其他国家货币,或向第三国办理支付的外国货币,如美元、英镑等。记账外汇,也称“协定外汇”“双边外汇”,是指只能根据双边协议规定在签约国之间使用,不经货币发行国管理当局的批准便不能自由兑换成其他国家货币，或对第三国办理支付的外汇。记账外汇中所使用的双方计价结算的货币由签约国在双边协议中约定，它可以是签约国任何一方的货币，也可以是第三国的货币或复合货币，如特别提款权、欧洲货币单位等。

(2)根据外汇的来源和用途，可分为贸易外汇和非贸易外汇。贸易外汇是指属于进出口商品贸易收支结算范围内的外汇，它包括商品进出口贸易中收付的货款及其从属费用的外汇。贸易外汇是一国外汇收支的主要项目，在国际收支平衡中占有重要地位，因此，它往往是一国外汇管理的主要对象。非贸易外汇是指除贸易外汇以外通过其他方式所收付的外汇，它包括科学技术、文化交流、旅游、银行、保险、航运、对外工程承包等方面收入和支出的外汇。

(3)根据外汇持有者的不同，可以分为居民外汇和非居民外汇，也可以分为单位外汇和个人外汇。居民外汇是指一国境内的居民，以各种形式持有的外汇，居民是指一国境内永久或长期居住并受该国法律管辖与保护的自然人和法人。非居民外汇是指一国境内临时居留的外国旅游者，留学生，短期回国侨民，外国驻本国外交使、领馆及外交人员，以及驻本国国际性机构和组织及其工作人员等非居民，以各种形式持有的外汇。在一般情况下，各国对非居民外汇的管理比对居民外汇的管理要宽松。单位外汇是指机关、团体、企业等所收入和支出的外汇。个人外汇是指自然人个人通过私人渠道所收入和支出的外汇。

(4)根据外汇在交易中的交割期的不同，可分为即期外汇和远期外汇。即期外汇是指外汇买卖双方达成交易后，在一到两个营业日后办理收付交割的外汇。远期外汇，或称期货外汇、期汇，是指外汇买卖双方达成交易后签订合同，规定买卖外汇的数量、汇价和交割日期，到期按合同规定的汇价办理收付交割的外汇。买卖远期外汇的目的，主要是为了避免或减轻由于外汇汇价变动所带来的风险。

(三)外汇管理法

外汇管理法，是指调整在外汇管理活动中发生的社会关系的法律规范的总称。这些法律规范主要体现在国务院制定的行政法规和中国人民银行、外汇管理局制定的政府规章中。1996年1月，国务院发布了《中华人民共和国外汇管理条例》，于同年4月1日起实施。1997年1月，2008年8月，国务院又先后修订发布了《外汇管理条例》。与此同时，中国人民银行、国家外汇管理局还先后发布了一系列外汇管理方面的法规、规章，如《境内外汇划转管理暂行规定》《个人外汇管理办法》《个人外汇管理办法实施细则》《国家外汇管理局关于印发〈海关特殊监管区域外汇管理办法〉的通知》《国家外汇管理局关于印发〈跨国公司外汇资金集中运营管理规定〉的通知》等。为严厉打击走私和制裁外汇违法犯罪行为，1998年12月，第九届全国人民代表大会常务委员会通过了《关于惩治骗购外汇、逃汇和非法买卖外汇犯罪的决定》，从而形成了较为全面的外汇管理制度。

(四)外汇管理的机构

外汇管理的机构是指由政府指定或授权履行外汇管理职能的机构。我国的外汇管理机关最早是在1979年3月由国务院批准设立的国家外汇管理总局，后更名为国家外汇管理局，隶属于国务院。它在各省、自治区、直辖市、计划单列市、经济特区以及各地、市、县设立的分支局是所辖区域的外汇管理机关，共有分局、中心支局、支局三级。

二、我国外汇管理的主要内容

(一)经常项目的管理

经常项目，是指国际收支中涉及货物、服务、收益及经常转移的交易项目等。根据《外汇管理条例》的规定，我国对经常项目的管理主要有以下几个方面：

（1）经常项目外汇收支应当具有真实、合法的交易基础。经营结汇、售汇业务的金融机构应当按照国务院外汇管理部门的规定，对交易单证的真实性及其与外汇收支的一致性进行合理审查。外汇管理机关有权对这些规定事项进行监督检查。

（2）经常项目外汇收入，可以按照国家有关规定保留或者卖给经营结汇、售汇业务的金融机构。

（3）经常项目外汇支出，应当按照国务院外汇管理部门关于付汇与购汇的管理规定，凭有效单证以自有外汇支付或者向经营结汇、售汇业务的金融机构购汇支付。

（4）携带、申报外币现钞出入境的限额，由国务院外汇管理部门规定。

（二）资本项目的管理

资本项目，是指国际收支中引起对外资产和负债水平发生变化的交易项目，包括资本转移、直接投资、证券投资、衍生产品及贷款等。《外汇管理条例》中规定的对资本项目的管理主要有以下几个方面：

（1）境外机构、境外个人在境内直接投资，经有关主管部门批准后，应当到外汇管理机关办理登记。境外机构、境外个人在境内从事有价证券或者衍生产品发行、交易，应当遵守国家关于市场准入的规定，并按照国务院外汇管理部门的规定办理登记。

（2）境内机构、境内个人向境外直接投资或者从事境外有价证券、衍生产品发行、交易，应当按照国务院外汇管理部门的规定办理登记。国家规定需要事先经有关主管部门批准或者备案的，应当在外汇登记前办理批准或者备案手续。

（3）国家对外债实行规模管理。借用外债应当按照国家有关规定办理，并到外汇管理机关办理外债登记。国务院外汇管理部门负责全国的外债统计与监测，并定期公布外债情况。

（4）提供对外担保，应当向外汇管理机关提出申请，由外汇管理机关根据申请人的资产负债等情况作出批准或者不批准的决定；国家规定其经营范围须经有关主管部门批准的，应当在向外汇管理机关提出申请前办理批准手续。申请人签订对外担保合同后，应当到外汇管理机关办理对外担保登记。经国务院批准为使用外国政府或者国际金融组织贷款进行转贷提供对外担保的，不适用这些规定。

（5）银行业金融机构在经批准的经营范围内可以直接向境外提供商业贷款。其他境内机构向境外提供商业贷款，应当向外汇管理机关提出申请，外汇管理机关根据申请人的资产负债等情况作出批准或者不批准的决定；国家规定其经营范围须经有关主管部门批准的，应当在向外汇管理机关提出申请前办理批准手续。向境外提供商业贷款，应当按照国务院外汇管理部门的规定办理登记。

（6）资本项目外汇收入保留或者卖给经营结汇、售汇业务的金融机构，应当经外汇管理机关批准，但国家规定无须批准的除外。

（7）资本项目外汇支出，应当按照国务院外汇管理部门关于付汇与购汇的管理规定，凭有效单证以自有外汇支付或者向经营结汇、售汇业务的金融机构购汇支付。国家规定应当经外汇管理机关批准的，应当在外汇支付前办理批准手续。依法终止的外商投资企业，按照国家有关规定进行清算、纳税后，属于外方投资者所有的人民币，可以向经营结汇、售汇业务的金融机构购汇汇出。

（8）资本项目外汇及结汇资金，应当按照有关主管部门及外汇管理机关批准的用途使用。外汇管理机关有权对资本项目外汇及结汇资金使用和账户变动情况进行监督检查。

(三)金融机构外汇业务的管理

(1)金融机构经营或者终止经营结汇、售汇业务,应当经外汇管理机关批准;经营或者终止经营其他外汇业务,应当按照职责分工经外汇管理机关或者金融业监督管理机构批准。

(2)外汇管理机关对金融机构外汇业务实行综合头寸管理,具体办法由国务院外汇管理部门制定。

(3)金融机构的资本金、利润以及因本外币资产不匹配需要进行人民币与外币间转换的,应当经外汇管理机关批准。

(四)人民币汇率和外汇市场的管理

汇率是指用一国货币折算成另一国货币的比率和比价,即是以一国货币表示的另一国货币的价格。汇率对一个国家的对外经济、货币供应量、社会稳定和国际收支平衡,均有重要影响。我国《外汇管理条例》规定,我国人民币汇率实行以市场供求为基础的、有管理的浮动汇率制度。所谓浮动汇率,主要体现在外汇指定银行对外挂牌买卖外汇的汇率可在中国人民银行公布的汇率及规定的浮动范围内浮动。

外汇市场是买卖双方进行外汇交易的场所。外汇市场交易的币种和形式由国务院外汇管理部门即国家外汇管理局规定和调整。经营结汇、售汇业务的金融机构和符合国务院外汇管理部门规定条件的其他机构,可以按照国务院外汇管理部门的规定在银行间外汇市场进行外汇交易。外汇市场交易应当遵循公开、公平、公正和诚实信用的原则。外汇市场交易的币种和形式由国务院外汇管理部门规定。国务院外汇管理部门依法监督管理全国的外汇市场。国务院外汇管理部门可以根据外汇市场的变化和货币政策的要求,依法对外汇市场进行调节。

(五)外汇管理机构的监督管理

《外汇管理条例》规定,我国外汇管理机关依法履行职责,有权采取下列措施:

(1)对经营外汇业务的金融机构进行现场检查;

(2)进入涉嫌外汇违法行为发生场所调查取证;

(3)询问有外汇收支或者外汇经营活动的机构和个人,要求其对与被调查外汇违法事件直接有关的事项作出说明;

(4)查阅、复制与被调查外汇违法事件直接有关的交易单证等资料;

(5)查阅、复制被调查外汇违法事件的当事人和直接有关的单位、个人的财务会计资料及相关文件,对可能被转移、隐匿或者毁损的文件和资料,可以予以封存;

(6)经国务院外汇管理部门或者省级外汇管理机关负责人批准,查询被调查外汇违法事件的当事人和直接有关的单位、个人的账户,但个人储蓄存款账户除外;

(7)对有证据证明已经或者可能转移、隐匿违法资金等涉案财产或者隐匿、伪造、毁损重要证据的,可以申请人民法院冻结或者查封。

有关单位和个人应当配合外汇管理机关的监督检查,如实说明有关情况并提供有关文件、资料,不得拒绝、阻碍和隐瞒。

《外汇管理条例》规定,外汇管理机关依法进行监督检查或者调查,监督检查或者调查的人员不得少于 2 人,并应当出示证件。监督检查、调查的人员少于 2 人或者未出示证件的,被监督检查、调查的单位和个人有权拒绝。

有外汇经营活动的境内机构,应当按照国务院外汇管理部门的规定报送财务会计报告、统计报表等资料。经营外汇业务的金融机构发现客户有外汇违法行为的,应当及时向外汇管理机关报告。

国务院外汇管理部门为履行外汇管理职责，可以从国务院有关部门、机构获取所必需的信息，国务院有关部门、机构应当提供。国务院外汇管理部门应当向国务院有关部门、机构通报外汇管理工作情况。

任何单位和个人都有权举报外汇违法行为。外汇管理机关应当为举报人保密，并按照规定对举报人或者协助查处外汇违法行为有功的单位和个人给予奖励。

三、违反外汇管理法的法律责任

(一)逃汇行为及其法律责任

有违反规定将境内外汇转移境外，或者以欺骗手段将境内资本转移境外等逃汇行为的，由外汇管理机关责令限期调回外汇，处逃汇金额30%以下的罚款；情节严重的，处逃汇金额30%以上等值以下的罚款；构成犯罪的，依法追究刑事责任。

(二)非法套取外汇的行为及其法律责任

有违反规定以外汇收付应当以人民币收付的款项，或者以虚假、无效的交易单证等向经营结汇、售汇业务的金融机构骗购外汇等非法套汇行为的，由外汇管理机关责令对非法套汇资金予以回兑，处非法套汇金额30%以下的罚款；情节严重的，处非法套汇金额30%以上等值以下的罚款；构成犯罪的，依法追究刑事责任。

(三)违法将外汇汇入境内和非法结汇的法律责任

违反规定将外汇汇入境内的，由外汇管理机关责令改正，处违法金额30%以下的罚款；情节严重的，处违法金额30%以上等值以下的罚款。

非法结汇的，由外汇管理机关责令对非法结汇资金予以回兑，处违法金额30%以下的罚款。

(四)违法携带外汇出入境的法律责任

违反规定携带外汇出入境的，由外汇管理机关给予警告，可以处违法金额20%以下的罚款。法律、行政法规规定由海关予以处罚的，从其规定。

(五)违反外债管理的法律责任

有擅自对外借款、在境外发行债券或者提供对外担保等违反外债管理行为的，由外汇管理机关给予警告，处违法金额30%以下的罚款。

(六)擅自改变外汇用途和非法使用外汇的法律责任

违反规定，擅自改变外汇或者结汇资金用途的，由外汇管理机关责令改正，没收违法所得，处违法金额30%以下的罚款；情节严重的，处违法金额30%以上等值以下的罚款。

有违反规定以外币在境内计价结算或者划转外汇等非法使用外汇行为的，由外汇管理机关责令改正，给予警告，可以处违法金额30%以下的罚款。

(七)非法买卖外汇行为的法律责任

私自买卖外汇、变相买卖外汇、倒买倒卖外汇或者非法介绍买卖外汇数额较大的，由外汇管理机关给予警告，没收违法所得，处违法金额30%以下的罚款；情节严重的，处违法金额30%以上等值以下的罚款；构成犯罪的，依法追究刑事责任。

(八)非法经营结汇、售汇业务的法律责任

未经批准擅自经营结汇、售汇业务的，由外汇管理机关责令改正，有违法所得的，没收违法所得，违法所得50万元以上的，并处违法所得1倍以上5倍以下的罚款；没有违法所得或者违法所得不足50万元的，处50万元以上200万元以下的罚款；情节严重的，由有关主管部门责

令停业整顿或者吊销业务许可证；构成犯罪的，依法追究刑事责任。

未经批准经营结汇、售汇业务以外的其他外汇业务的，由外汇管理机关或者金融业监督管理机构依照前款规定予以处罚。

(九)金融机构违规行为的法律责任

(1)金融机构有下列情形之一的，由外汇管理机关责令限期改正，没收违法所得，并处 20 万元以上 100 万元以下的罚款；情节严重或者逾期不改正的，由外汇管理机关责令停止经营相关业务：①办理经常项目资金收付，未对交易单证的真实性及其与外汇收支的一致性进行合理审查的；②违反规定办理资本项目资金收付的；③违反规定办理结汇、售汇业务的；④违反外汇业务综合头寸管理的；⑤违反外汇市场交易管理的。

(2)有下列情形之一的，由外汇管理机关责令改正，给予警告，对机构可以处 30 万元以下的罚款，对个人可以处 5 万元以下的罚款：①未按照规定进行国际收支统计申报的；②未按照规定报送财务会计报告、统计报表等资料的；③未按照规定提交有效单证或者提交的单证不真实的；④违反外汇账户管理规定的；⑤违反外汇登记管理规定的；⑥拒绝、阻碍外汇管理机关依法进行监督检查或者调查的。

(十)机构违反外汇管理直接责任人员的法律责任

境内机构违反外汇管理规定的，除依照《外汇管理条例》给予处罚外，对直接负责的主管人员和其他直接责任人员，应当给予处分；对金融机构负有直接责任的董事、监事、高级管理人员和其他直接责任人员给予警告，处 5 万元以上 50 万元以下的罚款；构成犯罪的，依法追究刑事责任。

(十一)外汇管理机关工作人员的法律责任

外汇管理机关工作人员徇私舞弊、滥用职权、玩忽职守，构成犯罪的，依法追究刑事责任；尚不构成犯罪的，依法给予处分。

当事人对外汇管理机关做出的具体行政行为不服的，可以依法申请行政复议；对行政复议决定仍不服的，可以依法向人民法院提起行政诉讼。

第四节　证券投资基金法

一、证券投资基金概述

(一)证券投资基金的定义

证券投资基金是指一种利益共享、风险共担的集合证券投资方式，即在中华人民共和国境内，公开或者非公开募集资金设立证券投资基金(以下简称基金)，由基金管理人管理，基金托管人托管，为基金份额持有人的利益，进行证券投资活动。

基金管理人、基金托管人和基金份额持有人的权利、义务，依照法律在基金合同中约定。基金管理人、基金托管人依照法律规定和基金合同的约定，履行受托职责。通过公开募集方式设立的基金(以下简称公开募集基金)的基金份额持有人按其所持基金份额享受收益和承担风险，通过非公开募集方式设立的基金(以下简称非公开募集基金)的收益分配和风险承担由基金合同约定。

(二)证券投资基金的分类

1. 按基金的组织形式，可分为契约型基金与公司型基金

（1）契约型基金是基于基金契约原理而组织起来的代理投资行为，基金管理人、托管人与受益人（投资者）三方作为基金的当事人，是通过签订信托契约的形式给受益人发行受益凭证而设立的一种基金。基金管理人负责基金的管理操作；基金托管人作为基金资产的名义持有人，负责基金资产的保管和处置，对基金管理人的运作实行监督。

（2）公司型基金是按照公司法以公司形态组成的，这种基金公司以发行股票或收益证券的方式募集资金，从事各种证券投资活动，并将从资金运用中所获收益以股利形式按投资者的出资比例进行分配，投资者按持有的基金份额分得收益。

2. 按基金的运作方式，可分为封闭式基金和开放式基金

（1）封闭式基金是指基金的发起人在设立基金时，基金发行份额的总量是固定不变的，相应的受益凭证的总份数也是固定不变的，基金份额的持有人不得申请退回资金，但可以在依法设立的证券交易场所交易；它按投资者所投资的资金占整个信托基金的比例，确定每个投资者的实际收益。

（2）开放式基金是指基金份额总额不固定，投资者可再申购和赎回基金单位的证券投资基金。开放式基金特别适合中小投资者进行投资，申购和赎回主要通过基金管理公司直销网点或代销网点（银行的营业网点）进行。

3. 按基金的募集方式，可分为公募基金和私募基金

（1）公募基金是指可以面向社会公众公开发售的一类基金。公募基金可以面向社会公众公开发售基金份额和宣传推广，但基金募集对象不固定；投资金额要求低，适宜中小投资者参与；公募基金必须遵守基金法律和法规的约束，并接受监管部门的严格监管。

（2）私募基金则是只能采取非公开方式，面向特定投资者募集发售的基金。私募基金不能进行公开的发售和宣传推广，投资金额要求高，投资者的资格和人数常常受到严格的限制。与公募基金必须遵守基金法律和法规的约束并接受监管部门的严格监管相比，私募基金在运作上具有较大的灵活性，所受到的限制和约束也较少。它既可以投资于衍生金融产品进行买空卖空交易，也可以进行汇率、商品期货投机交易等。私募基金的投资风险较高，主要以具有较强风险承受能力的富裕阶层为目标客户。

4. 按基金的投资标的，可分为债券基金、股票基金、货币基金、黄金基金和衍生证券投资基金

债券基金是指将基金资产投资于收益较稳定的各类债券上的一种收益性基金。股票基金是指将基金资产投资于普通股股票的基金，它是最基本的基金品种之一。货币基金是指以全球的货币市场为投资对象的一种基金，其投资工具包括银行短期存款、国库券、政府公债、公司债券、银行承兑票据及商业票据等。黄金基金是指以投资于黄金或其他金属生产及其相关产业的证券为主要目的的基金。衍生证券投资基金是指以衍生证券为投资对象的基金。

5. 按基金的投资目标，可分为成长型基金、收入型基金和平衡型基金

成长型基金是基金中最常见的一种，它追求的是基金资产的长期增值。收入型基金主要是以投资于可带来收入的有价证券为主，以获得当期的最大收入为目的。平衡型基金的投资目标是既要获得当期收入，又要追求基金资产的长期增值。

二、证券投资基金法

证券投资基金法是调整证券投资基金关系的法律规范的总称。2004 年 6 月 1 日，《中华人民共和国证券投资基金法》（以下简称《证券投资基金法》）正式实施，2012 年 12 月 28 日，

2015年4月24日，全国人民代表大会常务委员会又分别对该法进行了修订。该法共15章154条，内容包括总则、基金管理人、基金托管人、基金的运作方式和组织、基金的公开募集和非公开募集、基金服务机构、基金行业协会、监督管理、法律责任、附则。

《证券投资基金法》的颁布和实施，确立了中国证券投资基金业的法律地位，有利于加强对证券投资者的保护，增强基金投资者的信心，更为我国基金业的发展创造出广阔的空间。

三、基金管理人

(一)设立基金管理人的条件和程序

1. 设立基金管理人的条件

基金管理人是指经营管理基金并委托他人保管信托财产的人。基金管理人由依法设立的公司或者合伙企业担任。公开募集基金的基金管理人，由基金管理公司或者经国务院证券监督管理机构按照规定核准的其他机构担任。

在我国，设立管理公开募集基金的基金管理公司，应当具备下列条件，并经国务院证券监督管理机构批准：

(1)有符合《证券投资基金法》和《公司法》规定的章程；

(2)注册资本不低于1亿元人民币，且必须为实缴货币资本；

(3)主要股东应当具有经营金融业务或者管理金融机构的良好业绩、良好的财务状况和社会信誉，资产规模达到国务院规定的标准，最近3年没有违法记录；

(4)取得基金从业资格的人员达到法定人数；

(5)董事、监事、高级管理人员具备相应的任职条件；

(6)有符合要求的营业场所、安全防范设施和与基金管理业务有关的其他设施；

(7)有良好的内部治理结构、完善的内部稽核监控制度、风险控制制度；

(8)法律、行政法规规定的和经国务院批准的国务院证券监督管理机构规定的其他条件。

2. 设立基金管理人的程序

国务院证券监督管理机构应当自受理基金管理公司设立申请之日起6个月内依照上述条件和审慎监管原则进行审查，作出批准或者不予批准的决定，并通知申请人；不予批准的，应当说明理由。

基金管理公司变更持有5%以上股权的股东，变更公司的实际控制人，或者变更其他重大事项，应当报经国务院证券监督管理机构批准。国务院证券监督管理机构应当自受理申请之日起60日内作出批准或者不予批准的决定，并通知申请人；不予批准的，应当说明理由。

(二)公募基金管理人的高级管理人员和其他从业人员的任职条件

《证券投资基金法》第15条规定，有下列情形之一的，不得担任公开募集基金的基金管理人的董事、监事、高级管理人员和其他从业人员：

(1)因犯有贪污贿赂、渎职、侵犯财产罪或者破坏社会主义市场经济秩序罪，被判处刑罚的；

(2)对所任职的公司、企业因经营不善破产清算或者因违法被吊销营业执照负有个人责任的董事、监事、厂长、高级管理人员，自该公司、企业破产清算终结或者被吊销营业执照之日起未逾5年的；

(3)个人所负债务数额较大，到期未清偿的；

(4)因违法行为被开除的基金管理人、基金托管人、证券交易所、证券公司、证券登记结算机构、期货交易所、期货公司及其他机构的从业人员和国家机关工作人员；

(5)因违法行为被吊销执业证书或者被取消资格的律师、注册会计师及资产评估机构、验证机构的从业人员，投资咨询从业人员；

(6)法律、行政法规规定不得从事基金业务的其他人员。

同时，公开募集基金的基金管理人的董事、监事和高级管理人员，应当熟悉证券投资方面的法律、行政法规，具有3年以上与其所任职务相关的工作经历；高级管理人员还应当具备基金从业资格。

公开募集基金的基金管理人的董事、监事、高级管理人员和其他从业人员，其本人、配偶、利害关系人进行证券投资，应当事先向基金管理人申报，并不得与基金份额持有人发生利益冲突。公开募集基金的基金管理人应当建立这些人员进行证券投资的申报、登记、审查、处置等管理制度，并报国务院证券监督管理机构备案。

公开募集基金的基金管理人的董事、监事、高级管理人员和其他从业人员，不得担任基金托管人或者其他基金管理人的任何职务，不得从事损害基金财产和基金份额持有人利益的证券交易及其他活动。

(三)基金管理人的职责

1. 基金管理人应当履行的职责

《证券投资基金法》第19条规定，公开募集基金的基金管理人应当履行下列职责：

(1)依法募集资金，办理基金份额的发售和登记事宜；

(2)办理基金备案手续；

(3)对所管理的不同基金财产分别管理、分别记账，进行证券投资；

(4)按照基金合同的约定确定基金收益分配方案，及时向基金份额持有人分配收益；

(5)进行基金会计核算并编制基金财务会计报告；

(6)编制中期和年度基金报告；

(7)计算并公告基金资产净值，确定基金份额申购、赎回价格；

(8)办理与基金财产管理业务活动有关的信息披露事项；

(9)按照规定召集基金份额持有人大会；

(10)保存基金财产管理业务活动的记录、账册、报表和其他相关资料；

(11)以基金管理人名义，代表基金份额持有人利益行使诉讼权利或者实施其他法律行为；

(12)国务院证券监督管理机构规定的其他职责。

2. 基金管理人从业人员、股东和实际控制人的禁止行为

《证券投资基金法》第20条规定，公开募集基金的基金管理人及其董事、监事、高级管理人员和其他从业人员不得有下列行为：

(1)将其固有财产或者他人财产混同于基金财产从事证券投资；

(2)不公平地对待其管理的不同基金财产；

(3)利用基金财产或者职务之便为基金份额持有人以外的人牟取利益；

(4)向基金份额持有人违规承诺收益或者承担损失；

(5)侵占、挪用基金财产；

(6)泄露因职务便利获取的未公开信息、利用该信息从事或者明示、暗示他人从事相关的交易活动；

(7)玩忽职守，不按照规定履行职责；

(8)法律、行政法规和国务院证券监督管理机构规定禁止的其他行为。

公开募集基金的基金管理人的董事、监事、高级管理人员未能勤勉尽责,致使基金管理人存在重大违法违规行为或者重大风险的,国务院证券监督管理机构可以责令更换。

《证券投资基金法》第23条规定,公开募集基金的基金管理人的股东、实际控制人应当按照国务院证券监督管理机构的规定及时履行重大事项报告义务,并不得有下列行为:

(1)虚假出资或者抽逃出资;

(2)未依法经股东会或者董事会决议擅自干预基金管理人的基金经营活动;

(3)要求基金管理人利用基金财产为自己或者他人牟取利益,损害基金份额持有人利益;

(4)国务院证券监督管理机构规定禁止的其他行为。

公开募集基金的基金管理人的股东、实际控制人有上述行为或者股东不再符合法定条件的,国务院证券监督管理机构应当责令其限期改正,并可视情节责令其转让所持有或者控制的基金管理人的股权。

在上述规定的股东、实际控制人按照要求改正违法行为、转让所持有或者控制的基金管理人的股权前,国务院证券监督管理机构可以限制有关股东行使股东权利。

3. 基金管理人的职责终止

根据《证券投资基金法》的规定,有下列情形之一的,公开募集基金的基金管理人职责终止:

(1)被依法取消基金管理资格;

(2)被基金份额持有人大会解任;

(3)依法解散、被依法撤销或者被依法宣告破产;

(4)基金合同约定的其他情形。

公开募集基金的基金管理人职责终止的,基金份额持有人大会应当在6个月内选任新基金管理人;新基金管理人产生前,由国务院证券监督管理机构指定临时基金管理人。公开募集基金的基金管理人职责终止的,应当妥善保管基金管理业务资料,及时办理基金管理业务的移交手续,新基金管理人或者临时基金管理人应当及时接收。公开募集基金的基金管理人职责终止的,应当按照规定聘请会计师事务所对基金财产进行审计,并将审计结果予以公告,同时报国务院证券监督管理机构备案。

(四)对非公开募集基金的基金管理人规范

《证券投资基金法》第32条规定,对非公开募集基金的基金管理人进行规范的具体办法,由国务院金融监督管理机构依照本章的原则制定。这是关于对非公开募集基金的基金管理人进行规范的具体办法的授权性规定。基金按照其募集方式,可以分为公开募集基金和非公开募集基金。在2003年制定《证券投资基金法》时,非公开募集基金规模较小,因此仅对公开募集基金作了规定。近年来,随着国内居民、机构财富的积累,投资者委托他人进行财富管理的需求日益旺盛,非公开募集基金业务发展迅速。因此,2012年《证券投资基金法》修改时,将非公开募集基金即私募基金纳入了调整范围。同时,考虑到实践中通过非公开募集资金进行证券投资活动的形式较多,监管部门及所依据的部门规章也各不相同的实际情况,国务院金融监督管理机构在制定对非公开募集基金的基金管理人的规范办法时,在遵守本章规定的基本原则的基础上,可以适当放宽要求,有所变通。这是因为,非公开募集资金主要用于满足少数高端客户获取更高回报率的投资需求,这种资金募集方式一方面涉及投资者数量较少,社会影响面较小;另一方面投资者拥有较为雄厚的资金实力,也能够较为清楚地认识资本市场的投资风险，也有能力监督基金管理人的行为。因此，法律、国务院金融监督管理机构可以适度放宽对其的限制。

四、基金托管人

（一）担任基金托管人的条件

基金托管人是指与基金管理人订立托管协议，负责保管各项基金财产，并对基金管理人运用信托财产进行证券投资予以监督的金融机构。基金托管人与基金管理人不得为同一人，并不得相互出资或者持有股份。

在我国，基金托管人由依法设立的商业银行或者其他金融机构担任。商业银行担任基金托管人的，由国务院证券监督管理机构会同国务院银行业监督管理机构核准；其他金融机构担任基金托管人的，由国务院证券监督管理机构核准。申请取得基金托管资格，担任基金托管人，应当具备下列条件：

（1）净资产和风险控制指标符合有关规定；

（2）设有专门的基金托管部门；

（3）取得基金从业资格的专职人员达到法定人数；

（4）有安全保管基金财产的条件；

（5）有安全高效的清算、交割系统；

（6）有符合要求的营业场所、安全防范设施和与基金托管业务有关的其他设施；

（7）有完善的内部稽核监控制度和风险控制制度；

（8）法律、行政法规规定的和经国务院批准的国务院证券监督管理机构、国务院银行业监督管理机构规定的其他条件。

（二）基金托管人的职责

基金托管人应当履行下列职责：

（1）安全保管基金财产；

（2）按照规定开设基金财产的资金账户和证券账户；

（3）对所托管的不同基金财产分别设置账户，确保基金财产的完整与独立；

（4）保存基金托管业务活动的记录、账册、报表和其他相关资料；

（5）按照基金合同的约定，根据基金管理人的投资指令，及时办理清算、交割事宜；

（6）办理与基金托管业务活动有关的信息披露事项；

（7）对基金财务会计报告、中期和年度基金报告出具意见；

（8）复核、审查基金管理人计算的基金资产净值和基金份额申购、赎回价格；

（9）按照规定召集基金份额持有人大会；

（10）按照规定监督基金管理人的投资运作；

（11）国务院证券监督管理机构规定的其他职责。

基金托管人发现基金管理人的投资指令违反法律、行政法规和其他有关规定，或者违反基金合同约定的，应当拒绝执行，立即通知基金管理人，并及时向国务院证券监督管理机构报告。基金托管人发现基金管理人依据交易程序已经生效的投资指令违反法律、行政法规和其他有关规定，或者违反基金合同约定的，应当立即通知基金管理人，并及时向国务院证券监督管理机构报告。

(三)基金托管人职责终止

有下列情形之一的,基金托管人职责终止:

(1)被依法取消基金托管资格;

(2)被基金份额持有人大会解任;

(3)依法解散、被依法撤销或者被依法宣告破产;

(4)基金合同约定的其他情形。

基金托管人职责终止的,基金份额持有人大会应当在6个月内选任新基金托管人;新基金托管人产生前,由国务院证券监督管理机构指定临时基金托管人。基金托管人职责终止的,应当妥善保管基金财产和基金托管业务资料,及时办理基金财产和基金托管业务的移交手续,新基金托管人或者临时基金托管人应当及时接收。

基金托管人职责终止的,应当按照规定聘请会计师事务所对基金财产进行审计,并将审计结果予以公告,同时报国务院证券监督管理机构备案。

五、基金份额持有人

(一)基金份额持有人的权利

基金份额持有人是指通过向基金投资而持有受益凭证,并有权领取基金信托财产所得收益的人。基金份额持有人可以是自然人,也可以是法人。

基金份额持有人享有下列权利:

(1)分享基金财产收益;

(2)参与分配清算后的剩余基金财产;

(3)依法转让或者申请赎回其持有的基金份额;

(4)按照规定要求召开基金份额持有人大会或者召集基金份额持有人大会;

(5)对基金份额持有人大会审议事项行使表决权;

(6)对基金管理人、基金托管人、基金服务机构损害其合法权益的行为依法提起诉讼;

(7)基金合同约定的其他权利。

公开募集基金的基金份额持有人有权查阅或者复制公开披露的基金信息资料;非公开募集基金的基金份额持有人对涉及自身利益的情况,有权查阅基金的财务会计账簿等财务资料。

(二)基金份额持有人大会

1. 基金份额持有人大会的概念和职权

基金份额持有人大会是基金份额持有人行使其权利的决策机构,也是对基金管理人和托管人实行内部监管的监督机构,由全体基金份额的持有人或委托代表组成。

依照我国《证券投资基金法》的规定,基金份额持有人大会由全体基金份额持有人组成,行使下列职权:

(1)决定基金扩募或者延长基金合同期限;

(2)决定修改基金合同的重要内容或者提前终止基金合同;

(3)决定更换基金管理人、基金托管人;

(4)决定调整基金管理人、基金托管人的报酬标准;

(5)基金合同约定的其他职权。

按照基金合同约定,基金份额持有人大会可以设立日常机构,行使下列职权:

(1)召集基金份额持有人大会;

(2)提请更换基金管理人、基金托管人;

(3)监督基金管理人的投资运作、基金托管人的托管活动;

(4)提请调整基金管理人、基金托管人的报酬标准;

(5)基金合同约定的其他职权。

基金份额持有人大会的日常机构,由基金份额持有人大会选举产生的人员组成;其议事规则,由基金合同约定。基金份额持有人大会及其日常机构不得直接参与或者干涉基金的投资管理活动。

2. 基金份额持有人大会的会议规则

基金份额持有人大会由基金管理人召集。基金份额持有人大会设立日常机构的,由该日常机构召集;该日常机构未召集的,由基金管理人召集。基金管理人未按规定召集或者不能召集的,由基金托管人召集。

代表基金份额 10%以上的基金份额持有人就同一事项要求召开基金份额持有人大会,而基金份额持有人大会的日常机构、基金管理人、基金托管人都不召集的,代表基金份额 10%以上的基金份额持有人有权自行召集,并报国务院证券监督管理机构备案。

召开基金份额持有人大会,召集人应当至少提前 30 日公告基金份额持有人大会的召开时间、会议形式、审议事项、议事程序和表决方式等事项。基金份额持有人大会不得就未经公告的事项进行表决。

基金份额持有人大会可以采取现场方式召开,也可以采取通讯等方式召开。

每一基金份额具有一票表决权,基金份额持有人可以委托代理人出席基金份额持有人大会并行使表决权。

基金份额持有人大会应当有代表 1/2 以上基金份额的持有人参加,方可召开。参加基金份额持有人大会的持有人的基金份额低于代表 1/2 以上基金份额的持有人比例的,召集人可以在原公告的基金份额持有人大会召开时间的 3 个月以后、6 个月以内,就原定审议事项重新召集基金份额持有人大会。重新召集的基金份额持有人大会应当有代表 1/3 以上基金份额的持有人参加,方可召开。

基金份额持有人大会就审议事项作出决定,应当经参加大会的基金份额持有人所持表决权的 1/2 以上通过;但是,转换基金的运作方式、更换基金管理人或者基金托管人、提前终止基金合同、与其他基金合并,应当经参加大会的基金份额持有人所持表决权的 2/3 以上通过。

基金份额持有人大会决定的事项,应当依法报国务院证券监督管理机构备案,并予以公告。

六、证券投资基金的募集、交易和终止

(一)基金的公开募集

公开募集基金,应当经国务院证券监督管理机构注册。未经注册,不得公开或者变相公开募集基金。公开募集基金应当由基金管理人管理、基金托管人托管。

注册公开募集基金,由拟任基金管理人向国务院证券监督管理机构提交下列文件:①申请报告;②基金合同草案;③基金托管协议草案;④招募说明书草案;⑤律师事务所出具的法律意见书;⑥国务院证券监督管理机构规定提交的其他文件。

国务院证券监督管理机构应当自受理公开募集基金的募集注册申请之日起 6 个月内依照法律、行政法规及国务院证券监督管理机构的规定进行审查,作出注册或者不予注册的决定,

并通知申请人；不予注册的，应当说明理由。

基金募集申请经注册后，方可发售基金份额。基金份额的发售，由基金管理人或者其委托的基金销售机构办理。基金管理人应当在基金份额发售的 3 日前公布招募说明书、基金合同及其他有关文件。文件应当真实、准确、完整。对基金募集所进行的宣传推介活动，应当符合有关法律、行政法规的规定，不得有违法行为。

基金管理人应当自收到准予注册文件之日起 6 个月内进行基金募集。超过 6 个月开始募集，原注册的事项未发生实质性变化的，应当报国务院证券监督管理机构备案；发生实质性变化的，应当向国务院证券监督管理机构重新提交注册申请。

基金募集不得超过国务院证券监督管理机构准予注册的基金募集期限。基金募集期限自基金份额发售之日起计算。基金募集期间募集的资金应当存入专门账户，在基金募集行为结束前，任何人不得动用。

基金募集期限届满，封闭式基金募集的基金份额总额达到准予注册规模的 80%以上，开放式基金募集的基金份额总额超过准予注册的最低募集份额总额，并且基金份额持有人人数符合国务院证券监督管理机构规定的，基金管理人应当自募集期限届满之日起 10 日内聘请法定验资机构验资，自收到验资报告之日起 10 日内，向国务院证券监督管理机构提交验资报告，办理基金备案手续，并予以公告。基金募集期限届满，不能满足这些条件的，基金管理人应当承担下列责任：①以其固有财产承担因募集行为而产生的债务和费用；②在基金募集期限届满后 30 日内返还投资人已交纳的款项，并加计银行同期存款利息。投资人交纳认购的基金份额的款项时，基金合同成立；基金管理人依法向国务院证券监督管理机构办理基金备案手续，基金合同生效。

（二）公开募集基金的基金份额的交易、申购与赎回

申请基金份额上市交易，基金管理人应当向证券交易所提出申请，证券交易所依法审核同意的，双方应当签订上市协议。基金份额上市交易，应当符合下列条件：①基金的募集符合《证券投资基金法》规定；②基金合同期限为 5 年以上；③基金募集金额不低于 2 亿元人民币；④基金份额持有人不少于 1 000 人；⑤基金份额上市交易规则规定的其他条件。

基金份额上市交易规则由证券交易所制定，报国务院证券监督管理机构批准。基金份额上市交易后，有下列情形之一的，由证券交易所终止其上市交易，并报国务院证券监督管理机构备案：①不再具备《证券投资基金法》规定的上市交易条件；②基金合同期限届满；③基金份额持有人大会决定提前终止上市交易；④基金合同约定的或者基金份额上市交易规则规定的终止上市交易的其他情形。

开放式基金的基金份额的申购、赎回、登记，由基金管理人或者其委托的基金服务机构办理。基金管理人应当在每个工作日办理基金份额的申购、赎回业务；基金合同另有约定的，从其约定。投资人交付申购款项，申购成立；基金份额登记机构确认基金份额时，申购生效。基金份额持有人递交赎回申请，赎回成立；基金份额登记机构确认赎回时，赎回生效。

基金管理人应当按时支付赎回款项，但是下列情形除外：①因不可抗力导致基金管理人不能支付赎回款项；②证券交易场所依法决定临时停市，导致基金管理人无法计算当日基金资产净值；③基金合同约定的其他特殊情形。发生上述情形之一的，基金管理人应当在当日报国务院证券监督管理机构备案。这些情形消失后，基金管理人应当及时支付赎回款项。

基金份额的申购、赎回价格，依据申购、赎回日基金份额净值加、减有关费用计算。基金份额净值计价出现错误时，基金管理人应当立即纠正，并采取合理的措施防止损失进一步扩大。

计价错误达到基金份额净值5‰时，基金管理人应当公告，并报国务院证券监督管理机构备案。因基金份额净值计价错误造成基金份额持有人损失的，基金份额持有人有权要求基金管理人、基金托管人予以赔偿。

(三)公开募集基金的投资与信息披露

1. 公开募集基金的投资

基金管理人运用基金财产进行证券投资，除国务院证券监督管理机构另有规定外，应当采用资产组合的方式。资产组合的具体方式和投资比例，依照本法和国务院证券监督管理机构的规定在基金合同中约定。

基金财产应当用于下列投资：①上市交易的股票、债券；②国务院证券监督管理机构规定的其他证券及其衍生品种。但基金财产不得用于下列投资或者活动：①承销证券；②违反规定向他人贷款或者提供担保；③从事承担无限责任的投资；④买卖其他基金份额，但是国务院证券监督管理机构另有规定的除外；⑤向基金管理人、基金托管人出资；⑥从事内幕交易、操纵证券交易价格及其他不正当的证券交易活动；⑦法律、行政法规和国务院证券监督管理机构规定禁止的其他活动。

2. 公开募集基金的信息披露

运用基金财产买卖基金管理人、基金托管人及其控股股东、实际控制人或者与其有其他重大利害关系的公司发行的证券或承销期内承销的证券，或者从事其他重大关联交易的，应当遵循基金份额持有人利益优先的原则，防范利益冲突，符合国务院证券监督管理机构的规定，并履行信息披露义务。基金管理人、基金托管人和其他基金信息披露义务人应当依法披露基金信息，并保证所披露信息的真实性、准确性和完整性。基金信息披露义务人应当确保应予披露的基金信息在国务院证券监督管理机构规定时间内披露，并保证投资人能够按照基金合同约定的时间和方式查阅或者复制公开披露的信息资料。

公开披露的基金信息包括：①基金招募说明书、基金合同、基金托管协议；②基金募集情况；③基金份额上市交易公告书；④基金资产净值、基金份额净值；⑤基金份额申购、赎回价格；⑥基金财产的资产组合季度报告、财务会计报告及中期和年度基金报告；⑦临时报告；⑧基金份额持有人大会决议；⑨基金管理人、基金托管人的专门基金托管部门的重大人事变动；⑩涉及基金财产、基金管理业务、基金托管业务的诉讼或者仲裁；⑪国务院证券监督管理机构规定应予披露的其他信息。

公开披露基金信息，不得有下列行为：①虚假记载、误导性陈述或者重大遗漏；②对证券投资业绩进行预测；③违规承诺收益或者承担损失；④诋毁其他基金管理人、基金托管人或者基金销售机构；⑤法律、行政法规和国务院证券监督管理机构规定禁止的其他行为。

(四)公开募集基金的基金合同的变更、终止与基金财产清算

按照基金合同的约定或者基金份额持有人大会的决议，基金可以转换运作方式或者与其他基金合并。

封闭式基金扩募或者延长基金合同期限，应当符合下列条件，并报国务院证券监督管理机构备案：①基金运营业绩良好；②基金管理人最近二年内没有因违法违规行为受到行政处罚或者刑事处罚；③基金份额持有人大会决议通过；④本法规定的其他条件。

有下列情形之一的，基金合同终止：①基金合同期限届满而未延期；②基金份额持有人大会决定终止；③基金管理人、基金托管人职责终止，在6个月内没有新基金管理人、新基金托管人承接；④基金合同约定的其他情形。基金合同终止时，基金管理人应当组织清算组对基金财产进行清算。清算组由基金管理人、基金托管人以及相关的中介服务机构组成。清算组作出的清算报告经会计师事务所审计、律师事务所出具法律意见书后，报国务院证券监督管理机构备案并公告。清算后的剩余基金财产，应当按照基金份额持有人所持份额比例进行分配。

（五）非公开募集基金的特殊规定

1. 非公开募集基金的合格投资者和基金托管人

非公开募集基金应当向合格投资者募集，合格投资者累计不得超过200人。合格投资者，是指达到规定资产规模或者收入水平，并且具备相应的风险识别能力和风险承担能力、其基金份额认购金额不低于规定限额的单位和个人。合格投资者的具体标准由国务院证券监督管理机构规定。

除基金合同另有约定外，非公开募集基金应当由基金托管人托管。担任非公开募集基金的基金管理人，应当按照规定向基金行业协会履行登记手续，报送基本情况。未经登记，任何单位或者个人不得使用“基金”或者“基金管理”字样或者近似名称进行证券投资活动；但是，法律、行政法规另有规定的除外。

非公开募集基金，不得向合格投资者之外的单位和个人募集资金，不得通过报刊、电台、电视台、互联网等公众传播媒体或者讲座、报告会、分析会等方式向不特定对象宣传推介。基金份额持有人转让基金份额的，应当符合法律规定。

2. 非公开募集基金合同

非公开募集基金，应当制定并签订基金合同。基金合同应当包括下列内容：①基金份额持有人、基金管理人、基金托管人的权利、义务；②基金的运作方式；③基金的出资方式、数额和认缴期限；④基金的投资范围、投资策略和投资限制；⑤基金收益分配原则、执行方式；⑥基金承担的有关费用；⑦基金信息提供的内容、方式；⑧基金份额的认购、赎回或者转让的程序和方式；⑨基金合同变更、解除和终止的事由、程序；⑩基金财产清算方式；⑪当事人约定的其他事项。

3. 非公开募集基金份额持有人作为基金管理人的特别约定

按照基金合同约定，非公开募集基金可以由部分基金份额持有人作为基金管理人负责基金的投资管理活动，并在基金财产不足以清偿其债务时对基金财产的债务承担无限连带责任。这种非公开募集基金，其基金合同还应载明：①承担无限连带责任的基金份额持有人和其他基金份额持有人的姓名或者名称、住所；②承担无限连带责任的基金份额持有人的除名条件和更换程序；③基金份额持有人增加、退出的条件、程序以及相关责任；④承担无限连带责任的基金份额持有人和其他基金份额持有人的转换程序。

4. 非公开募集基金的备案和投资要求

非公开募集基金募集完毕，基金管理人应当向基金行业协会备案。对募集的资金总额或者基金份额持有人的人数达到规定标准的基金，基金行业协会应当向国务院证券监督管理机构报告。

非公开募集基金财产的证券投资，包括买卖公开发行的股份有限公司股票、债券、基金份额，以及国务院证券监督管理机构规定的其他证券及其衍生品种。基金管理人、基金托管人应当按照基金合同的约定，向基金份额持有人提供基金信息。

专门从事非公开募集基金管理业务的基金管理人，其股东、高级管理人员、经营期限、管理的基金资产规模等符合规定条件的，经国务院证券监督管理机构核准，可以从事公开募集基金管理业务。

七、基金服务机构和基金行业协会

（一）基金服务机构

基金服务机构是指从事公开募集基金的销售、销售支付、份额登记、估值、投资顾问、评价、信息技术系统服务等基金服务业务的机构，基金服务机构应当按照国务院证券监督管理机构的规定进行注册或者备案。基金管理人可以委托基金服务机构代为办理基金的份额登记、核算、估值、投资顾问等事项，基金托管人可以委托基金服务机构代为办理基金的核算、估值、复核等事项，但基金管理人、基金托管人依法应当承担的责任不因委托而免除。基金服务机构应当勤勉尽责、恪尽职守，建立应急等风险管理制度和灾难备份系统，不得泄露与基金份额持有人、基金投资运作相关的非公开信息。

基金销售机构应当向投资人充分揭示投资风险，并根据投资人的风险承担能力销售不同风险等级的基金产品。基金销售支付机构应当按照规定办理基金销售结算资金的划付，确保基金销售结算资金安全、及时划付。

基金销售结算资金、基金份额独立于基金销售机构、基金销售支付机构或者基金份额登记机构的自有财产。基金销售机构、基金销售支付机构或者基金份额登记机构破产或者清算时，基金销售结算资金、基金份额不属于其破产财产或者清算财产。非因投资人本身的债务或者法律规定的其他情形，不得查封、冻结、扣划或者强制执行基金销售结算资金、基金份额。基金销售机构、基金销售支付机构、基金份额登记机构应当确保基金销售结算资金、基金份额的安全、独立，禁止任何单位或者个人以任何形式挪用基金销售结算资金、基金份额。

基金份额登记机构以电子介质登记的数据，是基金份额持有人权利归属的根据。基金份额持有人以基金份额出质的，质权自基金份额登记机构办理出质登记时设立。基金份额登记机构应当妥善保存登记数据，并将基金份额持有人名称、身份信息及基金份额明细等数据备份至国务院证券监督管理机构认定的机构。其保存期限自基金账户销户之日起不得少于20年。基金份额登记机构应当保证登记数据的真实、准确、完整，不得隐匿、伪造、篡改或者毁损。

基金投资顾问机构及其从业人员提供基金投资顾问服务，应当具有合理的依据，对其服务能力和经营业绩进行如实陈述，不得以任何方式承诺或者保证投资收益，不得损害服务对象的合法权益。

基金评价机构及其从业人员应当客观公正，按照依法制定的业务规则开展基金评价业务，禁止误导投资人，防范可能发生的利益冲突。

律师事务所、会计师事务所接受基金管理人、基金托管人的委托，为有关基金业务活动出具法律意见书、审计报告、内部控制评价报告等文件，应当勤勉尽责，对所依据的文件资料内容的真实性、准确性、完整性进行核查和验证。其制作、出具的文件有虚假记载、误导性陈述或者重大遗漏，给他人财产造成损失的，应当与委托人承担连带赔偿责任。

（二）基金行业协会

基金行业协会是证券投资基金行业的自律性组织，是社会团体法人。基金管理人、基金托管人应当加入基金行业协会，基金服务机构可以加入基金行业协会。基金行业协会的权力机构为全体会员组成的会员大会。基金行业协会设理事会。理事会成员依章程的规定由选举产生。基金行业协会章程由会员大会制定，并报国务院证券监督管理机构备案。

基金行业协会履行下列职责：①教育和组织会员遵守有关证券投资的法律、行政法规，维护投资人合法权益；②依法维护会员的合法权益，反映会员的建议和要求；③制定和实施行业自律规则，监督、检查会员及其从业人员的执业行为，对违反自律规则和协会章程的，按照规定给予纪律处分；④制定行业执业标准和业务规范，组织基金从业人员的从业考试、资质管理和业务培训；⑤提供会员服务，组织行业交流，推动行业创新，开展行业宣传和投资人教育活动；⑥对会员之间、会员与客户之间发生的基金业务纠纷进行调解；⑦依法办理非公开募集基金的登记、备案；⑧协会章程规定的其他职责。

八、监督管理

根据法律规定，我国对证券投资基金进行管理的机构是国务院证券监督管理机构。国务院证券监督管理机构依法履行下列职责：①制定有关证券投资基金活动监督管理的规章、规则，并行使审批、核准或者注册权；②办理基金备案；③对基金管理人、基金托管人及其他机构从事证券投资基金活动进行监督管理，对违法行为进行查处，并予以公告；④制定基金从业人员的资格标准和行为准则，并监督实施；⑤监督检查基金信息的披露情况；⑥指导和监督基金行业协会的活动；⑦法律、行政法规规定的其他职责。

国务院证券监督管理机构依法履行职责，有权采取下列措施：①对基金管理人、基金托管人、基金服务机构进行现场检查，并要求其报送有关的业务资料。②进入涉嫌违法行为发生场所调查取证。③询问当事人和与被调查事件有关的单位和个人，要求其对与被调查事件有关的事项作出说明。④查阅、复制与被调查事件有关的财产权登记、通信记录等资料。⑤查阅、复制当事人和与被调查事件有关的单位和个人的证券交易记录、登记过户记录、财务会计资料及其他相关文件和资料；对可能被转移、隐匿或者毁损的文件和资料，可以予以封存。⑥查询当事人和与被调查事件有关的单位和个人的资金账户、证券账户和银行账户；对有证据证明已经或者可能转移或者隐匿违法资金、证券等涉案财产或者隐匿、伪造、毁损重要证据的，经国务院证券监督管理机构主要负责人批准，可以冻结或者查封。⑦在调查操纵证券市场、内幕交易等重大证券违法行为时，经国务院证券监督管理机构主要负责人批准，可以限制被调查事件当事人的证券买卖，但限制的期限不得超过 15 个交易日；案情复杂的，可以延长 15 个交易日。

国务院证券监督管理机构工作人员依法履行职责，进行调查或者检查时，不得少于 2 人，并应当出示合法证件；对调查或者检查中知悉的商业秘密负有保密的义务。国务院证券监督管理机构工作人员应当忠于职守，依法办事，公正廉洁，接受监督，不得利用职务牟取私利。国务院证券监督管理机构依法履行职责时，被调查、检查的单位和个人应当配合，如实提供有关文件和资料，不得拒绝、阻碍和隐瞒。国务院证券监督管理机构依法履行职责，发现违法行为涉嫌犯罪的，应当将案件移送司法机关处理。国务院证券监督管理机构工作人员在任职期间，或者离职后在《中华人民共和国公务员法》规定的期限内，不得在被监管的机构中担任职务。

练习题

一、复习思考题

1. 中国人民银行的地位和职责有哪些？
2. 中国人民银行办理业务的限制性规定有哪些？
3. 货币政策委员会职责有哪些？其监管目的与范围是什么？
4. 商业银行的经营原则有哪些？

5. 商业银行客户的权利和义务有哪些?
6. 我国外汇管理的主要内容有哪些?
7. 基金份额上市交易的条件是什么?

二、案例分析题

某年12月6日,某报头版头条发布了“A公司致函本报向社会公告收购B上市公司股票”的消息,并全文刊载了A公司的函件称,至12月6日下午收市,A公司持有B公司已发行股份的5%,并表示按法定程序继续收购B公司股票。经查,A公司在以生产经营为用途的银行贷款中取出1 000万元人民币,分别存在证券公司开设的数个个人账户上,具体操作由公司职工赵某负责。赵某为了替公司赚更多的钱,在并不具备收购B公司条件的情况下,致函某报,某报未经核实即登载于头版头条。之后,B公司股票在证券市场交易价格剧烈波动。赵某又与钱某、孙某等联手,集中资金优势,约定时间和价格,不断拉高B公司股票价格,从中获利近千万元。其后,赵某将利润及本金全部上交A公司。

问题:请找出上述内容中的违法之处,并说明理由。

第五编

市场规制与经济监督法律制度

第十三章

市场规制法律制度

学习目标

通过本章学习，你应能够：

了解产品质量法律制度的基本内容；

掌握经营者的产品质量义务；

掌握不正当竞争行为的表现形式；

掌握消费者的权利和经营者的义务。

思政目标

能够正确理解科技助力、质量强国的思想，树立质量意识、责任担当和质量强国理念。认识到不正当竞争给市场经济带来的负面影响，强化依法诚信经营意识，抵制不正当竞争行为，维护公平竞争的市场环境。认识到消费者权利制度中蕴含平等、公正、法治等社会主义核心价值观的要求；培养合理合法的维权意识、维权方法和社会责任感。

第一节　产品质量法

一、产品质量与产品质量立法

产品通常意义是指人们运用劳动手段对劳动对象进行加工而成，用于满足人们生产和生活需要的物品。法律上所称产品，则又因各国法律制度不同而有差异。《中华人民共和国产品质量法》（简称《产品质量法》）规定："本法所称产品是指经过加工、制作，用于销售的产品。""建设工程不适用本法规定；但是，建设工程使用的建筑材料、建筑构配件和设备，属于前款规定的产品范围的，适用本法规定。""军工产品质量监督管理办法，由国务院、中央军事委员会另行制定。"

质量是指产品和服务满足规定或潜在需要的特征和特性的总和。产品质量主要包括适用性和安全性两个方面。具体来说，包括：①性能；②适用性；③安全性；④耐用性；⑤可靠性；

⑥经济性;⑦卫生性;⑧其他。产品质量问题大体上可分为两类:①产品不适用;②产品不安全。

产品质量法,是调整产品生产与销售,以及对产品质量进行监督管理过程中所形成的社会关系,而由国家制定的法律规范的总称。产品质量法作为市场规制法的一部分,主要是从产品质量这一特定角度对经营者的市场行为起到正面规范的作用。我国 1993 年制定出台《产品质量法》(2000 年、2009 年、2018 年修订),除此以外,有关产品质量的规范性文件还包括《标准化法》《计量法》《食品卫生法》《药品管理法》《认证认可条例》《工业产品生产许可证试行条例》等。

二、产品质量监督管理机构

国务院市场监督管理部门主管全国产品质量监督工作,国务院有关部门在各自的职责范围内负责产品质量监督工作,县级以上地方市场监督管理部门主管本行政区域内的产品质量监督工作,县级以上地方人民政府有关部门在各自的职责范围内负责产品质量监督工作。法律对产品质量的监督部门另有规定的,依照有关法律的规定执行。

三、产品质量监督

国家为保证产品质量而采取的宏观管理和具体措施,构成产品质量监督的制度内容。

(一)产品质量检验

产品质量应当检验合格,不得以不合格产品冒充合格产品。产品质量检验机构必须具备相应的检测条件和能力,经省级以上人民政府市场监督管理部门或者其授权的部门考核合格后,方可承担产品质量检验工作。法律、行政法规对产品质量检验机构另有规定的,依照有关法律、行政法规的规定执行。

(二)产品质量标准

我国现行的标准形式分国家标准、行业标准、地方标准和企业标准,其中前两者又分为强制性标准和推荐性标准。凡有关保障人体健康和人身财产安全的标准和法律、法规规定强制执行的标准为强制性标准,其他标准为推荐性标准。强制性标准必须执行,不符合强制性标准的产品,禁止生产、销售和进口;对于推荐性标准,国家鼓励企业自愿采用。《产品质量法》第 13 条规定,可能危及人体健康和人身、财产安全的工业产品,必须符合保障人体健康和人身、财产安全的国家标准、行业标准;未制定国家标准、行业标准的,必须符合保障人体健康和人身、财产安全的要求。禁止生产、销售不符合保障人体健康和人身、财产安全的标准和要求的工业产品。具体管理办法由国务院规定。

(三)产品质量认证

国家根据国际通用的质量管理标准,推行企业质量体系认证制度。企业根据自愿原则可以向国务院市场监督管理部门认可的或者国务院市场监督管理部门授权的部门认可的认证机构申请企业质量体系认证。经认证合格的,由认证机构颁发企业质量体系认证证书。

国家参照国际先进的产品标准和技术要求,推行产品质量认证制度。企业根据自愿原则可以向国务院市场监督管理部门认可的或者国务院市场监督管理部门授权的部门认可的认证机构申请产品质量认证。经认证合格的,由认证机构颁发产品质量认证证书,准许企业在产品或者其包装上使用产品质量认证标志。

(四)产品质量监督检查

国家对产品质量实行以抽查为主要方式的监督检查制度,对可能危及人体健康和人身、财产安全的产品，影响国计民生的重要工业产品以及消费者、有关组织反映有质量问题的产品进行抽查。抽查的样品应当在市场上或者企业成品仓库内的待销产品中随机抽取。监督抽查工作由国务院市场监督管理部门规划和组织。县级以上地方市场监督管理部门在本行政区域内也可以组织监督抽查。法律对产品质量的监督检查另有规定的，依照有关法律的规定执行。国家监督抽查的产品，地方不得另行重复抽查；上级监督抽查的产品，下级不得另行重复抽查。

根据监督抽查的需要，可以对产品进行检验。检验抽取样品的数量不得超过检验的合理需要，并不得向被检查人收取检验费用。监督抽查所需检验费用按照国务院规定列支。

生产者、销售者对抽查检验的结果有异议的，可以自收到检验结果之日起十五日内向实施监督抽查的市场监督管理部门或者其上级市场监督管理部门申请复检，由受理复检的市场监督管理部门作出复检结论。

对依法进行的产品质量监督检查，生产者、销售者不得拒绝。

依照《产品质量法》规定进行监督抽查的产品质量不合格的，由实施监督抽查的市场监督管理部门责令其生产者、销售者限期改正。逾期不改正的，由省级以上人民政府市场监督管理部门予以公告；公告后经复查仍不合格的，责令停业，限期整顿；整顿期满后经复查产品质量仍不合格的，吊销营业执照。

（五）产品质量社会监督

消费者有权就产品质量问题，向产品的生产者、销售者查询；向市场监督管理部门及有关部门申诉，接受申诉的部门应当负责处理。保护消费者权益的社会组织可以就消费者反映的产品质量问题建议有关部门负责处理，支持消费者对因产品质量造成的损害向人民法院起诉。

四、生产者、销售者的产品质量责任和义务

产品质量法规定了经营者（包括生产者、销售者）的产品质量责任和义务。产品质量责任和义务是指产品生产者、销售者应为一定行为，以保证产品质量，包括作为的义务和不作为的义务。立法分别对生产者、销售者作出规定。

（一）生产者的产品质量责任和义务

（1）质量保证义务。生产者应当对其生产的产品质量负责。产品质量应当符合下列要求：

①不存在危及人身、财产安全的不合理的危险，有保障人体健康和人身、财产安全的国家标准、行业标准的，应当符合该标准。

②具备产品应当具备的使用性能，但是，对产品存在使用性能的瑕疵作出说明的除外。

③符合在产品或者其包装上注明采用的产品标准，符合以产品说明、实物样品等方式表明的质量状况。

（2）标识义务。产品或者其包装上的标识必须真实，并符合下列要求：

①有产品质量检验合格证明。

②有中文标明的产品名称、生产厂厂名和厂址。

③根据产品的特点和使用要求，需要标明产品规格、等级、所含主要成分的名称和含量的，用中文相应予以标明；需要事先让消费者知晓的，应当在外包装上标明，或者预先向消费者提供有关资料。

④限期使用的产品，应当在显著位置清晰地标明生产日期和安全使用期或者失效日期。

⑤使用不当，容易造成产品本身损坏或者可能危及人身、财产安全的产品，应当有警示标志或者中文警示说明。

裸装的食品和其他根据产品的特点难以附加标识的裸装产品，可以不附加产品标识。

（3）包装义务。易碎、易燃、易爆、有毒、有腐蚀性、有放射性等危险物品以及储运中不能倒置和其他有特殊要求的产品，其包装质量必须符合相应要求，依照国家有关规定作出警示标志或者中文警示说明，标明储运注意事项。

（4）不作为义务。包括：生产者不得生产国家明令淘汰的产品；不得伪造产地，不得伪造或冒用他人的厂名、厂址；不得伪造或冒用认证标志等质量标志；生产产品，不得掺杂、掺假，不得以假充真、以次充好，不得以不合格产品冒充合格产品。

（二）销售者的产品质量责任和义务

（1）进货检查验收义务。销售者应当建立并执行进货检查验收制度，验明产品合格证明和其他标识。

（2）质量保证义务。销售者应当采取措施，保持销售产品的质量。

（3）标识义务。销售的产品应当附有标识，并符合法定要求。这与生产者的该项产品质量义务相同。

（4）不作为义务。包括：销售者不得销售国家明令淘汰并停止销售的产品和失效、变质的产品；不得伪造产地，不得伪造或冒用他人的厂名、厂址；不得伪造或冒用认证标志等质量标志；销售产品，不得掺杂、掺假，不得以假充真、以次充好，不得以不合格产品冒充合格产品。

五、损害赔偿

（一）销售者的损害赔偿责任

售出的产品有下列情形之一的，销售者应当负责修理、更换、退货；给购买产品的消费者造成损失的，销售者应当赔偿损失：

（1）不具备产品应当具备的使用性能而事先未作说明的；

（2）不符合在产品或者其包装上注明采用的产品标准的；

（3）不符合以产品说明、实物样品等方式表明的质量状况的。

销售者依照上述规定负责修理、更换、退货、赔偿损失后，属于生产者的责任或者属于向销售者提供产品的其他销售者（以下简称供货者）的责任的，销售者有权向生产者、供货者追偿。

销售者未按照上述规定给予修理、更换、退货或者赔偿损失的，由市场监督管理部门责令改正。

生产者之间、销售者之间、生产者与销售者之间订立的买卖合同、承揽合同有不同约定的，合同当事人按照合同约定执行。

由于销售者的过错使产品存在缺陷，造成人身、他人财产损害的，销售者应当承担赔偿责任。销售者不能指明缺陷产品的生产者也不能指明缺陷产品的供货者的，销售者应当承担赔偿责任。

（二）生产者的损害赔偿责任

因产品存在缺陷造成人身、缺陷产品以外的其他财产（以下简称他人财产）损害的，生产者应当承担赔偿责任。生产者能够证明有下列情形之一的，不承担赔偿责任：①未将产品投入流通的；②产品投入流通时，引起损害的缺陷尚不存在的；③将产品投入流通时的科学技术水平尚不能发现缺陷的存在的。

（三）损害赔偿责任主体

因产品存在缺陷造成人身、他人财产损害的，受害人可以向产品的生产者要求赔偿，也可以向产品的销售者要求赔偿。属于产品的生产者的责任，产品的销售者赔偿的，产品的销售者有权向产品的生产者追偿。属于产品的销售者的责任，产品的生产者赔偿的，产品的生产者有权向产品的销售者追偿。

(四)损害赔偿责任范围和索赔时效

因产品存在缺陷造成受害人人身伤害的，侵害人应当赔偿医疗费、治疗期间的护理费、因误工减少的收入等费用；造成残疾的，还应当支付残疾者生活自助具费、生活补助费、残疾赔偿金以及由其扶养的人所必需的生活费等费用；造成受害人死亡的，并应当支付丧葬费、死亡赔偿金以及由死者生前扶养的人所必需的生活费等费用。因产品存在缺陷造成受害人财产损失的，侵害人应当恢复原状或者折价赔偿。受害人因此遭受其他重大损失的，侵害人应当赔偿损失。

因产品存在缺陷造成损害要求赔偿的诉讼时效期间为 2 年，自当事人知道或者应当知道其权益受到损害时起计算。因产品存在缺陷造成损害要求赔偿的请求权，在造成损害的缺陷产品交付最初消费者满 10 年丧失；但是，尚未超过明示的安全使用期的除外。

另外，依规定，因产品质量发生民事纠纷时，当事人可以通过协商或调解解决。当事人不愿通过协商、调解解决或协商、调解不成的，可以根据当事人各方的协议向仲裁机构申请仲裁；当事人各方没有达成仲裁协议的，可以向人民法院起诉。

六、法律责任

(一)生产者、销售者的法律责任

(1)生产、销售不符合保障人体健康和人身、财产安全的国家标准、行业标准的产品的，责令停止生产、销售，没收违法生产、销售的产品，并处违法生产、销售产品(包括已售出和未售出的产品，下同)货值金额等值以上 3 倍以下的罚款；有违法所得的，并处没收违法所得；情节严重的，吊销营业执照；构成犯罪的，依法追究刑事责任。

(2)在产品中掺杂、掺假，以假充真、以次充好，或者以不合格产品冒充合格产品的，责令停止生产、销售，没收违法生产、销售的产品，并处违法生产、销售产品货值金额 50%以上 3 倍以下的罚款；有违法所得的，并处没收违法所得；情节严重的，吊销营业执照；构成犯罪的，依法追究刑事责任。

(3)生产国家明令淘汰的产品的，销售国家明令淘汰并停止销售的产品的，责令停止生产、销售，没收违法生产、销售的产品，并处违法生产、销售产品货值金额等值以下的罚款；有违法所得的，并处没收违法所得；情节严重的，吊销营业执照。

(4)销售失效、变质的产品的，责令停止销售，没收违法销售的产品，并处违法销售产品货值金额 2 倍以下的罚款；有违法所得的，并处没收违法所得；情节严重的，吊销营业执照；构成犯罪的，依法追究刑事责任。

(5)伪造产品产地的，伪造或者冒用他人厂名、厂址的，伪造或者冒用认证标志等质量标志的，责令改正，没收违法生产、销售的产品，并处违法生产、销售产品货值金额等值以下的罚款；有违法所得的，并处没收违法所得；情节严重的，吊销营业执照。

(6)产品标识不符合《产品质量法》第 27 条规定的，责令改正；有包装的产品标识不符合《产品质量法》第 27 条第(4)项、第(5)项规定，情节严重的，责令停止生产、销售，并处违法生产、销售产品货值金额 30%以下的罚款；有违法所得的，并处没收违法所得。

(7)销售者销售《产品质量法》第 49 条至第 53 条规定禁止销售的产品，有充分证据证明其不知道该产品为禁止销售的产品并如实说明其进货来源的，可以从轻或者减轻处罚。

(8)拒绝接受依法进行的产品质量监督检查的，给予警告，责令改正；拒不改正的，责令停业整顿；情节特别严重的，吊销营业执照。

(9)在广告中对产品质量作虚假宣传，欺骗和误导消费者的，依照《中华人民共和国广告法》的规定追究法律责任。

(10)服务业的经营者将《产品质量法》第 49 条至第 52 条规定禁止销售的产品用于经营性服务的，责令停止使用；对知道或者应当知道所使用的产品属于本法规定禁止销售的产品的，按照违法使用的产品(包括已使用和尚未使用的产品)的货值金额，依照《产品质量法》对销售者的处罚规定处罚。

(11)隐匿、转移、变卖、损毁被市场监督管理部门查封、扣押的物品的，处被隐匿、转移、变卖、损毁物品货值金额等值以上 3 倍以下的罚款；有违法所得的，并处没收违法所得。违反《产品质量法》规定，应当承担民事赔偿责任和缴纳罚款、罚金，其财产不足以同时支付时，先承担民事赔偿责任。

(二)产品质量检验机构、认证机构等机构的法律责任

(1)产品质量检验机构、认证机构伪造检验结果或者出具虚假证明的，责令改正，对单位处 5 万元以上 10 万元以下的罚款，对直接负责的主管人员和其他直接责任人员处 1 万元以上 5 万元以下的罚款；有违法所得的，并处没收违法所得；情节严重的，取消其检验资格、认证资格；构成犯罪的，依法追究刑事责任。

产品质量检验机构、认证机构出具的检验结果或者证明不实，造成损失的，应当承担相应的赔偿责任；造成重大损失的，撤销其检验资格、认证资格。

产品质量认证机构违反《产品质量法》第 21 条第 2 款的规定，对不符合认证标准而使用认证标志的产品，未依法要求其改正或者取消其使用认证标志资格的，对因产品不符合认证标准给消费者造成的损失，与产品的生产者、销售者承担连带责任；情节严重的，撤销其认证资格。

(2)社会团体、社会中介机构对产品质量作出承诺、保证，而该产品又不符合其承诺、保证的质量要求，给消费者造成损失的，与产品的生产者、销售者承担连带责任。

(3)知道或者应当知道属于本法规定禁止生产、销售的产品而为其提供运输、保管、仓储等便利条件的，或者为以假充真的产品提供制假生产技术的，没收全部运输、保管、仓储或者提供制假生产技术的收入，并处违法收入 50%以上 3 倍以下的罚款；构成犯罪的，依法追究刑事责任。

(三)国家机关工作人员的法律责任

(1)各级人民政府工作人员和其他国家机关工作人员有下列情形之一的，依法给予行政处分；构成犯罪的，依法追究刑事责任：

①包庇、放纵产品生产、销售中违反本法规定行为的；

②向从事违反本法规定的生产、销售活动的当事人通风报信，帮助其逃避查处的；

③阻挠、干预市场监督管理部门依法对产品生产、销售中违反本法规定的行为进行查处，造成严重后果的。

(2)市场监督管理部门在产品质量监督抽查中超过规定的数量索取样品或者向被检查人收取检验费用的，由上级市场监督管理部门或者监察机关责令退还；情节严重的，对直接负责的主管人员和其他直接责任人员依法给予行政处分。

(3)市场监督管理部门或者其他国家机关违反《产品质量法》第 25 条的规定，向社会推荐生产者的产品或者以监制、监销等方式参与产品经营活动的，由其上级机关或者监察机关责令改正，消除影响，有违法收入的予以没收；情节严重的，对直接负责的主管人员和其他直接责任人员依法给予行政处分。

产品质量检验机构有上述所列违法行为的，由市场监督管理部门责令改正，消除影响，有违法收入的予以没收，可以并处违法收入 1 倍以下的罚款；情节严重的，撤销其质量检验资格。

(4)市场监督管理部门的工作人员滥用职权、玩忽职守、徇私舞弊，构成犯罪的，依法追究刑事责任；尚不构成犯罪的，依法给予行政处分。

第二节　反不正当竞争法

一、不正当竞争的概念和特征

(一)不正当竞争的概念

我国《反不正当竞争法》第 2 条第 2 款规定："本法所称的不正当竞争行为，是指经营者在生产经营活动中，违反本法规定，扰乱市场竞争秩序，损害其他经营者或者消费者的合法权益的行为。"经营者，是指从事商品生产、经营或者提供服务(以下所称商品包括服务)的自然人、法人和非法人组织。

(二)不正当竞争的特征

(1)不正当竞争的行为主体，只能是从事竞争活动的经营者。

(2)经营者必须实施了违反自愿、平等、公平、诚实信用原则和公认的商业道德的行为，并且在行为中有过错(包括故意和过失)。

(3)经营者所实施的违反自愿、平等、公平、诚实信用原则和公认的商业道德的行为，必须是发生在市场交易中，即发生在商品买卖、提供劳务和服务之中。

(4)经营者所实施的违反自愿、平等、公平、诚实信用原则和公认的商业道德的行为，必须损害了其他经营者的合法权益，或扰乱了社会经济秩序。

二、反不正当竞争法

1993 年 9 月 2 日第八届全国人民代表大会常务委员会第三次会议通过了《中华人民共和国反不正当竞争法》，并于 1993 年 12 月 1 日起施行，2017 年 11 月 4 日第十二届全国人民代表大会常务委员会第三十次会议修订。《反不正当竞争法》是一部促进社会主义市场经济健康发展、鼓励和保护公平竞争、制止不正当竞争行为、保护经营者和消费者的合法权益的重要法律。

三、不正当竞争行为的表现形式

(一)假冒、仿冒行为

《反不正当竞争法》第 6 条规定，经营者不得实施下列混淆行为，引人误认为是他人商品或者与他人存在特定联系：

(1)擅自使用与他人有一定影响的商品名称、包装、装潢等相同或者近似的标识；

(2)擅自使用他人有一定影响的企业名称(包括简称、字号等)、社会组织名称(包括简称等)、姓名(包括笔名、艺名、译名等)；

(3)擅自使用他人有一定影响的域名主体部分、网站名称、网页等；

(4)其他足以引人误认为是他人商品或者与他人存在特定联系的混淆行为。

(二)商业贿赂行为

《反不正当竞争法》第 7 条规定,经营者不得采用财物或者其他手段贿赂下列单位或者个人,以谋取交易机会或者竞争优势:

(1)交易相对方的工作人员;

(2)受交易相对方委托办理相关事务的单位或者个人;

(3)利用职权或者影响力影响交易的单位或者个人。

经营者在交易活动中,可以以明示方式向交易相对方支付折扣,或者向中间人支付佣金。经营者向交易相对方支付折扣、向中间人支付佣金的,应当如实入账。接受折扣、佣金的经营者也应当如实入账。

经营者的工作人员进行贿赂的,应当认定为经营者的行为;但是,经营者有证据证明该工作人员的行为与为经营者谋取交易机会或者竞争优势无关的除外。

(三)虚假宣传行为

《反不正当竞争法》第 8 条规定,经营者不得对其商品的性能、功能、质量、销售状况、用户评价、曾获荣誉等作虚假或者引人误解的商业宣传,欺骗、误导消费者。经营者不得通过组织虚假交易等方式,帮助其他经营者进行虚假或者引人误解的商业宣传。如某换肤霜广告宣称,使用一次更换老化皮肤,使用八次彻底换个模样,并称经五家医院临床验证,有效率达 100%。

(四)侵犯商业秘密的行为

《反不正当竞争法》第 9 条规定,经营者不得实施下列侵犯商业秘密的行为:

(1)以盗窃、贿赂、欺诈、胁迫、电子侵入或者其他不正当手段获取权利人的商业秘密;

(2)披露、使用或者允许他人使用以前项手段获取的权利人的商业秘密;

(3)违反保密义务或者违反权利人有关保守商业秘密的要求,披露、使用或者允许他人使用其所掌握的商业秘密;

(4)教唆、引诱、帮助他人违反保密义务或者违反权利人有关保守商业秘密的要求,获取、披露、使用或者允许他人使用权利人的商业秘密。

经营者以外的其他自然人、法人和非法人组织实施前款所列违法行为的,视为侵犯商业秘密。

第三人明知或者应知商业秘密权利人的员工、前员工或者其他单位、个人实施上述所列违法行为,仍获取、披露、使用或者允许他人使用该商业秘密的,视为侵犯商业秘密。

商业秘密,是指不为公众所知悉、具有商业价值并经权利人采取相应保密措施的技术信息、经营信息等商业信息。

(五)不正当有奖销售行为

《反不正当竞争法》第 10 条规定,经营者进行有奖销售不得存在下列情形:

(1)所设奖的种类、兑奖条件、奖金金额或者奖品等有奖销售信息不明确,影响兑奖;

(2)采用谎称有奖或者故意让内定人员中奖的欺骗方式进行有奖销售;

(3)抽奖式的有奖销售,最高奖的金额超过 5 万元。

(六)诋毁商誉行为

《反不正当竞争法》第 11 条规定,经营者不得编造、传播虚假信息或者误导性信息,损害竞争对手的商业信誉、商品声誉。

(七)妨碍、破坏其他经营者合法提供的网络产品或者服务正常运行的行为

《反不正当竞争法》第12条规定,经营者利用网络从事生产经营活动,应当遵守本法的各项规定。

经营者不得利用技术手段,通过影响用户选择或者其他方式,实施下列妨碍、破坏其他经营者合法提供的网络产品或者服务正常运行的行为:

(1)未经其他经营者同意,在其合法提供的网络产品或者服务中,插入链接、强制进行目标跳转;

(2)误导、欺骗、强迫用户修改、关闭、卸载其他经营者合法提供的网络产品或者服务;

(3)恶意对其他经营者合法提供的网络产品或者服务实施不兼容;

(4)其他妨碍、破坏其他经营者合法提供的网络产品或者服务正常运行的行为。

四、对涉嫌不正当竞争行为的调查

(一)监督检查部门

《反不正当竞争法》第4条规定:"县级以上人民政府履行工商行政管理职责的部门对不正当竞争行为进行查处;法律、行政法规规定由其他部门查处的,依照其规定。"

(二)监督检查部门的职权和义务

《反不正当竞争法》第13条规定,监督检查部门调查涉嫌不正当竞争行为,可以采取下列措施:

(1)进入涉嫌不正当竞争行为的经营场所进行检查;

(2)询问被调查的经营者、利害关系人及其他有关单位、个人,要求其说明有关情况或者提供与被调查行为有关的其他资料;

(3)查询、复制与涉嫌不正当竞争行为有关的协议、账簿、单据、文件、记录、业务函电和其他资料;

(4)查封、扣押与涉嫌不正当竞争行为有关的财物;

(5)查询涉嫌不正当竞争行为的经营者的银行账户。

采取前款规定的措施,应当向监督检查部门主要负责人书面报告,并经批准。采取前款第(4)项、第(5)项规定的措施,应当向设区的市级以上人民政府监督检查部门主要负责人书面报告,并经批准。

监督检查部门调查涉嫌不正当竞争行为,应当遵守《中华人民共和国行政强制法》和其他有关法律、行政法规的规定,并应当将查处结果及时向社会公开。

监督检查部门调查涉嫌不正当竞争行为,被调查的经营者、利害关系人及其他有关单位、个人应当如实提供有关资料或者情况。

监督检查部门及其工作人员对调查过程中知悉的商业秘密负有保密义务。

对涉嫌不正当竞争行为,任何单位和个人都有权向监督检查部门举报,监督检查部门接到举报后应当依法及时处理。监督检查部门应当向社会公开受理举报的电话、信箱或者电子邮件地址,并为举报人保密。对实名举报并提供相关事实和证据的,监督检查部门应当将处理结果告知举报人。

五、不正当竞争行为的法律责任

由于不正当竞争行为不仅损害其他经营者的合法权益,还扰乱社会经济秩序、破坏市场竞争机制，具有多重危害性，因此，我国《反不正当竞争法》对不正当竞争行为规定了三种法律责任形式，即民事责任、行政责任和刑事责任。民事责任包括停止侵害、排除妨碍、消除影响和赔偿损失。行政责任包括停止违法行为、罚款、没收非法所得、吊销营业执照等。对违反《反不正当竞争法》行为，情节严重，构成犯罪的，要依法追究刑事责任。

根据《反不正当竞争法》第四章的规定，不正当竞争行为的法律责任主要有以下几种情况：

(1)经营者违反《反不正当竞争法》规定，给他人造成损害的，应当依法承担民事责任。经营者的合法权益受到不正当竞争行为损害的，可以向人民法院提起诉讼。因不正当竞争行为受到损害的经营者的赔偿数额，按照其因被侵权所受到的实际损失确定；实际损失难以计算的，按照侵权人因侵权所获得的利益确定。经营者恶意实施侵犯商业秘密行为，情节严重的，可以在按照上述方法确定数额的 1 倍以上 5 倍以下确定赔偿数额。赔偿数额还应当包括经营者为制止侵权行为所支付的合理开支。经营者违反《反不正当竞争法》第 6 条、第 9 条规定，权利人因被侵权所受到的实际损失、侵权人因侵权所获得的利益难以确定的，由人民法院根据侵权行为的情节判决给予权利人 500 万元以下的赔偿。

(2)经营者违反《反不正当竞争法》第 6 条规定实施混淆行为的，由监督检查部门责令停止违法行为，没收违法商品。违法经营额 5 万元以上的，可以并处违法经营额 5 倍以下的罚款；没有违法经营额或者违法经营额不足 5 万元的，可以并处 25 万元以下的罚款。情节严重的，吊销营业执照。经营者登记的企业名称违反《反不正当竞争法》第 6 条规定的，应当及时办理名称变更登记；名称变更前，由原企业登记机关以统一社会信用代码代替其名称。

(3)经营者违反《反不正当竞争法》第 7 条规定贿赂他人的，由监督检查部门没收违法所得，处 10 万元以上 300 万元以下的罚款。情节严重的，吊销营业执照。

(4)经营者违反《反不正当竞争法》第 8 条规定对其商品作虚假或者引人误解的商业宣传，或者通过组织虚假交易等方式帮助其他经营者进行虚假或者引人误解的商业宣传的，由监督检查部门责令停止违法行为，处 20 万元以上 100 万元以下的罚款；情节严重的，处 100 万元以上 200 万元以下的罚款，可以吊销营业执照。经营者违反《反不正当竞争法》第 8 条规定，属于发布虚假广告的，依照《中华人民共和国广告法》的规定处罚。

(5)经营者以及其他自然人、法人和非法人组织违反《反不正当竞争法》第 9 条规定侵犯商业秘密的，由监督检查部门责令停止违法行为，没收违法所得，处 10 万元以上 100 万元以下的罚款；情节严重的，处 50 万元以上 500 万元以下的罚款。

(6)经营者违反《反不正当竞争法》第 10 条规定进行有奖销售的，由监督检查部门责令停止违法行为，处 5 万元以上 50 万元以下的罚款。

(7)经营者违反《反不正当竞争法》第 11 条规定损害竞争对手商业信誉、商品声誉的，由监督检查部门责令停止违法行为、消除影响，处 10 万元以上 50 万元以下的罚款；情节严重的，处 50 万元以上 300 万元以下的罚款。

(8)经营者违反《反不正当竞争法》第 12 条规定妨碍、破坏其他经营者合法提供的网络产品或者服务正常运行的，由监督检查部门责令停止违法行为，处 10 万元以上 50 万元以下的罚款；情节严重的，处 50 万元以上 300 万元以下的罚款。

(9)经营者违反《反不正当竞争法》规定从事不正当竞争，有主动消除或者减轻违法行为危害后果等法定情形的，依法从轻或者减轻行政处罚；违法行为轻微并及时纠正，没有造成危害后果的，不予行政处罚。受到行政处罚的，由监督检查部门记入信用记录，并依照有关法律、行政法规的规定予以公示。经营者应当承担民事责任、行政责任和刑事责任，其财产不足以支付的，优先用于承担民事责任。妨害监督检查部门依照《反不正当竞争法》履行职责，拒绝、阻碍调查的，由监督检查部门责令改正，对个人可以处 5 000 元以下的罚款，对单位可以处 5 万元以下的罚款，并可以由公安机关依法给予治安管理处罚。当事人对监督检查部门作出的决定不服的，可以依法申请行政复议或者提起行政诉讼。

(10)监督检查部门的工作人员滥用职权、玩忽职守、徇私舞弊或者泄露调查过程中知悉的商业秘密的，依法给予处分。

第三节　消费者权益保护法

一、消费者与消费者权益保护法概述

(一)消费者和经营者的概念

消费者是指为了满足个人生活消费的需要而购买、使用商品或者接受服务的单位和个人。经营者为消费者提供其生产、销售的商品或者提供服务的单位和个人。

农民购买、使用直接用于农业生产的生产资料，参照本法执行。

(二)消费者权益保护法

消费者权益保护法是指调整在保护消费者权益的过程中发生的经济关系的法律规范的总称。1993 年 10 月 31 日，第八届全国人民代表大会常务委员会第四次会议通过了《中华人民共和国消费者权益保护法》(以下简称《消费者权益保护法》)，该法于 1994 年 1 月 1 日起施行，并于 2009 年和 2013 年分别进行了修订。

二、消费者的权利

消费者权利是消费者权益保护法的核心。我国《消费者权益保护法》第 7～15 条规定，消费者享有下列权利：

1. 安全保障权

消费者在购买、使用商品和接受服务时享有人身、财产安全不受损害的权利。消费者有权要求经营者提供的商品和服务符合保障人身、财产安全的要求。

2. 知悉真情权

消费者享有知悉其购买、使用的商品或者接受的服务的真实情况的权利。消费者有权根据商品或者服务的不同情况，要求经营者提供商品的价格、产地、生产者、用途、性能、规格、等级、主要成分、生产日期、有效期限、检验合格证明、使用方法说明书、售后服务，或者服务的内容、规格、费用等有关情况。

3. 自主选择权

消费者享有自主选择商品或者服务的权利。消费者有权自主选择提供商品或者服务的经营者，自主选择商品品种或者服务方式，自主决定购买或者不购买任何一种商品、接受或者不接受任何一项服务。消费者在自主选择商品或者服务时，有权进行比较、鉴别和挑选。

4. 公平交易权

消费者享有公平交易的权利。消费者在购买商品或者接受服务时，有权获得质量保障、价格合理、计量正确等公平交易条件，有权拒绝经营者的强制交易行为。

5. 要求赔偿权

消费者因购买、使用商品或者接受服务受到人身、财产损害的，享有依法获得赔偿的权利。

6. 结社权

消费者享有依法成立维护自身合法权益的社会团体的权利。

7. 获得有关商品知识权

消费者享有获得有关消费和消费者权益保护方面的知识的权利。消费者应当努力掌握所需商品或者服务的知识和使用技能，正确使用商品，提高自我保护意识。

8. 受尊重权

消费者在购买、使用商品和接受服务时，享有其人格尊严、民族风俗习惯得到尊重的权利。

9. 监督权

消费者享有对商品和服务以及保护消费者权益工作进行监督的权利。消费者有权检举、控告侵害消费者权益的行为和国家机关及其工作人员在保护消费者权益工作中的违法失职行为，有权对保护消费者权益工作提出批评、建议。

三、经营者的义务

我国《消费者权益保护法》第16～29条规定，经营者承担以下义务：

1. 履行法定和约定的义务

经营者向消费者提供商品或者服务，应当依照《消费者权益保护法》和其他有关法律、法规的规定履行义务。经营者和消费者有约定的，应当按照约定履行义务，但双方的约定不得违背法律、法规的规定。经营者向消费者提供商品或者服务，应当恪守社会公德，诚信经营，保障消费者的合法权益；不得设定不公平、不合理的交易条件，不得强制交易。

2. 接受监督的义务

经营者应当听取消费者对其提供的商品或者服务的意见，接受消费者的监督。

3. 保证商品和服务安全的义务

经营者应当保证其提供的商品或者服务符合保障人身、财产安全的要求。对可能危及人身、财产安全的商品和服务，应当向消费者作出真实的说明和明确的警示，并说明和标明正确使用商品或者接受服务的方法以及防止危害发生的方法。

宾馆、商场、餐馆、银行、机场、车站、港口、影剧院等经营场所的经营者，应当对消费者尽到安全保障义务。

4. 对存在缺陷的产品和服务及时采取措施的义务

经营者发现其提供的商品或者服务存在缺陷，有危及人身、财产安全危险的，应当立即向有关行政部门报告和告知消费者，并采取停止销售、警示、召回、无害化处理、销毁、停止生产或者服务等措施。采取召回措施的，经营者应当承担消费者因商品被召回支出的必要费用。

5. 提供商品和服务真实信息的义务

经营者向消费者提供有关商品或者服务的质量、性能、用途、有效期限等信息，应当真实、全面，不得作虚假或者引人误解的宣传。经营者对消费者就其提供的商品或者服务的质量和使用方法等问题提出的询问，应当作出真实、明确的答复。经营者提供商品或者服务应当明码标价。

6. 标明商品的真实名称和标记的义务

经营者应当标明其真实名称和标记。租赁他人柜台或者场地的经营者，应当标明其真实名称和标记。

7. 出具购货凭证或者服务单据的义务

经营者提供商品或者服务，应当按照国家有关规定或者商业惯例向消费者出具发票等购货凭证或者服务单据；消费者索要发票等购货凭证或者服务单据的，经营者必须出具。

8. 瑕疵担保义务、瑕疵举证责任

经营者应当保证在正常使用商品或者接受服务的情况下其提供的商品或者服务应当具有的质量、性能、用途和有效期限；但消费者在购买该商品或者接受该服务前已经知道其存在瑕疵，且存在该瑕疵不违反法律强制性规定的除外。经营者以广告、产品说明、实物样品或者其他方式表明商品或者服务的质量状况的，应当保证其提供的商品或者服务的实际质量与表明的质量状况相符。经营者提供的机动车、计算机、电视机、电冰箱、空调器、洗衣机等耐用商品或者装饰装修等服务，消费者自接受商品或者服务之日起 6 个月内发现瑕疵，发生争议的，由经营者承担有关瑕疵的举证责任。

9. 履行“三包”的义务

经营者提供的商品或者服务不符合质量要求的，消费者可以依照国家规定、当事人约定退货，或者要求经营者履行更换、修理等义务。没有国家规定和当事人约定的，消费者可以自收到商品之日起 7 日内退货；7 日后符合法定解除合同条件的，消费者可以及时退货，不符合法定解除合同条件的，可以要求经营者履行更换、修理等义务。依照前款规定进行退货、更换、修理的，经营者应当承担运输等必要费用。

10. 无理由退货制度

经营者采用网络、电视、电话、邮购等方式销售商品，消费者有权自收到商品之日起 7 日内退货，且无须说明理由，但下列商品除外：①消费者定作的；②鲜活易腐的；③在线下载或者消费者拆封的音像制品、计算机软件等数字化商品；④交付的报纸、期刊。除前款所列商品外，其他根据商品性质并经消费者在购买时确认不宜退货的商品，不适用无理由退货。消费者退货的商品应当完好。经营者应当自收到退回商品之日起 7 日内返还消费者支付的商品价款。退回商品的运费由消费者承担；经营者和消费者另有约定的，按照约定。

11. 正确使用格式条款的义务

经营者在经营活动中使用格式条款的，应当以显著方式提请消费者注意商品或者服务的数量和质量、价款或者费用、履行期限和方式、安全注意事项和风险警示、售后服务、民事责任等与消费者有重大利害关系的内容，并按照消费者的要求予以说明。经营者不得以格式条款、通知、声明、店堂告示等方式，作出排除或者限制消费者权利、减轻或者免除经营者责任、加重消费者责任等对消费者不公平、不合理的规定，不得利用格式条款并借助技术手段强制交易。格式条款、通知、声明、店堂告示等含有前款所列内容的，其内容无效。

12. 不得侵犯人格尊严和人身自由的义务

经营者不得对消费者进行侮辱、诽谤，不得搜查消费者的身体及其携带的物品，不得侵犯消费者的人身自由。

13. 特定领域经营者的信息披露义务

采用网络、电视、电话、邮购等方式提供商品或者服务的经营者，以及提供证券、保险、银行等金融服务的经营者，应当向消费者提供经营地址、联系方式、商品或者服务的数量和质量、价款或者费用、履行期限和方式、安全注意事项和风险警示、售后服务、民事责任等信息。

14. 保护消费者个人信息的义务

经营者收集、使用消费者个人信息，应当遵循合法、正当、必要的原则，明示收集、使用信息的目的、方式和范围,并经消费者同意。经营者收集、使用消费者个人信息,应当公开其收集、使用规则,不得违反法律、法规的规定和双方的约定收集、使用信息。经营者及其工作人员对收集的消费者个人信息必须严格保密,不得泄露、出售或者非法向他人提供。经营者应当采取技术措施和其他必要措施,确保信息安全,防止消费者个人信息泄露、丢失。在发生或者可能发生信息泄露、丢失的情况时,应当立即采取补救措施。经营者未经消费者同意或者请求,或者消费者明确表示拒绝的,不得向其发送商业性信息。

四、国家对消费者合法权益的保护

国家制定有关消费者权益的法律、法规、规章和强制性标准,应当听取消费者和消费者协会等组织的意见。各级人民政府应当加强领导,组织、协调、督促有关行政部门做好保护消费者合法权益的工作,落实保护消费者合法权益的职责。

各级人民政府应当加强监督,预防危害消费者人身、财产安全行为的发生,及时制止危害消费者人身、财产安全的行为。各级人民政府工商行政管理部门和其他有关行政部门应当依照法律、法规的规定,在各自的职责范围内,采取措施,保护消费者的合法权益。

有关行政部门应当听取消费者和消费者协会等组织对经营者交易行为、商品和服务质量问题的意见,及时调查处理。有关行政部门在各自的职责范围内,应当定期或者不定期对经营者提供的商品和服务进行抽查检验,并及时向社会公布抽查检验结果。有关行政部门发现并认定经营者提供的商品或者服务存在缺陷,有危及人身、财产安全危险的,应当立即责令经营者采取停止销售、警示、召回、无害化处理、销毁、停止生产或者服务等措施。

有关国家机关应当依照法律、法规的规定,惩处经营者在提供商品和服务中侵害消费者合法权益的违法犯罪行为。人民法院应当采取措施,方便消费者提起诉讼。对符合《中华人民共和国民事诉讼法》起诉条件的消费者权益争议,必须受理,及时审理。

五、消费者组织

消费者协会和其他消费者组织是依法成立的对商品和服务进行社会监督的保护消费者合法权益的社会组织。消费者协会履行下列公益性职责:

(1)向消费者提供消费信息和咨询服务,提高消费者维护自身合法权益的能力,引导文明、健康、节约资源和保护环境的消费方式;

(2)参与制定有关消费者权益的法律、法规、规章和强制性标准;

(3)参与有关行政部门对商品和服务的监督、检查;

(4)就有关消费者合法权益的问题,向有关部门反映、查询、提出建议;

(5)受理消费者的投诉,并对投诉事项进行调查、调解;

(6)投诉事项涉及商品和服务质量问题的,可以委托具备资格的鉴定人鉴定,鉴定人应当告知鉴定意见;

(7)就损害消费者合法权益的行为,支持受损害的消费者提起诉讼或者依照本法提起诉讼;

(8)对损害消费者合法权益的行为,通过大众传播媒介予以揭露、批评。

各级人民政府对消费者协会履行职责应当予以必要的经费等支持。消费者协会应当认真履行保护消费者合法权益的职责,听取消费者的意见和建议,接受社会监督。依法成立的其他消费者组织依照法律、法规及其章程的规定,开展保护消费者合法权益的活动。消费者组织不得从事商品经营和营利性服务，不得以收取费用或者其他牟取利益的方式向消费者推荐商品和服务。

六、争议的解决

消费者和经营者发生消费者权益争议的，可以通过下列途径解决：

(1)与经营者协商和解；

(2)请求消费者协会或者依法成立的其他调解组织调解；

(3)向有关行政部门投诉；

(4)根据与经营者达成的仲裁协议提请仲裁机构仲裁；

(5)向人民法院提起诉讼。

消费者在购买、使用商品时，其合法权益受到损害的，可以向销售者要求赔偿。销售者赔偿后，属于生产者的责任或者属于向销售者提供商品的其他销售者的责任的，销售者有权向生产者或者其他销售者追偿。消费者或者其他受害人因商品缺陷造成人身、财产损害的，可以向销售者要求赔偿，也可以向生产者要求赔偿；属于生产者责任的，销售者赔偿后，有权向生产者追偿。属于销售者责任的，生产者赔偿后，有权向销售者追偿。消费者在接受服务时，其合法权益受到损害的，可以向服务者要求赔偿。

消费者在购买、使用商品或者接受服务时，其合法权益受到损害，因原企业分立、合并的，可以向变更后承受其权利和义务的企业要求赔偿。使用他人营业执照的违法经营者提供商品或者服务，损害消费者合法权益的，消费者可以向其要求赔偿，也可以向营业执照的持有人要求赔偿。消费者在展销会、租赁柜台购买商品或者接受服务，其合法权益受到损害的，可以向销售者或者服务者要求赔偿。展销会结束或者柜台租赁期满后，也可以向展销会的举办者、柜台的出租者要求赔偿。展销会的举办者、柜台的出租者赔偿后，有权向销售者或者服务者追偿。

消费者通过网络交易平台购买商品或者接受服务，其合法权益受到损害的，可以向销售者或者服务者要求赔偿。网络交易平台提供者不能提供销售者或者服务者的真实名称、地址和有效联系方式的，消费者也可以向网络交易平台提供者要求赔偿；网络交易平台提供者作出更有利于消费者的承诺的，应当履行承诺。网络交易平台提供者赔偿后，有权向销售者或者服务者追偿。网络交易平台提供者明知或者应知销售者或者服务者利用其平台侵害消费者合法权益，未采取必要措施的，依法与该销售者或者服务者承担连带责任。

消费者因经营者利用虚假广告或者其他虚假宣传方式提供商品或者服务，其合法权益受到损害的，可以向经营者要求赔偿。广告经营者、发布者发布虚假广告的，消费者可以请求行政主管部门予以惩处。广告经营者、发布者不能提供经营者的真实名称、地址和有效联系方式的，应当承担赔偿责任。广告经营者、发布者设计、制作、发布关系消费者生命健康的商品或者服务的虚假广告，造成消费者损害的，应当与提供该商品或者服务的经营者承担连带责任。社会团体或者其他组织、个人在关系消费者生命健康的商品或者服务的虚假广告或者其他虚假宣传中向消费者推荐商品或者服务，造成消费者损害的，应当与提供该商品或者服务的经营者承担连带责任。

消费者向有关行政部门投诉的，该部门应当自收到投诉之日起 7 个工作日内，予以处理并告知消费者。对侵害众多消费者合法权益的行为，中国消费者协会以及在省、自治区、直辖市设立的消费者协会，可以向人民法院提起诉讼。

七、法律责任

(一)民事责任

经营者提供商品或者服务有下列情形之一的,除《消费者权益保护法》另有规定外,应当依照其他有关法律、法规的规定,承担民事责任:

(1)商品或者服务存在缺陷的;

(2)不具备商品应当具备的使用性能而出售时未作说明的;

(3)不符合在商品或者其包装上注明采用的商品标准的;

(4)不符合商品说明、实物样品等方式表明的质量状况的;

(5)生产国家明令淘汰的商品或者销售失效、变质的商品的;

(6)销售的商品数量不足的;

(7)服务的内容和费用违反约定的;

(8)对消费者提出的修理、重作、更换、退货、补足商品数量、退还货款和服务费用或者赔偿损失的要求,故意拖延或者无理拒绝的;

(9)法律、法规规定的其他损害消费者权益的情形。

经营者对消费者未尽到安全保障义务,造成消费者损害的,应当承担侵权责任。

经营者提供商品或者服务,造成消费者或者其他受害人人身伤害的,应当赔偿医疗费、护理费、交通费等为治疗和康复支出的合理费用,以及因误工减少的收入。造成残疾的,还应当赔偿残疾生活辅助具费和残疾赔偿金。造成死亡的,还应当赔偿丧葬费和死亡赔偿金。

经营者侵害消费者的人格尊严、侵犯消费者人身自由或者侵害消费者个人信息依法得到保护的权利的,应当停止侵害、恢复名誉、消除影响、赔礼道歉,并赔偿损失。经营者有侮辱诽谤、搜查身体、侵犯人身自由等侵害消费者或者其他受害人人身权益的行为,造成严重精神损害的,受害人可以要求精神损害赔偿。

经营者提供商品或者服务,造成消费者财产损害的,应当依照法律规定或者当事人约定承担修理、重作、更换、退货、补足商品数量、退还货款和服务费用或者赔偿损失等民事责任。经营者以预收款方式提供商品或者服务的,应当按照约定提供。未按照约定提供的,应当按照消费者的要求履行约定或者退回预付款;并应当承担预付款的利息、消费者必须支付的合理费用。

经营者提供商品或者服务有欺诈行为的,应当按照消费者的要求增加赔偿其受到的损失,增加赔偿的金额为消费者购买商品的价款或者接受服务的费用的 3 倍;增加赔偿的金额不足 500 元的,为 500 元。法律另有规定的,依照其规定。经营者明知商品或者服务存在缺陷,仍然向消费者提供,造成消费者或者其他受害人死亡或者健康严重损害的,受害人有权要求经营者依照《消费者权益保护法》第 49 条、第 51 条等法律规定赔偿损失,并有权要求所受损失 2 倍以下的惩罚性赔偿。

(二)行政责任

经营者有下列情形之一,除承担相应的民事责任外,其他有关法律、法规对处罚机关和处罚方式有规定的,依照法律、法规的规定执行;法律、法规未作规定的,由工商行政管理部门或者其他有关行政部门责令改正,可以根据情节单处或者并处警告、没收违法所得、处以违法所得 1 倍以上 10 倍以下的罚款,没有违法所得的,处以 50 万元以下的罚款;情节严重的,责令停业整顿、吊销营业执照:

(1)提供的商品或者服务不符合保障人身、财产安全要求的;

(2)在商品中掺杂、掺假,以假充真、以次充好,或者以不合格商品冒充合格商品的;

(3)生产国家明令淘汰的商品或者销售失效、变质的商品的;

(4)伪造商品的产地,伪造或者冒用他人的厂名、厂址,篡改生产日期,伪造或者冒用认证标志等质量标志的;

(5)销售的商品应当检验、检疫而未检验、检疫或者伪造检验、检疫结果的;

(6)对商品或者服务作虚假或者引人误解的宣传的;

(7)拒绝或者拖延有关行政部门责令对缺陷商品或者服务采取停止销售、警示、召回、无害化处理、销毁、停止生产或者服务等措施的;

(8)对消费者提出的修理、重作、更换、退货、补足商品数量、退还货款和服务费用或者赔偿损失的要求,故意拖延或者无理拒绝的;

(9)侵害消费者人格尊严、侵犯消费者人身自由或者侵害消费者个人信息依法得到保护的权利的;

(10)法律、法规规定的对损害消费者权益应当予以处罚的其他情形。

经营者有前款规定情形的,除依照法律、法规规定予以处罚外,处罚机关应当记入信用档案,向社会公布。

(三)刑事责任

经营者违反《消费者权益保护法》规定提供商品或者服务,侵害消费者合法权益,构成犯罪的,依法追究刑事责任。

练习题

一、复习思考题

1. 产品质量认证认可制度有哪些?
2. 经营者的产品质量义务有哪些?
3. 不正当竞争行为的表现形式有哪些?
4. 什么是消费者,消费者的权利有哪些?
5. 经营者的义务有哪些?

二、案例分析题

赵某2022年4月在市百货商店购买了南极企鹅牌冰箱一台。使用3个月后,冰箱起火,赵某损失8 000多元。事发后,赵某找到商店,商店同意赔偿4 000元,而赵某认为商店最少应赔偿6 000元,双方不欢而散。赵某遂诉至法院。法院认为,认定产品质量问题应由质量监督部门出具鉴定书。但技术监督部门提出,该冰箱已经烧毁,又无库存,无法鉴定。法院开庭,认为不能排除消费者使用不当的可能性,虽冰箱没有合格证,但产品质量问题证据不足,驳回起诉。

问题:

(1)法院判案是否正确?理由是什么?

(2)本案应如何处理?

第十四章

经济监督法律制度

学习目标

通过本章学习，你应能够：

了解价格法的基本内容；

了解广告法的基本内容。

思政目标

能够正确理解规范价格行为，能发挥价格合理配置资源的作用，稳定市场价格总水平，进而保护消费者和经营者的合法权益，促进社会主义市场经济的健康发展。能认识到广告的社会功能，理解广告人的职业道德和社会责任。了解虚假广告、违法广告对社会造成的负面影响，从内心深处树立职业敬畏感、使命感。

第一节　价格法

一、价格法概述

（一）价格的概念和范围

价格是商品价值的货币表现，它是反映市场供求关系、资源稀缺程度的信号，是引导优化市场资源配置的重要工具，在市场机制中发挥着重要的作用。《价格法》所称的价格仅指商品价格和服务价格，商品价格是指各类有形产品和无形资产的价格，服务价格是指各类有偿服务的收费。

（二）价格法

价格法是调整价格的制定、执行和监督过程中发生的经济关系的法律规范的总称。《中华人民共和国价格法》由中华人民共和国第八届全国人民代表大会常务委员会第二十九次会议于 1997 年 12 月 29 日通过，自 1998 年 5 月 1 日起施行。《价格法》适用于中华人民共和国境内发生的价格行为。

(三)价格制度和价格形式

1. 价格制度

《价格法》第3条第1款规定:“国家实行并逐步完善宏观经济调控下主要由市场形成价格的机制。价格的制定应当符合价值规律,大多数商品和服务价格实行市场调节价,极少数商品和服务价格实行政府指导价或者政府定价。”

2. 价格形式

价格形式是价格法确认的各类商品和经营性服务收费标准的表现方式。与我国基本价格制度相适应,价格法按照定价主体和价格形成途径不同,规定了市场调节价、政府指导价和政府定价的价格形式。

(1)市场调节价是由经营者自主制定,通过市场竞争形成的价格。经营者是指从事生产、经营商品或者提供有偿服务的法人、其他组织和个人。

(2)政府指导价是指依照价格法规定,由政府价格主管部门或者其他有关部门,按照定价权限和范围规定基准价及其浮动幅度,指导经营者制定的价格。

(3)政府定价是指依照价格法规定,由政府价格主管部门或者其他有关部门按照定价权限和范围制定的价格。

(四)价格主管机构

我国价格工作机构是各级人民政府价格主管部门和有关部门。《价格法》第5条规定,国务院价格主管部门统一负责全国的价格工作。国务院其他有关部门在各自的职责范围内,负责有关价格工作。县级以上地方各级人民政府价格主管部门负责本行政区域内的价格工作。

县级以上地方各级人民政府其他有关部门在各自的职责范围内负责有关的价格工作。

二、经营者的价格行为

(一)经营者自主定价的范围、定价原则和定价依据

1. 自主定价范围

界定市场调节价格范围的客观标准是商品和服务项目价格是否适宜于市场竞争中形成。价格法采用排除法的方式划定了经营者自主定价的范围,即在明确规定了政府指导价和政府定价的范围后,规定除适用政府指导价和政府定价之外的所有商品和服务价格,均实行市场调节价,由经营者自主制定。

2. 定价原则

经营者定价,应当遵循公平、合法和诚实信用的原则。

3. 定价依据

经营者定价的基本依据是生产经营成本和市场供求状况。

(二)经营者的价格权利和义务

1. 经营者的价格权利

经营者进行价格活动,享有以下权利:①自主制定属于市场调节的价格;②在政府指导价规定的幅度内制定价格;③制定属于政府指导价、政府定价产品范围内的新产品的试销价格,特定产品除外;④检举、控告侵犯其依法自主定价权利的行为。

2. 经营者的价格义务

经营者在价格活动中应履行的基本义务有:

(1)经营者应当努力改进生产经营管理,降低生产经营成本,为消费者提供价格合理的商品和服务,并在市场竞争中获取合法利润。经营者应当根据其经营条件建立、健全内部价格管理制度,准确记录与核定商品和服务的生产经营成本,不得弄虚作假。

(2)经营者进行价格活动,应当遵守法律、法规,执行依法制定的政府指导价、政府定价和法定的价格干预措施、紧急措施。

(3)经营者销售、收购商品和提供服务,应当按照政府价格主管部门的规定明码标价,注明商品的品名、产地、规格、等级、计价单位、价格或者服务的项目、收费标准等有关情况。经营者不得在标价之外加价出售商品,不得收取任何未予标明的费用。

(三)经营者的不正当价格行为

《价格法》第 14 条规定,经营者不得有下列不正当价格行为:①相互串通,操纵市场价格,损害其他经营者或消费者的合法权益;②在依法降价处理鲜活商品、季节性商品、积压商品等外,为了打压竞争对手或者独占市场,以低于成本的价格倾销,扰乱正常的生产、经营秩序,损害国家利益或者其他经营者的合法权益;③捏造、散布涨价信息,哄抬价格,推动商品价格过高上涨的;④利用虚假的或者使人误解的价格手段,诱骗消费者或者其他经营者与其进行交易;⑤提供相同商品或者服务,对具有同等交易条件的其他经营者实行价格歧视;⑥采取抬高等级或者压低等级手段收购、销售商品或者提供服务,变相提高或者压低价格;⑦违反法律、法规的规定牟取暴利;⑧法律、行政法规禁止的其他不正当价格行为。

三、政府的定价行为

(一)政府的定价范围

确定政府指导价和政府定价范围的标准是商品和服务的垄断程度、资源稀缺程度和重要程度。《价格法》第 18 条规定,下列商品和服务价格,政府在必要时可以实行政府指导价或者政府定价:

(1)与国民经济发展和人民生活关系重大的极少数商品价格,如原油、天然气的出厂价,粮食订购价,食盐价格等。

(2)资源稀缺的少数商品,如金银矿产品的收购价等。

(3)自然垄断经营商品,如自来水、煤气、集中供热等。

(4)重要的公用事业,如公共交通、电信等。

(5)重要的公益性服务,如学校、医院等。

随着具体商品和服务的垄断程度、资源稀缺程度和重要程度的变化,上述实行政府指导价和政府定价的商品和服务范围也会改变。

(二)定价权限

定价权限是指各级人民政府价格主管部门和其他有关部门制定商品和服务价格的职责和权力范围。政府指导价、政府定价的定价权限和具体适用范围,以中央和地方的定价目录为依据。

中央定价目录由国务院价格主管部门制定、修订,报国务院批准后公布。

地方定价目录由省、自治区、直辖市人民政府价格主管部门按照中央定价目录规定的定价权限和具体适用范围制定,经本级人民政府审核同意,报国务院价格主管部门审定后公布。

省、自治区、直辖市人民政府以下各级地方人民政府不得制定定价目录。省、自治区、直辖市人民政府价格主管部门和其他有关部门,应当按照地方定价目录规定的定价权限和具体适用范围制定在本地区执行的政府指导价、政府定价。市、县人民政府可以根据省、自治区、直辖市人民政府的授权，按照地方定价目录规定的定价权限和具体适用范围制定在本地区执行的政府指导价、政府定价。

（三）定价依据、方式和程序

（1）定价依据。制定政府指导价、政府定价，应当依据有关商品或者服务的社会平均成本和市场供求状况，国民经济与社会发展要求及社会承受能力，实行合理的购销差价、批零差价、地区差价和季节差价。

（2）定价方式和程序。政府价格主管部门制定政府指导价、政府定价，应当开展价格、成本调查，听取消费者、经营者和有关方面的意见。制定关系群众切身利益的公用事业价格、公益性服务价格、自然垄断经营的商品价格等政府指导价、政府定价，应当建立听证会制度，由政府主管部门主持，征求消费者、经营者和有关方面的意见，论证其必要性、可行性。

政府指导价、政府定价制定后，由制定价格的部门向消费者、经营者公布。政府制定价格实行价格公告制度，以提高定价的透明度，规范政府的定价行为，便于经营者执行和消费者监督。

政府指导价、政府定价的具体适用范围、价格水平，应当根据经济运行情况，按照规定的定价权限和程序适时调整。消费者、经营者可以对政府指导价、政府定价提出调整建议。

四、价格总水平调控

（一）价格总水平调控的含义

价格总水平是指在一定时期内全社会所有商品和服务价格的综合平均水平。新形势下政府对价格的管理必须适应社会主义市场经济的要求，实行价格总水平调控，对加强和改善宏观经济调控，促进国民经济发展具有重要的作用。

（二）价格总水平调控目标的确定和实现

《价格法》规定，稳定市场价格总水平是国家重要的宏观经济政策目标。国家根据国民经济发展的需要和社会承受能力，确定市场价格总水平调控目标，列入国民经济和社会发展计划，并综合运用货币、财政、投资、进出口等方面的政策和措施，予以实现。

（三）价格保护措施、干预措施、紧急措施

（1）价格保护措施。《价格法》规定，政府在粮食等重要农产品的市场购买价格过低时，可以在收购中实行保护价格，并采取相应的经济措施保证其实现。保护价格是政府为了保护重要商品的生产者利益而确定的最低市场购买价格。

（2）价格干预措施。这是政府为防止市场价格可能出现过分上涨而采取的措施。《价格法》规定，当重要商品和服务价格显著上涨或者有可能显著上涨时，国务院和省、自治区、直辖市人民政府可以对部分价格采取限定差价或者利润率、规定限价、实行提价申报制度和调价备案制度等干预措施。

（3）价格紧急措施。当市场价格总水平出现剧烈波动等异常状态时，国务院可以在全国范围内或者部分区域内采取临时集中定价权限、部分或者全面冻结价格的紧急措施。

五、价格监督检查

价格监督检查是对遵守价格法律、法规和政策等情况进行的监督检查活动。价格法规定了专门机构监督检查、社会监督、舆论监督等几种价格监督检查形式。

(一)专门机构的监督检查

各级人民政府价格主管部门依法对价格活动进行的监督检查,是价格主管部门行使行政职权的行为,其行为具有法律效力。县级以上各级人民政府价格主管部门,依法对价格活动进行监督检查,并依照价格法的规定对价格违法行为实施行政处罚。

政府价格主管部门进行价格监督检查时,可以行使下列职权:

(1)询问当事人或者有关人员,并要求其提供证明材料和与价格违法行为有关的其他资料;

(2)查询、复制与价格违法行为有关的账簿、单据、凭证、文件及其他资料,核对与价格违法行为有关的银行资料;

(3)检查与价格违法行为有关的财物,必要时可以责令当事人暂停相关营业;

(4)在证据可能灭失或者以后难以取得的情况下,可以依法先行登记保存,当事人或者有关人员不得转移、隐匿或者销毁。

政府部门价格工作人员不得将依法取得的资料或者了解的情况用于依法进行价格管理以外的任何其他目的,不得泄露当事人的商业秘密。经营者接受政府价格主管部门的监督检查时,应当如实提供价格监督检查所必需的账簿、单据、凭证、文件以及其他资料。

(二)社会监督和舆论监督

社会监督和舆论监督是指非国家权力机构对价格行为进行的不具法律效力的、民间性质的监督。消费者组织、职工价格监督组织、居民委员会、村民委员会等组织以及消费者,有权对价格行为进行社会监督。政府价格主管部门应当充分发挥群众的价格监督作用。新闻单位有权进行价格舆论监督。

(三)对价格违法行为的举报制度

这是指公民、法人及其他组织以口头或者书面形式向价格主管部门投诉、举报价格违法行为。政府价格主管部门应当建立对价格违法行为的举报制度。任何单位和个人均有权对价格违法行为进行举报。政府价格主管部门应当对举报者给予鼓励,并负责为举报者保密。

六、违反价格法的法律责任

违反《价格法》的法律责任是指公民、法人及其他组织违反价格法的各项规定应承受的法律制裁。它是国家为保障价格法的执行作出的强制性规定。

(一)经营者的价格违法行为及其法律责任

(1)经营者不执行政府指导价、政府定价以及法定的价格干预措施、紧急措施的,责令改正,没收违法所得,可以并处违法所得5倍以下的罚款;没有违法所得的,可以处以罚款;情节严重的,责令停业整顿。

(2)经营者有不正当价格行为之一的,责令改正,没收违法所得,可以并处违法所得5倍以下的罚款;没有违法所得的,予以警告,可以并处罚款;情节严重的,责令停业整顿,或者由工商行政管理机关吊销营业执照。

(3)经营者因价格违法行为致使消费者或者其他经营者多付价款的,应当退还多付部分;造成损害的,应当依法承担赔偿责任。

(4)经营者违反明码标价规定的,责令改正,没收违法所得,可以并处5 000元以下的罚款。

(5)经营者被责令暂停相关营业而不停止的,或者转移、隐匿、销毁依法登记保存的财物的，处相关营业所得或者转移、隐匿、销毁的财物价值1倍以上3倍以下的罚款。

(6)经营者拒绝按照规定提供监督检查所需资料或者提供虚假资料的，责令改正，予以警告；逾期不改正的，可以处以罚款。

(二)地方各级人民政府或者各级人民政府有关部门违反价格法的法律责任

地方各级人民政府或者各级人民政府有关部门违反价格法的规定，超越定价权限和范围擅自制定、调整价格或者不执行法定的价格干预措施、紧急措施的，责令改正，并可以通报批评；对直接负责的主管人员和其他直接责任人员，依法给予行政处分。

(三)价格工作人员的价格违法行为及其法律责任

价格工作人员泄露国家秘密、商业秘密以及滥用职权、徇私舞弊、玩忽职守、索贿受贿，构成犯罪的，依法追究刑事责任；尚不构成犯罪的，依法给予处分。

第二节 广告法

一、广告与广告法概述

(一)广告和广告主体的概念

一般来说，广告有广义和狭义之分。广义的广告泛指一切要引起他人注意的宣传品和宣传手段，诸如政府、政党、团体、个人等向社会发布的宣言、公告、说明、告示、声明、公报、启事等，都可称为广告。狭义的广告则专指商业广告或者经济广告，是指商品经营者或者服务提供者承担费用，通过一定媒介和形式直接或者间接地介绍自己所推销的商品或者所提供的服务的宣传活动。我国广告法所说的广告是指狭义的广告。

广告主体，即广告活动的参与者，包括广告主、广告经营者、广告发布者、广告代言人。广告主，是指为推销商品或者服务，自行或者委托他人设计、制作、发布广告的自然人、法人或者其他组织。广告经营者，是指接受委托提供广告设计、制作、代理服务的自然人、法人或者其他组织。广告发布者，是指为广告主或者广告主委托的广告经营者发布广告的自然人、法人或者其他组织。广告代言人，是指广告主以外的，在广告中以自己的名义或者形象对商品、服务作推荐、证明的自然人、法人或者其他组织。

(二)广告法的概念及其立法

广告法，是国家在调整广告活动过程中所发生的各种社会关系的法律规范的总称。广告法调整广告主、广告经营者、广告发布者、广告代言人在中华人民共和国境内从事广告活动所发生的社会关系，主要是广告监督管理机关、广告审查机关与广告行为的主体之间发生的各种管理关系。

为了加强广告管理，使广告管理纳入法制轨道，国务院于1982年2月发布了《广告管理暂行条例》；1987年10月发布了《广告管理条例》，国家工商行政管理局1988年1月发布了《广告管理条例实施细则》；1994年10月27日第八届全国人大常委会第十次会议通过《中华人民共和国广告法》(以下简称《广告法》)，该法自1995年2月1日起施行，并经2015修订和2018年、2021年两次修正。

(三)广告管理体制

广告管理是国家为保护国家、社会的利益和消费者的权益，对广告活动采取审查、监督、检查的办法来实现广告真实性的行为。广告管理包括：①对广告主、广告经营者、广告发布者的主体资格进行审查、监督；②对广告的内容进行管理；③对广告违法行为进行制裁。

《广告法》第6条规定："国务院市场监督管理部门主管全国的广告监督管理工作，国务院有关部门在各自的职责范围内负责广告管理相关工作。县级以上地方市场监督管理部门主管本行政区域的广告监督管理工作，县级以上地方人民政府有关部门在各自的职责范围内负责广告管理相关工作。"

二、广告活动的法律要求

(1)广告应当真实、合法，以健康的表现形式表达广告内容，符合社会主义精神文明建设和弘扬中华民族优秀传统文化的要求。

(2)广告不得含有虚假或者引人误解的内容，不得欺骗、误导消费者。广告主应当对广告内容的真实性负责。

(3)广告主、广告经营者、广告发布者从事广告活动，应当遵守法律、法规，诚实信用，公平竞争。

(4)广告行业组织依照法律、法规和章程的规定，制定行业规范，加强行业自律，促进行业发展，引导会员依法从事广告活动，推动广告行业诚信建设。

三、广告内容准则

(一)对广告内容的要求

广告中对商品的性能、功能、产地、用途、质量、成分、价格、生产者、有效期限、允诺等或者对服务的内容、提供者、形式、质量、价格、允诺等有表示的，应当准确、清楚、明白。广告中表明推销的商品或者服务附带赠送的，应当明示所附带赠送商品或者服务的品种、规格、数量、期限和方式。法律、行政法规规定广告中应当明示的内容，应当显著、清晰表示。

广告内容涉及的事项需要取得行政许可的，应当与许可的内容相符合。广告使用数据、统计资料、调查结果、文摘、引用语等引证内容的，应当真实、准确，并表明出处。引证内容有适用范围和有效期限的，应当明确表示。

广告应当具有可识别性，能够使消费者辨明其为广告。大众传播媒介不得以新闻报道形式变相发布广告。通过大众传播媒介发布的广告应当显著标明"广告"，与其他非广告信息相区别，不得使消费者产生误解。广播电台、电视台发布广告，应当遵守国务院有关部门关于时长、方式的规定，并应当对广告时长作出明显提示。

(二)广告内容必须合法

这一原则要求广告内容及表现形式都应当遵守法律、法规的规定。由于广告涉及各个领域，所以广告不仅要遵守有关广告的法律法规，同时也要遵守其他法律、法规。

为了使广告内容的管理具体化，《广告法》第9条规定，广告不得有下列情形：①使用或者变相使用中华人民共和国的国旗、国歌、国徽，军旗、军歌、军徽；②使用或者变相使用国家机关、国家机关工作人员的名义或者形象；③使用"国家级""最高级""最佳"等用语；④损害国家的尊严或者利益，泄露国家秘密；⑤妨碍社会安定，损害社会公共利益；⑥危害人身、财产安全，泄露个人隐私；⑦妨碍社会公共秩序或者违背社会良好风尚；⑧含有淫秽、色情、赌博、迷信、恐怖、暴力的内容；⑨含有民族、种族、宗教、性别歧视的内容；⑩妨碍环境、自然资源或者文化遗产保护；⑪法律、行政法规规定禁止的其他情形。

《广告法》规定，广告不得损害未成年人和残疾人的身心健康。广告中涉及专利产品或者专利方法的，应当标明专利号和专利种类。未取得专利权的，不得在广告中谎称取得专利权。禁止使用未授予专利权的专利申请和已经终止、撤销、无效的专利作广告。广告不得贬低其他生产经营者的商品或者服务。

（三）对特殊商品广告的管理

发布一般的商品广告，只要遵循对广告的基本要求即可。但对于发布药品、医疗器械、农药、兽药、烟草等特殊商品的广告，《广告法》有以下明确的规定：

（1）麻醉药品、精神药品、医疗用毒性药品、放射性药品等特殊药品，药品类易制毒化学品，以及戒毒治疗的药品、医疗器械和治疗方法，不得作广告。上述规定以外的处方药，只能在国务院卫生行政部门和国务院药品监督管理部门共同指定的医学、药学专业刊物上作广告。

（2）医疗、药品、医疗器械广告不得含有下列内容：①表示功效、安全性的断言或者保证；②说明治愈率或者有效率；③与其他药品、医疗器械的功效和安全性或者其他医疗机构比较；④利用广告代言人作推荐、证明；⑤法律、行政法规规定禁止的其他内容。药品广告的内容不得与国务院药品监督管理部门批准的说明书不一致，并应当显著标明禁忌、不良反应。处方药广告应当显著标明“本广告仅供医学药学专业人士阅读”，非处方药广告应当显著标明“请按药品说明书或者在药师指导下购买和使用”。推荐给个人自用的医疗器械的广告，应当显著标明“请仔细阅读产品说明书或者在医务人员的指导下购买和使用”。医疗器械产品注册证明文件中有禁忌内容、注意事项的，广告中应当显著标明“禁忌内容或者注意事项详见说明书”。

（3）除医疗、药品、医疗器械广告外，禁止其他任何广告涉及疾病治疗功能，并不得使用医疗用语或者易使推销的商品与药品、医疗器械相混淆的用语。

（4）保健食品广告不得含有下列内容：①表示功效、安全性的断言或者保证；②涉及疾病预防、治疗功能；③声称或者暗示广告商品为保障健康所必需；④与药品、其他保健食品进行比较；⑤利用广告代言人作推荐、证明；⑥法律、行政法规规定禁止的其他内容。保健食品广告应当显著标明“本品不能代替药物”。

（5）广播电台、电视台、报刊音像出版单位、互联网信息服务提供者不得以介绍健康、养生知识等形式变相发布医疗、药品、医疗器械、保健食品广告。

（6）禁止在大众传播媒介或者公共场所发布声称全部或者部分替代母乳的婴儿乳制品、饮料和其他食品广告。

（7）农药、兽药、饲料和饲料添加剂广告不得含有下列内容：①表示功效、安全性的断言或者保证；②利用科研单位、学术机构、技术推广机构、行业协会或者专业人士、用户的名义或者形象作推荐、证明；③说明有效率；④违反安全使用规程的文字、语言或者画面；⑤法律、行政法规规定禁止的其他内容。

（8）禁止在大众传播媒介或者公共场所、公共交通工具、户外发布烟草广告。禁止向未成年人发送任何形式的烟草广告。禁止利用其他商品或者服务的广告、公益广告，宣传烟草制品名称、商标、包装、装潢以及类似内容。烟草制品生产者或者销售者发布的迁址、更名、招聘等启事中，不得含有烟草制品名称、商标、包装、装潢以及类似内容。

（9）酒类广告不得含有下列内容：①诱导、怂恿饮酒或者宣传无节制饮酒；②出现饮酒的动作；③表现驾驶车、船、飞机等活动；④明示或者暗示饮酒有消除紧张和焦虑、增加体力等功效。

（10）教育、培训广告不得含有下列内容：①对升学、通过考试、获得学位学历或者合格证书，或者对教育、培训的效果作出明示或者暗示的保证性承诺；②明示或者暗示有相关考试机构或者其工作人员、考试命题人员参与教育、培训；③利用科研单位、学术机构、教育机构、行业协会、专业人士、受益者的名义或者形象作推荐、证明。

(11)招商等有投资回报预期的商品或者服务广告,应当对可能存在的风险以及风险责任承担有合理提示或者警示,并不得含有下列内容:①对未来效果、收益或者与其相关的情况作出保证性承诺,明示或者暗示保本、无风险或者保收益等,国家另有规定的除外;②利用学术机构、行业协会、专业人士、受益者的名义或者形象作推荐、证明。

(12)房地产广告,房源信息应当真实,面积应当表明为建筑面积或者套内建筑面积,并不得含有下列内容:①升值或者投资回报的承诺;②以项目到达某一具体参照物的所需时间表示项目位置;③违反国家有关价格管理的规定;④对规划或者建设中的交通、商业、文化教育设施以及其他市政条件作误导宣传。

(13)农作物种子、林木种子、草种子、种畜禽、水产苗种和种养殖广告关于品种名称、生产性能、生长量或者产量、品质、抗性、特殊使用价值、经济价值、适宜种植或者养殖的范围和条件等方面的表述应当真实、清楚、明白,并不得含有下列内容:①作科学上无法验证的断言;②表示功效的断言或者保证;③对经济效益进行分析、预测或者作保证性承诺;(4)利用科研单位、学术机构、技术推广机构、行业协会或者专业人士、用户的名义或者形象作推荐、证明。

(四)虚假广告

广告以虚假或者引人误解的内容欺骗、误导消费者的,构成虚假广告。广告有下列情形之一的,为虚假广告:

(1)商品或者服务不存在的;

(2)商品的性能、功能、产地、用途、质量、规格、成分、价格、生产者、有效期限、销售状况、曾获荣誉等信息,或者服务的内容、提供者、形式、质量、价格、销售状况、曾获荣誉等信息,以及与商品或者服务有关的允诺等信息与实际情况不符,对购买行为有实质性影响的;

(3)使用虚构、伪造或者无法验证的科研成果、统计资料、调查结果、文摘、引用语等信息作证明材料的;

(4)虚构使用商品或者接受服务的效果的;

(5)以虚假或者引人误解的内容欺骗、误导消费者的其他情形。

四、广告行为规范

(1)广播电台、电视台、报刊出版单位从事广告发布业务的,应当设有专门从事广告业务的机构,配备必要的人员,具有与发布广告相适应的场所、设备。

(2)广告主、广告经营者、广告发布者之间在广告活动中应当依法订立书面合同。

(3)广告主、广告经营者、广告发布者不得在广告活动中进行任何形式的不正当竞争。

(4)广告主委托设计、制作、发布广告,应当委托具有合法经营资格的广告经营者、广告发布者。

(5)广告主或者广告经营者在广告中使用他人名义或者形象的,应当事先取得其书面同意;使用无民事行为能力人、限制民事行为能力人的名义或者形象的,应当事先取得其监护人的书面同意。

(6)广告经营者、广告发布者应当按照国家有关规定,建立、健全广告业务的承接登记、审核、档案管理制度。广告经营者、广告发布者依据法律、行政法规查验有关证明文件,核对广告内容。对内容不符或者证明文件不全的广告,广告经营者不得提供设计、制作、代理服务,广告发布者不得发布。

(7)广告经营者、广告发布者应当公布其收费标准和收费办法。

(8)广告发布者向广告主、广告经营者提供的覆盖率、收视率、点击率、发行量等资料应当真实。

(9)法律、行政法规规定禁止生产、销售的产品或者提供的服务,以及禁止发布广告的商品或者服务,任何单位或者个人不得设计、制作、代理、发布广告。

(10)广告代言人在广告中对商品、服务作推荐、证明,应当依据事实,符合本法和有关法律、行政法规规定,并不得为其未使用过的商品或者未接受过的服务作推荐、证明。不得利用不满 10 周岁的未成年人作为广告代言人。对在虚假广告中作推荐、证明受到行政处罚未满 3 年的自然人、法人或者其他组织,不得利用其作为广告代言人。

(11)不得在中小学校、幼儿园内开展广告活动,不得利用中小学生和幼儿的教材、教辅材料、练习册、文具、教具、校服、校车等发布或者变相发布广告,但公益广告除外。

(12)在针对未成年人的大众传播媒介上不得发布医疗、药品、保健食品、医疗器械、化妆品、酒类、美容广告,以及不利于未成年人身心健康的网络游戏广告。针对不满 14 周岁的未成年人的商品或者服务的广告不得含有下列内容:①劝诱其要求家长购买广告商品或者服务;②可能引发其模仿的不安全行为。

(13)县级以上地方人民政府应当组织有关部门加强对利用户外场所、空间、设施等发布户外广告的监督管理,制定户外广告设置规划和安全要求。户外广告的管理办法,由地方性法规、地方政府规章规定。

(14)有下列情形之一的,不得设置户外广告:①利用交通安全设施、交通标志的;②影响市政公共设施、交通安全设施、交通标志、消防设施、消防安全标志使用的;③妨碍生产或者人民生活,损害市容市貌的;④在国家机关、文物保护单位、风景名胜区等的建筑控制地带,或者县级以上地方人民政府禁止设置户外广告的区域设置的。

(15)任何单位或者个人未经当事人同意或者请求,不得向其住宅、交通工具等发送广告,也不得以电子信息方式向其发送广告。以电子信息方式发送广告的,应当明示发送者的真实身份和联系方式,并向接收者提供拒绝继续接收的方式。

(16)利用互联网从事广告活动,适用《广告法》的各项规定。利用互联网发布、发送广告,不得影响用户正常使用网络。在互联网页面以弹出等形式发布的广告,应当显著标明关闭标志,确保一键关闭。

(17)公共场所的管理者或者电信业务经营者、互联网信息服务提供者对其明知或者应知的利用其场所或者信息传输、发布平台发送、发布违法广告的,应当予以制止。

五、监督管理

(1)发布医疗、药品、医疗器械、农药、兽药和保健食品广告,以及法律、行政法规规定应当进行审查的其他广告,应当在发布前由有关部门(以下称广告审查机关)对广告内容进行审查;未经审查,不得发布。广告主申请广告审查,应当依照法律、行政法规向广告审查机关提交有关证明文件。广告审查机关应当依照法律、行政法规规定作出审查决定,并应当将审查批准文件抄送同级市场监督管理部门。广告审查机关应当及时向社会公布批准的广告。任何单位或者个人不得伪造、变造或者转让广告审查批准文件。

(2)市场监督管理部门履行广告监督管理职责,可以行使下列职权:①对涉嫌从事违法广告活动的场所实施现场检查;②询问涉嫌违法当事人或者其法定代表人、主要负责人和其他有关人员，对有关单位或者个人进行调查；③要求涉嫌违法当事人限期提供有关证明文件；④查阅、复制与涉嫌违法广告有关的合同、票据、账簿、广告作品和其他有关资料；⑤查封、扣押与涉嫌违法广告直接相关的广告物品、经营工具、设备等财物；⑥责令暂停发布可能造成严重后果的涉嫌违法广告；⑦法律、行政法规规定的其他职权。市场监督管理部门应当建立健全广告监测制度，完善监测措施，及时发现和依法查处违法广告行为。

(3)国务院市场监督管理部门会同国务院有关部门，制定大众传播媒介广告发布行为规范。市场监督管理部门依照本法规定行使职权，当事人应当协助、配合，不得拒绝、阻挠。市场监督管理部门和有关部门及其工作人员对其在广告监督管理活动中知悉的商业秘密负有保密义务。

(4)任何单位或者个人有权向市场监督管理部门和有关部门投诉、举报违反本法的行为。市场监督管理部门和有关部门应当向社会公开受理投诉、举报的电话、信箱或者电子邮件地址，接到投诉、举报的部门应当自收到投诉之日起 7 个工作日内，予以处理并告知投诉、举报人。市场监督管理部门和有关部门不依法履行职责的，任何单位或者个人有权向其上级机关或者监察机关举报。接到举报的机关应当依法作出处理，并将处理结果及时告知举报人。有关部门应当为投诉、举报人保密。

(5)消费者协会和其他消费者组织对违反本法规定，发布虚假广告侵害消费者合法权益，以及其他损害社会公共利益的行为，依法进行社会监督。

六、法律责任

(一)广告主体违反广告法应当承担的法律责任

1. 广告违法行为

广告违法行为，是指广告主、广告经营者、广告发布者在广告活动中违反我国广告管理法规。常见的广告违法行为有：①非法经营广告；②发布违禁广告，如虚假广告、新闻广告、超越经营范围和国家许可范围的广告等；③代理、发布无合法证明或证明不全的广告；④伪造、涂改、盗用或擅自复制广告证明；⑤为广告主出具非法或虚假证明；⑥非法发布卷烟、药品等特殊商品广告；⑦广告活动中的垄断和不正当竞争行为。

2. 法律责任

违反广告管理法规的广告主、广告经营者和广告发布者所应承担的法律责任，概括起来有三个方面：

(1)行政责任。即工商行政管理机关对违反广告法规的当事人给予的行政处罚。主要形式有：停止发布广告；责令公开更正；通报批评；没收非法所得；罚款；停业整顿；吊销营业执照或者广告经营许可证。

(2)民事责任。广告主、广告经营者、广告发布者违反广告法规，给用户和消费者造成损失的，应当承担赔偿责任。

损害赔偿，受害人可以请求县级以上的工商行政管理机关处理，也可以向人民法院起诉。

(3)刑事责任。广告主和广告经营者、广告发布者违反广告法规，情节严重，构成犯罪的，由司法机关追究刑事责任。

(二)广告监管机关及其工作人员违反广告法的责任

广告审查机关对违法的广告内容作出审查批准决定的，对直接负责的主管人员和其他直接责任人员，由其所在单位、上级机关、行政监察部门依法给予行政处分。

广告监督管理机关和广告审查机关的工作人员玩忽职守、滥用职权、徇私舞弊的，给予行政处分；构成犯罪的，依法追究刑事责任。

(三)当事人不服行政处罚的处理办法

当事人对行政处罚决定不服的，可以在接到处罚通知之日起15日内向作出处罚决定的机关的上一级机关申请复议；当事人也可以在接到处罚通知之日起15日内直接向人民法院起诉。

复议机关应当在接到复议申请之日起60日内作出复议决定。当事人对复议决定不服的，可以在接到复议决定之日起15日内向人民法院起诉。复议机关逾期不作出复议决定的，当事人可以在复议期满之日起15日内向人民法院起诉。

当事人逾期不申请复议也不向人民法院起诉，又不履行处罚决定的，作出处罚决定的机关可以申请人民法院强制执行。

练习题

一、复习思考题

1. 经营者的价格行为有哪些?
2. 政府的定价行为有哪些?
3. 价格总水平调控的目标和措施分别有哪些?
4. 我国的广告管理体制规定有哪些?
5. 我国广告法对广告内容有哪些要求?

二、案例分析题

某年2月，广州某面粉有限公司在江苏某电视台发布的“升高2000”广告中称，该产品适用于13至18岁发育期青少年，食用后99.6%的人3天后可长高1厘米，1个月后可长高3厘米，3个月后可长高6厘米，同时，还可增强学生的记忆力，提高学习成绩；该产品获日内瓦国际医学认证，属国际医学保健科技最尖端产品。看到该广告后，许多家长纷纷购买，不到4个月，该产品在南京就取得了75万元销售业绩。后来，不少家长反映孩子食用后并无明显效果，于是纷纷向工商行政管理局投诉。经查，这个产品为普通保健食品，无增高、益智等功能，更不适宜青少年人群。

问题：

(1)某面粉有限公司的广告属于什么广告?

(2)该公司应当承担哪些法律责任?

第六编

知识产权法律制度

第十五章

著作权法

学习目标

通过本章学习，你应能够：

掌握知识产权的概念、特征、种类；

掌握著作权的定义、内容、保护期限；

了解著作权合理使用与法定许可。

思政目标

能够正确理解知识产权战略是国家战略，通过了解我国古代有代表性的发明创造，从而树立文化自信。科学创造和知识产权是密不可分的，保护知识产权，人人有责。作为知识产权重要组成部分的著作权凝聚了人类智慧结晶，是重要的无形财产，要加大对著作权和邻接权的保护力度，防范各种侵权行为，保障和维护正常的市场秩序。

第一节　知识产权法概述

知识产权是法律赋予知识产品所有人对其智力创造成果所享有的某种专有权利。按照1967年7月14日颁布的《世界知识产权公约》的规定，知识产权包括各项智力创造成果的权利，如著作权、专利权、商标权，后两种统称为工业产权。随着科学技术的迅速发展，知识产权保护对象的范围不断扩大，不断涌现新型的智力成果，如计算机软件、生物工程技术、遗传基因技术、植物新品种、商业秘密、科学发现等，也是当今世界各国所公认的知识产权的保护对象。

知识产权作为一种无形财产权，与一般的有形财产权相比，具有自己的法律特征。

一、独占性

独占性又称排他性、垄断性、专有性，即在一定的区域和期限内，知识产权专属于创造人或其所属单位，排除他人享有同样权利。例如，著作权人排除他人非法使用自己的作品，商标权人排除他人在同一商品或服务上使用与自己的注册商标相同或近似的商标，专利权人排除他人未经许可使用自己的专利产品、专利方法以及使用依照该专利方法直接获得的产品。独占性原则其实是对权利人的一种法律保护，也是权利人之所以申请专利权、商标权的原因所在。这一点区别于有形财产权，同样型号的车辆、手机等，其主人的财产所有权都互不相干，独立行使。

二、地域性

地域性是指本国的知识产权越过国境，则不能理所当然地要求得到他国的法律保护。在中国境内核准的专利和注册商标，如果到了其他国家，仍需重新申请注册，否则其他国家不会加以保护。我国一些知名品牌在国内已经注册，但产品销往海外市场由于未及时注册，而被国外当地企业抢先注册，不得不改头换面，就是对工业产权地域性特征了解不够。著作权虽然自动产生，但它也受地域限制，我国法律对外国人的作品并不是都给予保护，而是按照中国加入的《保护文学艺术作品伯尔尼公约》和《世界版权公约》等国际公约，履行这两个国际公约规定的义务，保护这些公约成员国国民的作品；公约的其他成员国也按照公约规定，对我国公民和法人的作品给予保护。还有按照两国的双边协定，相互给予对方国民的作品保护。有形财产权不具有该特征，只要是财产所有权人合法的有形财产，如汽车、游艇等，越过国境之后仍可获得他国法律的保护，并不需要重新提出申请。

三、期限性

期限性又称时间性，是指知识产权的保护是有一定期限的，法定期限届满，知识产权自行终止，但著作权的人身权具有永久性。规定一个合理的保护期限是很有必要的，过长或过短均会导致权利人和社会公众利益的失衡。保护期限过长，虽然有利于知识产权人安心地搞发明创造或开拓品牌，但妨碍了整个社会的技术进步，不利于发明创造的信息交流，客观上阻碍了社会经济、文化、科技的发展与繁荣。保护期限过短，虽然能将发明创造早日公之于世，成为社会公共财富，人人皆可自由使用，但也打击了权利人的积极性，使其不能很好地收回投资成本及取得合理利润。

第二节　著作权的概念和著作权法

一、著作权的概念

著作权又称版权，是指作者或其他主体（法人或非法人单位）对其文学、艺术和自然科学、社会科学、工程技术等作品依法所享有的专有权。

二、著作权法

为保护文学、艺术和科学作品作者的著作权，以及与著作权有关的权益，鼓励有益于社会主义精神文明、物质文明建设的作品的创作和传播，促进社会主义文化和科学事业的发展与繁荣，1990 年 9 月 7 日，第七届全国人民代表大会常务委员会第十五次会议通过《中华人民共和国著作权法》（以下简称《著作权法》），于 1991 年 6 月 1 日起施行，并于 2001 年 10 月 27 日、2010 年 2 月 26 日经全国人民代表大会常务委员会进行了两次修正。十三届全国人大常委会第二十三次会议于 2020 年 11 月 11 日通过了《关于修改〈中华人民共和国著作权法〉的决定》，该决定自2021年6月1日起施行。我国还于1992年7月10日加入了《保护文学艺术作品伯尔尼公约》，该公约自1992年10月15日起在中国生效。1992年7月30日，中国又加入了《世界版权公约》，1992年10月30日起，该公约在中国生效，这标志着中国的著作权立法已进一步健全和完善。

第三节　著作权的构成要素

一、著作权主体

著作权主体即著作权人，是指享受著作权权利和承担著作权义务的人。具体包括以下三种人：

(一)作者

作者，即创作作品的自然人。所谓创作，是指直接产生文学、艺术和科学作品的智力活动。为他人创作进行组织工作，提供咨询意见、物质条件，或者进行其他辅助工作，均不视为创作。由法人或者其他组织主持，代表法人或者其他组织意志创作，并由法人或者其他组织承担责任的作品，法人或者其他组织视为作者。如无相反证明，在作品上署名的自然人、法人或非法人组织为作者。

(二)其他依照本法享有著作权的自然人、法人或者非法人组织

例如，通过继承或转让获得著作权的自然人，或者依照法律，通过委托合同或劳务合同获得著作权的法人或非法人单位。在少数情况下，国家也可以成为著作权主体。

(三)外国人和无国籍人

中国自然人、法人或者非法人组织的作品，不论是否发表，依照著作权法享有著作权。外国人、无国籍人的作品根据其作者所属国或者经常居住地国同中国签订的协议或者共同参加的国际条约享有的著作权，受本法保护。外国人、无国籍人的作品首先在中国境内出版的，依照著作权法享有著作权。未与中国签订协议或者共同参加国际条约的国家的作者以及无国籍人的作品首次在中国参加的国际条约的成员国出版的，或者在成员国和非成员国同时出版的，受著作权法保护。

二、著作权客体

著作权客体是指文学、艺术和科学领域内具有独创性并能以一定形式表现的智力成果。著作权法保护的文学、艺术和科学作品，即文学、艺术和科学领域内，具有独创性并能以某种有形形式复制的智力成果。由此可见，成为著作权客体必须具备两个条件，即独创性和可复制性。

(一)客体的种类

作为著作权客体的作品，包括：

(1)文字作品，是指小说、诗词、散文、论文等以文字形式表现的作品；

(2)口述作品，是指即兴的演说、授课、法庭辩论等以口头语言形式表现的作品；

(3)音乐、戏剧、曲艺、舞蹈、杂技艺术作品；

(4)美术、建筑作品，其中美术作品是指绘画、书法、雕塑等以线条、色彩或者其他方式构成的有审美意义的平面或者立体的造型艺术作品，而建筑作品是指以建筑物或者构筑物形式表现的有审美意义的作品；

(5)摄影作品，是指借助器械在感光材料或者其他介质上记录客观物体形象的艺术作品；

(6)视听作品；

(7)工程设计图、产品设计图、地图、示意图等图形作品和模型作品；

(8)计算机软件；

(9)符合作品特征的其他智力成果。

以下内容不能成为著作权法保护的客体：①法律、法规，国家机关的决议、决定、命令和其他具有立法、行政、司法性质的文件，及其官方正式译文；②单纯事实消息；③历法、通用数表、通用表格和公式。

(二)合作作品、汇编作品、职务作品、法人作品和委托作品

1. 合作作品

合作作品是指两人以上合作创作的作品，合作作品应该具备“合意”和“合创”两个要素，即合作人有合作创作的一致意思表示和合作人为完成共同的作品各自付出了创造性的劳动，做出了直接的、实质性的贡献。合意是合创的前提，合创则是合作作品产生的基础，没有合意与合创，也就没有合作作品。合作作品的著作权由合作作者共同享有。没有参加创作的人，不能成为合作作者。为他人创作进行组织工作，提供咨询意见、物质条件，或者进行其他辅助活动，也不能成为合作作者。合作作品可以分割使用的，作者对各自创作的部分可以单独享有著作权，但行使著作权时不得侵犯合作作品整体的著作权。合作作者应事先约定署名顺序，如未约定，可以按照创作作品付出的劳动、作品排列、作者姓氏笔画等确定署名顺序。合作作品的著作权由合作作者通过协商一致行使；不能协商一致，又无正当理由的，任何一方不得阻止他方行使除转让、许可他人专有使用、出质以外的其他权利，但是所得收益应当合理分配给所有合作作者。

2. 汇编作品

汇编作品是指将若干作品、作品的片段或者不构成作品的数据或者其他材料，对其内容进行选择或者编排以体现独创性的作品。其著作权由汇编人享有，但行使著作权时，不得侵犯原作品的著作权。理论界和各国立法体例均已对构成独创性的数据库著作权保护达成共识，将其归入汇编作品之一，并加以法律保护。

3. 职务作品

自然人为完成法人或者非法人组织工作任务所创作的作品是职务作品，著作权通常由作者享有，但法人或者非法人组织有权在其业务范围内优先使用。职务作品完成两年内，未经单位同意，作者不得许可第三人以与单位使用的相同方式使用该作品。职务作品完成两年内，经单位同意，作者许可第三人以与单位使用的相同方式使用作品所获报酬，由作者与单位按约定的比例分配。作品完成两年的期限，自作者向单位交付作品之日起计算。

有下列情形之一的职务作品，作者享有署名权，著作权的其他权利由法人或者非法人组织享有，法人或者非法人组织可以给予作者奖励：

(1)主要是利用法人或者非法人组织的物质技术条件创作，并由法人或者非法人组织承担责任的工程设计图、产品设计图、地图、示意图、计算机软件等职务作品；

(2)报社、期刊社、通讯社、广播电台、电视台的工作人员创作的职务作品；

(3)法律、行政法规规定或者合同约定著作权由法人或者非法人组织享有的职务作品。

职务作品有两个基本特征：①该作品是法人或非法人单位所下达的工作任务；②该作品是

公民个人创作的，体现了公民个人的意志。“物质技术条件”，是指该法人或者该组织为公民完成创作专门提供的资金、设备或者资料。

在我国，有相当数量的作者本身是法人或非法人单位的工作人员，他们的本职工作就是从事文学、艺术和科学作品的创作，或者某项创作是单位下达给他们的工作任务，例如，电影制片厂的编剧的工作就是写剧本。这些作品就属于职务作品。我国《著作权法》一方面考虑到职务作品是自然人通过创造性劳动创作出来的，另一方面又考虑到职务作品是自然人的本职工作或者是单位下达的任务，单位还往往为此提供了物质条件，因此规定，一般情况下，职务作品的著作权由作者享有，但单位有权在其业务范围内优先使用。

4. 法人作品

法人作品是指由法人或者非法人单位主持，代表法人或者非法人单位的意志创作，并由法人或者非法人单位承担责任的作品。如百科全书、辞书、教材、大型摄影画册等编辑作品，由法人或者非法人单位组织人员进行创作，提供资金或者资料等创作条件，并承担责任，其著作权归法人或者非法人单位所有。法人作品与职务作品最本质的不同在于，法人作品体现了单位的意志，而职务作品体现的是个人的意志。作为法人作品，单位享有完全的著作权，而从事具体劳动的个人不享有著作权意义上的任何权利。

5. 委托作品

委托作品是委托人向作者支付约定的报酬，由作者按照其意志和具体要求而创造的特定作品。受委托创作的作品，著作权的归属由委托人和受托人通过合同约定。合同未作明确约定或者没有订立合同的，著作权属于受托人即作者。

(三)著作权内容

著作权的内容包括下列人身权和财产权：

(1)发表权，即决定作品是否公之于众的权利；

(2)署名权，即表明作者身份，在作品上署名的权利；

(3)修改权，即修改或者授权他人修改作品的权利；

(4)保护作品完整权，即保护作品不受歪曲、篡改的权利；

(5)复制权，即以印刷、复印、拓印、录音、录像、翻录、翻拍、数字化等方式将作品制作一份或者多份的权利；

(6)发行权，即以出售或者赠与方式向公众提供作品的原件或者复制件的权利；

(7)出租权，即有偿许可他人临时使用视听作品、计算机软件的原件或者复制件的权利，计算机软件不是出租的主要标的的除外；

(8)展览权，即公开陈列美术作品、摄影作品的原件或者复制件的权利；

(9)表演权，即公开表演作品，以及用各种手段公开播送作品的表演的权利；

(10)放映权，即通过放映机、幻灯机等技术设备公开再现美术、摄影、视听作品等的权利；

(11)广播权，即以有线或者无线方式公开传播或者转播作品，以及通过扩音器或者其他传送符号、声音、图像的类似工具向公众传播广播的作品的权利，但不包括本款第十二项规定的权利；

(12)信息网络传播权，即以有线或者无线方式向公众提供，使公众可以在其选定的时间和地点获得作品的权利。

(13)摄制权，即以摄制视听作品的方法将作品固定在载体上的权利；

(14)改编权，即改变作品，创作出具有独创性的新作品的权利；

(15)翻译权,即将作品从一种语言文字转换成另一种语言文字的权利;

(16)汇编权,即将作品或者作品的片段通过选择或者编排,汇集成新作品的权利;

(17)应当由著作权人享有的其他权利。

著作权人可以许可他人行使上述(5)～(17)项规定的权利,并依照约定或者《著作权法》有关规定获得报酬。著作权人可以全部或者部分转让上述(5)～(17)项规定的权利,并依照约定或者《著作权法》有关规定获得报酬。

(四)著作权法有关权利限制的规定

虽然我国《著作权法》规定的著作权范围非常广泛,但著作权人的获得报酬权在法定情况下仍受到一些限制。在下列情况下使用作品,可以不经著作权人许可,不向其支付报酬,但应当指明作者姓名或者名称、作品名称,并且不得影响该作品的正常使用,也不得不合理地损害著作权人的合法权益:

(1)为个人学习、研究或者欣赏,使用他人已经发表的作品;

(2)为介绍、评论某一作品或者说明某一问题,在作品中适当引用他人已经发表的作品;

(3)为报道时事新闻,在报纸、期刊、广播电台、电视台等媒体中不可避免地再现或者引用已经发表的作品;

(4)报纸、期刊、广播电台、电视台等媒体刊登或者播放其他报纸、期刊、广播电台、电视台等媒体已经发表的关于政治、经济、宗教问题的时事性文章,但著作权人声明不许刊登、播放的除外;

(5)报纸、期刊、广播电台、电视台等媒体刊登或者播放在公众集会上发表的讲话,但作者声明不许刊登、播放的除外;

(6)为学校课堂教学或者科学研究,翻译或者少量复制、改编、汇编、播放已经发表的作品,供教学或者科研人员使用,但不得出版发行;

(7)国家机关为执行公务在合理范围内使用已经发表的作品;

(8)图书馆、档案馆、纪念馆、博物馆、美术馆、文化馆等等为陈列或者保存版本的需要,复制本馆收藏的作品;

(9)免费表演已经发表的作品,该表演未向公众收取费用,也未向表演者支付报酬,且不以营利为目的;

(10)对设置或者陈列在室外公共场所的艺术作品进行临摹、绘画、摄影、录像;

(11)将中国公民、法人或者其他组织已经发表的以国家通用语言文字创作的作品翻译成少数民族语言文字作品在国内出版发行;

(12)以阅读障碍者能够感知的无障碍方式向其提供已经发表的作品;

(13)法律、行政法规规定的其他情形。

上述规定适用于对出版者、表演者、录音录像制作者、广播电台、电视台的权利的限制。

第四节　著作权的邻接权

邻接权,又称著作邻接权或作品传播者权,是指作品传播者在传播作品的过程中,对其付出的创造性劳动成果依法享有特定的专有权利的统称。作品创作出来后,需在公众中传播,传播者在传播作品中有创造性劳动,这种劳动也应受到法律保护。在我国,邻接权主要是指出版者的权利、表演者的权利、录像制品制作者的权利、录音制作者的权利、电视台对其制作的非作品的电视节目的权利、广播电台的权利。邻接权与著作权密切相关，又独立于著作权之外。由于邻接权基于作品的传播而产生，故邻接权人行使邻接权时，不得侵犯作品著作权人的著作权。例如，表演者授权他人复制其表演的录音、录像时，复制者还要征得表演者表演的作品的著作权人的许可。

一、出版者的权利

（一）专有出版权

图书出版者对著作权人交付出版的作品，按照合同约定享有的专有出版权受法律保护，他人不得出版该作品。

（二）版式设计专有权

出版者有权许可或者禁止他人使用其出版的图书、期刊的版式设计。版本形式包括版式形式和装帧形式。版式形式包括印刷字体、横排竖排、开本大小等内容；装帧形式系指出版物的外观形式。封面设计者对自己设计的书籍封面享有著作权，可以采取“一次卖断”的办法，将权利转让于出版者，使出版者对出版物的封面设计享有邻接权。

图书出版者应当与著作权人订立出版合同，按照合同约定享有专有出版权，并支付报酬给著作权人。图书出版者重印、再版作品的，应当通知著作权人并支付报酬。图书脱销后，图书出版者拒绝重印、再版的，著作权人有权终止合同。

二、表演者的权利

表演者是指演员、演出单位或者其他表演文学、艺术作品的人。表演者对其表演享有下列权利：①表明表演者身份；②保护表演形象不受歪曲；③许可他人从现场直播和公开传送其现场表演，并获得报酬；④许可他人录音录像，并获得报酬；⑤许可他人复制、发行录有其表演的录音录像制品，并获得报酬；⑥许可他人通过信息网络向公众传播其表演，并获得报酬。

表演者在享有上述权利的同时，还应履行以下义务：①使用他人作品演出，表演者应当取得著作权人许可，并支付报酬。演出组织者组织演出，由该组织者取得著作权人许可，并支付报酬。②使用改编、翻译、注释、整理已有作品而产生的作品进行演出，应当取得改编、翻译、注释、整理作品的著作权人和原作品的著作权人许可，并支付报酬。

三、录音录像制作者的权利

录音录像制作者对其制作的录音录像制品，享有许可他人复制、发行、出租、通过信息网络向公众传播并获得报酬的权利。该权利的保护期为 50 年，截止于该制品首次制作完成后第 50 年的 12 月 31 日。录音录像制作者包括音像出版社、广播电台和其他录制录音录像制品的人。录音录像制作者使用他人作品制作录音录像制品，应当取得著作权人许可，并支付报酬。录音录像制作者使用改编、翻译、注释、整理已有作品而产生的作品，应当取得改编、翻译、注释、整理作品的著作权人和原作品著作权人许可，并支付报酬。录音制作者使用他人已经合法录制为录音制品的音乐作品制作录音制品，可以不经著作权人许可，但应当按照规定支付报酬；著作权人声明不许使用的不得使用。

四、广播电视播放权

广播电视播放权，是指广播电视部门对其编制的广播电视节目，依法享有的许可或禁止他人进行营利性转播、录制、复制的权利。广播电台、电视台有权禁止未经其许可的下列行为：①将其播放的广播、电视转播；②将其播放的广播、电视录制在音像载体上以及复制音像载体。

在行使播放权时，广播电台、电视台如播放他人未发表的作品，应当取得著作权人许可，并支付报酬。广播电台、电视台播放他人已发表的作品，可以不经著作权人许可，但应当支付报酬。广播电台、电视台播放已经出版的录音制品，可以不经著作权人许可，但应当支付报酬。当事人另有约定的除外。

第五节　著作权的法律保护

一、著作权的保护期限

著作权具有双重属性，既是财产权，又是人身权。著作权的保护期，是指依法律的规定著作权人对作品依法享有的人身权、财产权的保护期限。我国《著作权法》规定，作者的署名权、修改权、保护作品完整权的保护期不受限制，发表权、使用权和获得报酬权有下列时间限制：

(1)自然人的作品，其发表权、使用权和获得报酬权的保护期为作者终生及其死亡后 50 年，截止于作者死亡后第 50 年的 12 月 31 日；如果是合作作品，截止于最后死亡的作者死亡后第 50 年的 12 月 31 日。

(2)法人或者非法人组织的作品、著作权(署名权除外)由法人或者其他组织享有的职务作品，其发表权、使用和获得报酬权的保护期为 50 年，截止于作品首次发表后第 50 年的 12 月 31 日，但作品自创作完成后 50 年内未发表的，不再享有保护期。

(3)视听作品，其发表权、使用和获得报酬权的保护期为 50 年，截止于作品首次发表后第 50 年的 12 月 31 日，但作品自创作完成后 50 年内未发表的，不再享有保护期。

二、著作权侵权行为

著作权侵权行为是指凡未经作者或其他著作权人许可，又不符合法律规定的条件，擅自利用受著作权法保护的作品的行为。有下列侵权行为的，应当根据情况，承担停止侵害、消除影响、赔礼道歉、赔偿损失等民事责任：

(1)未经著作权人许可，发表其作品的；

(2)未经合作作者许可，将与他人合作创作的作品当作自己单独创作的作品发表的；

(3)没有参加创作，为谋取个人名利，在他人作品上署名的；

(4)歪曲、篡改他人作品的；

(5)剽窃他人作品的；

(6)未经著作权人许可，以展览、摄制电影和以类似摄制电影的方法使用作品，或者以改编、翻译、注释等方式使用作品的，《著作权法》另有规定的除外；

(7)使用他人作品，应当支付报酬而未支付的；

(8)未经视听作品、计算机软件、录音录像制品的著作权人、表演者或者录音录像制作者许可，出租其作品或者录音录像制品的原件或者复制件的，《著作权法》另有规定的除外；

(9)未经出版者许可，使用其出版的图书、期刊的版式设计的；

(10)未经表演者许可，从现场直播或者公开传送其现场表演，或者录制其表演的；

(11)其他侵犯著作权以及与著作权有关的权利的行为。

三、法律责任

(一)民事责任

对于著作权侵权行为,著作权人和著作邻接权人可以向法院起诉,还可以在起诉前向法院申请采取责令停止侵害的行为和财产保全措施。如果侵权行为成立,法院将根据不同情况追究侵权人的民事责任,具体责任形式有责令停止侵害、赔偿损失、消除影响、赔礼道歉等。侵犯著作权或者与著作权有关的权利的,侵权人应当按照权利人因此受到的实际损失或者侵权人的违法所得给予赔偿;权利人的实际损失或者侵权人的违法所得难以计算的,可以参照该权利使用费给予赔偿。对故意侵犯著作权或者与著作权有关的权利,情节严重的,可以在按照上述方法确定数额的 1 倍以上 5 倍以下给予赔偿。权利人的实际损失、侵权人的违法所得、权利使用费难以计算的,由人民法院根据侵权行为的情节,判决给予 500 元以上 500 万元以下的赔偿。赔偿数额还应当包括权利人为制止侵权行为所支付的合理开支。

(二)行政责任

著作权侵权行为如同时损害公共利益的,可以由主管著作权的部门责令停止侵权行为,没收违法所得,没收、销毁侵权复制品,并可处以罚款;情节严重的,著作权行政管理部门还可以没收主要用于制作侵权复制品的材料、工具、设备等。当事人对行政处罚不服的,可以自收到行政处罚决定书之日起 3 个月内向人民法院起诉;期满不起诉又不履行的,著作权行政管理部门可以申请人民法院执行。

(三)刑事责任

依我国《刑法》规定,侵犯著作权行为构成犯罪的应承担下列刑事责任:违法所得数额较大或者有其他严重情节的,处 3 年以下有期徒刑或者拘役,并处或者单处罚金;违法所得数额巨大或者具有其他特别严重情节的,处 3 年以上 7 年以下有期徒刑,并处罚金。

在我国,当发生著作权纠纷时,当事人可以选择和解、调解方式解决纠纷,还可以根据当事人达成的书面仲裁协议或者著作权合同中的仲裁条款,向仲裁机构申请仲裁。当事人没有书面仲裁协议,也没有在著作权合同中订立仲裁条款的,可以直接向人民法院起诉。

练习题

一、复习思考题

1. 什么是知识产权?它的特点有哪些?
2. 什么是著作权?
3. 著作权的内容有哪些?
4. 什么是职务作品?什么是法人作品?二者的区别有哪些?
5. 什么是著作邻接权?它有哪些种类?
6. 什么是合理使用?

二、案例分析题

贾某刚为图书《贾某刚说春秋》的著作权人,认为佛山人民广播电台(简称佛山电台)未经其许可,在“FM94.6”“FM92.4”两个频道播放的《听世界春秋》节目中大量使用了《贾某刚说春秋》的内容,且《贾某刚说春秋》本身作为文字作品,其不属于广播组织法定许可的作品类型,因此佛山电台的播放行为构成对其著作权的侵犯。故贾某刚诉至法院,请求判令佛山电台停止侵权、赔礼道歉并支付精神抚慰金、赔偿经济损失和合理支出。

佛山电台辩称,虽然《听世界春秋》与《贾某刚说春秋》内容存在差异,但差异部分较少,而非改变作品本身结构、内容、情节、背景等,未构成对作品的改编。且法律未明确要求广播电台广播他人已发表作品时应当指明作者与作品名称。即便考虑到表明作者身份的要求,佛山电台在广播音频中及第三方媒体上多次提及《贾某刚说春秋》一书及其作者,意在指明作者与作品名称。故佛山电台的广播行为属于法定许可行为,并未侵犯贾某刚的著作权。

问题:什么是法定许可?被告的抗辩理由是否成立?法院应如何依法处理?

第十六章

专利法

学习目标

通过本章学习,你应能够:

掌握专利的种类、专利条件、专利侵权行为的认定;

了解专利的保护及法律责任的承担;

掌握专利保护的国际公约。

思政目标

能够正确理解科学技术是第一生产力。通过对专利权的保护,充分调动发明创造者的积极性,有利于中国企业开拓创新,积极布局专利的发明、运营、保护和利用,充分运用法律规范保护市场经济主体的合法权利。市场经济就是契约经济,市场经济的主体应该守法诚信,具有契约精神和规则意识。市场经济主体应当重合同、守信用,做社会主义法治精神的践行者。

第一节　专利的概念和专利法

一、专利制度的产生与发展

专利制度是随着商品经济的发展和科技的进步而产生发展起来的。在 1236 年,英国国王亨利三世授予波尔多市一市民制作各式色布技术以 15 年的垄断权,通常认为这种钦赐特权制度是专利制度的萌芽。世界上最早建立专利制度的国家是威尼斯共和国,1474 年 3 月 19 日,威尼斯共和国颁布了世界上第一部专利法——《发明人法规》,该法虽然简单,但一般被认为是专利法的鼻祖。

我国的专利制度可追溯到清朝光绪年间。1882 年 8 月,光绪批准上海机器织布局的机器织布工艺以 10 年的专利。我国第一部有关专利的法规是 1898 年 7 月清朝光绪皇帝颁布的《振兴工艺给奖章程》。国民党统治期间,于 1944 年 5 月颁布了《专利法》,这部法律历经三次修改,目前仍适用于我国台湾地区。新中国成立之后,1950 年 8 月,政务院发布了《保障发明权与发现权暂行条例》并制定了实施细则。1984 年 3 月 12 日，新中国第一部专利法即《中华人民共和国专利法》(以下简称《专利法》)经第六届全国人大常委会第四次会议审议通过，并于 1985 年 4 月 1 日起正式施行，这标志着我国专利法律制度的正式建立并趋于完善。

1992 年 9 月 4 日，《专利法》根据第七届全国人大常委会第二十七次会议作了第一次修正；2000 年 8 月 25 日，根据第九届全国人大常委会第十七次会议作了第二次修正；2008 年 12 月 27 日，根据第十一届全国人民代表大会常务委员会第六次会议作了第三次修正。2020 年 10 月 17 日，中华人民共和国第十三届全国人民代表大会常务委员会第二十二次会议通过《全国人民代表大会常务委员会关于修改〈中华人民共和国专利法〉的决定》。第四次修改后的《专利法》自 2021 年 6 月 1 日起施行。新修订的《专利法》既符合我国国情，又遵循国际公约和国际惯例，全面适应了社会发展和科技进步的需要。

二、专利的概念

专利即专利权，是指国务院专利行政部门根据发明创造人或其权利受让人的申请，经严格审查，依法授予其对某一发明创造成果在一定期限内享有的独占权。作为知识产权的一种，它也具有独占性、地域性和期限性。专利所保护的对象是发明创造，而对发明创造历来有两种保护方法：一种是申请专利，获得专利法的保护；另一种是不申请专利，而采用商业秘密(又称专有技术、非专利技术)的方法加以保护。前者是公开的，而后者是秘密的。究竟是采用何种手段保护自己的发明创造，由权利人自己决定。如“可口可乐”饮料的配方，权利人就没有申请专利，而是采用保密手段加以保护。因为如果申请专利就要公开具体的技术方案，而公开就意味着假冒仿造，对权利人是不利的；且专利技术都有固定的保护期限，过期的专利技术就进入公有领域，大家均可无偿使用。考虑到上述原因，有些权利人对自己的发明创造并没有申请专利。

第二节　专利权的构成要素

一、专利权主体

专利权法律关系由专利权主体、客体、内容三要素构成。专利权主体即专利权人，是指能够申请并取得专利，享有专利权并同时承担相应义务的自然人、法人和其他组织。我国《专利法》规定，专利权人包括单位和自然人，自然人又可分为中国人和外国人。中国没有经常居所或者营业所的外国人、外国企业或者外国其他组织在中国申请专利和办理其他专利事务的，应当委托依法设立的专利代理机构办理。中国单位或者个人在国内申请专利和办理其他专利事务的，可以委托依法设立的专利代理机构办理。

(一)专利申请人

专利申请人即专利申请权人，是指对某项发明创造根据法定或约定有权以自己的名义提出专利申请的人。在我国，职务发明创造申请专利的权利属于该单位；申请被批准后，该单位为专利权人。非职务发明创造，申请专利的权利属于发明人或者设计人；申请被批准后，该发明人或者设计人为专利权人。但是，利用本单位的物质技术条件所完成的发明创造，单位与发明人或者设计人订有合同，对申请专利的权利和专利权的归属作出约定的，从其约定。

1. 职务发明创造

所谓职务发明创造，是指发明人、设计人执行本单位的任务或者主要利用本单位的物质技术条件所完成的发明创造，具体包括以下四种情况：

（1）发明人、设计人属于本职工作中的发明创造；

（2）发明人、设计人履行本单位交付的本职工作之外的任务所完成的发明创造；

（3）发明人、设计人退休、调离原单位后或者劳动、人事关系终止后 1 年内做出的，与其在原单位承担的本职工作或者原单位分配的任务有关的发明创造；

（4）发明人、设计人主要利用本单位物质条件完成的发明创造。

以上四种情况中，发明人、设计人是指对发明创造的实质性特点作出创造性贡献的人，发明人、设计人只可能是自然人。在完成发明创造过程中，只负责组织工作的人、为物质技术条件的利用提供方便的人或者从事其他辅助工作的人，不是发明人或者设计人。本单位，包括临时工作单位。物质技术条件，是指本单位的资金、设备、零部件、原材料或者不对外公开的技术资料等。在职务发明创造中，发明人、设计人虽不是专利申请权人和专利权人，但所在单位如果是国有企事业单位，应依法给予物质奖励和精神奖励。

2. 共同发明创造

所谓共同发明创造，是指两个或两个以上单位、个人合作完成的发明创造。共同发明创造人要求对同一发明创造成果各自都作出了独特贡献，他们的作用都是不可或缺的。该发明创造成果除当事人另有协议以外，专利申请权和专利权都归共同发明创造人共有，共有人不得擅自处分专利申请权和专利权。

3. 委托发明创造

所谓委托发明创造，是指一个单位或者个人接受其他单位或者个人委托所完成的发明创造。根据我国《专利法》的规定，委托发明创造除另有协议的以外，申请专利的权利属于完成的单位或者个人；申请被批准后，申请的单位或者个人为专利权人。

（二）专利权人

专利权人包括单位专利权人和自然人专利权人。它与专利申请权人的不同之处在于：专利权人是专利权的主体，而专利申请权人并不是。不一定所有的专利申请权人都能最终成为专利权人，从申请到审查有一个过程，只有最终被国务院专利行政部门授予专利权才能成为专利权人。

二、专利权客体

专利权客体即专利法所保护的对象，它是主体的权利和义务所指向的对象，即专利权人权利和义务所指向的发明创造成果。我国《专利法》第 2 条规定，本法所称的发明创造是指发明、实用新型和外观设计。由此可见，我国专利权客体包括以下三类：

（一）发明

发明是专利法的主要保护对象，专利法的发明与我们日常生活中所讲的发明有所不同，它有其特定的含义，是指对产品、方法或者其改进所提出的新的技术方案。发明专利包括两种：产品发明专利和方法发明专利。专利申请权人在递交申请文件之前，应首先决定自己所申请的属于哪一类专利。就发明专利而言，不同发明专利的申请文件内容是不同的，在获得专利之后，法律所保护的范围也不相同。产品发明专利仅保护其产品本身，而方法发明专利不仅保护其方法，而且涉及用该方法直接获得的产品本身。

（二）实用新型

实用新型又称“小发明”，因为与发明专利相比，它的创造性要求有所降低。实用新型是指对产品的形状、构造或者其结合所提出的实用的新的技术方案。实用新型应当具备以下条件：

第一，实用新型是一种产品专利而非方法专利；

第二，作为实用新型对象的产品应具有一定的形状和构造。实用新型是具有一定立体形状和构造或者是两者结合的产品，因此无确定形状的产品如气态、液态、粉末状、颗粒状的物质或材料不能申请实用新型专利。

与发明专利相比，实用新型专利的创造性要求有所降低。比如，最初电话的发明创造性程度较高，但最早它的内部构造和外观形状并不理想，听筒和话筒是相分离的，后来有人将听筒和话筒合二为一，成为今天的电话机的外观。该设计创造性程度虽不高，但大大方便了使用者，因此这种对电话机外观形状和内部构造的改进可申请实用新型专利。对小发明的保护可以调动人们从事发明创造活动的积极性，因为它不需要高深的专业知识和大量的资金，也不一定要拥有现代化的仪器，只要肯付出脑力劳动，即使小学生也能做出小发明，成为小小发明家。

(三)外观设计

如上所述，电话的发明可申请发明专利，对电话听筒的改进可申请实用新型专利，那么不涉及电话的内部构造，仅对其外观形态作一些富有美感并带有独创性的设计，能否申请专利呢？答案是肯定的。根据我国《专利法》的规定，外观设计是指对产品的形状、图案或者其结合以及色彩与形状、图案的结合所作出的富有美感的并适用于工业应用的新设计。外观设计应当具备下列条件：

(1)外观设计是对产品的外表所作的设计，而不涉及产品的内部构造。

(2)外观设计可以是立体或平面设计。外观设计是对产品的形状、图案、色彩或其组合所作出的新设计，其中色彩不能单独构成外观设计。立体设计如电话机独特的外观形态，平面设计如墙纸独特的图案设计，均可申请外观设计专利。我国《商标法》规定保护立体商标，因此有些产品独特的外观形状既可申请外观设计专利，也可申请注册商标，从而获得法律的双重保护。

(3)外观设计必须富有美感。是否富有美感往往带有主观性，专利审查并非采用美学标准，一般而言，只要某种新设计不违反公序良俗，不带有恐怖、迷信、暴力、淫秽、种族歧视、民族歧视的内容即认为具有美感。

(4)外观设计应具有工业上的重复再现性。所谓重复再现性即实用性，指外观设计能通过工业生产过程重复生产和制造。与实用新型相比，外观设计只涉及产品的外部形状，而不涉及产品的内部构造。虽然实用新型也涉及产品的外部形状，但两者的侧重点不同。外观设计往往侧重产品外观的装饰功能，而实用新型侧重产品外观的实用功能。

三、专利权内容

专利权内容是指专利权人依法所享有的权利和承担的义务。按照我国《专利法》的规定，专利权人享有以下权利：

(一)专利实施权

专利实施权又称独占权。我国《专利法》第 11 条规定，独占权是指专利权人对自己的专利享有独占的、排他的实施权。发明和实用新型专利权被授予后，除法律另有规定的以外，任何单位或者个人未经专利权人许可，不得为生产经营目的制造、使用、许诺销售、销售、进口其专利产品，或者使用其专利方法以及使用、许诺销售、销售、进口依照该专利方法直接获得的产品。外观设计专利被授予后，任何单位或者个人未经专利权人许可，不得为生产经营目的制造、许诺销售、销售、进口其外观设计专利产品。

（二）许可实施权

许可实施权是指专利权人（即专利许可人）通过签订书面专利实施许可合同的方式，允许他人（即专利被许可人）在一定条件下使用其专利实施权的权利。专利的实施许可在国际惯例中被称为许可证贸易。专利权人在实施许可时，应当按照专利法的有关规定办理，即专利许可人与被许可人应当签订书面专利实施许可合同，由被许可人向专利权人支付专利使用费，被许可人不得将专利再许可给其他单位或个人使用。专利权人与被许可人订立的专利实施许可合同应当自合同生效之日起3个月内向国务院专利行政部门备案。

（三）专利转让权

专利转让权是指专利权人可依法将专利实施权让与他人的权利，即发生了专利权主体的变更。究其原因，不外乎买卖、赠予、继承、企业分立、企业合并等原因。专利权的转让应当符合法定条件，即专利权人应当与他人（即受让人）签订书面专利转让合同，并经国务院专利行政部门登记和公告之后方能生效。中国单位或者个人向外国人、外国企业或者外国其他组织转让专利申请权或者专利权的，应当依照有关法律、行政法规的规定办理手续。转让专利申请权或者专利权的，当事人应当订立书面合同，并向国务院专利行政部门登记，由国务院专利行政部门予以公告。专利申请权或者专利权的转让自登记之日起生效。由于有些专利牵涉国家安全或者重大利益需要保密，专利权人不能直接转让给外国人。

（四）追偿权

当专利权人的上述三项权利受到不法侵犯时，专利权人既可以请求专利管理机关处理，也可以直接向人民法院起诉，从而依法追究专利侵权人的民事、行政、刑事责任。

（五）专利权人的义务

专利权人在享受专利权的同时也应履行法律所规定的各项义务，因为权利与义务是对等的。我国《专利法》规定专利权人同时应履行下列义务：①缴纳年费；②依法在中国境内实施专利。

（六）专利实施的强制许可

专利权人既有独占实施权，同时也有在中国境内实施专利的义务。专利实施强制许可，是指国务院专利行政部门依照《专利法》规定，不经专利权人同意，直接允许其他单位或个人实施其发明创造的一种许可方式，又称非自愿许可。但强制许可的专利只限于发明、实用新型专利，不包括外观设计专利。这样可防止某些专利权人在被授予专利权后不加以实际应用，也不允许符合条件的单位、个人使用，实际上造成了技术垄断，阻碍了科技的进步和发展，也违背了立法者保护专利的初衷。《专利法》规定的强制许可有以下情形：

（1）《专利法》第48条规定，如有下列情形之一的，国务院专利行政部门根据具备实施条件的单位或者个人的申请，可以给予实施发明专利或者实用新型专利的强制许可：①专利权人自专利权被授予之日起满3年，且自提出专利申请之日起满4年，无正当理由未实施或者未充分实施其专利的；②专利权人行使专利权的行为被依法认定为垄断行为，为消除或者减少该行为对竞争产生的不利影响的。

（2）在国家出现紧急状态或者非常情况时，或者为了公共利益的目的，国务院专利行政部门可以给予实施发明专利或者实用新型专利的强制许可。

（3）为了公共健康目的，对取得专利权的药品，国务院专利行政部门可以给予制造并将其出口到符合中华人民共和国参加的有关国际条约规定的国家或者地区的强制许可。

（4）一项取得专利权的发明或者实用新型比前已经取得专利权的发明或者实用新型具有

显著经济意义的重大技术进步，其实施又有赖于前一发明或者实用新型的实施的，国务院专利行政部门根据后一专利权人的申请，可以给予实施前一发明或者实用新型的强制许可。这种给予实施强制许可的情形下，国务院专利行政部门根据前一专利权人的申请，也可以给予实施后一发明或者实用新型的强制许可。

国务院专利行政部门作出的给予实施强制许可的决定，应当及时通知专利权人，并予以登记和公告。给予实施强制许可的决定，应当根据强制许可的理由规定实施的范围和时间。强制许可的理由消除并不再发生时，国务院专利行政部门应当根据专利权人的请求，经审查后作出终止实施强制许可的决定。

取得实施强制许可的单位或者个人不享有独占的实施权，并且无权允许他人实施。取得实施强制许可的单位或者个人应当付给专利权人合理的使用费，或者依照中华人民共和国参加的有关国际条约的规定处理使用费问题。付给使用费的，其数额由双方协商；双方不能达成协议的，由国务院专利行政部门裁决。专利权人对国务院专利行政部门关于实施强制许可的决定不服的，专利权人和取得实施强制许可的单位或者个人对国务院专利行政部门关于实施强制许可的使用费的裁决不服的，可以自收到通知之日起 3 个月内向人民法院起诉。

第三节　专利条件

专利条件即授予专利权的实质条件，也是国务院专利行政部门在实质审查专利时的判断标准。授予发明实用新型专利的发明创造应当具有新颖性、创造性和实用性，授予外观设计专利的设计方案应当具有新颖性和实用性，而无创造性要求。

一、发明和实用新型

授予专利权的发明和实用新型，应当具备新颖性、创造性和实用性。

(1)新颖性，是指该发明或者实用新型不属于现有技术；也没有任何单位或者个人就同样的发明或者实用新型在申请日以前向国务院专利行政部门提出过申请，并记载在申请日以后公布的专利申请文件或者公告的专利文件中。但申请专利的发明创造在申请日以前 6 个月内，有下列情形之一的，不丧失新颖性：

①在国家出现紧急状态或者非常情况时，为公共利益目的首次公开的；

②在中国政府主办或者承认的国际展览会上首次展出的；

③在规定的学术会议或者技术会议上首次发表的；

④他人未经申请人同意而泄露其内容的。

(2)创造性，是指与现有技术相比，该发明具有突出的实质性特点和显著的进步，该实用新型具有实质性特点和进步。

(3)实用性，是指该发明或者实用新型能够制造或者使用，并且能够产生积极效果。

现有技术，是指申请日以前在国内外为公众所知的技术。

二、外观设计

授予专利权的外观设计，应当不属于现有设计；也没有任何单位或者个人就同样的外观设计在申请日以前向国务院专利行政部门提出过申请，并记载在申请日以后公告的专利文件中。授予专利权的外观设计与现有设计或者现有设计特征的组合相比，应当具有明显的区别。授予专利权的外观设计不得与他人在申请日以前已经取得的合法权利相冲突。

现有设计，是指申请日以前在国内外为公众所知的设计。

三、不授予专利权的情形

在申请专利时，申请人应该注意不是所有的发明创造都会被授予专利权。根据《专利法》第 5 条规定，对违反法律、社会公德或者妨害公共利益的发明创造，不授予专利权。对违反法律、行政法规的规定获取或者利用遗传资源，并依赖该遗传资源完成的发明创造，不授予专利权。根据《专利法》第 25 条的规定，下列各项不授予专利权：①科学发现；②智力活动的规则和方法；③疾病的诊断和治疗方法；④动物和植物品种；⑤原子核变换方法以及用原子核变换方法获得的物质；⑥对平面印刷品的图案、色彩或者二者的结合作出的主要起标识作用的设计。但对动物和植物产品的生产方法，可以依照法律规定授予专利权。

第四节 专利的申请和审查

一、专利的申请

专利申请权人可以是发明人、设计人，也可以是发明创造的合法受让人。申请发明或者实用新型专利的，专利申请权人应当提交请求书、说明书及其摘要、权利要求书等文件。申请外观设计专利的，应当提交请求书、该外观设计的图片或者照片以及对该外观设计的简要说明等文件。申请人提交的有关图片或者照片应当清楚地显示要求专利保护的产品的外观设计。

在专利申请过程中应遵循以下原则：

（一）先申请原则

先申请原则是指两个以上申请人分别就同一项发明创造提出专利权申请的，专利权授予最先申请的人；如果是同一天申请的，申请人应当在一定期限内自行协商，协商不成的，则由国务院专利行政部门裁决。与先申请原则相对应的是先发明原则，即谁先做出该发明创造，专利权就授予谁，美国、加拿大、菲律宾等国采用该原则。与先申请原则相比，先发明原则可以让发明人、设计人较为安心地搞发明创造，但专利权人的权利得不到稳定的保护，在一定期限内随时面临被撤销的风险，而且由发明创造人举证发明在先客观上有一定难度，也增加了专利管理机关的工作量。先申请原则的主要优点就在于无须发明创造人举证发明日，减少了大量法律纠纷，减轻了专利管理机关的工作量，并督促发明人、设计人尽早申请专利，减少技术垄断，故世界上大多数国家采用该原则。

（二）一发明一申请原则

一发明一申请原则是指一件申请案只能就一项发明创造提出专利申请。一件发明或者实用新型专利申请应当限于一项发明或者实用新型。属于一个总的发明构思的两项以上的发明或者实用新型，可以作为一件申请提出。一件外观设计专利申请应当限于一项外观设计。同一产品两项以上的相似外观设计，或者用于同一类别并且成套出售或者使用的产品的两项以上外观设计，可以作为一件申请提出。

（三）优先权原则

我国作为《保护工业产权巴黎公约》的成员国，对于成员国的国民符合优先权条件的专利申请，依法给予优先权。申请人自发明或者实用新型在外国第一次提出专利申请之日起 12 个月内，或者自外观设计在外国第一次提出专利申请之日起6个月内，又在中国就相同主题提出专利申请的，依照该外国同中国签订的协议或者共同参加的国际条约，或者依照相互承认优先权的原则，可以享有优先权。申请人自发明或者实用新型在中国第一次提出专利申请之日起12个月内，或者自外观设计在中国第一次提出专利申请之日起6个月内，又向国务院专利行政部门就相同主题提出专利申请的，可以享有优先权。

申请人要求发明、实用新型专利优先权的，应当在申请的时候提出书面声明，并且在第一次提出申请之日起16个月内，提交第一次提出的专利申请文件的副本。申请人要求外观设计专利优先权的，应当在申请的时候提出书面声明，并且在3个月内提交第一次提出的专利申请文件的副本。申请人未提出书面声明或者逾期未提交专利申请文件副本的，视为未要求优先权。

二、专利审查与批准

国务院专利行政部门在受理专利申请后，即启动法律程序对专利申请文件进行审查，从而决定是否授予专利权。一般而言，分为以下三个阶段：

(一)初步审查

初步审查又称形式审查，主要指国务院专利行政部门对发明创造在程序上的审查，其内容包括：申请文件是否齐全，格式是否正确，申请费是否足额缴纳，是否属于《专利法》禁止授予专利的范围等。一般来讲，实用新型和外观设计专利只要通过形式审查没有发现驳回理由，专利申请权人就可以获得相应的专利证书，而发明专利还要经过后两个阶段。

(二)公布发明申请文件

对于初审通过的发明申请文件，国务院专利行政部门自申请日起满18个月即予以公布，国务院专利行政部门可以根据申请人的请求早日公布其申请。任何人均可以对该项发明申请提出异议。

(三)实质审查

发明专利申请自申请日起3年内，国务院专利行政部门可以根据申请人随时提出的请求对其申请进行实质审查，申请人无正当理由逾期不请求实质审查的，该申请视为撤回。国务院专利行政部门认为必要时，可以自行对发明专利申请进行实质审查。实质审查主要审查该发明专利申请是否具备新颖性、创造性和实用性。经实质审查未发现驳回理由的，由国务院专利行政部门作出授予专利权的决定，发给发明专利证书。

综上所述，我国对于发明专利申请实行早期公开和迟延审查制，而对于实用新型、外观设计专利则实行形式审查制，这样既尊重了申请人的选择权，也简化了专利审查程序，进一步与国际标准接轨。

第五节　专利权的保护

一、专利权的保护期限

世界各国对专利权的保护期限一般为5～20年，我国《专利法》规定，发明专利权的期限为20年，实用新型专利权的期限为10年，外观设计专利权的期限为15年，均自申请日起计算。这一规定既符合我国国情以及经济、科技发展水平，也适应专利制度国际化发展的趋势。专利权期限届满，则专利权必然终止，因为我国《专利法》无续展的规定。有些专利权人没有按照规定缴纳专利年费或者以书面声明放弃其专利权的，也会引致专利技术提前进入公有领域。

二、专利权的保护范围

发明或者实用新型专利权的保护范围以其权利要求的内容为准，说明书及附图可以用于解释权利要求的内容。外观设计专利权的保护范围以表示在图片或者照片中的该产品的外观设计为准，简要说明可以用于解释图片或者照片所表示的该产品的外观设计。

三、专利侵权行为

专利侵权行为就是非法实施他人专利的行为。发明和实用新型专利权被授予之后，任何单位或者个人未经专利权人许可，以生产经营为目的制造、使用、许诺销售、销售、进口其专利产品，或者使用其专利方法以及使用、许诺销售、销售、进口依照该专利方法直接获得的产品的行为是专利侵权行为；外观设计专利权被授予之后，任何单位或者个人未经专利权人许可，以生产经营为目的制造、许诺销售、销售、进口其外观设计专利产品的行为也是专利侵权行为。但有下列情形之一的，不视为侵犯专利权：

(1)专利产品或者依照专利方法直接获得的产品，由专利权人或者经其许可的单位、个人售出后，使用、许诺销售、销售、进口该产品的；

(2)在专利申请日前已经制造相同产品、使用相同方法或者已经做好制造、使用的必要准备，并且仅在原有范围内继续制造、使用的；

(3)临时通过中国领陆、领水、领空的外国运输工具，依照其所属国同中国签订的协议或者共同参加的国际条约，或者依照互惠原则，为运输工具自身需要而在其装置和设备中使用有关专利的；

(4)专为科学研究和实验而使用有关专利的；

(5)为提供行政审批所需要的信息，制造、使用、进口专利药品或者专利医疗器械的，以及专门为其制造、进口专利药品或者专利医疗器械的。

未经专利权人许可，实施其专利，即侵犯其专利权，引起纠纷的，由当事人协商解决；不愿协商或者协商不成的，专利权人或者利害关系人可以向人民法院起诉，也可以请求管理专利工作的部门处理。管理专利工作的部门处理时，认定侵权行为成立的，可以责令侵权人立即停止侵权行为，当事人不服的，可以自收到处理通知之日起 15 日内依照《中华人民共和国行政诉讼法》向人民法院起诉；侵权人期满不起诉又不停止侵权行为的，管理专利工作的部门可以申请人民法院强制执行。进行处理的管理专利工作的部门应当事人的请求，可以就侵犯专利权的赔偿数额进行调解；调解不成的，当事人可以依照《中华人民共和国民事诉讼法》向人民法院起诉。

四、侵犯专利权的法律责任

(一)民事责任

对于专利侵权行为，专利权人和利害关系人可以向法院起诉，还可以在起诉前向法院申请采取责令停止侵害的行为和财产保全措施。如果侵权行为成立，法院将根据不同情况追究侵权人的民事责任，具体责任形式有责令停止侵权、赔偿损失、消除影响等。侵犯专利权的赔偿数额按照权利人因被侵权所受到的实际损失或者侵权人因侵权所获得的利益确定；权利人的损失或者侵权人获得的利益难以确定的，参照该专利许可使用费的倍数合理确定。对故意侵犯专利权，情节严重的，可以在按照上述方法确定数额的 1 倍以上 5 倍以下确定赔偿数额。

权利人的损失、侵权人获得的利益和专利许可使用费均难以确定的，人民法院可以根据专利权的类型、侵权行为的性质和情节等因素，确定给予 3 万元以上 500 万元以下的赔偿。

赔偿数额还应当包括权利人为制止侵权行为所支付的合理开支。

(二)行政责任

处理专利侵权纠纷的行政机构是管理专利工作的部门，即国务院专利行政部门或者地方人民政府设立的专利管理机关。假冒专利的，除依法承担民事责任外，由负责专利执法的部门责令改正并予以公告，没收违法所得，可以处违法所得 5 倍以下的罚款；没有违法所得或者违法所得在 5 万元以下的，可以处 25 万元以下的罚款。

(三)刑事责任

我国《刑法》第 216 条规定，假冒他人专利，情节严重的，处 3 年以下有期徒刑或者拘役，并处或者单处罚金。由此可见，专利侵权行为中一些假冒他人专利非法经营数额或者非法所得数额巨大，或多次假冒他人专利仍屡教不改，或给专利权人带来重大经济损失的不法行为，将受到刑事制裁。被害人由于假冒专利的犯罪行为而遭受物质损失的，在刑事诉讼过程中有权提起附带民事诉讼。

第六节　专利保护的国际公约

随着科学技术的不断进步和国际贸易的日益发展，世界经济全球化趋势日益明显。但专利权的地域性特点造成各国专利法的不一致，给跨国专利申请和保护带来不便。世界各国逐渐认识到这一问题，相继签订了一些重要的专利保护国际公约，以逐步实现专利制度的国际化。

一、《保护工业产权巴黎公约》

1883 年 3 月 20 日，11 个国家在法国巴黎成立了“保护工业产权国际联盟”，签订了《保护工业产权巴黎公约》(以下简称《巴黎公约》)。我国于 1985 年 3 月 19 日正式参加了《巴黎公约》。《巴黎公约》所确立的基本原则有以下三项：

(一)国民待遇原则

在工业产权保护方面，每一缔约国必须把它给予本国国民的待遇同等地给予其他缔约国国民；非缔约国国民在某一缔约国国内有住所或营业场所的，也应当享有本国国民的待遇。

(二)优先权原则

优先权原则是指申请人从首次向缔约国之一提出申请之日起，可以在一定期限内(发明和实用新型为 12 个月，外观设计为 6 个月)以同一发明创造向其他缔约国提出申请，应将其后申请日视同首次申请日。享受优先权就可以避免在优先权期限内同样的发明被其他人申请并核准专利的风险。我国《专利法》也有优先权的明确规定。

(三)专利独立原则

专利独立原则是指同一发明在不同国家所获得的专利是彼此独立、互不影响的。专利的独立性是由专利的地域性特征所决定的，正是由于各缔约国专利法的不一致，才带来专利保护范围、期限、审查方式等客观差异。公约对这种差异予以承认。例如，某一发明专利在其本国的保护期限届满，但在其他缔约国仍可依各自立法继续得到保护。

《巴黎公约》是世界上第一个保护工业产权的国际公约，也是迄今为止影响最为深远的专利保护国际公约。它之所以能取得这样的法律地位，与它所确立的上述基本原则是密不可分的。

二、《专利合作条约》

《巴黎公约》确定了工业产权国际保护的基本原则和最低标准，但它的规定侧重实体内容，具体进行专利国际申请的程序并未涉及。为了解决这一问题，1970 年 6 月 19 日，由 35 个缔约国在美国华盛顿签订了《专利合作条约》，并于 1978 年 6 月 1 日正式生效。我国从 1994 年 1 月 1 日起正式成为该条约的成员国。

《专利合作条约》使专利的国际申请人能够通过一次申请，就可同时在申请人选定的几个或全部成员国获得专利权，避免了分次申请的麻烦。但该条约仅仅是对专利申请进行统一审查，从而简化审查程序，但是否给予该国际申请以专利权，仍由各成员国依据本国专利法自行决定。

练习题

一、复习思考题

1. 专利有哪些种类？
2. 申请专利应具备哪些条件？
3. 列举不丧失新颖性的例外。
4. 什么是职务发明创造？它有哪些表现形式？
5.《巴黎公约》所确定的基本原则有哪些？
6. 专利侵权行为的客观表现有哪些？
7. 专利申请原则有哪些？

二、案例分析题

“MG 面膜”是广州 MG 化妆品有限公司（下简称“MG 公司”）生产的护肤产品，因种类丰富，宣传广泛，受到广大女性消费者的青睐。近年来，不仅在大型的商场、超市，甚至某些批发市场、药店的柜面上也出现了“MG 面膜”。

2022 年，MG 公司授权律师在吉林省某药房购买了标注为 MG 公司生产的海洋冰泉补水面膜、豆质素控油清脂面膜、牛奶白滑润颜面膜、红酒亮肤焕颜面膜、野玫瑰紧肤舒颜面膜、玫瑰纯露亮白滋润面膜各一帖，申请公证封存。随后，在长春中级人民法院提起侵害外观设计专利权之诉。

MG 公司称，被告吉林省某药房未经原告许可，大量销售上述侵犯专利权商品，MG 公司请求法院判令被告立即停止侵权行为，赔偿经济损失。

主审法官比对了原告提供的自己生产的面膜和在被告处购买的面膜，二者外观基本相同，仅在个别文字印制上有细微差别，结合产品价格、产品材质、防伪标志等因素，最终确认被告销售的产品与原告生产的产品不同，非来源于原告生产。结合本案涉及的专利权类型、侵权行为性质和情节等因素，法院确定了赔偿数额。本案一审判决被告立即停止侵犯原告的外观设计专利权；赔偿原告经济损失人民币 12 000 元整。

问题：法院的判决有无法律依据？

第十七章

商标法

学习目标

通过本章学习，你应能够：

掌握商标、商标权的概念，商标权法律关系三要素；

熟悉商标注册的原则和条件；

了解侵犯商标专用权的法律责任。

思政目标

能够正确理解商标与品牌的关系，通过强化企业品牌意识，使企业了解品牌营销的重要性。对制假售假行为应加大打击力度，维护商标权人合法权益。市场经济主体应遵纪守法，履行法律法规的强制性义务。建立和谐社会，需要市场经济主体的共同努力，合作共赢，依法竞争。认识到依法经营的重要性，了解生产者和销售者的义务，明德守法，明辨是非。

第一节　商标的概念和商标法

一、商标法及其历史沿革

商标是商品经济的产物，随着商品经济的发展而被广泛使用。我国早在北宋时期就有商铺在其商品上刻制既有文字又有图形的商标。欧洲 13 世纪行会盛行时，许多行会成员为证明自己的身份，也在商品上刻上自己的姓名及行会标记。人类历史上第一部通行的商标法是法国 1857 年颁布的《关于以使用原则和不审查原则为内容的制造标记和商标的法律》，随后英国在 1862 年颁布《商品标记法》，美国、德国、日本等国也相继制定了商标法。到目前为止，世界上绝大多数国家已制定自己的商标法。我国近代商标制度产生于清朝末年，1904 年清政府为了履行与外国列强签订的一系列不平等条约中保护外国商标权的条款，而颁布了《商标注册试办章程》，这是中国历史上第一部商标法。国民党统治时期，1930 年国民党政府制定了《中华民国商标法》，历经数次修订，仍适用于我国台湾地区。

新中国成立以后，1950 年 7 月，政务院颁布了《商标注册暂行条例》。1963 年 4 月，全国人大常委会和国务院正式批准颁布了《商标管理条例》。“文化大革命”期间，我国商标制度遭到严重破坏。1982 年 8 月 23 日，我国颁布了《中华人民共和国商标法》，并于 1983 年 3 月 1 日起正式实施。为了适应经济发展需要，1993 年 2 月 22 日，第七届全国人大常委会第三十次会议对《商标法》进行了第一次修正；2001 年 10 月 27 日，第九届全国人大常委会第二十四次会议对《商标法》进行了第二次修正；2013 年 8 月 30 日，第十二届全国人民代表大会常务委员会第四次会议对《商标法》进行了第三次修正；2019 年 4 月 23 日，第十三届全国人民代表大会常务委员会第十次会议对《商标法》进行了第四次修正。新《商标法》实现了与国际知识产权制度的全面接轨。

二、商标的概念和种类

商标是指由文字、图形、字母、数字、三维标志、颜色组合和声音等，以及上述要素组合构成的用以区别自然人、法人或其他组织所提供商品或服务的标记。简言之，商标是区别同一商品或服务的标记，又称品牌、牌子。

我国《商标法》第 8 条规定，任何能够将自然人、法人或者其他组织的商品与他人的商品区别开的标志，包括文字、图形、字母、数字、三维标志、颜色组合和声音等，以及上述要素的组合，均可以作为商标申请注册。

按照不同标准，我们可以将商标分为不同种类。

（一）按照商标的构成分类

1. 平面商标

平面商标是由文字、图形、字母、数字、颜色组合和声音，以及上述要素组合而成的商标。

2. 立体商标

立体商标是由三维标志构成的商标，如麦当劳的金色拱门标志、咸亨酒店门前的孔乙己雕像等都属立体商标。

（二）按商标的功能分类

1. 联合商标

联合商标是指商标权人在同种或类似商品上注册若干个相近似的商标。如乐口福生产厂家可以在产品上注册“乐口福”“福乐口”“口福乐”“乐福口”等若干个近似商标，上海大伟力鞋业有限公司可以在运动鞋上注册“倍福来”“BEIFULAI”“BEVERLY”等近似商标，其作用就是商标权人构建起立体的商标保护体系，以保护自己的知名品牌。

2. 防御商标

防御商标是指商标权人在不同商品或服务上注册相同商标。例如，可口可乐公司可以将“可口可乐”商标注册在除饮料以外的其他商品或服务上，上海大伟力鞋业有限公司可以在服装、鞋帽、健身器材等不同产品上注册“倍福来”中文商标，这均能起到防止其他不法侵权者侵犯知名商标的作用。

（三）按商标的使用对象分类

1. 商品商标

商品商标是指用在商品或其外包装上的商标。

2. 服务商标

服务商标是指用在服务行业的商标。服务商标的使用和法律保护均晚于商品商标，美国于1946年颁布的《商标法》开始保护服务商标，我国从1993年7月1日起开始受理服务商标注册申请。在我国也有一些久负盛名的服务商标，如“王开”照相、“全聚德”烤鸭等。

3. 集体商标

集体商标是指以团体、协会或者其他组织名义注册，供该组织成员在商事活动中使用，以表明使用者在该组织中的成员资格的标志。如行业协会可以申请注册集体商标，核准之后由协会会员共同使用。

4. 证明商标

证明商标是指由对某种商品或者服务具有监督能力的组织所控制，而由该组织以外的单位或者个人使用于其商品或者服务，用以证明该商品或者服务的原产地、原料、制造方法、质量或者其他特定品质的标志。例如，国际羊毛局的“纯羊毛”标志、农业农村部管理下的“绿色食品”标志等。

（四）按商标的信誉分类

1. 驰名商标

驰名商标是指在市场上享有较高声誉并为公众所熟知的注册商标。1996年8月14日，中国国家工商行政管理局发布了《驰名商标认定和管理暂行规定》，从此对驰名商标的保护纳入了法制化轨道。由于驰名商标是企业重要的无形资产，它的含金量远远高于普通商标，因此对驰名商标的保护不受地域性的限制。有些外国的驰名商标虽暂时未在我国注册，但我国《商标法》仍禁止下列恶意抢注行为：申请注册人就相同或者类似商品申请注册的商标是复制、模仿或者翻译他人未在中国注册的驰名商标，容易导致混淆的，不予注册并禁止使用；或就不相同或者不相类似商品申请注册的商标是复制、模仿或者翻译他人已经在中国注册的驰名商标，误导公众，致使该驰名商标注册人的利益可能受到损害的，不予注册并禁止使用。

2. 优质产品商标

优质产品商标是指在某一地域范围内为相关公众熟知的注册商标。例如，美国的著名商标是指州一级的知名度较高的商标。优质产品商标的认定标准比驰名商标容易，但它的保护方式和范围均不如驰名商标。

3. 普通商标

普通商标是指驰名商标、优质产品商标以外的商标。

第二节 商标权的构成要素

一、商标权主体

商标权法律关系是由商标权主体、客体、内容三要素构成的，其中商标权主体即商标权人，是指依法享有注册商标专用权并同时承担相应义务的自然人、法人或者其他组织。申请商标注册或者办理其他商标事宜，可以自行办理，也可以委托依法设立的商标代理机构办理。外国人或者外国企业在中国申请商标注册和办理其他商标事宜的，应当委托依法设立的商标代理机构办理。

商标权可以共有。我国《商标法》第5条规定，两个以上的自然人、法人或者其他组织可以共同向商标局申请注册同一商标，共同享有和行使该商标专用权。商标权共有人不能擅自处分他们共有的注册商标专用权，否则无效。

二、商标权客体

商标权客体即商标权人权利和义务指向的对象，也是我国《商标法》的保护对象，即中国商标主管机关核准的注册商标。在我国，未注册商标得不到法律的保护，其使用人也不享有商标专用权，但驰名商标不管是否在我国注册，均可依法获得一定的保护。

如何区分注册商标和未注册商标呢？使用注册商标的，有权标以“注册商标”字样或注册标记“注”或“R”，而未注册商标不能使用上述文字或标记。将未注册商标冒充注册商标使用的，或者使用未注册商标违反《商标法》第10条规定的，由地方工商行政管理部门予以制止，限期改正，并可以予以通报；违法经营额5万元以上的，可以处违法经营额20%以下的罚款；没有违法经营额或者违法经营额不足5万元的，可以处1万元以下的罚款。

三、商标权内容

商标权内容是指商标权人依法享有的权利和承担的义务。该权利包括以下三项：

(一)商标专用权

商标专用权是指商标权人在核准商品或服务项目上有使用注册商标的排他权，它是商标权人最重要、最基本的权利。例如，索尼公司对“索尼”电器商标有排他的使用权，其他任何人、单位在一定地域范围内未经索尼公司许可都不得在电器上使用“索尼”商标。除驰名商标外，普通注册商标的排他使用均限定于核准商品或服务上。例如，“雪铁龙”商标已被注册在汽车上，并不排除“雪龙”商标注册在饮料、服装上。

(二)转让权

转让权是指商标权人依法将注册商标让予他人的权利。该转让引致商标权主体的变更。原来的商标权人(即转让人)不再享有商标权，而受让人获得了商标权。引致转让的原因多种多样，可以是有偿转让，如继承、企业分立、合并、法院判决等。转让注册商标的，转让人和受让人应当签订转让协议，并共同向商标局提出申请。受让人应当保证使用该注册商标的商品质量。转让注册商标的，商标注册人对其在同一种商品上注册的近似的商标，或者在类似商品上注册的相同或者近似的商标，应当一并转让。对容易导致混淆或者有其他不良影响的转让，商标局不予核准，书面通知申请人并说明理由。转让注册商标经核准后，予以公告。受让人自公告之日起享有商标专用权。

(三)许可使用权

许可使用权又称许可权，是指商标权人依法按照书面商标权使用许可合同，许可他人使用其注册商标的权利。我国《商标法》第43条规定，商标注册人可以通过签订商标使用许可合同，许可他人使用其注册商标。许可人应当监督被许可人使用其注册商标的商品质量。被许可人应当保证使用该注册商标的商品质量。经许可使用他人注册商标的，必须在使用该注册商标的商品上标明被许可人的名称和商品产地。许可他人使用其注册商标的，许可人应当将其商标使用许可报商标局备案，由商标局公告。商标使用许可未经备案不得对抗善意第三人。

商标权人在享有上述三项权利时，还依法承担下列三项义务：①商标权人有依法缴费的义务；②商标权人不得连续3年停止使用注册商标；③商标权人必须保证使用注册商标的商品或服务质量。

第三节 商标注册原则及条件

一、商标注册原则

我国是实行注册制度的国家，商标注册是产生商标专用权的唯一途径，未注册商标虽然可以使用，但得不到法律保护。在商标注册过程中应遵循以下两大原则：

(一)自愿注册原则

自愿注册原则是指商标使用人对其使用的商标是否注册，完全听其自愿，国家不加干预。与之相对应的是强制注册原则，又称“全面注册”原则，即所有的商标都必须依法申请注册。但事实上很多企业还未来得及注册商标，就由于市场原因而转产或倒闭了，因此“全面注册”客观上难以实现。我国实行的是自愿注册原则为主，强制注册原则为辅，对于一些关系到老百姓生命健康的特殊商品规定必须注册，目前主要有人用药品和烟草制品两类。

(二)注册在先原则

注册在先原则又称申请在先原则，是指两个或两个以上的商标注册申请人在同一种商品或者类似商品上，以相同或者近似的商标申请注册的，初步审定并公告申请在先的商标；同一天申请的，初步审定并公告使用在先的商标。与注册在先原则相对应的是使用在先原则，世界上也有少数国家如英国、美国、列支敦士登使用该原则。注册在先原则的优点是简便易行、便于管理，缺点是容易出现“商标抢注”现象。

二、商标注册条件

根据《保护工业产权巴黎公约》第 6 条，商标的注册条件应由各成员国的国内法来规定。商标注册条件各国都有差异，在我国应具备下列条件：

(一)商标应具备法定构成要素

我国《商标法》规定，商标的法定构成要素是文字、图形、字母、数字、三维标志、颜色组合和声音，以及上述要素的组合，而气味不是我国商标法定构成要素。

(二)商标应具有显著性

显著性是指商标的独特性和可识别性。商标本身是区别同种商品或服务的标记，它应该便于识别，一目了然。一些行业通用的标志和一些商品通用的名称或外形都不能作为商标注册。

(三)申请注册的商标不得与他人在先权利相冲突

一件商标尽管符合其他法定条件，但如果与他人已经注册的商标相混同，同他人在先权利相冲突，也不能获得商标注册或作为商标使用。混同是指商标与他人在同一商品或类似商品上的注册商标相同或近似。在先权利是指申请注册商标与他人在先的姓名权、肖像权、著作权、工业品外观设计专利权、企业名称权、商号权等其他民事权利发生冲突的，经在先权利人请求并提交相应证据，可以不予注册。

(四)商标不得含有的标志

《商标法》第 10 条规定，下列标志不得作为商标使用：

(1)同中华人民共和国的国家名称、国旗、国徽、国歌、军旗、军徽、军歌、勋章等相同或者近似的，以及同中央国家机关的名称、标志、所在地特定地点的名称或者标志性建筑物的名称、图形相同的，如“中华”洗衣机、“中南海”酱菜、“长城”打火机等均属此类。

(2)同外国的国家名称、国旗、国徽、军旗等相同或者近似的，但经该国政府同意的除外，如“法兰西”羊绒大衣、“英格兰”香烟、“美利坚”洋酒等均属此类。

(3)同政府间国际组织的名称、旗帜、徽记等相同或者近似的，但经该组织同意或者不易误导公众的除外，如“APEC”“WTO”“UN”等均不得作为商标使用。

(4)与表明实施控制、予以保证的官方标志、检验印记相同或者近似的，但经授权的除外。

(5)同“红十字”“红新月”的名称、标志相同或者近似的；红十字组织和红新月组织均是国际卫生组织，后者是伊斯兰国家间国际卫生组织。例如，“红十字”药房、“红新月”创可贴均不得作为商标使用。

(6)带有民族歧视性的，如“黑鬼”“支那”均不得作为商标。

(7)带有欺骗性，容易使公众对商品的质量等特点或者产地产生误认的，如“绿色”卷烟、“金牌”火腿肠等均属此类。

(8)有害于社会主义道德风尚或者有其他不良影响的，如以“纳粹”“希特勒”“911”等作为商标的，依法不予注册并禁止使用。

县级以上行政区划的地名或者公众知晓的外国地名，不得作为商标。但是，地名具有其他含义或者作为集体商标、证明商标组成部分的除外，已经注册的使用地名的商标继续有效。

根据《商标法》第 11 条的规定，下列标志也不得作为商标注册：

(1)仅有本商品的通用名称、图形、型号的，如“雪花”润肤膏、“太空”纯净水等均属此类。

(2)仅直接表示商品的质量、主要原料、功能、用途、重量、数量及其他特点的，如“钢铁”保险柜、“坚固”挂锁、“美味”肉松等均属此类。

(3)缺乏显著特征的。

上述三种标志经过使用取得显著特征，并便于识别的，可以作为商标注册。以三维标志申请注册商标的，仅由商品自身的性质产生的形状，为获得技术效果而需有的商品形状或者使商品具有实质性价值的形状，不得注册。如以地名作为商标注册或使用，该商品应来源于该地理名称的地区，否则不予注册并禁止使用；但是已经善意取得注册的继续有效。如“金华”火腿、“嘉兴”肉粽均已作为集体商标注册，其他地区的同类商品不得再使用上述地理标志。但地理标志具有其他含义的除外，如四川“长寿”市、湖南“凤凰”县等地名也可作为商标注册。

第四节 商标权的申请和审查

一、商标注册申请

自然人、法人或者其他组织对其生产、制造、加工、拣选或者经销的商品和提供的服务项目，需要取得商标专用权的应当向商标局申请商标注册。申请商标注册或者办理其他商标事宜，可以自行办理，也可以委托依法设立的商标代理机构办理。外国人或者外国企业在中国申请商标注册和办理其他商标事宜的，应当委托依法设立的商标代理机构办理。

商标注册申请人应当按规定的商品分类表填报使用商标的商品类别和商品名称，提出注册申请。商标注册申请人可以通过一份申请就多个类别的商品申请注册同一商标。商标注册申请等有关文件，可以以书面方式或者数据电文方式提出。为申请商标注册所申报的事项和所提供的材料应当真实、准确、完整。注册商标需要在核定使用范围之外的商品上取得商标专用权的，应当另行提出注册申请。注册商标需要改变其标志的，应当重新提出注册申请。

二、商标注册审查和核准

在我国，商标局作为商标主管机关依法对商标申请进行审查核定。符合《商标法》规定的，商标局作出初步审定并予以公告。对初步审定的商标，自公告之日起3个月内，任何人均可以提出异议。公告期满无异议或异议被驳回的，予以核准注册，发给商标注册证，并予以公告。

我国对商标注册申请既有形式审查，又有实质审查，这与世界上大多数国家的做法是一致的。

（一）形式审查

形式审查主要审查商标申请人的申请资格，是否符合"一类商品一件申请"原则，商标申请文件是否齐全、规范，是否缴纳商标注册申请费；审查商标的申请日，编写申请号。商标局在形式审查中发现申请文件基本符合上述条件，予以受理，不足部分允许申请人限期补正；完全不符合条件的，则予以退回，申请日不予保留。

（二）实质审查

实质审查是由商标局对申请注册商标是否符合法定注册条件进行审查，即审查以下内容：商标是否由法定构成要素组成，是否具有显著性，是否与他人在先权利相冲突，是否使用了禁用的文字、图形，等等。通过实质审查的商标予以初步审定并公告，反之则驳回申请。

通过形式审查和实质审查的商标申请，商标局将核准其商标注册，申请人自其商标核准注册之日起，取得商标权。

三、商标权的期限、续展和终止

我国《商标法》第39条规定，注册商标的有效期为10年，自核准注册之日起算。10年保护期届满之后，当事人仍想继续保护该商标，可向商标局申请续展。所谓续展，是指为了延长注册商标的有效期限而继续注册。注册商标有效期满，需要继续使用的，商标注册人应当在期满前12个月内按照规定办理续展手续；在此期间未能办理的，可以给予6个月的宽展期。每次续展注册的有效期为10年，自该商标上一届有效期满次日起计算。期满未办理续展手续的，注销其注册商标。商标局应当对续展注册的商标予以公告。每次续展注册的有效期为10年，且续展次数无限制。由此可见，对于商标权的保护可以一直延续下去。

商标权的终止即商标专用权的消灭，原因如下：

（1）商标权有效期限届满，而当事人未在法定期限内申请续展；

（2）商标权人自行改变注册商标的；

（3）商标权人自行改变注册商标的注册人名义、地址或者其他注册事项的；

（4）商标权人自行转让注册商标的；

（5）商标权人连续3年停止使用其注册商标的；

（6）商标评审委员会做出撤销有争议的注册商标的；

（7）其他可能导致商标权消灭的原因。

第五节　注册商标专用权的保护

一、商标侵权行为

商标侵权行为是指以营利为目的，非法侵犯他人注册商标专用权的行为。根据《商标法》第57条的规定，侵犯商标权的表现形式有以下几种：

(1)未经商标注册人的许可，在同一种商品上使用与其注册商标相同的商标的；

(2)未经商标注册人的许可，在同一种商品上使用与其注册商标近似的商标，或者在类似商品上使用与其注册商标相同或者近似的商标，容易导致混淆的；

(3)销售侵犯注册商标专用权的商品的；

(4)伪造、擅自制造他人注册商标标识或者销售伪造、擅自制造的注册商标标识的；

(5)未经商标注册人同意，更换其注册商标并将该更换商标的商品又投入市场的；

(6)故意为侵犯他人商标专用权行为提供便利条件，帮助他人实施侵犯商标专用权行为的；

(7)给他人的注册商标专用权造成其他损害的。

将他人注册商标、未注册的驰名商标作为企业名称中的字号使用，误导公众，构成不正当竞争行为的，依照《中华人民共和国反不正当竞争法》处理。

二、法律责任

由于侵犯注册商标专用权行为引起纠纷的，由当事人协商解决；不愿协商或者协商不成的，商标注册人或者利害关系人可以向人民法院起诉，也可以请求工商行政管理部门处理。工商行政管理部门处理时，认定侵权行为成立的，责令立即停止侵权行为，没收、销毁侵权商品和主要用于制造侵权商品、伪造注册商标标识的工具，违法经营额5万元以上的，可以处违法经营额5倍以下的罚款，没有违法经营额或者违法经营额不足5万元的，可以处25万元以下的罚款。对5年内实施两次以上商标侵权行为或者有其他严重情节的，应当从重处罚。销售不知道是侵犯注册商标专用权的商品，能证明该商品是自己合法取得并说明提供者的，由工商行政管理部门责令停止销售。对侵犯商标专用权的赔偿数额的争议，当事人可以请求进行处理的工商行政管理部门调解，也可以依照《民事诉讼法》向人民法院起诉。经工商行政管理部门调解，当事人未达成协议或者调解书生效后不履行的，当事人可以依照《民事诉讼法》向人民法院起诉。

对侵犯注册商标专用权的行为，工商行政管理部门有权依法查处；涉嫌犯罪的，应当及时移送司法机关依法处理。我国《刑法》规定了与商标侵权有关的四类犯罪罪名：假冒注册商标罪、销售假冒注册商标罪、非法制造注册商标标识罪、销售非法制造的注册商标标识罪。若上述罪名成立，犯罪人将会处以3年以下有期徒刑、拘役或者管制，并处或者单处罚金；情节特别严重的，处3年以上7年以下有期徒刑，并处罚金。

第六节 商标权保护的国际公约

一、《保护工业产权巴黎公约》

对商标权进行保护是由各国国内立法决定的，但随着国际贸易的发展，如何简化商标申请和审查程序，加大对驰名商标的保护力度，成为世界各国共同关心的问题。从19世纪末开始，世界各国通过签订一些国际公约来进行商标权的国际保护。《保护工业产权巴黎公约》所确立的基本原则不仅适用于专利权，而且同样适用于商标权。

（一）国民待遇原则

在商标权保护方面，每一缔约国必须把它给予本国国民的待遇同等地给予其他缔约国国民，非缔约国国民在某一缔约国国内有住所或营业场所，也应当享有本国国民的待遇。这是《巴黎公约》成员国的基本义务。

（二）优先权原则

优先权原则是指申请人从首次向缔约国之一提出申请之日起，可以在6个月内向其他缔约国提出同样的申请，其后来申请的日期可视同首次申请的日期。行使优先权可以避免在优先权期限内同样的商标被其他人申请并抢先注册的风险。

（三）独立性原则

独立性原则是指各缔约国依国内法对商标权进行独立保护，不受其他国家影响。如果一项商标没有在本国注册，或在本国被驳回申请，或被注销，并不影响它在其他国家继续得到法律保护。

二、《商标国际注册协定》

1891年4月14日，法国、西班牙、比利时等国在西班牙马德里签订了《商标国际注册协定》，并于1892年7月生效。我国于1989年10月4日正式加入了该协定。

《商标国际注册协定》是对《巴黎公约》的重要补充。该协定第一次提出了解决商标国际注册问题的规定：缔约国国民在本国注册商标后，可以向世界知识产权国际事务局申请国际注册；国际事务局审查同意后，即公布该商标，并通知申请人选定若干个缔约国；一年之内未被选定国驳回即获得商标权。这样大大简化了商标国际注册申请的程序，省时省力，节约费用，但是否授予商标权仍由各缔约国国内法决定。

练习题

一、复习思考题

1. 商标的种类有哪些？
2. 商标注册原则有哪些？
3. 商标权的保护期限为多长？
4. 如何转让注册商标？
5. 什么是商标侵权行为？它的表现形式及制裁方式有哪些？

二、案例分析题

甲于2017年始在第20类家具上使用“富和”商标，但一直未申请注册。2022年10月15日，乙将其尚未使用的“富和”商标向商标局提出注册申请，使用的商品也在第20类家具上。

问题：

(1)乙的商标能否被核准注册？为什么？

(2)若乙的商标被核准注册后，则甲能否在家具上继续使用“富和”商标？为什么？

第七编

经济程序法律制度

第十八章

诉讼时效和期间

学习目标

通过本章学习，你应能够：

掌握诉讼时效的概念与分类；

全面认识和理解诉讼时效的中止和中断；

了解诉讼时效的起算和期间。

思政目标

能够正确理解高质量发展是实现共同富裕的前提和必然路径；认识到要推动经济社会各领域实现质量变革、效率变革、动力变革，就要走更高质量、更有效率、更加公平、更可持续、更为安全的发展之路。通过把握诉讼时效制度的本质，根植司法理念，把对正义价值与效率价值的追求有机结合；立足新发展阶段，推动高质量发展，推进共同富裕。

第一节　诉讼时效概述

一、诉讼时效的概念

诉讼时效是指权利人在法定期间内不行使权利，义务人便享有抗辩权，从而导致权利人无法胜诉的法律制度。根据我国《民法典》的规定，权利人在法定诉讼时效期间内不行使权利，即丧失请求法院依诉讼程序强制义务人履行义务的权利。义务人行使抗辩权，将使权利人丧失诉讼中的胜诉权，而不是丧失起诉权，也不是丧失原权利。

起诉权与胜诉权是不同的。起诉权是一种程序性权利，是一种请求权，是当事人请求法院行使审判权，以保护自己合法利益的权利。而胜诉权是基于实体法而产生的，体现为法院对当事人权利请求的支持。当事人在诉讼时效届满后仍然可以向人民法院起诉，只要起诉符合《民事诉讼法》中的相关规定，人民法院就应当立案审查。受理后，法院只有在查明无诉讼时效的中止、延长、中断等法定理由的，才可以判决驳回诉讼请求。

诉讼时效届满也并不丧失原权利。诉讼时效期间届满，权利人的权利转化为没有法律强有力保护的自然权利，但同时权利人的实体权利也不会消灭。

诉讼时效作为一种法律制度，其目的并不是要剥夺当事人行使合法权利的权利，而是出于效率与公平的综合考虑，督促当事人及时行使权利，避免证据灭失，有助于证据的保全，以利于物权的流转和债权关系的稳定，维护交易秩序和安全。

二、诉讼时效与时效

时效，是指一定的事实状态经过一定的时间即产生一定法律效果的制度。时效的构成应具备两个条件：一是一定事实状态的存在，这种事实状态是指占有财产或不行使权利的客观状况；二是这种事实状态持续了一定的时间，一定的时间应由法律加以规定。只有一定的事实状态与一定的时间相结合，才构成时效并产生一定的法律效果。

时效有取得时效与消灭时效之分。取得时效又称占有时效，是指占有他人财产的事实经过法定的时间，即取得该项财产所有权的制度。消灭时效又称诉讼时效，是指不行使权利的事实状态经过法定的时间，即依法产生该项权利不再受法律保护的制度。

三、诉讼时效与除斥期间

除斥期间又称预定期间，主要是指法律规定形成权预定存续的期间。权利人如果在此期间内不行使权利，则期间届满后，该形成权即告消灭。出于除斥期间制度价值的充分展现，除斥期间为不变期间，不适用中断、中止和延长的规定。例如，《民法典》第 664 条规定，因受赠人的违法行为致使赠与人死亡或者丧失民事行为能力的，赠与人的继承人或者法定代理人可以撤销赠与。赠与人的继承人或者法定代理人的撤销权，自知道或者应当知道撤销事由之日起 6 个月内行使。这里的 6 个月就是除斥期间，因为 6 个月满，当事人丧失的不仅是胜诉权，更是其本身的原权利——撤销权。

四、诉讼时效的分类

根据《民法典》及其他一些法律的规定，诉讼时效一般可分为普通诉讼时效、特殊诉讼时效和最长权利保护期间。

（一）普通诉讼时效

普通诉讼时效是根据《民法典》的规定适用于一般民事法律关系的统一诉讼时效。我国《民法典》第 188 条第一款规定，向人民法院请求保护民事权利的诉讼时效期间为 3 年。

（二）特别诉讼时效

特别诉讼时效是根据《民法典》和有关法律规定的只适用于某些特定的民事法律关系的诉讼时效。我国《民法典》第 188 条第一款规定的“法律另有规定的，依照其规定”。例如《民法典》第 594 条规定，因国际货物买卖合同和技术进出口合同争议提起诉讼或者申请仲裁的时效期间为 4 年。《产品质量法》第 45 条第一款规定，因产品存在缺陷造成损害要求赔偿的诉讼时效期间为 2 年，自当事人知道或者应当知道其权益受到损害时起计算。《保险法》第 26 条规定，人寿保险以外的其他保险的被保险人或者受益人，向保险人请求赔偿或者给付保险金的诉讼时效期间为 2 年，自其知道或者应当知道保险事故发生之日起计算。人寿保险的被保险人或者受益人向保险人请求给付保险金的诉讼时效期间为 5 年，自其知道或者应当知道保险事故发生之日起计算。此外，《海商法》有多条关于请求权的时效期间规定，时效期间有 90 日、

1年、2年、3年、6年等。

（三）最长权利保护期间

最长权利保护期间是指从权利被侵害之日起受法院保护的最长期限。《民法典》第188条第二款规定，诉讼时效期间自权利人知道或者应当知道权利受到损害以及义务人之日起计算。法律另有规定的，依照其规定。但是，自权利受到损害之日起超过20年的，人民法院不予保护，有特殊情况的，人民法院可以根据权利人的申请决定延长。最长权利保护期间是从权利被侵害时开始计算的，而其他诉讼时效的期限是从权利人知道或应当知道权利被侵害时计算的；同时，最长权利保护期间不适用其他诉讼时效的中断、中止等规定。

第二节　诉讼时效期间的起算、中止和中断

一、诉讼时效期间的起算

诉讼时效期间的起算是指从什么时候开始计算诉讼时效。根据《民法典》第188条第二款的规定，诉讼时效期间自权利人知道或者应当知道权利受到损害以及义务人之日起计算。法律另有规定的，依照其规定。在这里，“知道”权利受到侵害要求权利人对权利受到侵害的状况在主观上是获知的，而“应当知道”则是一种法律上的推定，不管当事人实际是否知道权利受到侵害，在客观上只要存在知道的条件和可能，即使当事人因主观过错实际不知道，仍然开始计算诉讼时效。这一规定的目的，是为了防止权利人以不知道权利被侵害为借口而规避诉讼时效。如人身损害赔偿的诉讼时效期间，伤害明显的，从受伤害之日起算；伤害当时未曾发现的，后经检查确诊并能证明是由伤害引起的，从伤势确诊之日起算。

当事人约定同一债务分期履行的，诉讼时效期间自最后一期履行期限届满之日起计算。无民事行为能力人或者限制民事行为能力人对其法定代理人的请求权的诉讼时效期间，自该法定代理终止之日起计算。未成年人遭受性侵害的损害赔偿请求权的诉讼时效期间，自受害人年满18周岁之日起计算。

诉讼时效期间届满的，义务人可以提出不履行义务的抗辩。诉讼时效期间届满后，义务人同意履行的，不得以诉讼时效期间届满为由抗辩；义务人已经自愿履行的，不得请求返还。诉讼时效期间届满的法律后果是产生请求权已经超过诉讼时效期间的抗辩权。义务人基于自己的意志，可以行使该抗辩权，也可以不行使。如果义务人在案件审理过程中没有提出诉讼时效抗辩，则视为义务人放弃时效利益，人民法院应当继续审理，权利人在此情况下仍有胜诉的可能。诉讼时效期间届满之后，人民法院不应当主动依职权审查时效是否届满，在义务人未提出诉讼时效抗辩的情形下，人民法院不应主动适用诉讼时效的规定进行裁判。

二、诉讼时效的中止

《民法典》第194条规定，在诉讼时效期间的最后6个月内，因不可抗力或者其他障碍不能行使请求权的，诉讼时效中止。自中止时效的原因消除之日起满6个月，诉讼时效期间届满。诉讼时效的中止实质是诉讼时效期间的暂停，以暂停的形式将阻碍权利人行使权利的法定障碍经过的期间，扣除在时效期间之外，以保证权利人遇到阻碍权利行使的特殊事由时仍然有行使权利的必要时间。

(一)诉讼时效中止的事由与时间

诉讼时效中止的事由必须是法律规定的,而不是由当事人或法庭来决定的。根据《民法典》第194条的规定,中止时效的事由有:①不可抗力;②无民事行为能力人或者限制民事行为能力人没有法定代理人,或者法定代理人死亡、丧失民事行为能力、丧失代理权;③继承开始后未确定继承人或者遗产管理人;④权利人被义务人或者其他人控制;⑤其他导致权利人不能行使请求权的障碍。

根据《民法典》的规定,只有在诉讼时效期间的最后6个月内发生中止事由,才能中止诉讼时效的进行。如果在诉讼时效期间的最后6个月以前行使权利存在障碍,但是至最后6个月时障碍已经消除,则不发生诉讼时效中止;如果该障碍在最后6个月时尚未消除,则应从最后6个月起中止诉讼时效,直到该障碍消除。

(二)诉讼时效中止的效力

根据《民法典》的规定,中止事由发生前已经经过的时效期间仍然有效,当出现诉讼时效中止的事由,诉讼时效期间停止计算,等到中止事由消除以后,时效期间继续计算。而不论中止前诉讼时效期间还有多少时间,在中止事由消除后,剩余的诉讼时效期间都是6个月。

三、诉讼时效的中断

诉讼时效的中断是指在诉讼时效进行中,因一定法定事由的发生而使已经经过的诉讼时效期间统归无效,从中断、有关程序终结时起,诉讼时效期间重新计算。诉讼时效的中断适用于普通诉讼时效和特别诉讼时效,而不适用于20年的权利最长保护期限。

(一)诉讼时效中断的事由

(1)权利人向义务人提出履行请求。权利人以诉讼以外的方式向义务人主张权利,包括通知、催告义务人履行义务,要求连带责任人承担责任,向破产清算人申报债权,向债务保证人、债务人的代理人或者财产代管人主张权利等。

(2)义务人同意履行义务。义务人通过一定方式向权利人作出愿意履行义务的意思表示,如分期履行、部分履行、提供担保、请求延期履行、制订清偿债务计划等承诺或者行为。

(3)权利人提起诉讼或者申请仲裁。诉讼时效从当事人一方向人民法院提交起诉状或者口头起诉之日起中断,新的诉讼时效从该诉讼程序结束时起再重新计算。在申请仲裁的情况下,诉讼时效从当事人一方向仲裁机构或者按照相关临时仲裁程序提交仲裁申请之日起中断,新的诉讼时效从该仲裁程序结束时起再重新计算。

(4)与提起诉讼或者申请仲裁具有同等效力的其他情形。主要包括申请支付令,申请破产、申报破产债权,为主张权利而申请宣告义务人失踪或者死亡,申请诉前财产保全、诉前临时禁令等诉前措施,申请强制执行,申请追加当事人或者被通知参加诉讼,在诉讼中主张抵消等。

(二)诉讼时效中断的效力

在发生诉讼时效中断的事由之后,中断事由发生前已经经过的时效期间归于无效,从中断、有关程序终结时起,诉讼时效期间重新计算。在新的诉讼时效期间内,可能发生时效再次中断的效果。

四、适用诉讼时效的例外

《民法典》第196条规定,下列请求权不适用诉讼时效的规定:①请求停止侵害、排除妨碍、消除危险;②不动产物权和登记的动产物权的权利人请求返还财产;③请求支付抚养费、赡养费或者扶养费；④依法不适用诉讼时效的其他请求权。

诉讼时效适用于请求权，一般为债权请求权。基于物权、知识产权、人格权被侵害产生的停止侵害、排除妨碍、恢复名誉、赔礼道歉、消除影响、消除危险等的请求权以及基于亲属关系请求支付赡养费、抚养费或者扶养费等不适用诉讼时效。返还登记的不动产和动产的请求权，不适用诉讼时效，未登记的不动产和动产适用诉讼时效。此外，支付存款本金及利息请求权，兑付国债、金融债券以及向不特定对象发行的企业债券本息请求权，基于投资关系产生的缴付出资请求权，以及股东知情权、专项维修资金等不适用诉讼时效。

第三节　期　间

一、期间的概念

期间是指从时间的某一个特定的点到另一个特定的点所经过的时间，其是时间的某一特定的段或区间。比如，从 2019 年 12 月 5 日到 2020 年 12 月 5 日就是一个期间。

二、期间的种类

期间可以分为法定、指定和约定三种类别。

(1)法定期间是指法律直接规定的期间。例如，法定的诉讼时效时间和除斥期间等，都有法律作出具体的规定，当事人不可以任意改变。

(2)指定期间是指由人民法院或仲裁机构确定的期间。例如，人民法院确定的一方当事人履行债权债务的期间。

(3)约定期间是指由法律关系的双方自由选择约定的期间。约定的期间虽然是由双方当事人选择的，但一旦确立，就对双方当事人具有法律的约束力，任何一方违反都要承受相应的后果。

三、期间的计算

民法所称的期间按照公历年、月、日、小时计算。规定按照小时计算期间的，从规定时开始计算。规定按照日、月、年计算期间的，开始的当天不算入，从下一天开始计算。期间的最后一天是星期日或者其他法定休假日的，以休假日的次日为期间的最后一天。期间的最后一天的截止时间为 24:00。有业务时间的，到停止业务活动的时间截止。

练习题

一、复习思考题

1. 什么是时效？什么是诉讼时效？什么是除斥期间？
2. 什么是普通诉讼时效？什么是特殊诉讼时效？什么是最长权利保护期间？
3. 我国《民法典》规定的普通诉讼时效期间的起算有哪些情况？
4. 诉讼时效中止的事由有哪些？诉讼时效中止有什么效力？
5. 诉讼时效中断的事由有哪些？诉讼时效中断有什么效力？

6. 什么是期间？它有哪些类别？

二、案例分析题

2018 年 2 月 1 日，张三向李四借款人民币 10 万元，张三给李四打了一张欠条，注明借款时间为 2018 年 2 月 1 日，未写还款日期。2022 年 5 月 10 日，李四诉至法院，要求张三返还借款 10 万元。在庭审中，被告张三辩称，本案诉讼时效已过，拒绝返还 10 万元借款。法院支持原告李四的诉讼请求，判决被告张三败诉，由张三返还李四的借款 10 万元并承担案件受理费。

问题：法院为什么支持原告李四的诉讼请求呢？

第十九章

经济仲裁

学习目标

通过本章学习，你应能够：

掌握经济仲裁的概念、原则及特征；

掌握经济仲裁的组织机构、仲裁协议、仲裁程序；

掌握人民法院对经济仲裁的支持与监督；

了解涉外仲裁制度、劳动仲裁制度。

思政目标

能够正确理解全面推进依法治国必须坚持统筹推进国内法治和涉外法治；紧紧围绕高质量发展主题，树立共商共建共享的全球治理观。通过仲裁法及其背后的司法保障制度提供良法善治的法治支撑，依法平等保护中外当事人合法权益，优化营商环境，为国内大循环的持续提升提供可靠保障，助力我国贸易强国建设与“一带一路”高质量发展，提升国际循环水平。

第一节　经济仲裁概述

仲裁，也称公断，是解决争议的一种重要方式。所谓仲裁，是指双方当事人在争议发生之前或者争议发生之后，达成协议，自愿将该争议交给无直接利害关系的第三方作出裁决，争议双方有义务执行该裁决，从而解决争议的法律制度。

1994 年 8 月 31 日，第八届全国人民代表大会常务委员会第九次会议通过了《中华人民共和国仲裁法》，自 1995 年 9 月 1 日起施行。该法根据 2009 年 8 月 27 日第十一届全国人民代表大会常务委员会第十次会议《关于修改部分法律的决定》第一次修正；根据 2017 年 9 月 1 日第十二届全国人民代表大会常务委员会第二十九次会议《关于修改〈中华人民共和国法官法〉等八部法律的决定》第二次修正。

一、仲裁制度概述

古罗马地中海沿岸各城海上贸易比较发达，因而商人之间的商事纠纷也随之增加，当事人为及时解决纠纷而约请本地有一定威望的第三人充当调解和裁决人，逐步形成了仲裁惯例。此后，随着欧洲商品经济的进步，仲裁惯例在一些国家得到较大发展，并为法律所承认，形成仲裁制度。19世纪以来，许多国家相继制定了仲裁法。同时，国际政治、经济、贸易联系的加强，使仲裁的内容和形式也发生了重大变化，逐步由一国范围内的民事、商事仲裁，扩展到国际商事仲裁、海事仲裁、劳动争议仲裁和解决国家间争端的国际仲裁等领域。

（一）经济仲裁的概念与特点

经济仲裁是指双方当事人在因特定经济问题而引起的争议发生之前或者之后，自愿达成协议，将该争议提交仲裁机构裁决的制度。

《仲裁法》第1条规定："为保证公正、及时地仲裁经济纠纷，保护当事人的合法权益，保障社会主义市场经济健康发展，制定本法。"这一条阐明了《仲裁法》的立法宗旨。与民事诉讼相比，仲裁具有极大的灵活性和便利性，可以避免诉讼程序的烦琐，可以保护当事人的商业秘密，可以及时处理纠纷、节省费用。仲裁简易、快捷的特点，对于保护当事人的正当权益，及时解决纠纷，保障社会主义市场经济的健康发展，具有重要意义。

仲裁法是程序法，包括在民事程序法律机制中。经济仲裁具有以下特点：

1. 仲裁程序的灵活性、便利性

与民事诉讼程序相比，仲裁具有极大的灵活性和便利性。它表现在当事人有权选择是否仲裁、有权选择仲裁员、有权约定仲裁程序、有权选择不公开审理商业纠纷，这些优点是民事诉讼程序所不具备的，因而仲裁能得到当事人的信任。

2. 仲裁规则的可选择性

仲裁活动要遵循一定的程序。为保障当事人对仲裁程序进行选择的自主权，仲裁法对程序性的规定一般都是原则性的。为此，常设仲裁机构往往根据大量仲裁实践，制定一整套程序性的仲裁规则，以供当事人选择。仲裁规则不是国家立法机关制定的，也不具有国家立法的性质，因而没有国家法律的效力。当事人可以比较各常设仲裁机构的仲裁规则，选择最适合自己案件特点的仲裁规则；一旦当事人选择了某一仲裁规则，还可以就其中双方当事人认为不适合的规定另作约定。这样，仲裁规则给双方当事人选择仲裁程序提供了极大的便利。

3. 仲裁事项的限定性

仲裁事项，即可仲裁的争议的范围，不仅取决于当事人的意愿，而且取决于法律规定。仲裁事项主要包括经济纠纷、对外经济贸易纠纷、海事纠纷等平等主体的当事人之间的财产权益。

4. 仲裁裁决的强制性

当事人一旦选择仲裁方式解决争议，仲裁员所作的裁决即具有法律效力，对双方当事人都有约束力，当事人应当履行，否则权利人可以向人民法院申请强制执行。

（二）经济仲裁的种类

1. 国内仲裁与涉外仲裁

根据争议内容是否包含涉外因素，可将仲裁分为国内仲裁和涉外仲裁。国内仲裁所涉及的法律关系的构成中没有外国因素，一般只涉及国内经济贸易方面的争议。涉外仲裁的双方当事人包括一方为本国经济主体而另一方为外国主体，或者双方住所地不在同一国家，或者双方都为外国主体。

2. 临时仲裁与机构仲裁

根据仲裁组织是否具有常设机构,可将仲裁分为临时仲裁和机构仲裁。临时仲裁是指事先不存在常设仲裁机构,没有固定组织、仲裁规则和仲裁员,当事人根据仲裁协议,确定仲裁庭的组成、仲裁规则的适用。争议解决之后,仲裁组织即不存在。机构仲裁是指事先存在常设仲裁机构,有固定的组织,设立仲裁员名册,当事人根据仲裁协议将争议提交某个选定的仲裁机构进行审理和裁决。

(三)仲裁法的适用范围

《仲裁法》第 2 条规定,平等主体的公民、法人和其他组织之间发生的合同纠纷和其他财产权益纠纷,可以仲裁。

首先,仲裁事项必须是合同纠纷和其他财产权益法律关系纠纷,如侵权、不当得利或者无因管理等财产纠纷。非讼案件和非财产权益纠纷,不能进行仲裁。与人身权有关的婚姻、收养、扶养、监护、继承等案件不能进行仲裁。其次,仲裁事项必须是平等主体的当事人之间发生的财产权益纠纷,当事人对该项财产权益有处分权。因而,当事人无处分权而由强制性法律规范调整的法律关系的争议不能进行仲裁,即依法应当由行政机关处理的行政争议,应排除在仲裁范围之外。

此外,劳动纠纷和农业集体经济组织内部的农业承包合同纠纷不同于一般的经济纠纷,在仲裁原则、程序等方面有自己的特点,《仲裁法》第 77 条规定,劳动争议和农业集体经济组织内部的农业承包合同纠纷的仲裁,另行规定。

二、仲裁的基本原则

仲裁的基本原则,是指仲裁机构在审理和裁决经济争议案件的过程中,应当遵循的一些重要准则。

(一)当事人自愿原则

仲裁的发生,以双方当事人自愿为前提,自愿是贯穿仲裁程序始终的一项基本原则。根据《仲裁法》的规定,自愿原则体现在:第一,当事人采取仲裁方式解决纠纷,应当双方自愿达成仲裁协议。没有仲裁协议,一方申请仲裁的,仲裁委员会不予受理;双方达成仲裁协议,一方向人民法院起诉的,人民法院不予受理。第二,当事人可以自愿选定仲裁机构和指定仲裁员组成仲裁庭。第三,在仲裁过程中,当事人可以自行和解,达成和解协议,可以请求仲裁庭根据和解协议作出裁决书,当事人也可以撤回仲裁申请。

(二)协议管辖原则

仲裁不实行地域管辖和级别管辖,仲裁机构的管辖权来自当事人的自愿和授权。双方当事人自愿达成的仲裁协议,既是仲裁委员会行使仲裁管辖权的依据,又具有排斥法院管辖权的效力。协议管辖原则的确立,是保障当事人意思自治的集中体现。

(三)以事实为依据、以法律为准绳的原则

仲裁机构作出裁决必须以客观事实为依据,以民事实体法和程序法作为处理案件的标准。准确认定事实是正确适用法律的基础,仲裁庭必须充分听取当事人的陈述、证人证言和鉴定意见,仲裁庭认为有必要收集的证据,可以自行收集。在适用法律时,法律有明文规定的,按照法律的规定;法律无明文规定的,按照法律的基本精神和公平合理原则处理纠纷。

(四)仲裁机构独立行使仲裁权原则

《仲裁法》第 8 条规定,仲裁依法独立进行,不受行政机关、社会团体和个人的干涉。仲裁庭在处理经济争议中,只根据事实和法律进行仲裁,不受外界干涉。但是,人民法院依法可以对仲裁进行必要的监督。

(五)一裁终局原则

一裁终局是指仲裁庭审理案件只进行一次裁决,裁决作出后,即具有法律效力,当事人不得再向其他仲裁机构或有关部门申请复议,也不得再向人民法院提起诉讼。当事人就同一纠纷再申请仲裁或者向人民法院起诉的,仲裁委员会或者人民法院不予受理。但是,裁决被人民法院依法裁定撤销或者不予执行的,当事人就该纠纷可以根据双方重新达成的仲裁协议申请仲裁,也可以向人民法院起诉。

第二节　仲裁机构和仲裁协议

一、仲裁机构与仲裁员

仲裁机构,是负责仲裁活动的组织和审理工作的专门机构。仲裁机构执行仲裁立法,公正、及时地仲裁经济纠纷,保护当事人合法权益。

(一)仲裁委员会

仲裁委员会是我国的常设性仲裁机构。《仲裁法》第 10 条规定,仲裁委员会可以在直辖市和省、自治区人民政府所在地的市设立,也可以根据需要在其他设区的市设立,不按行政区划层层设立。

仲裁委员会只能在设区的市设立,并且只能成立一个统一的综合性仲裁委员会,不能按照不同专业设立各种专业性仲裁委员会或者专业性仲裁庭。仲裁委员会由设区的市的人民政府组织有关部门和商会统一组建,并且经省、自治区、直辖市的司法行政部门登记,取得法人资格。根据《仲裁法》第 11 条、第 12 条的规定,仲裁委员会应当具备下列条件:①有自己的名称、住所和章程;②有必要的财产;③有该委员会的组成人员;④有聘任的仲裁员。

仲裁委员会应当依据《仲裁法》制定章程。

仲裁委员会由主任 1 人、副主任 2～4 人和委员 7～11 人组成。仲裁委员会的主任、副主任和委员由法律、经济贸易专家和有实际工作经验的人员担任。仲裁委员会的组成人员中,法律、经济贸易专家不得少于 2/3。

仲裁委员会独立于行政机关,与行政机关没有隶属关系;不按行政区划层层设立。各仲裁委员会的法律地位也是平等的,相互之间也没有隶属关系。

仲裁委员会是不以营利为目的的法人组织,其活动具有准司法性质。根据仲裁法的规定,仲裁委员会的职责主要包括:①决定仲裁员的聘任、解聘和除名;②受理仲裁申请;③决定仲裁委员会秘书长、专家咨询机构负责人的人选;④仲裁委员会主任担任仲裁员的,决定主任的回避;⑤应当事人的请求,决定有异议的仲裁协议的效力;⑥在由本仲裁委员会的仲裁员所作出的仲裁裁决书上加盖印章;⑦制定、修改仲裁委员会章程;⑧决定解散仲裁委员会;⑨仲裁法、仲裁规则和仲裁委员会章程规定的其他职责。

(二)仲裁员

仲裁员是对仲裁机构受理的争议案件进行审理和裁决的人员。仲裁员应当由有完全民事行为能力并且具备良好业务素质的人士担任。

《仲裁法》对仲裁员的法定资格作了明确规定。仲裁委员会应当从公道正派的人员中聘任仲裁员。仲裁员应当符合下列条件之一:①从事仲裁工作满8年的;②从事律师工作满8年的;③曾任审判员满8年的;④从事法律研究、教学工作并具有高级职称的;⑤具有法律知识、从事经济贸易等专业工作并具有高级职称或者具有同等专业水平的。

仲裁员由仲裁委员会从具备仲裁员资格的人员中聘任。仲裁委员会应当将聘任的仲裁员造就名册,供当事人选择。仲裁委员会可以根据不同专业,设置经济合同、知识产权、房地产、证券、投资等专业仲裁员名册。

(三)仲裁协会

中国仲裁协会是全国性的社会团体法人,实行会员制。仲裁委员会是仲裁协会的法定会员。中国仲裁协会的章程由全国会员大会制定。

中国仲裁协会是仲裁委员会的自律性组织。仲裁协会指导、协调仲裁委员会的工作。中国仲裁协会根据仲裁法和民事诉讼法的有关规定制定仲裁规则,以及其他规范性仲裁文件,对仲裁委员会及其组成人员、仲裁员的违纪行为进行监督。

中国仲裁协会设在北京。根据需要,可在其他地区设立分会。

二、仲裁协议

仲裁协议是当事人申请仲裁的依据,也是仲裁机构受理案件的依据,被誉为现代仲裁制度的基石。

(一)仲裁协议的概念

仲裁协议是指双方当事人在争议发生前或者争议发生后,自愿达成的请求仲裁的意思表示。当事人协商一致,达成仲裁协议,是提交仲裁的前提条件。当事人如果没有订立仲裁协议或者仲裁协议无效,任何一方都不能强迫对方进行仲裁,仲裁机构也不能受理仲裁申请。

仲裁协议必须采用书面形式,我国仲裁法不承认口头仲裁协议。当事人可在争议发生之前,事先订立仲裁协议,也可在争议发生之后,就是否选择仲裁解决争议达成一致,即事后订立仲裁协议。

(二)仲裁协议的种类

仲裁协议包括合同中订立的仲裁条款和以其他书面方式在纠纷发生前或者纠纷发生后达成的请求仲裁的协议。

1. 仲裁条款

仲裁条款是当事人于合同中订立的、以仲裁方式解决争议的条款。作为争议解决条款,仲裁条款是合同的主要条款之一,具有法律约束力。根据合同法的规定,当事人协商同意的合同书、信件和数据电文(包括电报、电传、传真、电子数据交换和电子邮件)等形式,也是合同的组成部分,因而当事人在上述文件中订有协议仲裁的条款,也属于仲裁条款。包括已达成的请求仲裁的协议。

2. 仲裁协议书

仲裁协议书是当事人在主合同之外,就提交仲裁解决争议达成的专门书面协议。仲裁协议书多在双方当事人订立的主合同中并无仲裁条款,或者双方当事人之间根本不存在合同法律关系的情况下签订。

(三)仲裁协议的内容

1. 请求仲裁的意思表示

请求仲裁的意思表示,是当事人双方设立仲裁法律关系的意志的表现。构成这种意思表示,必须具备两个要素:一是有当事人的意图,即当事人有设立仲裁法律关系的愿望;二是有当事人的行为,即当事人将提交仲裁的意图用书面协议的形式表现出来。

2. 仲裁事项

当事人所确立的仲裁事项,是仲裁庭行使仲裁管辖权的重要依据之一,也是当事人申请本国或者外国法院协助承认与执行仲裁裁决时的必备条件。约定仲裁事项必须全面而明确,不可遗漏。一方当事人实际提请仲裁的争议,以及仲裁机构受理的争议,都不得超过仲裁事项,否则仲裁机构无权受理。

当事人概括约定仲裁事项为合同争议的,基于合同成立、效力、变更、转让、履行、违约责任、解释、解除等产生的纠纷都可以认定为仲裁事项。

3. 选定的仲裁委员会

仲裁遵循协议管辖原则,仲裁委员会不实行地域管辖和级别管辖。当事人申请仲裁必须事先选定具体的仲裁委员会,否则仲裁委员会无法受理。

上述三条是仲裁协议有效的必备内容,缺一不可,构成仲裁协议的实质要件。此外,当事人还可以在仲裁协议中约定其他内容,如约定仲裁庭的组成方式、仲裁员的选择方式等。《仲裁法》规定,仲裁协议对仲裁事项或者仲裁委员会没有约定或者约定不明确的,当事人可以补充协议;达不成补充协议的,仲裁协议无效。

(四)仲裁协议的效力

仲裁协议是当事人选择仲裁解决争议的法定形式。仲裁协议体现了当事人民事权利的自由处分,表明了当事人对诉讼权的放弃,从而排斥了法院对案件的管辖权。

1. 对当事人的效力

仲裁协议一经有效成立,即对双方当事人产生法律约束力。如果发生了仲裁协议所约定的争议,当事人应以仲裁方式解决,不得向法院起诉,除非双方当事人自愿放弃仲裁协议。任何一方当事人提请仲裁的,应向仲裁协议约定的仲裁机构提出申请,不得任意更换仲裁机构。如果一方当事人违反仲裁协议向法院起诉的,另一方当事人可以依仲裁协议提出抗辩,要求法院停止诉讼程序,撤销立案。

2. 对仲裁机构和仲裁员的效力

仲裁管辖权来源于当事人的仲裁协议,仲裁协议构成仲裁机构管辖权的基础。仲裁管辖权受到仲裁协议的种种限制。仲裁机构是否具有案件的仲裁管辖权,以及在多大程度上享有仲裁管辖权均受当事人仲裁协议的制约,超出当事人协议范围的仲裁管辖权不发生法律上的效力。当事人对仲裁机构的授权并非绝对,双方当事人可在任何阶段通过明示或默示的形式合意收回这种授权,从而使仲裁机构不再具有仲裁管辖权。《仲裁法》规定,当事人达成仲裁协议,一方向人民法院起诉未声明有仲裁协议,人民法院受理后,另一方在首次开庭前未对人民法院受理该案提出异议,视为放弃仲裁协议,人民法院应当继续审理。

3. 对人民法院的效力

仲裁协议具有排除法院的司法管辖权的作用。有效的仲裁协议可以排除法院对订立于仲裁协议中的争议事项的司法管辖权,这是仲裁协议法律效力的重要体现,也是各国仲裁普遍适用的准则。《仲裁法》规定,当事人达成仲裁协议,一方向人民法院起诉的,人民法院不予受理,但仲裁协议无效的除外。当事人达成仲裁协议，一方向人民法院起诉未声明有仲裁协议的，人民法院受理后，另一方在首次开庭前提交仲裁协议的，人民法院应当驳回起诉，但仲裁协议无效的除外。

4. 仲裁协议的无效

仲裁法规定了仲裁协议的三种无效情形：①约定的仲裁事项超出法律规定的仲裁范围的；②无民事行为能力人或者限制民事行为能力人订立的仲裁协议；③一方采取胁迫手段，迫使对方订立仲裁协议的。仲裁协议约定两个以上仲裁机构的，当事人可以协议选择其中的一个仲裁机构申请仲裁；当事人不能就仲裁机构选择达成一致的，仲裁协议无效。当事人约定争议可以向仲裁机构申请仲裁也可以向人民法院起诉的，仲裁协议无效。但一方向仲裁机构申请仲裁，另一方未在仲裁法规定期间内提出异议的除外。

当事人向人民法院申请确认仲裁协议效力的案件，由仲裁协议约定的仲裁机构所在地的中级人民法院管辖；仲裁协议约定的仲裁机构不明确的，由仲裁协议签订地或者被申请人住所地的中级人民法院管辖。

第三节　仲裁程序

一、仲裁程序

《仲裁法》第 4 章对仲裁程序作了详细规定。仲裁程序充分贯彻了当事人意思自治原则，比诉讼程序更具灵活性，允许双方当事人自由确定的事项较多。

(一)申请和受理

1. 申请

当事人申请仲裁应当符合下列条件：①有仲裁协议；②有具体的仲裁请求、事实、理由；③属于仲裁委员会的受理范围。当事人申请仲裁，应当向仲裁委员会递交仲裁协议、仲裁申请书及副本，并按规定缴纳仲裁费用。

仲裁申请书是经济争议案件的申请人向仲裁机构递交的请求仲裁的文书。仲裁申请书应当载明下列事项：①当事人的姓名、性别、年龄、职业、工作单位和住所，法人或者其他组织的名称、住所和法定代表人或者主要负责人的姓名、职务；②仲裁请求和所根据的事实、理由；③证据和证据来源、证人姓名和住所。

2. 受理

仲裁委员会收到仲裁申请书之日起 5 日内，认为符合受理条件的，应当受理，并通知当事人；认为不符合受理条件的，应当书面通知当事人不予受理，并说明理由。

仲裁委员会受理仲裁申请后，应当在仲裁规则规定的期限内将仲裁规则和仲裁员名册送达申请人，并将仲裁申请书副本和仲裁规则、仲裁员名册送达被申请人。被申请人收到仲裁申请书副本后，应当在仲裁规则规定的期限内向仲裁委员会提交答辩书。仲裁委员会收到答辩书后，应当在仲裁规则规定的期限内将答辩书副本送达申请人。被申请人未提交答辩书的，不影响仲裁程序的进行。

在仲裁庭组成之前，申请人可以放弃或者变更仲裁请求；被申请人可以承认或者反驳仲裁请求，并有权提出反请求。

当事人达成仲裁协议，一方向人民法院起诉未声明有仲裁协议，人民法院受理后，另一方在首次开庭前提交仲裁协议的，人民法院应当驳回起诉，但仲裁协议无效的除外；另一方在首次开庭前未对人民法院受理该案提出异议的，视为放弃仲裁协议，人民法院应当继续审理。

当事人、法定代理人可以委托律师和其他代理人进行仲裁活动。委托律师和其他代理人进行仲裁活动的，应当向仲裁委员会提交授权委托书。

(二)仲裁庭的组成

仲裁庭是一种裁决争议的非常设机构。与人民法院的审判庭不同，仲裁庭没有庭长、副庭长之职，不是一个组织实体，在仲裁案件裁决之后，仲裁庭就不复存在。

1. 仲裁庭的组成

仲裁庭可以由 3 名仲裁员或者 1 名仲裁员组成。由 3 名仲裁员组成的，设首席仲裁员。

当事人约定由 3 名仲裁员组成仲裁庭的，应当各自选定或者各自委托仲裁委员会主任指定 1 名仲裁员，第 3 名仲裁员由当事人共同选定或者共同委托仲裁委员会主任指定。第 3 名仲裁员是首席仲裁员。当事人约定由一名仲裁员成立仲裁庭的，应当由当事人共同选定或者共同委托仲裁委员会主任指定仲裁员。当事人没有在仲裁规则规定的期限内约定仲裁庭的组成方式或者选定仲裁员的，由仲裁委员会主任指定。

仲裁庭组成后，仲裁委员会应当将仲裁庭的组成情况书面通知当事人。

2. 仲裁员的回避

回避制度是《仲裁法》的一项重要制度。仲裁员的回避是仲裁机构为使案件公正审理，切实保障当事人平等行使权利而实行的一项制度。仲裁员有下列情形之一的，必须回避，当事人也有权提出回避申请：①是本案当事人或者当事人、代理人的近亲属；②与本案有利害关系；③与本案当事人、代理人有其他关系，可能影响公正仲裁的；④私自会见当事人、代理人，或者接受当事人、代理人的请客送礼的。当事人提出回避申请，应当说明理由，在首次开庭前提出。回避事由在首次开庭后知道的，可以在最后一次开庭终结前提出。

仲裁员因回避或者其他原因不能履行职责的，应当依照《仲裁法》的规定重新选定或者指定仲裁员。因回避而重新选定或者指定仲裁员后，当事人可以请求已进行的仲裁程序重新进行，是否准许，由仲裁庭决定；仲裁庭也可以自行决定已进行的仲裁程序是否重新进行。

(三)开庭和裁决

开庭审理与不公开审理是仲裁审理案件的原则。所谓开庭审理，是仲裁庭审理争议案件的一种方式，与不开庭审理即书面审理相对应，它要求双方当事人到庭。不公开审理，是指仲裁庭开庭审理案件，一般采用不公开的方式进行，与案件无关的人，未经仲裁庭和双方当事人同意，不得出席。这是各国仲裁制度为保护当事人商业秘密而普遍采用的一种做法。

1. 开庭

仲裁应当开庭进行。当事人协议不开庭的，仲裁庭可以根据仲裁申请书、答辩书以及其他材料作出裁决。

仲裁不公开进行。当事人协议公开的，可以公开进行，但涉及国家秘密的除外。

仲裁委员会应当在仲裁规则规定的期限内将开庭日期通知双方当事人。当事人有正当理由的，可以在仲裁规则规定的期限内请求延期开庭。是否延期，由仲裁庭决定。申请人经书面通知，无正当理由不到庭或者未经仲裁庭许可中途退庭的，可以视为撤回仲裁申请。被申请人经书面通知，无正当理由不到庭或者未经仲裁庭许可中途退庭的，可以缺席裁决。

2. 证据

举证责任由提出请求的当事人承担。当事人应当对自己的主张提供证据。仲裁庭认为有必要收集的证据，可以自行收集。仲裁庭对专门性问题认为需要鉴定的，可以交由当事人约定的鉴定部门鉴定，也可以由仲裁庭指定的鉴定部门鉴定。根据当事人的请求或者仲裁庭的要求，鉴定部门应当派鉴定人参加开庭。当事人经仲裁庭许可，可以向鉴定人提问。证据应当在开庭时出示，当事人可以质证。

3. 辩论

当事人在仲裁过程中有权进行辩论。辩论终结时，首席仲裁员或者独任仲裁员应当征询当事人的最后意见。

4. 仲裁笔录

仲裁庭应当将开庭情况记入笔录。当事人和其他仲裁参与人认为对自己陈述的记录有遗漏或者差错的，有权申请补正。如果不予补正，则应当记录该申请。笔录由仲裁员、记录人员、当事人和其他仲裁参与人签名或者盖章。

5. 和解

当事人申请仲裁后，可以自行和解。达成和解协议的，可以请求仲裁庭根据和解协议作出裁决书，也可以撤回仲裁申请。当事人达成和解协议，撤回仲裁申请后反悔的，可以根据仲裁协议申请仲裁。

6. 调解

仲裁庭在作出裁决前，可以先行调解。当事人自愿调解的，仲裁庭应当调解。调解不成的，应当及时作出裁决。调解达成协议的，仲裁庭应当制作调解书或者根据协议的结果制作裁决书。调解书与裁决书具有同等法律效力。调解书应当写明仲裁请求和当事人协议的结果。调解书由仲裁员签名，加盖仲裁委员会印章，送达双方当事人。调解书经双方当事人签收后，即发生法律效力。在调解书签收前当事人反悔的，仲裁庭应当及时作出裁决。

7. 裁决

裁决应当按照多数仲裁员的意见作出，少数仲裁员的不同意见可以记入笔录。仲裁庭不能形成多数意见时，裁决应当按照首席仲裁员的意见作出。裁决书应当写明仲裁请求、争议事实、裁决理由、裁决结果、仲裁费用的负担和裁决日期。当事人协议不愿写明争议事实和裁决理由的，可以不写。裁决书由仲裁员签名，加盖仲裁委员会印章。对裁决持不同意见的仲裁员，可以签名，也可以不签名。

仲裁庭仲裁纠纷时，其中一部分事实已经清楚，可以就该部分先行裁决。

对裁决书中的文字、计算错误或者仲裁庭已经裁决但在裁决书中遗漏的事项，仲裁庭应当补正；当事人自收到裁决书之日起 30 日内，可以请求仲裁庭补正。

裁决书自作出之日起发生法律效力。

二、人民法院对仲裁的支持与监督

由于仲裁实行一裁终局的原则，为保证裁决的公正和合理、保护当事人的合法权益，仲裁法规定了人民法院对仲裁活动的支持和法律监督制度。

（一）财产保全和证据保全

在我国，仲裁保全的管辖权属于人民法院，仲裁机构无权行使。《仲裁法》第 28 条第 1 款规定，在仲裁过程中，“一方当事人因另一方当事人的行为或者其他原因，可能使裁决不能执行或者难以执行的，可以申请财产保全”。第 46 条规定：“在证据可能灭失或者以后难以取得的情况下，当事人可以申请证据保全。”当事人申请财产保全或者证据保全的，仲裁委员会应当将当事人的申请依照《民事诉讼法》的有关规定，提交被申请人住所地或者财产所在地的基层人民法院(第 28 条第 2 款)，或者证据所在地的基层人民法院(第 46 条)。申请财产保全有错误的，申请人应当赔偿被申请人因财产保全所遭受的损失。

(二)对仲裁裁决的执行

仲裁裁决具有强制力，裁决对双方当事人都有法律约束力，当事人应当履行。一方当事人不履行仲裁裁决，另一方当事人可以申请强制执行。但仲裁机构作为民间机构，不具有采取强制措施的权力。对仲裁裁决的强制执行权，只能专属于人民法院。

根据《仲裁法》第 62 条的规定，当事人应当履行裁决。一方当事人不履行的，另一方当事人可以依照《民事诉讼法》的有关规定向被申请人住所地或者被执行人财产所在地人民法院申请执行。受申请的人民法院应当执行。

(三)不予执行仲裁裁决

根据《仲裁法》第 63 条的规定，被申请人提出证据证明裁决有《民事诉讼法》第 237 条第 2 款规定的情形之一的，经人民法院组成合议庭审查核实，裁定不予执行：①当事人在合同中没有订有仲裁条款或者事后没有达成书面仲裁协议的；②裁决的事项不属于仲裁协议的范围或者仲裁机构无权仲裁的；③仲裁庭的组成或者仲裁的程序违反法定程序的；④裁决所根据的证据是伪造的；⑤对方当事人向仲裁机构隐瞒了足以影响公正裁决的证据的；⑥仲裁员在仲裁该案时有贪污受贿、徇私舞弊、枉法裁决行为的。人民法院认定执行仲裁裁决违背社会公共利益的，裁定不予执行。

仲裁裁决被人民法院裁定不予执行的，当事人可以根据双方达成的书面仲裁协议重新申请仲裁，也可以向人民法院起诉。

(四)撤销仲裁裁决

当事人提出证据证明裁决有下列情形之一的，可以向仲裁委员会所在地的中级人民法院申请撤销裁决：①没有仲裁协议的；②裁决的事项不属于仲裁协议的范围或者仲裁委员会无权仲裁的；③仲裁庭的组成或者仲裁的程序违反法定程序的；④裁决所根据的证据是伪造的；⑤对方当事人隐瞒了足以影响公正裁决的证据的；⑥仲裁员在仲裁该案时有索贿受贿、徇私舞弊、枉法裁决行为的。人民法院经组成合议庭审查核实裁决有前款规定情形之一的，应当裁定撤销。人民法院认定仲裁裁决违背社会公共利益的，应当裁定撤销。

当事人申请撤销裁决的，应当自收到裁决书之日起 6 个月内提出。人民法院应当在受理撤销裁决申请之日起 2 个月内作出撤销裁决或者驳回申请的裁定。

人民法院受理撤销裁决的申请后，认为可以由仲裁庭重新仲裁的，通知仲裁庭在一定期限内重新仲裁，并裁定中止撤销程序。仲裁庭拒绝重新仲裁的，人民法院应当裁定恢复撤销程序。一方当事人申请执行裁决，另一方当事人申请撤销裁决的，人民法院应当裁定中止执行。人民法院裁定撤销裁决的，应当裁定终结执行。撤销裁决的申请被裁定驳回的，人民法院应当裁定恢复执行。

三、涉外仲裁

(一)涉外仲裁的概念

涉外仲裁是指仲裁法律关系的主体、内容、客体或者引起、变更、消灭该法律关系的法律事实中的一项以上具有涉外因素的仲裁活动。涉外仲裁一般适用于解决不同国籍主体之间的民事争议，往往涉及两个以上国家的实体法和仲裁规则的选择适用问题。

我国的涉外仲裁即指由我国涉外仲裁机构对国际商事争议所进行的仲裁活动，即涉外经济贸易、运输和海事中发生的纠纷的仲裁，主要包括中国国际经济贸易仲裁和海事仲裁。所谓国际商事争议，是指契约性和非契约性商事法律关系所引起的纠纷，即由于合同、侵权或者根据有关法律规定而产生的经济上的权利和义务关系所生争议等。

《仲裁法》对涉外仲裁程序有特别规定的，适用该规定；没有规定的，适用《仲裁法》其他有关规定。

(二)涉外仲裁机构

涉外仲裁委员会可以由中国国际商会组织设立。涉外仲裁委员会由主任 1 人、副主任若干人和委员若干人组成，主任、副主任和委员可以由中国国际商会聘任。涉外仲裁委员会可以从具有法律、经济贸易、科学技术等专门知识的外籍人士中聘任仲裁员。

1. 中国国际经济贸易仲裁委员会

中国国际经济贸易仲裁委员会成立于 1956 年，总部设在北京，同时设有深圳分会和上海分会。按照《中国国际经济贸易仲裁委员会仲裁规则》的规定，中国国际经济贸易仲裁委员会主要管辖中外当事人之间、外国当事人之间和中国当事人之间的产生于国际或涉外的契约性或非契约性的经济贸易等争议。

2. 中国海事仲裁委员会

中国海事仲裁委员会成立于 1959 年，设在北京，仲裁解决产生于远洋、近洋、沿海和与海相通的可航水域的运输、生产和航行等有关过程中所发生的契约性或非契约性的海事争议。

(三)人民法院对涉外仲裁的支持与监督

涉外仲裁的当事人申请证据保全的，涉外仲裁委员会应当将当事人的申请提交证据所在地的中级人民法院。

被申请人提出证据证明涉外仲裁裁决有《民事诉讼法》第 274 条规定的情形之一的，经人民法院组成合议庭审查核实，裁定不予执行。

涉外仲裁委员会作出的发生法律效力的仲裁裁决，当事人请求执行的，如果被执行人或者其财产不在中华人民共和国领域内，应当由当事人直接向有管辖权的外国法院申请承认和执行。

练习题

一、复习思考题

1. 经济仲裁的基本原则有哪些？
2. 经济仲裁的受案范围是什么？
3. 经济仲裁是否有地域管辖的规定？
4. 仲裁协议的生效要件是什么？
5. 人民法院如何对经济仲裁予以支持和监督？
6. 外国仲裁机构的裁决如何在我国执行？

二、案例分析题

2020 年 3 月，某村委与香港某公司签订厂房、土地租赁合同。合同约定：由某村委将其位于某路的厂房及相连的空地租给香港某公司使用，租赁期为10年，并明确了租金的交付方式。在合作约定发生争议时，任何一方可申请中国国际贸易促进委员会对外经济仲裁委员会调解和仲裁。但香港某公司在使用上述厂房和土地后，除交少部分租金外，并未按约定付清租金。不久，某村委以香港某公司没有履行合同的约定付清租金为由，向法院起诉，请求香港某公司付清所欠租金100万多元。香港某公司在答辩时，提供了双方签订的厂房、土地租赁合同，但没有就双方签订有仲裁协议向法院提出管辖权异议。

问题：

(1)本案是进入仲裁程序还是诉讼程序？

(2)如何理解仲裁自愿的原则？

第二十章

经济诉讼

学习目标

通过本章学习，你应能够：

掌握经济诉讼的概念、原则及特征；

掌握经济诉讼的主管与管辖、诉讼当事人、证据与证明；

掌握经济诉讼的保障制度；

掌握普通诉讼程序、第二审程序、再审程序、特别程序；

掌握经济诉讼的执行制度；

了解涉外诉讼制度。

思政目标

能够正确理解全面推进依法治国的重点是保证法律严格实施，强化法治之力，党和国家事业发展才能有根本性全局性长期性的制度保障；认识到以人民为中心是党的根本执政理念，司法为民才能确保我国社会在深刻变革中既生机勃勃又井然有序。通过中国特色社会主义司法制度，实践社会主义核心价值观，努力使尊法学法守法用法在全社会蔚然成风。

第一节　经济诉讼概述

一、经济诉讼的概念

诉讼是指国家司法机关按照一定程序和方式解决纠纷的活动。诉讼的本质是国家对解决社会成员之间争议的一种干预，其目的在于制止对他人权益的侵害，建立正常的社会秩序。诉讼是纠纷当事人维护其权益的一种手段。

所谓经济诉讼，是指人民法院在双方当事人和其他诉讼参与人参加下，审理和解决经济纠纷案件的活动。经济诉讼作为民事诉讼活动的一种方式，是权利主体凭借国家力量维护其民事权益的司法程序。经济诉讼必须遵循固定的程序和格式，经过诉讼形成的法律文书体现了国家的意志，一旦生效就具有法律的权威性和特殊的强制力。一方当事人拒不履行时，他方有权请求执行机关强制实现。

经济诉讼的审判法院是各级人民法院和专门人民法院，后者包括海事法院、铁路运输法院等。经济诉讼活动所依据的程序法，主要是《中华人民共和国民事诉讼法》（以下简称《民事诉讼法》）的有关规定。

二、经济诉讼的基本原则

经济诉讼的基本原则是指贯穿经济诉讼全过程，对整个诉讼活动起指导作用的根本性准则。我国民事诉讼法、行政诉讼法、刑事诉讼法共同的基本原则，主要有以事实为依据、以法律为准绳原则，公民在适用法律上一律平等原则，司法机关独立行使职权原则，使用本民族语言文字进行诉讼原则，公开审判原则等。除此之外，经济诉讼还必须遵循民事诉讼活动的特有原则。

（一）当事人诉讼权利平等原则

当事人诉讼权利平等是指在民事诉讼中，当事人平等地享有和行使诉讼权利。当事人在诉讼中的诉讼地位是平等的，不因当事人的社会地位、经济状况、文化程度、民族等因素不同而存在差别，当事人不但平等地享有诉讼权利，同时也平等地承担诉讼义务。当事人平等地享有诉讼权利，任何一方不得享有比对方更优越或更多的诉讼权利。人民法院应当为当事人平等地行使法律规定的诉讼权利提供保障和方便。

（二）辩论原则

辩论原则是指在人民法院主持下，当事人有权就案件事实、诉讼请求、适用法律、诉讼程序等争议的问题，以书面或口头的形式，各自陈述其主张和根据，互相反驳和答辩，从而查明案件事实，以维护自己的合法权益。《民事诉讼法》规定，作为裁判根据的事实、证据，必须经当事人的辩论、质证，凡是未经当事人辩论、质证的事实、证据，不能作为法院裁判的根据。当事人辩论的结果，应当作为人民法院裁判民事案件的基础。

（三）调解原则

调解是指在人民法院主持下，当事人就争议的问题通过自愿协商达成协议，解决其民事纠纷的活动。调解原则适用于解决民事权利和义务争议的审判程序的全过程。通过法院调解，当事人双方自愿达成协议后，经法院审查认可，调解书送达双方当事人签收，即发生法律效力，从而终结诉讼程序。但调解不是人民法院审理民事案件的必经程序，人民法院可不经调解，而在查明事实的前提下，直接作出判决；调解不成或调解书送达前当事人反悔的，人民法院应当及时作出判决。

（四）处分原则

处分原则是指诉讼当事人有权在法律许可的范围内，自由支配自己的民事权利和诉讼权利。处分原则贯彻于民事诉讼的全过程，原告有权起诉、撤诉，有权变更、增加或放弃诉讼请求；被告可以反驳、承认原告的诉讼请求，也可以提出反诉；当事人可以和解、申请法院调解的方式解决纠纷，有权决定是否上诉。诉讼当事人的处分权不是绝对的，当事人行使处分权不违背法律的规定，不损害国家、社会和他人的合法权益，并经人民法院审查认可，方才有效。

（五）支持起诉原则

支持起诉原则是指有关机关、社会团体、企业事业单位对损害国家、集体或者个人民事权益的行为，可以支持受损害的单位或者个人向人民法院起诉。依据这一原则，在受损害者尚未起诉的情况下，依然有可能保护其合法权益。应当注意的是，有权支持起诉者，只限于机关、社会团体，不包括个人。

此外，经当事人同意，民事诉讼活动可以通过信息网络平台在线进行。民事诉讼活动通过信息网络平台在线进行的，与线下诉讼活动具有同等法律效力。

三、经济诉讼的基本制度

（一）合议制度

合议制和独任制，是我国民事审判的组织形式。合议制是指由三个以上单数审判人员组成合议庭对民事案件进行审理、评议的审判制度。独任制，是指由一名审判员独立负责对案件审理并作出裁判的法律制度。合议制适用于审理除简单的诉讼案件外的各种民事案件。适用简易程序审理的民事案件，由审判员一人独任审理。基层人民法院审理的基本事实清楚、权利义务关系明确的第一审民事案件，可以由审判员一人适用普通程序独任审理。

（二）回避制度

回避制度是指为了保证案件的公正审理，具有法定情形的审判人员、书记员、翻译人员、鉴定人员和勘察人员不得参与案件审理的制度。

审判人员有下列情形之一的，应当自行回避，当事人有权用口头或者书面方式申请他们回避：①是本案当事人或者当事人、诉讼代理人近亲属的；②与本案有利害关系的；③与本案当事人、诉讼代理人有其他关系，可能影响对案件公正审理的。上述规定也适用于书记员、翻译人员、鉴定人、勘验人。审判人员接受当事人、诉讼代理人请客送礼，或者违反规定会见当事人、诉讼代理人的，当事人有权要求他们回避。

（三）公开审判制度

公开审判制度是指人民法院的审判活动除合议庭评议案件外，向群众和社会公开的制度。人民法院审理民事案件，除涉及国家秘密的案件、涉及个人隐私或者法律另有规定的案件不公开审理；离婚案件和涉及当事人商业秘密的案件，经当事人申请不公开审理的以外，应当公开审理。不论是否公开审理的案件，宣判时一律公开进行。

（四）两审终审制度

两审终审制度是指民事案件经过两级人民法院审判后即告终审的制度。最高人民法院所作的一审判决、裁定，当事人不得上诉；适用特别程序、督促程序和企业法人破产还债程序审理的案件，实行一审终审制。

第二节　经济诉讼的主管和管辖

一、法院受理民事案件的范围

民事诉讼主管是指法院受理民事案件的范围，经济纠纷属于法院受理民事案件的范围的，即可展开民事诉讼活动。《民事诉讼法》规定：“人民法院受理公民之间、法人之间、其他组织之间以及他们相互之间因财产关系和人身关系提起的民事诉讼。”具体来说，由法院受理的民事案件主要有以下几类：①民法调整的因财产关系和人身关系发生纠纷而引起的案件；②婚姻法、继承法、收养法调整的婚姻家庭关系发生纠纷的案件；③经济法调整的平等权利主体之间因民事性质的经济关系发生纠纷而引起的案件；④合同法、票据法、保险法等商法调整的商事关系发生纠纷的案件;⑤劳动法调整的用人单位与劳动者之间因劳动关系发生纠纷而引起的案件;⑥海商法调整的海上运输关系和船舶关系发生纠纷而引起的海事案件;⑦其他法律调整的社会关系发生争议,法律明确规定依照民事诉讼程序审理的案件;⑧适用民事诉讼法中特别程序、督促程序、公示催告程序、企业法人破产还债程序审理的几类非民事权益争议案件。

二、民事诉讼管辖

民事诉讼管辖,是指确定各级人民法院之间和同级人民法院之间受理第一审民事案件的分工和权限。

(一)级别管辖

级别管辖,是指上、下级人民法院之间受理第一审民事案件的分工和权限。确定我国四级人民法院管辖第一审民事案件的主要依据是案件的性质和影响的大小,以及案件的繁简程度和诉讼标的的金额大小等。

基层人民法院管辖第一审民事案件,《民事诉讼法》另有规定的除外。中级人民法院管辖下列第一审民事案件:①重大涉外案件;②在本辖区有重大影响的案件;③最高人民法院确定由中级人民法院管辖的案件,如专利纠纷案件,海事、海商纠纷案件。高级人民法院管辖在本辖区有重大影响的第一审民事案件:①在全国有重大影响的案件;②认为应当由本院审理的案件。

(二)地域管辖

地域管辖,是指确定同级人民法院之间受理第一审民事案件的分工和权限。

1. 一般地域管辖

即以"原告就被告"的原则,以被告住所地为标准确定民事案件的管辖法院。对公民提起的民事诉讼,由被告住所地人民法院管辖;被告住所地与经常居住地不一致的,由经常居住地人民法院管辖。对法人或者其他组织提起的民事诉讼,由被告住所地人民法院管辖。对没有办事机构的个人合伙、合伙型联营提起的诉讼,由被告注册地法院管辖;没有注册登记,几个被告又不在同一辖区的,被告住所地的法院都有管辖权。同一诉讼的几个被告住所地、经常居住地在两个以上人民法院辖区的,各该人民法院都有管辖权。公民的住所地是指公民的户籍所在地,法人的住所地是指法人的主要营业地或者主要办事机构所在地。公民的经常居住地是指公民离开住所地至起诉时已连续居住 1 年以上的地方,但公民住院就医的地方除外。

在特殊情况下,下列四类案件由原告住所地法院管辖,原告住所地与经常居住地不一致的,由原告经常居住地法院管辖:①对不在中华人民共和国领域内居住的人提起的有关身份关系的诉讼;②对下落不明或者宣告失踪的人提起的有关身份关系的诉讼;③对被劳动教养的人提起的诉讼;④对被监禁的人提起的诉讼。

2. 特殊地域管辖

即以诉讼标的所在地或者引起民事法律关系发生、变更、消灭的法律事实所在地为标准来确定民事案件的管辖法院。《民事诉讼法》规定:①因合同纠纷提起的诉讼,由被告住所地或者合同履行地人民法院管辖。②因保险合同纠纷提起的诉讼,由被告住所地或者保险标的物所在地人民法院管辖。③因票据纠纷提起的诉讼,由票据支付地或者被告住所地人民法院管辖。④因铁路、公路、水上、航空运输和联合运输合同纠纷提起的诉讼,由运输始发地、目的地或者被告住所地人民法院管辖。⑤因侵权行为提起的诉讼,由侵权行为地或者被告住所地人民法院管辖。⑥因铁路、公路、水上和航空事故请求损害赔偿提起的诉讼,由事故发生地,或者车辆、船舶最先到达地，航空器最先降落地，或者被告住所地人民法院管辖。⑦因船舶碰撞或者其他海事损害事故请求损害赔偿提起的诉讼，由碰撞发生地、碰撞船舶最先到达地、加害船舶被扣留地或者被告住所地人民法院管辖。⑧因海难救助费用提起的诉讼，由救助地或者被救助船舶最先到达地人民法院管辖。⑨因共同海损提起的诉讼，由船舶最先到达地、共同海损理算地或者航程终止地的人民法院管辖。

3. 专属管辖

即法律规定某些特殊类型的案件只能由特定的法院管辖，具有排他性，不适用一般地域管辖和特殊地域管辖的原则，当事人也不得以协议变更管辖权。下列案件由《民事诉讼法》规定的人民法院专属管辖：①因不动产纠纷提起的诉讼，由不动产所在地人民法院管辖；②因港口作业中发生纠纷提起的诉讼，由港口所在地人民法院管辖；③因继承遗产纠纷提起的诉讼，由被继承人死亡时住所地或者主要遗产所在地人民法院管辖。

4. 共同管辖

即两个以上的人民法院都有管辖权的诉讼，原告可以向其中一个人民法院起诉；原告向两个以上有管辖权的人民法院起诉的，由最先立案的人民法院管辖。适用上述地域管辖的不同规则，有可能产生两个以上人民法院都有管辖权的情形，由此《民事诉讼法》规定了共同管辖制度，以确定民事案件的管辖法院。

5. 协议管辖

即双方当事人在纠纷发生之前或发生之后，以书面协议的方式约定解决他们之间纠纷的管辖法院。《民事诉讼法》规定，合同的双方当事人可以在书面合同中协议选择被告住所地、合同履行地、合同签订地、原告住所地、标的物所在地人民法院管辖。管辖协议可以是合同条款，也可以是纠纷发生之前或之后单独签订的诉讼管辖协议书。协议管辖不得违反《民事诉讼法》对级别管辖和专属管辖的规定。

合同的双方当事人选择管辖的协议不明确或者选择两个以上人民法院管辖的，选择管辖的协议无效，由被告住所地或者合同履行地人民法院管辖。

(三)移送管辖和指定管辖

1. 移送管辖

人民法院发现受理的案件不属于本院管辖的，应当移送有管辖权的人民法院，受移送的人民法院应当受理。受移送的人民法院认为受移送的案件依照规定不属于本院管辖的，应当报请上级人民法院指定管辖，不得再自行移送。

人民法院受理案件后，当事人对管辖权有异议的，应当在提交答辩状期间提出。人民法院对当事人提出的异议，应当审查。异议成立的，裁定将案件移送有管辖权的人民法院；异议不成立的，裁定驳回。

2. 指定管辖

有管辖权的人民法院由于特殊原因，不能行使管辖权的，由上级人民法院指定管辖。人民法院之间因管辖权发生争议，由争议双方协商解决；协商解决不了的，报请它们的共同上级人民法院指定管辖。

3. 管辖权转移

上级人民法院有权审理下级人民法院管辖的第一审民事案件，也可以把本院管辖的第一审民事案件交下级人民法院审理。下级人民法院对它所管辖的第一审民事案件，认为需要由上级人民法院审理的，可以报请上级人民法院审理。

第三节 诉讼参加人

一、当事人

当事人是指民事权益发生争议，以自己的名义参加诉讼，并受人民法院裁判拘束的利害关系人。公民、法人和其他组织可以作为民事诉讼的当事人。法人由其法定代表人进行诉讼，其他组织由其主要负责人进行诉讼。

当事人有权委托代理人，提出回避申请，收集、提供证据，进行辩论，请求调解，提起上诉，申请执行。当事人可以查阅本案有关材料，并可以复制本案有关材料和法律文书。双方当事人可以自行和解。当事人必须依法行使诉讼权利，遵守诉讼秩序，履行发生法律效力的判决书、裁定书和调解书。

(一)原告和被告

原告是因民事权益发生争议或受到侵害，向人民法院起诉要求保护其合法权益的公民、法人或其他组织。被告是因民事权益发生争议或被指控侵害他人民事权益，而被人民法院通知应诉的公民、法人或其他组织。原告可以放弃或者变更诉讼请求。被告可以承认或者反驳诉讼请求，有权提起反诉。

(二)多数当事人诉讼

当事人一方或者双方为两人以上，其诉讼标的是共同的，或者诉讼标的是同一种类，人民法院认为可以合并审理并经当事人同意的，为共同诉讼。共同诉讼的一方当事人对诉讼标的有共同权利义务的，其中一人的诉讼行为经其他共同诉讼人承认，对其他共同诉讼人发生效力；对诉讼标的没有共同权利和义务的，其中一人的诉讼行为对其他共同诉讼人不发生效力。

当事人一方人数众多的共同诉讼，可以由当事人推选代表人进行诉讼。代表人的诉讼行为对其所代表的当事人发生效力，但代表人变更、放弃诉讼请求或者承认对方当事人的诉讼请求，进行和解，必须经被代表的当事人同意。

(三)第三人

对当事人双方的诉讼标的，第三人认为有独立请求权的，有权提起诉讼。对当事人双方的诉讼标的，第三人虽然没有独立请求权，但案件处理结果同他有法律上的利害关系的，可以申请参加诉讼，或者由人民法院通知他参加诉讼。人民法院判决承担民事责任的第三人，有当事人的诉讼权利义务。

二、诉讼代理人

诉讼代理人是指在法律规定或当事人委托权权限范围内，以当事人的名义代理当事人进行民事诉讼活动的人。其代理活动的后果由当事人承担。无诉讼行为能力人由他的监护人作为法定代理人代为诉讼。法定代理人之间互相推诿代理责任的，由人民法院指定其中一人代为诉讼。

当事人、法定代理人可以委托 1～2 人作为诉讼代理人。律师、当事人的近亲属、有关的社会团体或者所在单位推荐的人、经人民法院许可的其他公民，都可以被委托为诉讼代理人。

委托他人代为诉讼，必须向人民法院提交由委托人签名或者盖章的授权委托书。授权委托书必须记明委托事项和权限。诉讼代理人代为承认、放弃、变更诉讼请求，进行和解，提起反诉或者上诉，必须有委托人的特别授权。代理诉讼的律师和其他诉讼代理人有权调查收集证据，可以查阅本案有关材料。

第四节　证　据

一、民事诉讼的证据

民事诉讼证据包括书证、物证、视听资料、电子数据、证人证言、鉴定意见、勘验笔录。

证据必须查证属实，才能作为认定事实的根据。在证据可能灭失或者以后难以取得的情况下，诉讼参加人可以向人民法院申请保全证据，人民法院也可以主动采取保全措施。

二、举证责任

《民事诉讼法》规定，当事人对自己提出的主张，有责任提供证据。根据最高人民法院2020年《关于民事诉讼证据的若干规定》的司法解释，当事人对自己提出的诉讼请求所依据的事实或者反驳对方诉讼请求所依据的事实有责任提供证据加以证明。没有证据或者证据不足以证明当事人的事实主张的，由负有举证责任的当事人承担不利后果。当事人因客观原因不能自行收集的证据，可申请人民法院调查收集。

在合同纠纷案件中，主张合同关系成立并生效的一方当事人对合同订立和生效的事实承担举证责任，主张合同关系变更、解除、终止、撤销的一方当事人对引起合同关系变动的事实承担举证责任。对合同是否履行发生争议的，由负有履行义务的当事人承担举证责任。对代理权发生争议的，由主张有代理权的一方当事人承担举证责任。在劳动争议纠纷案件中，因用人单位作出开除、除名、辞退、解除劳动合同、减少劳动报酬、计算劳动者工作年限等决定而发生劳动争议的，由用人单位负举证责任。

下列侵权诉讼，按照以下规定承担举证责任：①因新产品制造方法发明专利引起的专利侵权诉讼，由制造同样产品的单位或者个人对其产品制造方法不同于专利方法承担举证责任；②高度危险作业致人损害的侵权诉讼，由加害人就受害人故意造成损害的事实承担举证责任；③因环境污染引起的损害赔偿诉讼，由加害人就法律规定的免责事由及其行为与损害结果之间不存在因果关系承担举证责任；④建筑物或者其他设施以及建筑物上的搁置物、悬挂物发生倒塌、脱落、坠落致人损害的侵权诉讼，由所有人或者管理人对其无过错承担举证责任；⑤饲养动物致人损害的侵权诉讼，由动物饲养人或者管理人就受害人有过错或者第三人有过错承担举证责任；⑥因缺陷产品致人损害的侵权诉讼，由产品的生产者就法律规定的免责事由承担举证责任；⑦因共同危险行为致人损害的侵权诉讼，由实施危险行为的人就其行为与损害结果之间不存在因果关系承担举证责任；⑧因医疗行为引起的侵权诉讼，由医疗机构就医疗行为与损害结果之间不存在因果关系及不存在医疗过错承担举证责任。

在法律没有具体规定，依其他司法解释无法确定举证责任承担时，人民法院可以根据公平原则和诚实信用原则，综合当事人举证能力等因素确定举证责任的承担。

下列事实，当事人无须举证证明：众所周知的事实；自然规律及定理；根据法律规定或者已知事实和日常生活经验法则，能推定出的另一事实；已为人民法院发生法律效力的裁判所确认的事实；已为仲裁机构的生效裁决所确认的事实；已为有效公证文书所证明的事实。

三、举证时限

当事人应当在举证期限内向人民法院提交证据材料,当事人在举证期限内不提交的,视为放弃举证权利。举证期限可以由当事人协商一致,并经人民法院认可。人民法院指定举证期限的,适用第一审普通程序审理的案件不得少于 15 日,当事人提供新的证据的第二审案件不得少于 10 日。适用简易程序审理的案件不得超过 15 日,小额诉讼案件的举证期限一般不得超过 7 日。自当事人收到案件受理通知书和应诉通知书的次日起计算。人民法院通过组织证据交换进行审理前准备的,证据交换之日举证期限届满。对于当事人逾期提交的证据材料,人民法院审理时不组织质证,但对方当事人同意质证的除外。

当事人增加、变更诉讼请求或者提起反诉的,应当在举证期限届满前提出。当事人变更诉讼请求的,人民法院应当重新指定举证期限。当事人在举证期限内提交证据材料确有困难的,应当在举证期限内向人民法院申请延期举证;经人民法院准许,可以适当延长举证期限。当事人在延长的举证期限内提交证据材料仍有困难的,可以再次提出延期申请,是否准许由人民法院决定。当事人举证期限届满后提供的证据不是新的证据的,人民法院不予采纳。

经当事人申请,人民法院可以组织当事人在开庭审理前交换证据。人民法院对于证据较多或者复杂疑难的案件,应当组织当事人在答辩期届满后、开庭审理前交换证据。

四、证据的审核判断

证据应当在法庭上出示,由当事人质证。未经质证的证据,不能作为认定案件事实的依据。质证时,当事人应当围绕证据的真实性、关联性、合法性,针对证据证明力有无以及证明力大小,进行质疑、说明与辩驳。

审判人员应当依照法定程序,全面、客观地审核证据,依据法律的规定,遵循法官职业道德,运用逻辑推理和日常生活经验,对证据有无证明力和证明力大小独立进行判断,并公开判断的理由和结果。

一方当事人提出的证据,另一方当事人认可或者提出的相反证据不足以反驳的,人民法院可以确认其证明力。一方当事人提出的证据,另一方当事人有异议并提出反驳证据,对方当事人对反驳证据认可的,可以确认反驳证据的证明力。双方当事人对同一事实分别举出相反的证据,但都没有足够的依据否定对方证据的,人民法院应当结合案件情况,判断一方提供证据的证明力是否明显大于另一方提供证据的证明力,并对证明力较大的证据予以确认。因证据的证明力无法判断导致争议事实难以认定的,人民法院应当依据举证责任分配的规则作出裁判。有证据证明一方当事人持有证据无正当理由拒不提供,如果对方当事人主张该证据的内容不利于证据持有人,可以推定该主张成立。

第五节　经济诉讼的程序

一、经济诉讼的保障制度

(一)财产保全

1. 财产保全的概念和种类

财产保全是指人民法院对于可能因当事人一方的行为或者其他原因,使判决不能执行或者难以执行的案件，可以根据对方当事人的申请，或依职权对当事人的财产采取限制性措施。财产保全分为诉中财产保全和诉前财产保全。诉中财产保全是指人民法院在受理案件后，对于可能因当事人一方的行为或者其他原因，使判决不能执行或者难以执行的案件，可以根据对方当事人的申请，或依职权对当事人的财产采取限制性措施。诉前财产保全是利害关系人因情况紧急，不立即申请财产保全将会使其合法权益受到难以弥补的损害的，可以在起诉前向人民法院申请采取限制性措施。

2. 财产保全的范围和程序

财产保全限于请求的范围，或者与本案有关的财物。财产保全采取查封、扣押、冻结或者法律规定的其他方法。人民法院冻结财产后，应当立即通知被冻结财产的人。

当事人申请人民法院采取财产保全措施，应当提供担保；不提供担保的，驳回申请。被申请人提供担保的，人民法院应当解除财产保全。申请有错误的，申请人应当赔偿被申请人因财产保全所遭受的损失。

申请人在人民法院采取保全措施后15日内不起诉的，人民法院应当解除财产保全。

(二)先予执行

1. 先予执行的概念和适用范围

先予执行是指人民法院在诉讼过程中，根据当事人的申请裁定一方当事人预先付给对方当事人一定数额的金钱或其他财物的制度。

人民法院对下列案件，根据当事人的申请，可以裁定先予执行：追索赡养费、扶养费、抚育费、抚恤金、医疗费用的案件，追索劳动报酬的案件，因情况紧急需要先予执行的案件。

2. 先予执行的条件

人民法院裁定先予执行的，应当符合下列条件：①当事人之间权利和义务关系明确，不先予执行将严重影响申请人的生活或者生产经营；②被申请人有履行能力。人民法院可以责令申请人提供担保。申请人不提供担保的，驳回申请。申请人败诉的，应当赔偿被申请人因先予执行遭受的财产损失。

(三)对妨害民事诉讼行为的强制措施

对妨害民事诉讼行为的强制措施，是指在民事诉讼中，对有妨害民事诉讼行为的人采取的排除其妨害行为的强制措施。

(1)拘传，指对于必须到庭的被告，经人民法院两次传票传唤，无正当理由拒绝出庭的，强制被传唤人到庭参加诉讼活动的措施。

(2)训诫，指人民法院对妨害民事诉讼秩序行为较轻的人，以口头方式予以批评教育，令其以后不得再犯的措施。

(3)责令退出法庭，指人民法院对于违反法庭规则和法庭纪律的人，强制其离开法庭的措施。

(4)罚款，指人民法院对实施妨害民事诉讼行为，情节比较严重的人，责令其交纳一定数额金钱的措施。

(5)拘留，又称司法拘留，指人民法院对实施妨害民事诉讼行为，情节严重的人，在一定期限内限制其人身自由的强制措施。拘留的期限为15天以下。

妨害民事诉讼行为情节特别严重、构成犯罪的，依法追究其刑事责任。

二、审判程序

(一)第一审普通程序

1. 起诉和受理

起诉必须符合下列条件:①原告是与本案有直接利害关系的公民、法人和其他组织;②有明确的被告;③有具体的诉讼请求和事实、理由;④属于人民法院受理民事诉讼的范围和受诉人民法院管辖。起诉应当向人民法院递交起诉状,并按照被告人数提出副本。

人民法院收到起诉状,经审查,认为符合起诉条件的,应当在7日内立案,并通知当事人;认为不符合起诉条件的,应当在7日内裁定不予受理;原告对裁定不服的,可以提起上诉。

2. 审理前的准备

人民法院应当在立案之日起5日内将起诉状副本发送被告,被告在收到之日起15日内提出答辩状。被告提出答辩状的,人民法院应当在收到之日起5日内将答辩状副本发送原告。被告不提出答辩状的,不影响人民法院审理。

人民法院对决定受理的案件,应当在受理案件通知书和应诉通知书中向当事人告知有关的诉讼权利义务,或者口头告知。审判人员确定后,应当在3日内告知当事人。审判人员必须认真审核诉讼材料,调查收集必要的证据。

3. 开庭审理

(1)庭审准备。人民法院审理民事案件,应当在开庭3日前通知当事人和其他诉讼参与人。公开审理的,应当公告当事人姓名、案由和开庭的时间、地点。

开庭审理前,书记员应当查明当事人和其他诉讼参与人是否到庭,宣布法庭纪律。开庭审理时,由审判长或者独任审判员核对当事人,宣布案由,宣布审判人员、书记员名单,告知当事人有关的诉讼权利义务,询问当事人是否提出回避申请。

(2)法庭调查。法庭调查按照下列顺序进行:①当事人陈述;②告知证人的权利和义务,证人作证,宣读未到庭的证人证言;③出示书证、物证、视听资料和电子数据;④宣读鉴定意见;⑤宣读勘验笔录。

当事人在法庭上可以提出新的证据。当事人经法庭许可,可以向证人、鉴定人、勘验人发问。

(3)法庭辩论。法庭辩论按照下列顺序进行:①原告及其诉讼代理人发言;②被告及其诉讼代理人答辩;③第三人及其诉讼代理人发言或者答辩;④互相辩论。

法庭辩论终结,由审判长或者独任审判员按照原告、被告、第三人的先后顺序征询各方最后意见。

(4)评议和宣判。法庭辩论终结,应当依法作出判决。判决前能够调解的,还可以进行调解;调解不成的,应当及时判决。

合议庭成员在评议时权利平等,根据少数服从多数的原则作出决定。

人民法院对公开审理或者不公开审理的案件,一律公开宣告判决。当庭宣判的,应当在10日内发送判决书;定期宣判的,宣判后立即发给判决书。宣告判决时,必须告知当事人上诉权利、上诉期限和上诉的法院。

原告经传票传唤,无正当理由拒不到庭的,或者未经法庭许可中途退庭的,可以按撤诉处理;被告反诉的,可以缺席判决。被告经传票传唤,无正当理由拒不到庭的,或者未经法庭许可中途退庭的,可以缺席判决。

人民法院审理案件，其中一部分事实已经清楚，可以就该部分先行判决。

4. 审理期限

人民法院适用普通程序审理的案件，应当在立案之日起 6 个月内审结。有特殊情况需要延长的，由本院院长批准，可以延长 6 个月；还需要延长的，报请上级人民法院批准。

(二)简易程序

基层人民法院和它派出的法庭审理事实清楚、权利义务关系明确、争议不大的简单的民事案件，适用简易程序。简单的民事案件由审判员一人独任审理，原告可以口头起诉，可以用简便方式随时传唤当事人、证人。人民法院适用简易程序审理案件，应当在立案之日起 3 个月内审结。

基层人民法院和它派出的法庭审理事实清楚、权利义务关系明确、争议不大的简单金钱给付民事案件，标的额为各省、自治区、直辖市上年度就业人员年平均工资 50%以下的，适用小额诉讼的程序审理，实行一审终审。基层人民法院和它派出的法庭审理该规定的民事案件，标的额超过各省、自治区、直辖市上年度就业人员年平均工资 50%但在 2 倍以下的，当事人双方也可以约定适用小额诉讼的程序。不适用小额诉讼程序案件包括人身关系、财产确权案件，涉外案件，需要评估、鉴定或者对诉前评估、鉴定结果有异议的案件，一方当事人下落不明的案件，当事人提出反诉的案件等。人民法院适用小额诉讼的程序审理案件，应当在立案之日起 2 个月内审结。有特殊情况需要延长的，经本院院长批准，可以延长 1 个月。

(三)第二审程序

第二审程序是指由于当事人不服第一审裁判而在法定期间内向上一级人民法院提起上诉，第二审人民法院审理上诉案件所适用的程序。当事人不服地方人民法院第一审判决的，有权在判决书送达之日起 15 日内向上一级人民法院提起上诉；当事人不服地方人民法院第一审裁定的，有权在裁定书送达之日起 10 日内向上一级人民法院提起上诉。

上诉应当递交上诉状。上诉状应当通过原审人民法院提出，并按照对方当事人或者代表人的人数提出副本。原审人民法院收到上诉状、答辩状，应当在 5 日内连同全部案卷和证据报送第二审人民法院。原审人民法院收到上诉状，应当在 5 日内将上诉状副本送达对方当事人，对方当事人在收到之日起 15 日内提出答辩状。人民法院应当在收到答辩状之日起 5 日内将副本送达上诉人。对方当事人不提出答辩状的，不影响人民法院审理。

第二审人民法院对上诉案件，应当开庭审理。经过阅卷、调查和询问当事人，对没有提出新的事实、证据或者理由，人民法院认为不需要开庭审理的，可以不开庭审理。第二审人民法院对上诉案件，经过审理，按照下列情形，分别处理：①原判决认定事实清楚、适用法律正确的，判决驳回上诉，维持原判决；②原判决适用法律错误的，依法改判；③原判决认定事实错误，或者原判决认定事实不清、证据不足，裁定撤销原判决，发回原审人民法院重审，或者查清事实后改判；④原判决违反法定程序，可能影响案件正确判决的，裁定撤销原判决，发回原审人民法院重审。

当事人对重审案件的判决、裁定，可以上诉。

第二审人民法院的判决、裁定，是终审的判决、裁定。

(四)审判监督程序

审判监督程序，又称再审程序，是对已经发生法律效力的判决、裁定认为确有错误的，人民法院依法重新审理所适用的程序。

各级人民法院院长对本院已经发生法律效力的判决、裁定，发现确有错误，认为需要再审的，应当提交审判委员会讨论决定。最高人民法院对地方各级人民法院已经发生法律效力的判决、裁定，上级人民法院对下级人民法院已经发生法律效力的判决、裁定，发现确有错误的，有权提审或者指令下级人民法院再审。

最高人民检察院对各级人民法院已经发生法律效力的判决、裁定，上级人民检察院对下级人民法院已经发生法律效力的判决、裁定，发现有民事诉讼法规定情形的，应当提出抗诉。地方各级人民检察院对同级人民法院已经发生法律效力的判决、裁定，发现有前述情形的，应当提请上级人民检察院向同级人民法院提出抗诉。接受抗诉的人民法院应当自收到抗诉书之日起 30 日内作出再审的裁定。

当事人对已经发生法律效力的判决、裁定，认为有错误的，可以向上一级人民法院申请再审，但不停止判决、裁定的执行。对违反法定程序可能影响案件正确判决、裁定的情形，或者审判人员在审理该案件时有贪污受贿、徇私舞弊、枉法裁判行为的，人民法院应当再审。当事人申请再审，应当在判决、裁定发生法律效力后 2 年内提出；2 年后据以作出原判决、裁定的法律文书被撤销或者变更，以及发现审判人员在审理该案件时有贪污受贿、徇私舞弊、枉法裁判行为的，自知道或者应当知道之日起 3 个月内提出。

人民法院按照审判监督程序再审的案件，发生法律效力的判决、裁定是由第一审法院作出的，按照第一审程序审理，所作的判决、裁定，当事人可以上诉；发生法律效力的判决、裁定是由第二审法院作出的，按照第二审程序审理，所作的判决、裁定是发生法律效力的判决、裁定；上级人民法院按照审判监督程序提审的，按照第二审程序审理，所作的判决、裁定是发生法律效力的判决、裁定。人民法院审理再审案件，应当另行组成合议庭。按照审判监督程序决定再审的案件，裁定中止原判决、裁定、调解书的执行，但追索赡养费、扶养费、抚养费、抚恤金、医疗费用、劳动报酬等案件，可以不中止执行。

(五)特别程序

特别程序是人民法院解决某些非民事权益争议所设定的审理程序，主要包括宣告公民失踪、死亡案件，认定公民无民事行为能力、限制民事行为能力案件，认定财产无主事件和选民资格案件。

特别程序的审判组织除选民资格案件或者重大、疑难的非讼案件由审判员组成合议庭审理外，均由审判员一人独任审理。依特别程序审理的案件，实行一审终审，判决书一经送达就发生法律效力，申请人或者起诉人不得对之提出上诉。适用特别程序审理的案件，应当在立案之日起 30 日内或者公告期满后 30 日内审结。有特殊情况需要延长的，由本院院长批准。选民资格案件，必须在选举日前审结。

(六)督促程序

督促程序，是指人民法院根据债权人的申请，以支付令的方式，催促债务人在法定期间内向债权人履行给付金钱和有价证券义务。若债务人在法定期间内未履行义务又未提出异议，债权人可以支付令为根据，申请人民法院强制执行的程序。

债权人请求债务人给付金钱、有价证券，符合下列条件的，可以向有管辖权的基层人民法院申请支付令：①债权人与债务人没有其他债务纠纷的；②支付令能够送达债务人的。

(七)公示催告程序

公示催告程序是指人民法院根据申请人的申请，以公示的方法，告知并催促不明确的利害关系人在一定期限内申报权利，逾期无人申报权利或者虽有申报但被驳回，依法作出票据无效之除权判决的程序。

按照规定可以背书转让的票据持有人，因票据被盗、遗失或者灭失，可以向票据支付地的基层人民法院申请公示催告。

三、执行程序

民事执行，也称民事强制执行，是指人民法院的民事执行组织依债权人的申请，依据已经生效且具有给付内容的法律文书，强制债务人履行义务的活动。

(一)执行的一般规定

发生法律效力的民事判决、裁定、调解书和其他应当由人民法院执行的法律文书，当事人必须履行。一方拒绝履行的，对方当事人可以向人民法院申请执行。

执行依据包括下列法律文书：人民法院已经生效的民事判决、裁定、调解书、支付令，人民法院已经生效的刑事判决、裁定中的财产部分，人民法院承认并协助执行外国法院的判决、外国仲裁机构的仲裁裁决的裁定书和执行令，仲裁机构制作的仲裁裁决书和生效调解书，公证机关制作的依法赋予强制执行效力的债权文书。

人民法院制作的生效法律文书，由第一审人民法院或者与第一审人民法院同级的被执行的财产所在地人民法院执行。法律规定由人民法院执行的其他法律文书，由被执行人住所地或者被执行的财产所在地人民法院执行。

被执行人或者被执行的财产在外地的，可以委托当地人民法院代为执行。受委托人民法院收到委托函件后，必须在 15 日内开始执行，不得拒绝。执行完毕后，应当将执行结果及时函复委托人民法院；在 30 日内如果还未执行完毕，也应当将执行情况函告委托人民法院。

当事人、利害关系人认为执行行为违反法律规定的，可以向负责执行的人民法院提出书面异议。人民法院应当自收到书面异议之日起 15 日内审查，理由成立的，裁定撤销或者改正；理由不成立的，裁定驳回。当事人、利害关系人对裁定不服的，可以自裁定送达之日起 10 日内向上一级人民法院申请复议。

在执行中，被执行人向人民法院提供担保，并经申请执行人同意的，人民法院可以决定暂缓执行及暂缓执行的期限。被执行人逾期仍不履行的，人民法院有权执行被执行人的担保财产或者担保人的财产。

申请执行的期间为 2 年。申请执行时效的中止、中断，适用法律有关诉讼时效中止、中断的规定。该规定的期间，从法律文书规定履行期间的最后一日起计算；法律文书规定分期履行的，从最后一期履行期限届满之日起计算；法律文书未规定履行期间的，从法律文书生效之日起计算。

(二)执行措施

执行员接到申请执行书或者移交执行书，应当向被执行人发出执行通知，责令其在指定的期间履行；逾期不履行的，强制执行。被执行人不履行法律文书确定的义务，并有可能隐匿、转移财产的，执行员可以立即采取强制执行措施。

被执行人未按执行通知履行法律文书确定的义务，人民法院有权采取下列执行措施：

(1)向银行、信用合作社和其他有储蓄业务的单位查询被执行人的存款情况，冻结、划拨被执行人的存款，但查询、冻结、划拨存款不得超出被执行人应当履行义务的范围。

(2)扣留、提取被执行人应当履行义务部分的收入，但应当保留被执行人及其所扶养家属的生活必需费用。

(3)查封、扣押、冻结、拍卖、变卖被执行人应当履行义务部分的财产，但应当保留被执行人及其所扶养家属的生活必需品。财产被查封、扣押后，执行员应当责令被执行人在指定期间履行法律文书确定的义务。被执行人逾期不履行的，人民法院可以按照规定交有关单位拍卖或者变卖被查封、扣押的财产。国家禁止自由买卖的物品，交有关单位按照国家规定的价格收购。

(4)被执行人不履行法律文书确定的义务，并隐匿财产的，人民法院有权发出搜查令，对被执行人及其住所或者财产隐匿地进行搜查。

(5)强制被执行人交付法律文书指定交付的财物或者票证。

(6)强制被执行人迁出房屋或者强制退出土地。强制迁出房屋或者强制退出土地，由院长签发公告，责令被执行人在指定期间履行。被执行人逾期不履行的，由执行员强制执行。强制迁出房屋而被搬出的财物，由人民法院派人运至指定处所，交给被执行人。因拒绝接收而造成的损失，由被执行人承担。

(7)对判决、裁定和其他法律文书指定的行为，被执行人未按执行通知履行的，人民法院可以强制执行或者委托有关单位或者其他人完成，费用由被执行人承担。

(8)被执行人不履行法律文书确定的义务的，人民法院可以对其采取或者通知有关单位协助采取限制出境、在征信系统记录、通过媒体公布不履行义务信息以及法律规定的其他措施。

(三)执行中止和终结

有下列情形之一的，人民法院应当裁定中止执行：①申请人表示可以延期执行的；②案外人对执行标的提出确有理由的异议的；③作为一方当事人的公民死亡，需要等待继承人继承权利或者承担义务的；④作为一方当事人的法人或者其他组织终止，尚未确定权利义务承受人的；⑤人民法院认为应当中止执行的其他情形。

中止的情形消失后，恢复执行。

有下列情形之一的，人民法院裁定终结执行：①申请人撤销申请的；②据以执行的法律文书被撤销的；③作为被执行人的公民死亡，无遗产可供执行，又无义务承担人的；④追索赡养费、扶养费、抚养费案件的权利人死亡的；⑤作为被执行人的公民因生活困难无力偿还借款，无收入来源，又丧失劳动能力的；⑥人民法院认为应当终结执行的其他情形。

中止和终结执行的裁定，送达当事人后立即生效。

四、涉外民事诉讼程序的特别规定

当事人一方或双方是外国人、无国籍人、外国企业或组织，或者当事人之间民事法律关系的设立、变更、终止的法律事实发生在外国，或者诉讼标的物在外国的民事案件，为涉外民事案件。涉外民事诉讼程序是指人民法院受理、审理、执行涉外民事案件所适用的诉讼程序。民事诉讼法对涉外民事诉讼中的一般原则、管辖、送达、期间、财产保全、仲裁和司法协助等问题作出了特别规定。

(一)一般原则

1. 适用我国《民事诉讼法》原则

根据诉讼程序依法院所在地法的国际惯例，我国法院审理涉外民事案件，应依照我国的《民事诉讼法》进行。《民事诉讼法》对涉外民事诉讼程序有特别规定的，适用特别规定；没有规定的，适用《民事诉讼法》的一般规定。

2. 优先适用国际条约原则

我国缔结或者参加的国际条约、我国与其他国家缔结的民事司法协助中涉及民事诉讼的规定，如果与我国《民事诉讼法》的规定不一致的，应优先适用国际条约。但对于国际条约中我国政府声明保留的条款，人民法院不受其约束。

3. 司法豁免原则

对享有外交特权与豁免的外国人、外国组织或者国际组织提起的民事诉讼，应当依照我国有关法律和我国缔结或者参加的国际条约的规定办理。享有司法豁免权的人因其所属主管机关宣布放弃司法豁免，或者享有司法豁免权的人因私人事务涉及诉讼的，或者享有司法豁免权的人向驻在国起诉引起反诉的，均不享有司法豁免权。

4. 使用我国通用的语音、文字原则

人民法院审理涉外民事案件，应当使用中华人民共和国通用的语言、文字。当事人要求提供翻译的，可以提供，费用由当事人承担。涉外民事诉讼使用法院所在国语言文字，是国际通用的原则，也是主权原则的体现。

5. 委托中国律师代理诉讼原则

外国人、无国籍人、外国企业和组织在人民法院起诉、应诉，需要委托律师代理诉讼的，必须委托中国的律师。在我国领域内没有住所的外国人、无国籍人、外国企业和组织委托中国律师或者其他人代理诉讼，从中国领域外寄交或者托交的授权委托书，应当经所在国公证机关证明，并经中国驻该国使领馆认证，或者履行中国与该所在国订立的有关条约中规定的证明手续后，才具有效力。

（二）管辖

1. 特殊地域管辖

因合同纠纷或者其他财产权益纠纷，对在中国领域内没有住所的被告提起的诉讼，如果合同在中国领域内签订或者履行，或者诉讼标的物在中国领域内，或者被告在中国领域内有可供扣押的财产，或者被告在中国领域内设有代表机构，可以由合同签订地、合同履行地、诉讼标的物所在地、可供扣押财产所在地、侵权行为地或者代表机构住所地的人民法院管辖。

2. 协议管辖

涉外合同或者涉外财产权益纠纷的当事人，可以用书面协议选择与争议有实际联系的地点的法院管辖。选择中国人民法院管辖的，不得违反《民事诉讼法》关于级别管辖和专属管辖的规定。

3. 专属管辖

因在中国履行中外合资经营企业合同、中外合作经营企业合同、中外合作勘探开发自然资源合同发生纠纷提起的诉讼，由中国人民法院管辖。

（三）期间

涉外民事诉讼的被告在中国领域内没有住所的，人民法院应当将起诉状副本送达被告，并通知被告在收到起诉状副本后30日内提出答辩状。被告申请延期的，是否准许，由人民法院决定。

在中国领域内没有住所的当事人，不服第一审人民法院判决、裁定的，有权在判决书、裁定书送达之日起30日内提起上诉。被上诉人在收到上诉状副本后，应当在30日内提出答辩状。当事人不能在法定期间提起上诉或者提出答辩状，申请延期的，是否准许，由人民法院决定。

人民法院审理涉外民事案件的期间，不受《民事诉讼法》审限规定的限制。

（四）财产保全

依照《民事诉讼法》的规定，涉外民事诉讼的当事人可以向人民法院申请财产保全，利害关系人可以在起诉前向人民法院申请财产保全。人民法院裁定准许诉前财产保全后，申请人应当在30日内提起诉讼。逾期不起诉的，人民法院应当解除财产保全。

（五）仲裁

涉外经济贸易、运输和海事中发生的纠纷，当事人在合同中订有仲裁条款或者事后达成书面仲裁协议，提交中国涉外仲裁机构或者其他仲裁机构仲裁的，当事人不得向人民法院起诉；当事人没有仲裁条款或者仲裁协议的，可以向人民法院起诉。

当事人申请采取财产保全的，中国的涉外仲裁机构应当将当事人的申请，提交被申请人住所地或者财产所在地的中级人民法院裁定。

经中国涉外仲裁机构裁决的，当事人不得向人民法院起诉。一方当事人不履行仲裁裁决的，对方当事人可以向被申请人住所地或者财产所在地的中级人民法院申请执行。对涉外仲裁机构作出的裁决，被申请人提出证据证明仲裁裁决有民事诉讼法规定情形的，经人民法院组成合议庭审查核实，裁定不予执行。

仲裁裁决被人民法院裁定不予执行的，当事人可以根据双方达成的书面仲裁协议重新申请仲裁，也可以向人民法院起诉。

（六）司法协助

1. 司法协助原则

根据中国缔结或者参加的国际条约，或者按照互惠原则，人民法院和外国法院可以相互请求，代为送达文书、调查取证以及进行其他诉讼行为。外国法院请求协助的事项有损于中国的主权、安全或者社会公共利益的，人民法院不予执行。

请求和提供司法协助，应当依照中国缔结或者参加的国际条约所规定的途径进行；没有条约关系的，通过外交途径进行。

2. 我国生效裁判、仲裁裁决在外国的执行

人民法院作出的发生法律效力的判决、裁定，如果被执行人或其财产不在中国领域内，当事人请求执行的，可以由当事人直接向有管辖权的外国法院申请承认和执行，也可以由人民法院依照中国缔结或者参加的国际条约的规定，或者按照互惠原则，请求外国法院承认和执行。

中国涉外仲裁机构作出的发生法律效力的仲裁裁决，当事人请求执行的，如果被执行人或者其财产不在中国领域内，应当由当事人直接向有管辖权的外国法院申请承认和执行。

3. 承认、执行外国生效裁判、仲裁裁决

外国法院作出的发生法律效力的判决、裁定，需要中国人民法院承认和执行的，可以由当事人直接向中国有管辖权的中级人民法院申请承认和执行，也可以由外国法院依照该国与中国缔结或者参加的国际条约的规定，或者按照互惠原则，请求人民法院承认和执行。

人民法院对申请或者请求承认和执行的外国法院作出的发生法律效力的判决、裁定，依照中国缔结或者参加的国际条约，或者按照互惠原则进行审查后，认为不违反中国法律的基本原则或者国家主权、安全、社会公共利益的，裁定承认其效力，需要执行的，发出执行令，依照《民事诉讼法》的有关规定执行。违反中国法律的基本原则或者国家主权、安全、社会公共利益的，不予承认和执行。

国外仲裁机构的裁决，需要中国人民法院承认和执行的，应当由当事人直接向被执行人住所地或者其财产所在地的中级人民法院申请，人民法院应当依照中国缔结或者参加的国际条约，或者按照互惠原则办理。

练习题

一、复习思考题

1. 经济诉讼的基本原则有哪些?
2. 经济诉讼的地域管辖是如何规定的?
3. 经济诉讼的当事人有哪些?
4. 经济诉讼的举证责任是如何规定的?
5. 经济诉讼的执行依据是什么?
6. 外国法院的生效判决如何在我国执行?

二、案例分析题

张某在某市高新区经营一个五金店,其个体工商户注册在该市古城区。某日顾客黄先生在店内租借了一个小型手持冲击钻,然后回到其位于该市新城区的家中修理房门。黄先生在使用冲击钻时受伤,经与张某交涉,发现是由于张某雇佣的店员丁某明对冲击钻维护不当致螺丝松动造成的。黄先生要求张某赔偿医药费和误工费无果,遂决定起诉。

问题:

(1)说明民事诉讼的收案范围,以及本案是否属于民事诉讼受案范围。

(2)黄先生应以谁为被告?哪些法院有管辖权?

参考文献

1. 赵威主编:《经济法》(第 8 版),中国人民大学出版社 2021 年版。

2. 中国注册会计师学会编:《经济法》,中国财政经济出版社 2022 年版。

3. 张守文主编:《经济法学》(第 3 版),高等教育出版社 2022 年版。

4.《经济法学》编写组:《经济法学》(第 3 版),高等教育出版社 2022 年版。

5. 徐涤宇、张家勇:《〈中华人民共和国民法典〉评注》,中国人民大学出版社 2022 年版。

6. 黄薇主编:《中华人民共和国民法典释义》(上中下),法律出版社 2020 年版。

7. 最高人民法院民法典贯彻实施工作领导小组主编:《中华人民共和国民法典总则编理解与适用》,人民法院出版社 2020 年版。

8. 最高人民法院民法典贯彻实施工作领导小组主编:《中华人民共和国民法典物权编理解与适用》,人民法院出版社 2020 年版。

9. 最高人民法院民法典贯彻实施工作领导小组主编:《中华人民共和国民法典侵权责任编理解与适用》,人民法院出版社 2020 年版。

10. 最高人民法院民法典贯彻实施工作领导小组主编:《中华人民共和国民法典合同编理解与适用》,人民法院出版社 2020 年版。

11. 李昌麒主编:《经济法学》(第三版),法律出版社 2007 年版。

12. 刘瑞复主编:《北京大学法学百科全书·经济法学》,北京大学出版社 2007 年版。

13. 徐孟洲主编:《经济法学原理与案例教程》,中国人民大学出版社 2006 年版。

14. 王利明等:《民法学》,法律出版社 2008 年版。

15. 江平主编:《民法学》,中国政法大学出版社 2007 年版。

16. 彭万林主编:《民法学》,中国政法大学出版社 2007 年版。

17. 姚辉编著:《民法学原理与案例教程》,中国人民大学大学出版社 2007 年版。

18. 张思明主编:《经济法概论》,机械工业出版社 2008 年版。

19. 张士元主编:《企业法》,法律出版社 2007 年版。

20. 中国法制出版社主编:《企业法新解读》,中国法制出版社 2010 年版。

21. 徐杰、时建中主编:《经济法概论案例教程》,知识产权出版社 2004 年版。

22. 李显东主编:《中国物权法要义与案例释解》,法律出版社 2007 年版。

23. 高圣平:《物权法:原理 规则 案例》,清华大学出版社 2007 年版。

24. 罗培新、卢文道等:《最新证券法解读》,北京大学出版社 2006 年版。

25. 叶林:《证券法》(第二版),中国人民大学出版社 2006 年版。

26. 范健、王建文:《证券法》,法律出版社 2007 年版。

27. 赵旭东主编:《商法学》,高等教育出版社 2007 年版。

28. 顾功耘主编:《商法教程》(第二版),上海人民出版社、北京大学出版社 2006 年版。

29. 李仁真主编:《金融法》,高等教育出版社 2007 年版。

30. 盖锐主编:《金融法教程》,北京大学出版社 2007 年版。
31. 张翔飞、张炳生、蒋万来:《知识产权新论》,人民法院出版社 2002 年版。
32. 高程德:《经济法》,上海人民出版社 2009 年版。
33. 李艳芳:《以案说法·经济法篇》,中国人民大学出版社 1998 年版。
34. 张冬主编:《仲裁法教程》,对外经济贸易大学出版社 2007 年版。
35. 宋朝武主编:《民事诉讼法学》,厦门大学出版社 2007 年版。
36. 汤维建主编:《民事诉讼法学原理与案例教程》,中国人民大学出版社 2006 年版。